회사에서 바로 통하는

한은숙 지음

실무 통

엑셀

개념은 쉽게
기능은 빠르게
실무활용은 바로

현장밀착형 입문서

모든 버전 사용 가능

2007 2010 2013 2016 2019 Office 365

KB162887

한빛미디어 Hanbit Media, Inc.

지은이 **한은숙** (exceltutor@naver.com)

숭실대 정보과학대학원을 졸업했으며 삼성전자, 하나로통신 등의 기업체와 농림수산식품연수원 등의 공무원 연수원 및 대학에서 회사원, 공무원, 취업준비생 등을 대상으로 오피스를 강의했습니다. 캠퍼스21, 교원캠퍼스에서 온라인 교육 콘텐츠를 제작하고 온라인 강의를 진행했으며 현재 프리랜서로 기업체, 공무원 연수원과 대학에서 오피스 전문 강사로 활동하고 있습니다. 저서로는 《회사에서 바로 통하는 엑셀 2016》(한빛미디어, 2017), 《회사에서 바로 통하는 엑셀 2013》(한빛미디어, 2014), 《직장인을 위한 실무 엑셀》(길벗, 2012), 《회사에서 바로 통하는 엑셀 2010》(한빛미디어, 2011), 《한은숙의 Must Have 엑셀 2007을 가져라》(성안당, 2009), 《IT CookBook 엑셀과 파워포인트 2007 실무와 활용》(한빛미디어, 2009) 등이 있습니다.

회사에서 바로 통하는

실무 엑셀 – 모든 버전 사용 가능

초판 1쇄 발행 2019년 3월 31일
초판 5쇄 발행 2023년 1월 17일

지은이 한은숙 / **펴낸이** 김태헌
펴낸곳 한빛미디어(주) / **주소** 서울특별시 서대문구 연희로 2길 62 한빛미디어(주) IT출판1부
전화 02-325-5544 / **팩스** 02-336-7124
등록 1999년 6월 24일 제25100-2017-000058호 / **ISBN** 979-11-6224-169-1 13000

총괄 배윤미 / **책임편집** 장용희 / **기획** 배윤미 / **교정교열** 전성희 / **진행** 홍현정
디자인 박정화 / **전산편집** 오정화
영업 김형진, 장경환, 조유미 / **마케팅** 박상용, 한종진, 이행은, 고광일, 성화정 / **제작** 박성우, 김정우

이 책에 대한 의견이나 오탈자 및 잘못된 내용에 대한 수정 정보는 한빛미디어(주)의 홈페이지나 아래 이메일로 알려주십시오.
잘못된 책은 구입하신 서점에서 교환해 드립니다. 책값은 뒤표지에 표시되어 있습니다.
한빛미디어 홈페이지 www.hanbit.co.kr / **이메일** ask@hanbit.co.kr / **자료실** www.hanbit.co.kr/src/10169

Published by HANBIT Media, Inc. Printed in Korea
Copyright © 2019 한은숙 & HANBIT Media, Inc.
이 책의 저작권은 한은숙과 한빛미디어(주)에 있습니다.
저작권법에 의해 보호를 받는 저작물이므로 무단 복제 및 무단 전재를 금합니다.

지금 하지 않으면 할 수 없는 일이 있습니다.
책으로 펴내고 싶은 아이디어나 원고를 메일(writer@hanbit.co.kr)로 보내주세요.
한빛미디어(주)는 여러분의 소중한 경험과 지식을 기다리고 있습니다.

회사 업무의 필수 프로그램 엑셀!

몇 년 전 어느 커뮤니티 게시판에서 '엑셀을 꼭 배워야 하나요?'라는 질문에 '회사에 들어가서 엑셀을 모르면 컴맹 취급받는다'라는 댓글이 달린 것을 본 적이 있습니다. 그만큼 엑셀은 회사 업무의 가장 많은 분야에서 사용되고 있는 필수 사무용 프로그램입니다.

필요할 때마다 바로바로 찾아보는 책!

그렇다면 어떻게 빠르고 효과적으로 엑셀을 익힐 수 있을까요? 혼자서 책을 보면서 해도 충분할까요? 강의를 하다 보면 자주 듣는 질문이기에 이 질문에 가장 적절한 답이 무엇인지 항상 고민을 하곤 합니다. 다른 분야도 마찬가지겠지만 엑셀을 빨리 배우는 가장 환상적인 방법은 바로 옆에서 누군가가 모르는 것이 있을 때마다 즉시 가르쳐주는 것입니다. 그러나 그런 사람이 곁에 항상 있는 경우도 드물고, 있다 하더라도 물어보는 것이 귀찮거나 자존심이 상해 웬만하면 혼자 해결하려는 경우가 많겠지요. 그래서 차선책으로 선택하는 것이 책일 것입니다. 누구나 책상 위에 올려놓고 언제든지 쉽게 찾아서 볼 수 있는 엑셀 책이 이 책이 될 수 있기를 바랍니다.

누구든 쉽게 익힐 수 있는 체계적인 학습 구성!

이 책은 엑셀을 정말 처음 접해보는 초급자부터 혼자서 그때그때 인터넷을 뒤적이며 사용해봤던 분들까지 엑셀의 기능들을 체계적으로 학습할 수 있도록 구성했습니다. 엑셀의 기본 기능은 물론, 실무 활용 방법까지 충실히 다루기 위해 노력했습니다. 엑셀에 이제 막 입문한 분이라면 1장에서 6장까지 마스터하면서 기본 엑셀 문서 작성을 위한 초보 단계를 넘을 수 있을 것입니다. 중급 사용자가 되기 위해서는 7장에서 11장까지 수록된 엑셀의 핵심 기능인 함수, 차트, 데이터 관리 기능을 익히면서 데이터 계산, 관리 및 요약 분석에 관한 기능을 익혀보기 바랍니다. 12장의 매크로와 VBA는 고급 사용자들이 사용하는 엑셀 자동화 문서 작성을 위한 아주 기초적인 개념 부분입니다.

아무리 좋은 책과 강의가 있어도 반복해서 직접 해보는 것만큼 좋은 학습법은 없습니다. 책을 보고 차근차근 따라 해보고 스스로 내용을 정리하는 시간을 가진 후 자신의 업무에 다양하게 적용해보는 과정을 반복하기 바랍니다.

이 책을 집필하는 동안 응원해준 가족에게 감사드리고, 항상 좋은 책이 완성되기까지 최선을 다하는 한빛미디어 관계자분들, IT 활용서 팀원분들과 기획자 배윤미 과장님께도 감사드립니다.

2019년 3월 한은숙

모든 버전

실습에 사용할 수 있는 엑셀 버전을 한눈에 확인할 수 있습니다.

핵심기능

엑셀을 다룰 때 반드시 알아야 할 기본 기능과 활용 방법을 소개합니다. 핵심기능을 따라 하면서 기본 기능을 충실히 익힐 수 있습니다.

실습 파일&완성 파일

따라 하기에 필요한 예제와 결과를 비교해 볼 수 있는 완성 파일을 제공합니다.

핵심기능 19 상위/하위 규칙에 따라 서식 지정하기

2007 2010 2013 2016 2019

실습 파일 | Chapter05\19_조건부서식-상하위.xlsx   완성 파일 | Chapter05\19_조건부서식-상하위_완성.xlsx

매출 상위 세 개 항목 강조하기

01 매출 값 상위 세 개의 항목에 강조 표시하겠습니다.

❶ [D2:D18] 범위 지정
❷ [홈] 탭-[스타일] 그룹-[조건부 서식]-[상위/하위 규칙]-[상위 10개 항목] 클릭
❸ [상위 10개 항목] 대화상자에 3 입력
❹ [확인]을 클릭합니다.

매출 상위 세 개 항목의 셀에 진한 빨강 텍스트가 있는 연한 빨강 채우기 서식이 적용됩니다.

매출 상위 10% 항목 강조하기

02 매출 상위 10% 항목에 강조 표시하겠습니다.

❶ [홈] 탭-[스타일] 그룹-[조건부 서식]-[상위/하위 규칙]-[상위 10%] 클릭
❷ [상위 10%] 대화상자의 [적용할 서식] 목록에서 [사용자 지정 서식]을 클릭합니다.

달성률 작성 및 백분율 스타일 지정하기

05 달성률 수식을 입력한 후 결과에 백분율 스타일을 지정하겠습니다.

❶ [F19] 셀에 =E19/D19 입력 후 Enter
❷ [F19] 셀의 채우기 핸들 더블클릭
❸ [자동 채우기 옵션] 클릭
❹ [서식 없이 채우기] 클릭
❺ [홈] 탭-[표시 형식] 그룹-[백분율 스타일]을 클릭합니다.

달성률이 %로 구해집니다.

바로 통하는 TIP [백분율 스타일]을 클릭하면 자동으로 값에 100을 곱한 후 % 기호를 붙여 표시해주므로 수식에서 100을 곱하지 않아도 됩니다.

쉽고 빠른 엑셀 NOTE 엑셀 수식 이해하기

엑셀의 셀은 계산기와 같아서 수식을 입력하면 바로 계산 결과가 셀에 표시됩니다. 기본적인 사칙연산부터 복잡한 공식의 결과도 구할 수 있습니다. 엑셀에서 수식 작성 시 사용하는 연산자와 피연산자, 연산 순서 등을 알아보겠습니다.

수식 작성 방법

수식을 입력할 때는 셀에 먼저 등호(=)를 입력하거나 등호 없이 양수(+) 또는 음수(−) 부호가 포함된 피연산자를 입력하면서 작성합니다. 셀에는 수식의 결과가 표시되며 입력한 수식은 수식 입력줄에서 확인하고 수정할 수 있습니다.

수식의 구성

수식은 등호에 상수, 함수, 셀 참조 등의 피연산자와 연산자로 구성합니다.

=   피연산자   연산자   피연산자
❶등호 ❷숫자, 셀 참조, ❸산술 연산자, ❹숫자, 셀 참조,
        문자, 함수 등   문자 연산자 등   문자, 함수 등

❶등호: 수식의 시작을 선언합니다.
❷피연산자: 연산될 대상으로 숫자, 셀 참조, 문자, 함수 등을 사용합니다.
❸연산자: 연산할 방식으로 산술 연산자, 참조 연산자, 비교 연산자, 문자 연산자를 사용합니다.

실행 결과 보기

단계별 따라 하기 완료 후 확인할 수 있는 실행 결과 및 주요 변화를 한 번 더 설명해줍니다.

바로 통하는 tip

예제 실습 중 헷갈리기 쉬운 부분을 정리해줍니다.

쉽고 빠른 엑셀 노트

엑셀을 다루는 데 필요한 유용한 정보, 알고 넘어가면 좋을 참고 사항 등을 상세히 소개합니다.

우선순위 핵심기능 03

2007 2010 2013 2016 2019

여러 항목에 대한 조건을 판단해야 할 때 – IF, AND, OR, XOR

실습 파일 | Chapter08\03_불질등급결과표.xlsx 완성 파일 | Chapter08\03_불질등급결과표_완성.xlsx

검사여부 입력하기

01 오염과 이물질 출현율 두 가지 중 한 가지만 입력되어 있어야 'OK'를 표시하고, 둘 다 입력되어 있거나 둘 다 비어 있으면 '확인요망'을 표시하겠습니다.

❶ [D5:D14] 범위 지정
❷ =IF 입력 후 Ctrl + A
❸ [Logical_test]에 XOR(B5()="", C5()="") 입력
❹ [Value_if_true]에 "OK" 입력
❺ [Value_if_false]에 "확인요망" 입력
❻ [확인]을 Ctrl +클릭합니다.

✿ 엑셀 2016 XOR 함수는 엑셀 2013 이상 버전에서 사용할 수 있습니다.

인수 설명

• Logical_test : 오염율(B5)이 빈 셀이 아니거나(()) 이물질 출현율(C5)이 빈 셀이 아닌재(()") 확인하는 조건식
XOR 함수는 두 조건 중 하나라도 만족하면 TRUE를 반환하며 두 조건 모두를 만족하면 참의 개수가 짝수가
• Value_if_true : 조건이 참이면 "OK" 표시
• Value_if_false : 조건이 거짓이면 "확인요망" 표시

회사통 실무활용

2007 2010 2013 2016 2019

통합 문서 수정 후 PDF 파일로 저장하기 – 근무일정표

실습 파일 | Chapter01\실무_근무일정표.xlsx 완성 파일 | Chapter01\실무_근무일정표_완성.pdf

예제 설명 및 완성 화면

근무일정표 파일을 불러온 후 엑셀의 명령 도구를 이용해 간단히 수정합니다. 파일 내용을 변경할 수 없지만 엑셀이 설치되지 않은 컴퓨터에서도 내용을 확인해볼 수 있도록 PDF 형식으로 파일을 저장해보겠습니다.

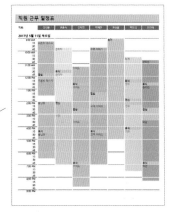

028 회사에서 바로 통하는 실무 엑셀

인덱스

우선순위 기능 및 엑셀 주요 기능, 실무 활용과 부록 등 현재 학습하고 있는 지점이 어디인지 바로 확인할 수 있습니다.

따라 하기 단계별 제목

각 과정마다 단계별 제목을 표시하여 작업 내용과 순서를 한눈에 파악할 수 있습니다.

엑셀 2007~2019

모든 버전에서 학습할 수 있도록 버전별로 차이가 나는 내용은 따라 하기 과정에서 상세하게 설명했습니다.

회사통 실무 활용

실무에서 가장 빈번하게 사용하는 예제를 선별해 핵심기능과 연계하여 학습할 수 있도록 수록했습니다.

예제 설명 및 완성 화면

어떤 실무 예제를 다루고 있는지 설명합니다. 실습 전에 완성 화면을 미리 확인할 수 있습니다.

회사에서 바로 통하는 실습 예제 다운로드하기

이 책에 사용된 모든 실습 및 완성 예제 파일은 한빛미디어 홈페이지(www.hanbit.co.kr/media)에서 다운로드할 수 있습니다. 예제 파일은 따라 하기를 진행할 때마다 사용되므로 컴퓨터에 복사해두고 활용합니다.

1 한빛미디어 홈페이지(www.hanbit.
co.kr/media)로 접속합니다. 로그인 후 화면 오른쪽 아래에서 [자료실] 버튼을 클릭합니다.

2 자료실 도서 검색란에 도서명을 입력하고, 찾는 도서의 제목 부분을 클릭합니다.

3 선택한 도서 정보가 표시되면 오른쪽에 있는 [다운로드] 아이콘을 클릭합니다.

다운로드한 예제 파일은 일반적으로 [다운로드] 폴더에 저장되며, 사용하는 웹 브라우저 설정에 따라 다를 수 있습니다.

— CHAPTER 01 —

엑셀 화면 구성 및 통합 문서

— CHAPTER 02 —

엑셀 데이터 입력

목차

——— CHAPTER 03 ·······

엑셀 수식 활용

목차

— CHAPTER 06 —

창 관리와 인쇄

—— CHAPTER 07 ——

꼭 알아야 할 엑셀 함수

—— CHAPTER 08 ——

엑셀 실무 함수 알아보기

목차

CHAPTER 09

수치 데이터를 표현하는 차트

CHAPTER 10

일러스트레이션으로 문서 꾸미기

CHAPTER 11

데이터 관리와 분석

목차

목차

CHAPTER

01

엑셀
화면 구성 및
통합 문서

엑셀을 주된 업무에서 사용하지 않더라도 한두 번쯤은 엑셀 문서를 접해
본 경험이 있을 것입니다. 그러나 단순히 엑셀 문서를 열어 보거나 기본
적인 문서만 작성하기에는 엑셀의 기능이 매우 막강합니다.

엑셀을 처음 시작한다면 엑셀에 조금 더 쉽게 다가갈 수 있도록, 또 엑셀
을 어느 정도 사용해봤다면 무심코 지나쳤던 엑셀의 쓰임새를 제대로 알
수 있도록 엑셀의 기본 사항을 살펴보고 엑셀의 화면 구성과 사용자 지정
방법 등을 알아보겠습니다.

2007 2010 2013 2016 2019

Office 배경 및 테마 변경하기

실습 파일 | 없음   완성 파일 | 없음

Office 배경 변경하기

01 엑셀 창 제목 표시줄 부분의 배경 무늬를 없애겠습니다.

❶ [파일] 탭-[계정] 클릭

❷ [Office 배경] 목록에서 [배경 없음]을 클릭합니다.

바로 통 하는TIP [Excel 옵션] 대화상자에서 [일반]-[Microsoft Office 개인 설정] 항목에서도 배경과 테마를 선택할 수 있습니다. 변경한 배경 무늬와 배경색은 파워포인트, 워드 등 다른 오피스 프로그램에도 함께 적용됩니다.

Office 테마 변경하기

02 엑셀 창 배경 색상을 변경하겠습니다.

❶ [Office 테마] 목록에서 [흰색]을 선택합니다.

❷ [닫기]를 클릭합니다.

바로 통 하는TIP 엑셀 종료 단축키

• 프로그램 종료 : Alt + F4

• 문서만 닫기 : Ctrl + F4 또는 Ctrl+W([파일] 탭-[닫기]와 같음)

핵심기능

02

2007 2010 2013 2016 2019

화면 구성 요소 숨기기

실습 파일 | Chapter01\02_경비예산.xlsx   완성 파일 | Chapter01\완성\02_경비예산_완성.xlsx

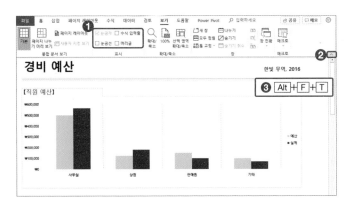

바로 통 하는 TIP 리본 메뉴를 다시 고정하려면 Ctrl + F1 을 누릅니다. [Excel 옵션]은 [파일] 탭-[옵션]을 클릭해도 됩니다.

눈금선과 수식 입력줄, 머리글 숨기기

01 표와 차트를 깔끔하게 보기 위해 워크시트 눈금선을 숨기고 전체 화면을 넓게 볼 수 있도록 수식 입력줄, 머리글도 숨겨보겠습니다.

❶ [보기] 탭-[표시] 그룹-[눈금선], [수식 입력줄], [머리글]의 체크 표시 해제

❷ 리본 메뉴 축소 단축 ∧ 클릭

❸ Alt + F + T 를 눌러 [Excel 옵션] 대화상자를 실행합니다.

그 외 화면 구성 숨기기

02 [Excel 옵션] 대화상자에서 숨길 수 있는 구성 요소를 확인해보겠습니다.

❶ [Excel 옵션] 대화상자에서 [고급] 클릭

❷ [이 통합 문서의 표시 옵션]에서 [가로 스크롤 막대 표시], [세로 스크롤 막대 표시], [시트 탭 표시]의 체크 표시 해제

❸ [확인]을 클릭합니다.

워크시트에 가로 스크롤 막대, 세로 스크롤 막대, 시트 탭이 모두 표시되지 않습니다.

핵심기능 03

선택 영역에 맞게 화면 배율 자동 맞추기

2007 2010 2013 2016 2019

실습 파일 | Chapter01\03_경비예산.xlsx 완성 파일 | 없음

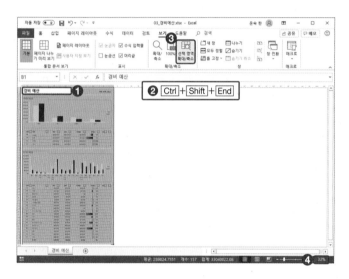

문서 전체 범위에 맞춰 축소하기

01 문서가 한 화면에 다 보이도록 화면 배율을 자동 축소하겠습니다.

❶ 문서의 첫 셀인 [B1] 셀 클릭

❷ Ctrl + Shift + End 눌러 문서 마지막까지 범위 지정

❸ [보기] 탭-[확대/축소] 그룹-[선택 영역 확대/축소] 클릭

❹ 상태 표시줄 오른쪽 끝에 화면 배율이 표시됩니다.

문서의 마지막 범위까지 모두 선택되고 범위가 축소되어 화면에 표시됩니다.

가로 방향에 맞춰 자동 맞추기

02 선택 영역을 가로 방향에 맞춰 자동으로 배율을 조정해보겠습니다.

❶ [B17] 셀 클릭

❷ Ctrl + Shift + → 눌러 가로 방향으로 범위 지정

❸ [보기] 탭-[확대/축소] 그룹-[선택 영역 확대/축소] 클릭

❹ 상태 표시줄 오른쪽 끝에 화면 배율이 표시됩니다.

가로 방향으로 범위의 끝까지 선택되고 범위가 확대되어 화면에 표시됩니다.

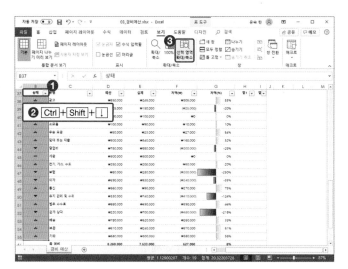

세로 방향에 맞춰 자동 맞추기

03 ❶ [B37] 셀 클릭

❷ Ctrl + Shift + ↓ 눌러 세로 방향
으로 범위 지정

❸ [보기] 탭-[확대/축소] 그룹-[선
택 영역 확대/축소]를 클릭합니다.

세로 방향으로 범위의 끝까지 선택되고 상태 표
시줄 오른쪽 끝에 자동으로 맞춰진 화면 배율이
표시됩니다.

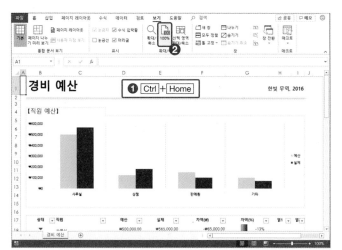

100% 맞추기

04 다시 100%로 화면 배율을 원상
복귀하겠습니다.

❶ Ctrl + Home 을 누르면 [A1] 셀이
선택되며 범위 해제

❷ [보기] 탭-[확대/축소] 그룹-
[100%]를 클릭합니다.

바로 통 하는 TIP 셀 및 범위 선택 관련 단축키는 36쪽 [쉽고 빠른 엑셀 NOTE]를 참고합니다.

바로 통 하는 TIP 리본 메뉴가 고정되어 있는 상태에서 [선택 영역 확대/축소]를 클릭하면 화면 배율이 리본 메뉴 부분만큼 덜 확대/축소되므로
작업 영역을 넓게 쓰려면 리본 메뉴를 축소한 후 화면을 확대/축소합니다.

바로 통 하는 TIP 워크시트 확대/축소 컨트롤 및 단축키

상태 표시줄에 있는 확대/축소 컨트롤 단추 ━━━━━ 110% 를 클릭하면 10%씩 확대/축소됩니다. 또는 Ctrl 을 누른 상태에서 마우스 휠을
위로 올리면 워크시트 화면 배율이 확대되고, Ctrl 을 누른 상태에서 마우스 휠을 아래로 내리면 워크시트 화면 배율이 축소됩니다.

핵심기능

04

작업 상황에 맞는
화면 보기 선택하기

실습 파일 | Chapter01\04_경비예산.xlsx   완성 파일 | Chapter01\완성\04_경비예산_완성.xlsx

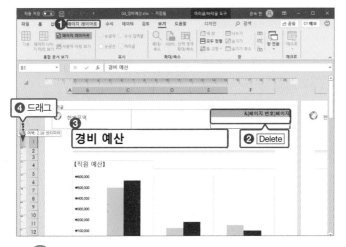

바로통하는TIP 용지와 용지 사이 공백 부분에 마우스 포인터를 위치시키고 마우스 포인터가 공백 숨기기 모양일 때 클릭하면 머리글/바닥글 영역이 숨겨집니다. 용지 여백 없이 나누어진 페이지를 연결해서 볼 수 있습니다.

페이지 레이아웃 보기

01 머리글과 여백을 편집하기 위해 페이지 레이아웃 보기에서 작업하겠습니다.

❶ [보기] 탭-[통합 문서 보기] 그룹-[페이지 레이아웃] 클릭

❷ 페이지 번호가 입력된 머리글 오른쪽 상자 클릭 후 Delete 눌러 삭제

❸ [B1] 셀 클릭

❹ 위쪽 여백 경계선에서 마우스 포인터가 크기 조절 모양↕이 되면 아래쪽으로 드래그합니다.

페이지 나누기 미리 보기

02 페이지 구분선을 드래그하여 인쇄 배율을 자동 조절하겠습니다.

❶ [보기] 탭-[통합 문서 보기] 그룹-[페이지 나누기 미리 보기] 클릭

❷ 한 페이지에 인쇄하기 위해 세로 방향 자동 페이지 구분선을 J열까지 드래그

❸ 가로 방향 자동 페이지 구분선을 58행까지 드래그합니다.

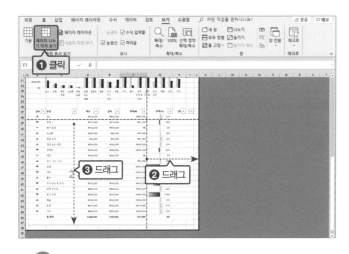

바로통하는TIP 화면 보기 전환은 상태 표시줄에 있는 통합 문서 보기를 눌러도 됩니다. 인쇄 배율은 [페이지 레이아웃] 탭-[크기 조정] 그룹에서 확인할 수 있습니다.

우선
순위 · 핵심기능

05

빠른 실행 도구 모음에
아이콘 추가 및 제거하기

실습 파일 | 없음 완성 파일 | 없음

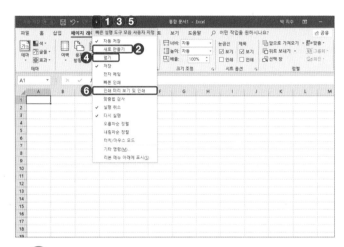

빠른 실행 도구 모음 사용자 지정하기

01 주요 아이콘은 빠른 실행 도구
모음 사용자 지정 메뉴에서 선택합
니다.

❶❸❺ [빠른 실행 도구 모음 사용자
지정] ▦ 클릭

❷ [새로 만들기] 클릭

❹ [열기] 클릭

❻ [인쇄 미리 보기 및 인쇄]를 선택
합니다.

바로 통하는 TIP 자주 사용하는 명령을 빠른 실행 도구 모음에 추가하면 리본 메뉴 탭을 이리저리 찾아보지 않고 한 번에 실행할 수 있어 편리
합니다.

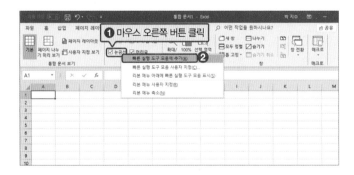

리본 메뉴에서 직접 추가하기

02 리본 메뉴에 있는 아이콘을 바
로 추가하겠습니다.

❶ [보기] 탭-[표시] 그룹-[눈금선]
에서 마우스 오른쪽 버튼 클릭

❷ [빠른 실행 도구 모음에 추가]를
선택합니다.

쉽고 빠른 엑셀
NOTE

목록이 있는 명령 아이콘을 추가할 때 주의점

테두리 아이콘과 같이 목록이 포함되어 있는 아이콘을 빠른 실행 도구
모음에 추가할 때 아이콘에 마우스 포인터를 위치시키고 추가하면 현재 선택되어 있는 항목
만 아이콘으로 추가됩니다. 하위 목록까지 추가하려면 아이콘에 있는 목록 단추에 마우스 포
인터를 위치시킨 상태에서 추가해야 합니다.

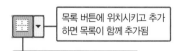

목록 버튼에 위치시키고 추가
하면 목록이 함께 추가됨

아이콘에 위치시키고 추가하면
[아래쪽 테두리] 아이콘만 추가됨

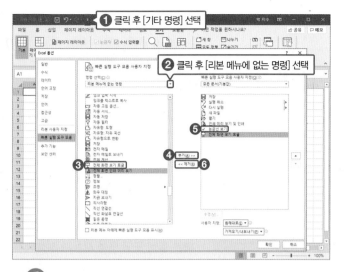

Excel 옵션 대화상자에서 추가 및 제거하기

03 리본 메뉴에서 추가할 수 없는 명령은 [Excel 옵션] 대화상자에서 추가/제거할 수 있습니다.

❶ [빠른 실행 도구 모음 사용자 지정] ▾ 클릭 후 [기타 명령] 클릭

❷ [명령 선택] 목록 버튼 클릭 후 [리본 메뉴에 없는 명령] 클릭

❸ [명령 선택] 목록에서 [전체 화면 보기 토글] 클릭

❹ [추가] 클릭

❺ [눈금선 표시] 클릭

❻ [제거]를 클릭합니다.

바로 통 하는TIP **빠른 실행 도구 모음에서 직접 제거**

빠른 실행 도구 모음 아이콘에서 마우스 오른쪽 버튼 클릭 후 [빠른 실행 도구 모음에서 제거]를 클릭하여 제거할 수도 있습니다.

✿ **엑셀 2013** 엑셀 2010 버전까지는 [전체 화면 보기 토글]을 [보기] 탭에서 선택할 수 있었지만, 엑셀 2013 버전 이후부터는 [리본 메뉴 표시 옵션⬜]의 [리본 메뉴 자동 숨기기]로 전체 화면 보기를 사용할 수 있기 때문에 리본 메뉴에서 사라졌습니다. 그러나 전체 화면 보기 상태에서 ESC 를 눌러 간편하게 이전 화면으로 다시 돌아오도록 하려면 [전체 화면 보기 토글] 단추 모 를 사용하는 것이 편리합니다.

쉽고 빠른 엑셀 NOTE **아이콘 순서 변경하기**

빠른 실행 도구 모음의 명령 아이콘 나열 순서를 변경할 수 있습니다. [Excel 옵션] 대화상자의 [빠른 실행 도구 모음 사용자 지정]에서 순서를 변경할 아이콘을 선택하고 [위로 이동▴]이나 [아래로 이동▾]을 클릭한 후 [확인]을 클릭합니다.

핵심기능 06

2007 2010 2013 2016 2019

빠른 실행 도구 모음 구성 파일로 내보내기

실습 파일 | 없음   완성 파일 | 없음

① 마우스 오른쪽 버튼 클릭

빠른 실행 도구 모음 사용자 지정 파일 내보내기

01 빠른 실행 도구 모음의 명령들을 나열 순서 그대로 다른 PC에서 사용하기 위해 구성 파일을 내보내겠습니다.

❶ 빠른 실행 도구 모음에서 마우스 오른쪽 버튼 클릭

❷ [빠른 실행 도구 모음 사용자 지정] 클릭

❸ [Excel 옵션] 대화상자에서 [빠른 실행 도구 모음] 클릭

❹ [사용자 지정]의 [가져오기/내보내기]-[모든 사용자 지정 항목 내보내기]를 클릭합니다.

Offie UI 파일 저장하기

02 파일 이름을 지정하고 저장합니다.

❶ [파일 저장] 대화상자의 [파일 이름]에 **빠른실행명령** 입력

❷ [저장]을 클릭합니다.

[Excel 옵션] 대화상자의 [확인]을 클릭합니다.

빠른 실행 도구 모음 구성 파일 가져오기 및 이동하기

실습 파일 | Chapter01\07_빠른실행명령.exportedUI   완성 파일 | 없음

❶ 마우스 오른쪽 버튼 클릭

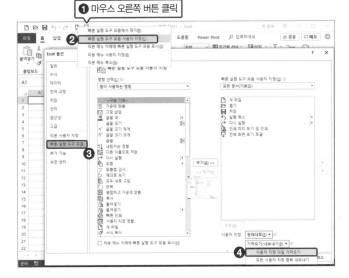

Office UI 파일 가져오기

01 빠른 실행 도구 모음 구성 파일을 가져오겠습니다.

❶ 빠른 실행 도구 모음에서 마우스 오른쪽 버튼 클릭

❷ [빠른 실행 도구 모음 사용자 지정] 클릭

❸ [Excel 옵션] 대화상자에서 [빠른 실행 도구 모음] 클릭

❹ [사용자 지정]의 [가져오기/내보내기]−[사용자 지정 파일 가져오기]를 클릭합니다.

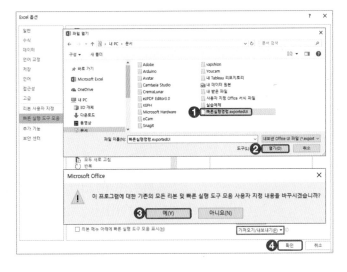

빠른 실행 도구 모음 구성 변경하기

02 Office UI 파일을 선택해 열고 빠른 실행 도구 모음 구성을 변경하겠습니다.

❶ [파일 열기] 대화상자에서 **빠른실행명령.exportedUI** 파일 클릭

❷ [열기] 클릭

❸ 변경 확인 메시지 대화상자에서 [예] 클릭

❹ [Excel 옵션] 대화상자의 [확인]을 클릭합니다.

불러온 빠른 실행 도구 모음 구성 파일이 적용됩니다.

빠른 실행 도구 모음 아래로 이동하기

03 빠른 실행 도구 모음 아이콘이 많아 제목 표시줄에 다 표시되지 않으므로 리본 메뉴 아래로 이동하겠습니다.

❶ 빠른 실행 도구 모음에서 마우스 오른쪽 버튼 클릭

❷ [리본 메뉴 아래에 빠른 실행 도구 모음 표시]를 클릭합니다.

리본 메뉴 아래로 빠른 실행 도구 모음이 표시됩니다.

바로 통 하는TIP 빠른 실행 도구 모음에 추가한 아이콘이 많은 경우 리본 메뉴 위쪽인 제목 표시줄에 모든 아이콘이 표시되지 않습니다. 이때는 빠른 실행 도구 모음을 리본 메뉴 아래로 이동하면 좋습니다. 또한 주로 사용하는 명령이 빠른 실행 도구 모음에 있다면 워크시트를 넓고 효과적으로 사용하도록 리본 메뉴를 축소 표시합니다.

통합 문서 수정 후 PDF 파일로 저장하기 – 근무일정표

실습 파일 | Chapter01\실무_근무일정표.xlsx 완성 파일 | Chapter01\실무_근무일정표_완성.pdf

⊕ 예제 설명 및 완성 화면

근무일정표 파일을 불러온 후 엑셀의 명령 도구를 이용해 간단히 수정합니다. 파일 내용을 변경할 수 없지만 엑셀이 설치되지 않은 컴퓨터에서도 내용을 확인할 수 있도록 PDF 형식으로 파일을 저장해보겠습니다.

01 단축키로 통합 문서 열기

❶ Ctrl + F12 를 눌러 [열기] 대화상자 표시 ❷ [열기] 대화상자에서 예제 폴더 선택 ❸ **근무일정표.xlsx** 파일 클릭 ❹ [열기]를 클릭합니다.

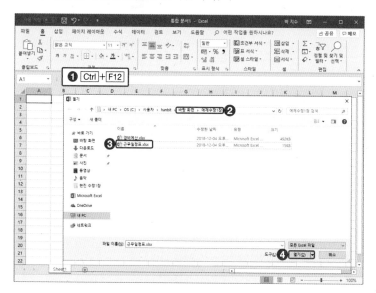

바로 통 하는TIP

[Excel 옵션] 대화상자의 [저장] 옵션으로 [파일을 열거나 저장할 때 Backstage 표시 안 함]을 선택해두지 않은 경우 빠른 실행 도구 모음의 [열기] 아이콘을 클릭하거나 단축키 Ctrl + O 를 누르면 [열기] 백스테이지가 표시됩니다. Ctrl + F12 는 [열기] 대화상자를 바로 표시하는 단축키입니다.

02 리본 메뉴로 날짜 표시 형식 변경하기

❶ [B7] 셀 클릭 ❷ [홈] 탭-[표시 형식] 그룹-[표시 형식] 목록 버튼 클릭 ❸ [자세한 날짜]를 클릭합니다.

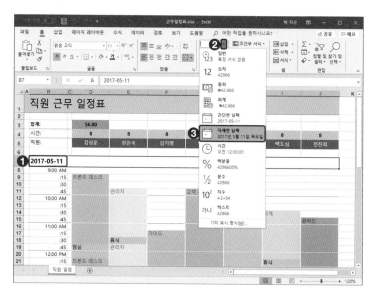

03 단축 메뉴로 행 삭제하기

❶ 3행에서 4행까지 머리글 드래그 ❷ 마우스 오른쪽 버튼 클릭 ❸ 단축 메뉴에서 [삭제]를 클릭합니다.

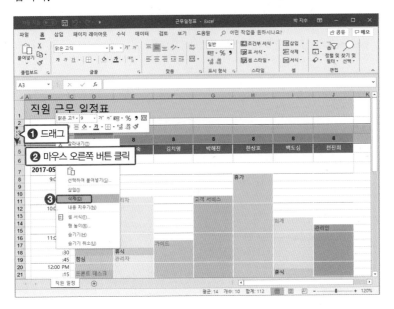

04 검색 상자로 눈금선 표시 해제하기

❶ 검색 상자에 **눈금선** 입력 ❷ 나타난 목록 중 [눈금선 표시]를 클릭합니다.

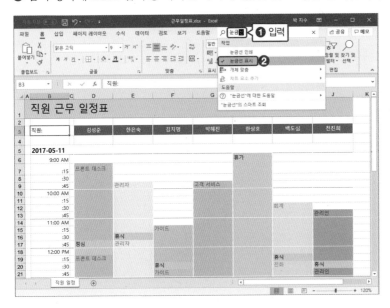

✿ **엑셀 2016** 검색 상자는 엑셀 2016 버전부터 추가되었습니다. 하위 버전에서는 [보기] 탭-[표시] 그룹-[눈금선]을 클릭합니다.

05 PDF 형식으로 저장하기

❶ F12를 눌러 [다른 이름으로 저장] 대화상자 표시 ❷ 저장 위치로 [문서] 폴더 선택 ❸ [파일 형식] 목록 버튼 클릭 ❹ [PDF] 클릭 ❺ [저장]을 클릭합니다.

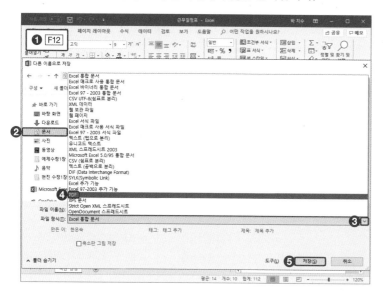

06 PDF 파일로 열기

저장이 완료되면 PDF 뷰어 프로그램이 자동으로 실행되면서 PDF 파일이 열립니다. [닫기]를 클릭합니다.

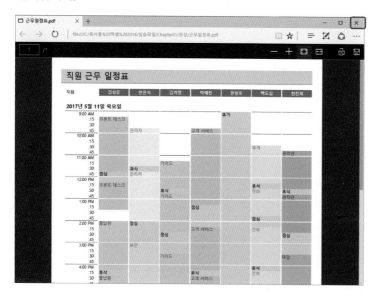

PDF 파일을 열 수 있는 PDF 뷰어 프로그램이 컴퓨터에 설치되어 있어야 합니다.

07 엑셀 종료하기

❶ 엑셀을 종료하기 위해 [닫기] 클릭 ❷ 변경된 내용을 저장할지 묻는 대화상자에서 [저장 안함]을 클릭합니다.

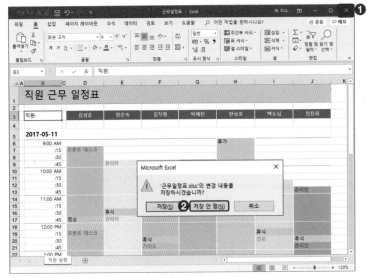

바로 통 하는TIP

PDF 파일로 저장했더라도 파일이 변경되면 다시 엑셀 문서를 저장해야 합니다.

CHAPTER

02

엑셀
데이터 입력

워드프로세서에서는 입력하는 문자, 숫자, 날짜, 시간을 모두 문자로만
인식합니다. 엑셀에서는 입력하는 데이터가 문자인지, 숫자인지, 날짜 혹
은 시간인지에 따라 자동으로 적용되는 기본 서식과 표시 형식이 다릅니
다. 따라서 엑셀에서 다뤄지는 데이터의 특징을 잘 알아두면 문서 작성
시간을 줄일 수 있고 작업의 효율성도 높일 수 있습니다. 이번 장에서는
엑셀의 작업 영역인 셀, 워크시트, 통합 문서의 개념을 이해하고 엑셀에
서 다루는 데이터의 종류별 특성에 대해서 알아보겠습니다.

우선
순위 핵심기능

2007 2010 2013 2016 2019

01

셀 및 범위를 선택하는
다양한 방법 알아보기

실습 파일 | Chapter02\01_매출집계표.xlsx 완성 파일 | 없음

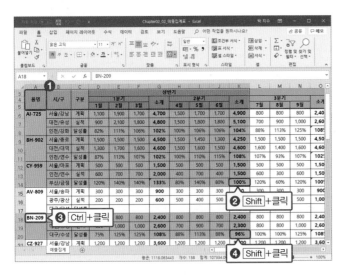

마우스와 단축키로 데이터 범위 선택하기

01 한 개 품명에 대한 오른쪽의 데이터 범위를 한 번에 선택해보겠습니다.

❶ [A6] 셀에서 [A8] 셀까지 드래그

❷ Ctrl + Shift + → 를 누릅니다.

바로 통 하는 TIP 범위 지정 단축키가 잘 적용되지 않는다면 [파일] 탭-[옵션]-[고급]에서 [Lotus 호환성 옵션] 항목 중 [키보드 명령 바꾸기]가 선택되어 있는지 확인합니다. 이 옵션이 선택되어 있으면 Tab 및 일부 범위 지정 단축키가 적용되지 않습니다.

바로 통 하는 TIP Ctrl + Shift + → 를 누르면 화살표 방향의 마지막 데이터 셀까지 한 번에 범위가 지정됩니다.

단축키로 범위 지정하기

02 단축키로 연속된 셀, 떨어져 있는 셀 범위를 선택하겠습니다.

❶ [A3] 셀 클릭

❷ [K14] 셀 Shift +클릭

❸ [A18] 셀 Ctrl +클릭

❹ [K20] 셀 Shift +클릭합니다.

바로 통 하는 TIP [A3:K14] 셀, [A18:K20] 셀이 범위로 지정되었습니다. 즉, Shift 는 연속된 셀 범위를 지정할 때, Ctrl 은 떨어져 있는 셀 범위를 지정할 때 사용합니다.

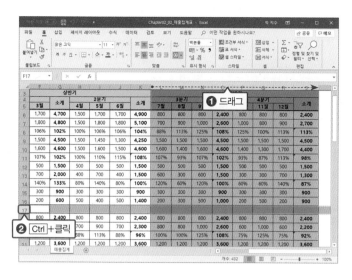

행/열 전체 범위 선택하기

03 행/열 머리글을 클릭하거나 드래그하여 행/열 전체 범위를 선택하겠습니다.

❶ L열 머리글에서 S열 머리글까지 드래그

❷ 17행 머리글을 Ctrl+클릭합니다.

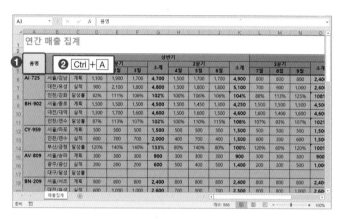

표 전체 범위 선택하기

04 한 번에 표 전체 범위를 선택하겠습니다.

❶ [A3] 셀 클릭

❷ Ctrl+A를 누릅니다.

바로 통 하는TIP Ctrl+A를 누르면 [A3] 셀을 기준으로 데이터가 입력되어 있는 전체 범위가 지정됩니다. Ctrl+·을 눌러도 됩니다.

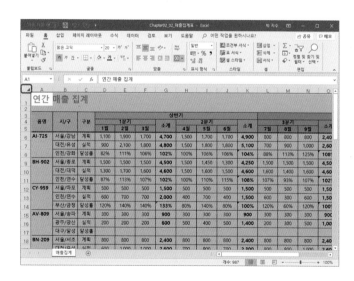

워크시트 전체 범위 선택하기

05 워크시트 전체 범위를 선택하겠습니다.

[전체 선택 ◢]을 클릭합니다.

바로 통 하는TIP 표 전체 범위가 선택된 상태에서는 Ctrl+A를 한 번 더 눌러도 됩니다. Ctrl+A는 데이터 범위를 우선 선택하지만 데이터가 없거나 이미 데이터 범위가 선택된 상태에서는 전체 워크시트를 선택합니다. Ctrl+·은 데이터 범위만 전체 선택합니다.

우선
순위

실무
활용

문서
작성
&
데이터
입력

수식
&
데이터
편집

서식
&
인쇄

함수

차트
&
스파크
라인

데이터
관리
&
분석

매크로
&
VBA

부록

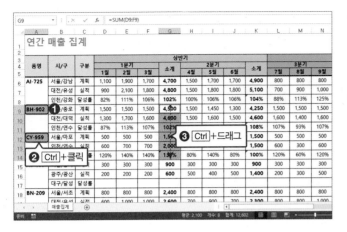

비연속 셀 및 범위 선택하기

06 떨어져 있는 셀과 범위를 선택하겠습니다.

❶ [A9] 셀 클릭

❷ [A12] 셀 Ctrl+클릭

❸ [G9:G14] 범위를 Ctrl+드래그합니다.

쉽고 빠른 엑셀 NOTE

셀 클릭 및 범위 지정 단축키

키보드의 방향키 ←→↑↓를 누르면 각 방향으로 한 셀씩 셀 포인터가 이동합니다. 인접한 셀을 선택할 때는 마우스로 클릭하면서 셀을 선택하는 것보다 단축키를 사용하는 것이 더 편리합니다. 셀 클릭 및 범위 지정 시 사용되는 단축키는 다음과 같습니다.

단축 키	결과
→ 또는 Tab	오른쪽으로 한 셀 이동
← 또는 Shift+Tab	왼쪽으로 한 셀 이동
↓ 또는 Enter	아래쪽으로 한 셀 이동
↑ 또는 Shift+Enter	위쪽으로 한 셀 이동
Ctrl+방향키 →, ←, ↑, ↓	해당 방향의 마지막 데이터 셀로 이동
End 후 방향키 →, ←, ↑, ↓	Ctrl+방향키와 동일. 단, End와 방향키를 동시에 누르는 것이 아니라 End를 누른 후 방향키를 별도로 누름
Home	현재 행의 처음 셀로 이동
Ctrl+End	워크시트의 마지막 사용 셀로 이동
Ctrl+Home	[A1] 셀로 이동
PageUp	한 화면 단위로 위로 이동
PageDown	한 화면 단위로 아래로 이동
Alt+PageUp	한 화면 단위로 왼쪽으로 이동
Alt+PageDown	한 화면 단위로 오른쪽으로 이동
Shift+방향키 →, ←, ↑, ↓	화살표 방향으로 한 셀씩 범위 지정
Ctrl+Shift+방향키 →, ←, ↑, ↓	화살표 방향의 마지막 데이터 셀까지 범위 지정
Ctrl+A 또는 Ctrl+*	인접한 전체 데이터 범위 지정

핵심기능

02

이름 상자로 셀 및 범위 선택하기

실습 파일 | Chapter02\02_영업보고서.xlsx   완성 파일 | 없음

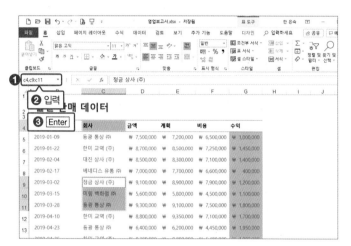

이름 상자에 셀, 범위 직접 입력하기

01 이름 상자에 셀 참조를 직접 입력해 셀과 범위를 지정하겠습니다.

❶ 이름 상자 클릭

❷ C4,C9:C11 입력

❸ Enter를 누릅니다.

이름 상자에 입력한 범위가 선택됩니다.

바로 **통**하는TIP 셀 범위는 셀 주소 사이에 콜론(:)을 넣어 지정하고, 비연속 셀이나 범위를 지정할 때는 셀 주소, 범위 사이에 콤마(,)를 넣습니다.

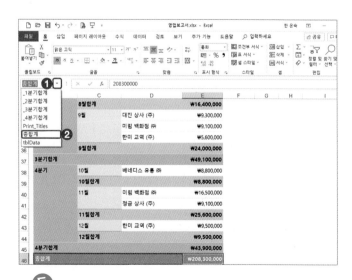

이름 선택으로 셀 클릭하기

02 미리 정의되어 있는 이름을 선택하여 총합계 셀을 선택합니다.

❶ 이름 상자 목록 단추 클릭

❷ 이름 목록에서 [총합계]를 클릭합니다.

[총합계]라고 이름 정의된 셀이 선택됩니다.

바로 **통**하는TIP 이름 목록 중 tblData는 [판매데이터] 시트의 표 범위, 나머지는 [판매보고서] 시트의 셀이 이름 정의되어 있습니다. 이름을 선택하면 다른 시트에 있는 셀도 시트를 이동하며 바로 선택됩니다. 이름 정의에 대해서는 83쪽에서 자세히 다룹니다.

핵심기능 03

셀 내용 자동 완성으로 데이터 입력하기

실습 파일 | Chapter02\03_판매현황표.xlsx   완성 파일 | Chapter02\03_판매현황표_완성.xlsx

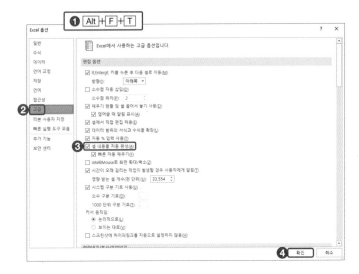

셀 내용 자동 완성 설정 확인하기

01 셀 내용 자동 완성 설정이 되어 있는지 확인하겠습니다.

❶ Alt + F + T 눌러 [Excel 옵션] 대화상자 열기

❷ [고급] 클릭

❸ [셀 내용을 자동 완성]에 체크 표시

❹ [확인]을 클릭합니다.

바로 **통** 하는TIP [셀 내용을 자동 완성]의 체크 표시를 해제하면 자동 완성이 실행되지 않습니다.

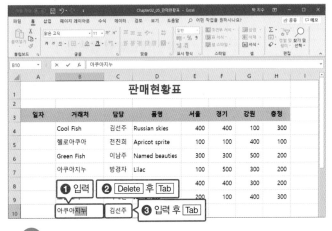

자동 완성으로 입력하기

02 문자 일부만 입력하여 셀 내용을 자동 완성하겠습니다.

❶ [B10] 셀에 **아쿠아** 입력

❷ 자동 완성된 '지누'라는 글자를 삭제하기 위해 Delete 후 Tab

❸ [C10] 셀에 **김**을 입력하면 '김선 주'가 자동으로 완성됩니다. 그대로 입력하기 위해 바로 Tab 을 누릅니다.

바로 **통** 하는TIP 셀 내용 자동 완성 기능 규칙

입력하는 문자와 같은 문자열이 이미 위쪽 셀에 있을 때는 원래 있던 문자열이 자동으로 완성되어 입력됩니다. 자동 완성된 문자를 그대로 입력하려면 Enter 를 누르고, 그렇지 않으면 무시하고 나머지 다른 문자열을 입력하거나 Delete 를 누릅니다. [B7] 셀에 '아쿠아지누'가 입력되어 있었으므로 [B10] 셀에는 '아'만 입력해도 '아쿠아지누'가 완성됩니다. 또한 [B10] 셀에 '아쿠아'가 입력된 후에는 같은 글자로 시작하는 문자열이 두 개 이상이므로 그 아래 셀에 '아'를 입력해도 '아쿠아'나 '아쿠아지누'가 완성되지 않습니다.

핵심기능

04

같은 데이터 빠르게 입력하기

실습 파일 | Chapter02\04_판매현황표.xlsx　　완성 파일 | Chapter02\04_판매현황표_완성.xlsx

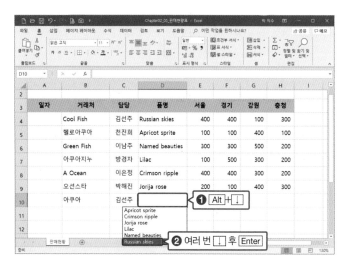

단축키로 데이터 선택 입력하기

01 이미 입력된 품명 목록에서 데이터를 선택해 입력하겠습니다.

❶ [D10] 셀에서 Alt + ↓ 눌러 기존 입력된 품명 목록 표시

❷ ↓를 여러 번 눌러 [Russian skies]를 선택한 후 Enter 를 누릅니다.

바로 통하는TIP Alt + ↓는 현재 열의 고유 데이터 목록을 표시하는 단축키입니다.

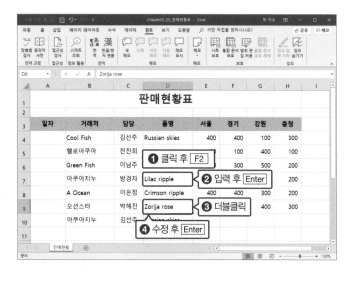

일부 셀 내용 수정하기

02 셀 내용의 일부를 수정하겠습니다.

❶ [D7] 셀 클릭 후 F2

❷ ripple 입력 후 Enter

❸ [D9] 셀 더블클릭

❹ J를 Z로 수정 후 Enter 를 누릅니다.

바로 통하는TIP 셀을 선택한 후 바로 새 데이터를 입력하면 기존 셀 내용이 지워집니다. 셀 내용의 일부만 수정할 때는 셀을 선택한 후 수식 입력줄을 클릭합니다. 또는 셀을 더블클릭하고 F2를 누른 후 수정할 부분을 지우고 내용을 입력합니다.

단축키로 위쪽 셀 내용 복사하기

03 위쪽 셀 내용을 복사하는 단축 키를 사용하겠습니다.

❶ [B11] 셀 클릭 후 Ctrl + ' `

❷ **스타** 입력 후 Tab

❸ [C11:D11] 범위 지정 후 Ctrl + D

❹ [E9:F11] 범위 지정 후 Ctrl + D 를 누릅니다.

바로 통 하는TIP Ctrl + ' `(아포스트로피)는 바로 위에 있는 셀 데이터를 복사하고 셀에 커서를 표시하여 데이터 추가 입력을 기다립니다. 입력을 완료하려면 Tab 또는 Enter 를 누릅니다. Tab 을 누르면 오른쪽 셀로, Enter 를 누르면 아래쪽 셀로 이동합니다. Ctrl + D 는 입력 완료 상태로 복사합니다.

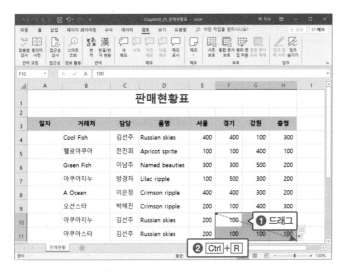

단축키로 왼쪽 셀 데이터 복사하기

04 왼쪽 셀 데이터를 복사하는 단축키를 사용하겠습니다.

❶ [F10:H11] 범위 지정

❷ Ctrl + R 을 누릅니다.

바로 통 하는TIP Ctrl + R 은 바로 왼쪽 셀의 데이터를 복사합니다. 범위를 지정한 후 Ctrl + D 나 Ctrl + R 을 누르면 지정된 범위 중 첫 번째 셀의 데이터를 나머지 셀에 복사합니다.

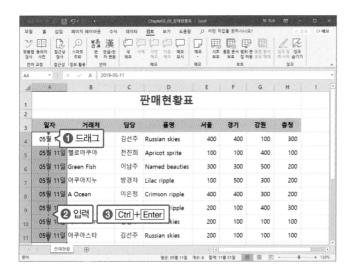

범위에 데이터 한꺼번에 입력하기

05 범위 선택 후 같은 날짜를 한 번에 입력하겠습니다.

❶ [A4:A11] 범위 지정

❷ **5/11** 입력

❸ Ctrl + Enter 를 누릅니다.

바로 통 하는TIP 단축키 Ctrl + Enter 는 범위에 같은 데이터를 한꺼번에 입력합니다. 범위를 선택한 후 내용을 입력하고 단축키 Ctrl + Enter 를 누릅니다. 떨어져 있는 범위에 같은 내용을 입력할 때도 마찬가지입니다.

05 날짜 및 숫자 입력하기

실습 파일 | Chapter02\05_거래명세표.xlsx 완성 파일 | Chapter02\05_거래명세표_완성.xlsx

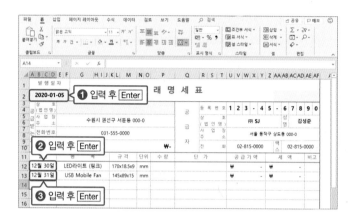

날짜 입력하기

01 구분 기호에 따라 날짜가 다르게 표시되는 것을 확인하겠습니다.

❶ [A2] 셀에 **2020-1-5** 입력 후 Enter

❷ [A12] 셀에 **12-30** 입력 후 Enter

❸ [A13] 셀에 **12/31** 입력 후 Enter 를 누릅니다.

바로 통 하는 TIP 구분 기호에 따라 날짜가 다르게 표시되지만 모두 날짜 데이터로 입력되었습니다. 월, 일만 입력할 경우 연도는 컴퓨터에 설정된 현재 연도로 지정됩니다.

쉽고 빠른 엑셀 NOTE **날짜/시간 데이터의 특성**

날짜는 반드시 년-월-일, 년/월/일, 년/월, 년-월, 월/일, 월-일의 형태로 년, 월, 일 사이에 하이픈(-)이나 슬래시(/)를 입력해야 날짜 데이터로 인식합니다. 월, 일만 입력하면 연도는 컴퓨터에 설정된 현재 연도가 자동으로 지정되며, 구분 기호로 월, 일이 입력됩니다. 시간은 시:분, 시:분:초, 분:초의 형태로 시, 분, 초 사이에 콜론(:)을 입력해야 시간 데이터로 인식합니다. 날짜와 시간 데이터도 계산할 수 있는 데이터이므로 기본적으로 오른쪽 맞춤되며 열 너비가 좁으면 셀이 #으로 채워집니다. Ctrl+:을 누르면 현재 컴퓨터에 설정된 날짜가 입력되고, Ctrl+:(Ctrl+Shift+:)을 누르면 현재 컴퓨터에 설정된 시간이 입력됩니다.

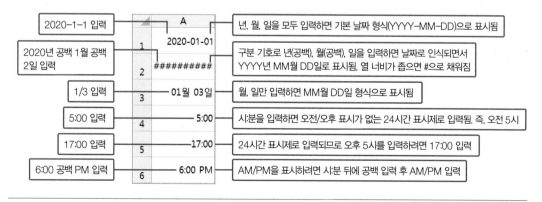

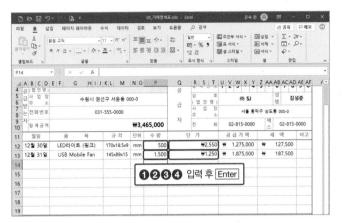

숫자 입력하기

02 수량과 단가를 입력하겠습니다.

❶ [P12] 셀에 **500** 입력 후 Tab

❷ [Q12] 셀에 **₩2550** 입력 후 Enter

❸ [P13] 셀에 **1,500** 입력 후 Tab

❹ [Q13] 셀에 **₩1250** 입력 후 Enter 를 누릅니다.

바로 통 하는 TIP Tab 을 누르면 셀 포인터가 오른쪽으로 이동하며, Enter 를 누르면 입력을 시작했던 열의 아래 셀로 이동합니다. 통화 기호와 함께 숫자를 입력하면 자릿수 구분 기호 콤마(,)가 자동으로 입력됩니다. 공급가액과 세액에는 미리 수식이 작성되어 있습니다.

쉽고 빠른 엑셀 NOTE 숫자 데이터의 특성

숫자는 0~9의 아라비아 숫자로 입력하며, 숫자 입력 시 +, −, 콤마(,), 소수점(.), %, ₩, $ 기호를 함께 입력하면 해당 기호에 따른 서식이 적용됩니다. 숫자 데이터의 기본 서식 및 열 너비에 따른 표시 방식은 다음과 같습니다.

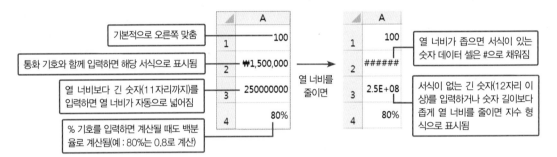

숫자 부호의 의미

+는 양수, −는 음수 기호이며, 숫자를 괄호 속에 입력해도 음수로 입력됩니다. 콤마(,)는 1000자리 구분 기호, 마침표(.)는 소수점, %는 백분율, ₩, $는 통화 기호입니다. 공백과 / 기호를 사용하면 분수 형식을 입력할 수 있습니다. 예를 들어 0 입력 후 한 칸 띄고 1/2라고 입력하면 셀에 1/2로 표시되며 0.5로 계산됩니다.

숫자 부호	입력	셀 표시	실제 값	숫자 부호	입력	셀 표시	실제 값
양수	+100	100	100	퍼센트	50%	50%	0.5
음수	−100	−100	−100	통화 기호	₩1,000	₩1,000	1000
	(100)	−100	−100		$1,200	$1,200	1200
콤마	1,000	1,000	1000	분수	0 1/2	1/2	0.5
소수점	3.25	3.25	3.25		1 1/2	1 1/2	1.5

숫자 데이터에 기호를 쓸 때는 반드시 형식에 맞춰 사용해야 숫자 데이터로 인식합니다. 예를 들어 400$ 또는 10,00(소수점이 아닌 콤마)과 같이 입력하면 바르지 않은 표기이므로 숫자가 아닌 문자 데이터로 인식합니다.

2007 2010 2013 2016 2019

문자, 한자, 특수 문자 입력하기

실습 파일 | Chapter02\06_거래명세표.xlsx   완성 파일 | Chapter02\06_거래명세표_완성.xlsx

● ❷ 입력 후 Enter

아포스트로피(')로 문자 입력하기

01 하이픈(-) 구분 기호가 포함된 품목 번호를 문자로 입력하겠습니다.

❶ [AE12] 셀에 '1-1 입력 후 Enter

❷ [AE13] 셀에 '1-2 입력 후 Enter 를 누릅니다.

날짜 데이터로 변환되지 않고 입력한 그대로 문자가 표시됩니다.

쉽고 빠른 엑셀 NOTE — 아포스트로피(') 없이 문자로 계속 입력하려면

1-1, 1-2를 입력하면 01월 01일, 01월 02일과 같이 날짜 형식으로 입력됩니다. 입력한 그대로의 문자로 표시하려면 문자 앞에 아포스트로피(')를 입력해야 합니다. 입력할 문자가 많아 아포스트로피(')를 계속 입력하는 것이 번거롭다면 미리 입력할 범위의 표시 형식을 텍스트로 지정해둡니다. 텍스트 표시 형식이 지정되어 있는 셀에는 아포스트로피(') 없이 입력해도 문자로 입력됩니다.

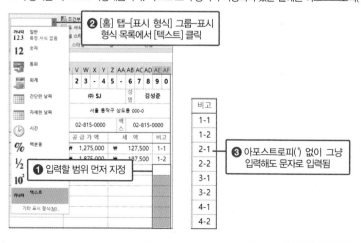

❷ [홈] 탭-[표시 형식] 그룹-표시 형식 목록에서 [텍스트] 클릭

❶ 입력할 범위 먼저 지정

❸ 아포스트로피(') 없이 그냥 입력해도 문자로 입력됨

쉽고 빠른 엑셀
NOTE

문자 데이터의 특징

한글, 영문, 한자, 특수 문자, 숫자와 문자가 혼합된 데이터는 문자 데이터로 취급합니다. 문자 데이터에 지정되는 기본 서식 및 특징은 다음과 같습니다.

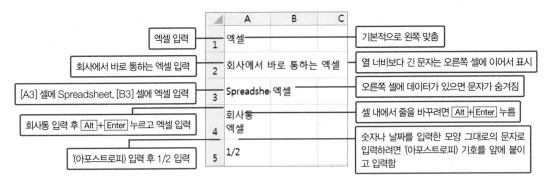

엑셀 입력	기본적으로 왼쪽 맞춤
회사에서 바로 통하는 엑셀 입력	열 너비보다 긴 문자는 오른쪽 셀에 이어서 표시
[A3] 셀에 Spreadsheet, [B3] 셀에 엑셀 입력	오른쪽 셀에 데이터가 있으면 문자가 숨겨짐
회사통 입력 후 Alt + Enter 누르고 엑셀 입력	셀 내에서 줄을 바꾸려면 Alt + Enter 누름
'(아포스트로피) 입력 후 1/2 입력	숫자나 날짜를 입력한 모양 그대로의 문자로 입력하려면 '(아포스트로피) 기호를 앞에 붙이고 입력함

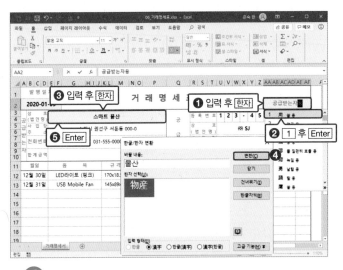

바로**통**하는TIP 한자 변환 후에도 셀에 커서가 계속 남아 있으므로 반드시 마지막에 Enter 를 눌러야 합니다.

한자 입력하기

02 한자 입력 방법을 알아보겠습니다.

❶ [AA2] 셀에 **공급받는자용** 입력 후 한자

❷ 1 눌러 한자 목록의 첫 번째 한자 선택 후 Enter

❸ [E3] 셀에 **스마트 물산** 입력 후 한 칸 띄우고 한자

❹ [한글/한자 변환] 대화상자에서 [변환] 클릭

❺ [E3] 셀에서 Enter 를 누릅니다.

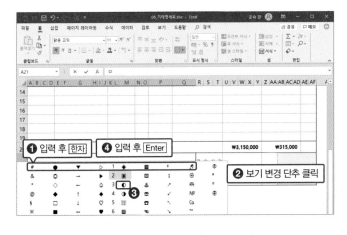

한글 자음으로 특수 문자 입력하기

03 한글 자음으로 변환할 수 있는 특수 문자를 입력하겠습니다.

❶ [A21] 셀에 ㅁ 입력 후 한자

❷ 보기 변경 버튼 » 클릭

❸ ■ 클릭

❹ 한 칸 띄우고 **특기사항**을 입력한 후 Enter 를 누릅니다.

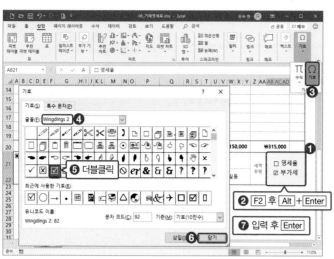

[기호] 대화상자에서 특수 문자 입력하기

04 [기호] 대화상자에서는 더 다양한 특수 문자를 입력할 수 있습니다.

❶ [AB21] 셀 클릭

❷ F2 누른 후 Alt + Enter

❸ [삽입] 탭-[기호] 그룹-[기호] 클릭

❹ [기호] 대화상자의 [글꼴] 목록에서 [Wingdings2] 선택

❺ ☑ 더블클릭

❻ [닫기] 클릭

❼ **부가세**를 입력하고 Enter 를 누릅니다.

 하는TIP Alt + Enter 를 누르면 셀 내에서 줄을 변경할 수 있습니다.

바로통 하는TIP 특수 문자가 포함된 글꼴은 Webdings, Wingdings, Windings2, Windings3 등이 있습니다. [기호] 대화상자를 닫아도 셀에 커서가 남아 있으므로 마지막에 Enter 를 눌러야 합니다.

쉽고 빠른 엑셀 NOTE 한글 자음별 특수 문자

참고 파일 | Chapter02\자음별특수문자.xlsx

한글 자음을 입력한 후 한자 를 눌렀을 때 나타나는 특수 문자 목록은 다음과 같습니다.

자음	ㄱ		ㄴ		ㄷ		ㄹ		ㅁ		ㅂ		ㅅ		ㅇ		ㅈ		ㅊ		ㅋ		ㅌ		ㅍ		ㅎ	
목록	1		1	"	1	+	1	$	1	#	1	—	1	㉠	1	ⓐ	1	0	1	½	1	ㄱ	1	ㄸ	1	A	1	A
	2	!	2	(	2	-	2	%	2	&	2	ㅣ	2	㉡	2	ⓑ	2	⅓	2	ㄲ	2	ㄸ	2	B	2	B		
	3	'	3	)	3	<	3	₩	3	*	3	ㄱ	3	㉢	3	ⓒ	3	2	3	⅔	3	ㄴ	3	ㄸ	3	C	3	Γ
	4	,	4	[	4	=	4	F	4	@	4	ㄴ	4	㉣	4	ⓓ	4	3	4	¼	4	ㄴ	4	ㄸ	4	D	4	Δ
	5	.	5	]	5	>	5	'	5	§	5	ㄷ	5	㉤	5	ⓔ	5	4	5	¾	5	ㄿ	5	ㄿ	5	E	5	E
	6	/	6	{	6	±	6	"	6	※	6	ㄹ	6	㉥	6	ⓕ	6	5	6	⅛	6	ㄸ	6	ㄹ	6	F	6	Z
	7	:	7	}	7	×	7	℃	7	☆	7	ㅁ	7	㉦	7	ⓖ	7	6	7	⅜	7	ㄷ	7	ㄿ	7	G	7	H
	8	;	8	'	8	÷	8	Å	8	★	8	ㅂ	8	㉧	8	ⓗ	8	7	8	⅝	8	ㄸ	8	ㄹ	8	H	8	Θ
	9	?	9	'	9	≠	9	°	9	○	9	ㅅ	9	㉨	9	ⓘ	9	8	9	⅞	9	ㄹ	9	ㅀ	9	I	9	I
내용	문장부호		괄호문자		수학기호		단위기호		도형		괘선조각		한글 원,괄호		영문 원,괄호		아라비아, 로마숫자		분수기호		쌍자음		한글모음		배각 영문자		그리스 문자	

핵심기능 07

셀에 메모 삽입하기

실습 파일 | Chapter02\07_일계표.xlsx   완성 파일 | Chapter02\07_일계표_완성.xlsx

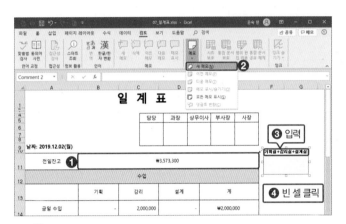

리본 메뉴로 메모 삽입하기

01 리본 메뉴로 셀에 메모를 삽입하겠습니다.

❶ [B11] 셀 클릭

❷ [검토] 탭-두 번째 [메모] 그룹-[메모]-[새 메모] 클릭

❸ 메모 상자에 **기획실+감리실+설계실** 입력

❹ 빈 셀을 클릭합니다.

바로 통 하는TIP 엑셀 2019 버전까지는 [검토] 탭-[메모] 그룹-[새 메모]를 클릭합니다. Office 365에서는 두 가지 형태의 메모가 있으며 첫 번째 [메모] 그룹은 스레드 댓글형 메모입니다. 메모 상자는 기본적으로 숨겨지며 메모가 삽입된 셀의 오른쪽 위에는 빨간색 표식이 생깁니다. 여기에 마우스 포인터를 가져가면 메모 상자가 표시됩니다. 메모 상자를 화면에 표시해도 문서 인쇄 시 인쇄 옵션을 지정하지 않는 한 메모 상자는 인쇄되지 않습니다. 메모 상자에 입력된 사용자 이름은 엑셀 프로그램 설치 시 지정한 사용자명입니다. 메모를 입력한 사람을 구분하기 위해 그대로 두어도 되지만 필요 없다면 Backspace 를 눌러 지운 후 내용을 입력합니다.

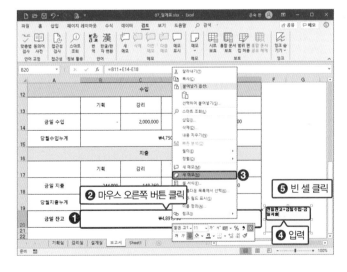

단축 메뉴로 메모 삽입하기

02 단축 메뉴로 셀에 메모를 삽입하겠습니다.

❶ [B20] 셀 클릭

❷ 마우스 오른쪽 버튼 클릭

❸ 두 번째 [새 메모] 클릭

❹ 메모 상자에 **전일잔고+금일수입-금일지출** 입력

❺ 빈 셀을 클릭합니다.

바로 통 하는TIP Shift + F2 를 눌러도 메모 상자가 삽입됩니다.

✿ 엑셀 2019 엑셀 2019 버전까지는 단축 메뉴의 [메모 삽입]을 클릭합니다. Office 365에서는 두 개의 [새 메모]가 있으며 이 중 첫 번째 [새 메모]는 스레드 댓글형 메모입니다.

메모 편집하기

03 메모 상자를 모두 표시한 후 메모 상자의 위치 및 크기를 조절하겠습니다.

❶ [검토] 탭-두 번째 [메모] 그룹-[메모]-[모든 메모 표시] 클릭

❷ 첫 번째 메모 상자를 클릭하고 드래그하여 위치를 이동한 후 크기 조절점을 드래그하여 크기를 줄입니다.

바로 통 하는TIP 모든 메모 상자를 표시하지 않고 일부 메모만 표시하려면 해당 메모 셀에서 마우스 오른쪽 버튼을 클릭한 후 [메모 표시/숨기기] 메뉴를 선택합니다.

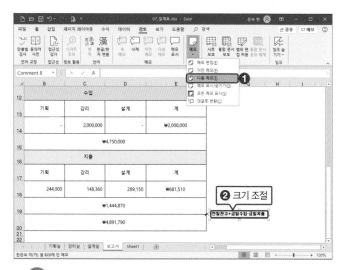

다음 메모로 이동하기

04 메모 상자 사이를 이동합니다.

❶ [검토] 탭-두 번째 [메모] 그룹-[메모]-[다음 메모] 클릭

❷ 다음 메모 상자가 선택되면 크기 조절점을 드래그하여 크기를 줄입니다.

바로 통 하는TIP 메모를 삭제하려면 [검토] 탭-[메모] 그룹-[삭제]를 클릭하거나 해당 메모 셀에서 마우스 오른쪽 버튼을 클릭한 후 [메모 삭제]를 선택합니다.

데이터 종류별로
선택한 후 강조하기

실습 파일 | Chapter02\08_성과보고서.xlsx   완성 파일 | Chapter02\08_성과보고서_완성.xls

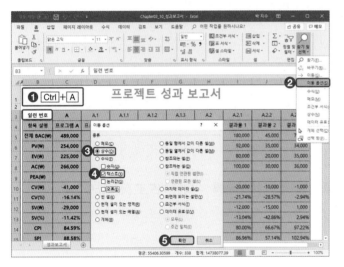

문자만 선택하기

01 데이터 범위 중 문자만 선택하
겠습니다.

❶ [B3] 셀 클릭 후 Ctrl+A 눌러
표 전체 범위 선택

❷ [홈] 탭-[편집] 그룹-[찾기 및 선
택]-[이동 옵션] 클릭

❸ [이동 옵션] 대화상자에서 [상수]
클릭

❹ 수식 옵션에서 [텍스트]만 체크
표시하고 나머지 옵션 모두 해제

❺ [확인]을 클릭합니다.

전체 범위에서 텍스트 형식으로 입력된 셀만 선
택됩니다.

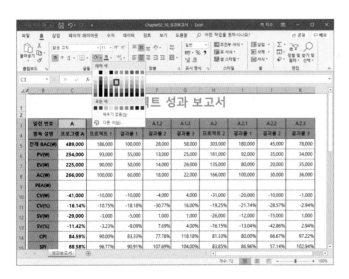

채우기 색 지정하기

02 선택된 셀에 채우기 색을 지정
합니다.

[홈] 탭-[글꼴] 그룹-[채우기 색]-
[바다색, 강조1, 60% 더 밝게]를 클
릭합니다.

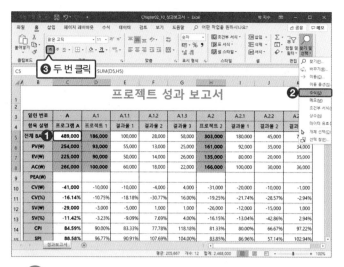

수식 셀만 선택 후 강조하기

03 수식이 입력된 셀만 선택한 후 글꼴을 굵게 표시하겠습니다.

❶ [C5] 셀 클릭

❷ [홈] 탭-[편집] 그룹-[찾기 및 선택]-[수식] 클릭

❸ [홈] 탭-[글꼴] 그룹-[굵게 가]를 두 번 클릭합니다.

수식이 입력된 셀만 선택되며 굵게 표시됩니다.

바로통하는TIP 지정된 범위 중 이미 [굵게] 서식이 지정되어 있는 셀이 있기 때문에 [굵게]를 한 번만 누르면 기존 지정되어 있는 [굵게] 서식이 해제됩니다.

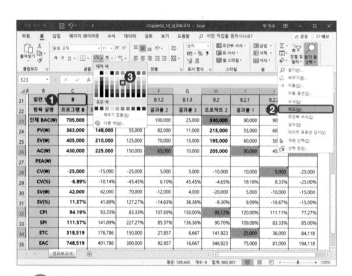

메모 셀만 선택한 후 강조하기

04 메모가 있는 셀에만 채우기 색을 지정하겠습니다.

❶ [C21] 셀 클릭

❷ [홈] 탭-[편집] 그룹-[찾기 및 선택]-[메모] 클릭

❸ [홈] 탭-[글꼴] 그룹-[채우기 색]-[황록색, 강조 2, 60% 더 밝게]를 클릭합니다.

메모가 표시된 셀이 선택됩니다.

바로통하는TIP [C21] 셀을 선택한 것은 이전 작업에서 선택됐던 범위를 해제하기 위해 임의의 셀을 선택한 것이며, 선택하는 셀 위치는 다른 곳이 되어도 상관없습니다.

쉽고 빠른 엑셀 NOTE **[이동 옵션] 대화상자 알아보기**

[이동 옵션] 대화상자의 각 옵션 클릭 시 선택되는 셀은 다음과 같습니다.

❶ **메모** : 메모가 있는 셀이 선택됩니다.

❷ **상수** : 상수(수식이 아닌 숫자, 문자)가 있는 셀이 선택됩니다.

❸ **수식** : 수식이 있는 셀이 선택됩니다. 수식 아래 확인란에서 유형에 체크 표시하면 숫자 또는 텍스트만 선택할 수 있습니다.

❹ **빈 셀** : 빈 셀만 선택됩니다.

❺ **현재 셀이 있는 영역** : 현재 선택된 셀을 기준으로 연속된 전체 범위가 선택됩니다.

❻ **현재 셀이 있는 배열** : 현재 선택된 셀이 배열에 포함되어 있는 경우 전체 배열이 선택됩니다.

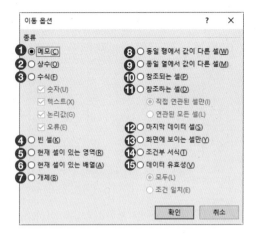

❼ **개체** : 차트 및 도형을 비롯한 그래픽 개체들이 선택됩니다.

❽ **동일 행에서 값이 다른 셀** : 선택한 행에서 현재 셀과 다른 모든 셀이 선택됩니다.

❾ **동일 열에서 값이 다른 셀** : 선택한 열에서 현재 셀과 다른 모든 셀이 선택됩니다. 현재 셀은 기본적으로 지정된 범위의 첫 번째 셀이며, Tab 이나 Enter 를 눌러 현재 셀의 위치를 변경할 수 있습니다.

❿ **참조되는 셀** : 현재 셀의 수식에서 참조하는 셀이 선택됩니다.

⓫ **참조하는 셀** : 현재 셀을 참조하는 수식이 있는 셀이 선택됩니다. 수식에서 직접 참조하는 셀만 선택하려면 [직접 연관된 셀만]을, 직접 또는 간접적으로 참조하는 모든 셀을 찾으려면 [연관된 모든 셀]을 선택합니다.

⓬ **마지막 데이터 셀** : 워크시트에서 데이터나 서식이 포함된 마지막 셀이 선택됩니다.

⓭ **화면에 보이는 셀만** : 숨겨진 행이나 열을 제외하고 선택됩니다.

⓮ **조건부 서식** : 조건부 서식이 적용된 셀만 선택됩니다.

⓯ **데이터 유효성** : 데이터 유효성 검사 규칙이 적용된 셀만 선택됩니다. 현재 선택한 셀과 동일한 데이터 유효성 검사가 적용된 셀을 찾으려면 [조건 일치]를 선택합니다.

핵심기능 09

빈 셀에 한꺼번에 데이터 입력하기

실습 파일 | Chapter02\09_성과보고서.xlsx   완성 파일 | Chapter02\09_성과보고서_완성.xls

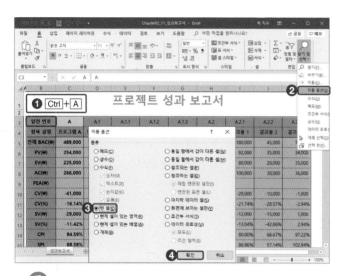

빈 셀만 선택하기

01 빈 셀만 선택하겠습니다.

❶ [B3] 셀 클릭 후 Ctrl + A 눌러 표 전체 범위 선택

❷ [홈] 탭-[편집] 그룹-[찾기 및 선택]-[이동 옵션] 클릭

❸ [이동 옵션] 대화상자에서 [빈 셀] 클릭

❹ [확인]을 클릭합니다.

비어 있는 셀만 선택됩니다.

바로 통 하는 TIP 표 전체 범위를 지정하지 않고 [빈 셀] 옵션을 선택하면 표 바깥의 빈 셀도 모두 선택됩니다.

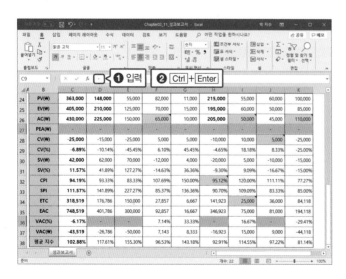

한 번에 데이터 입력하기

02 선택된 빈 셀에 한꺼번에 하이픈(–)을 입력하겠습니다.

❶ – 입력

❷ Ctrl + Enter 를 누릅니다.

선택된 모든 셀에 '–'가 입력됩니다.

10 채우기 핸들로 데이터 자동 채우기

실습 파일 | Chapter02\10_자동채우기.xlsx　완성 파일 | Chapter02\10_자동채우기_완성.xlsx

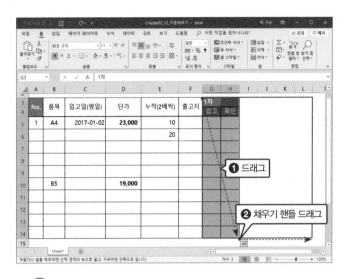

데이터 범위 반복 채우기

01 데이터 범위를 선택한 후 채우기 핸들을 드래그하면 서식과 함께 데이터가 반복해서 채워집니다.

❶ [G3:H14] 범위 지정

❷ 채우기 핸들을 [L14] 셀까지 드래그합니다.

숫자와 문자가 섞인 데이터를 채우기 핸들로 드래그하면 숫자가 증가되며 채워집니다. 따라서 '1차'는 '2차', '3차'로 숫자가 1씩 증가하고 문자만 있는 '입고', '확인'은 반복 복사되며 채워집니다.

바로 통 하는TIP 채우기 핸들은 일종의 셀 복사 도구로 셀 포인터 오른쪽 아래에 있는 녹색 점입니다. 채우기 핸들을 아래 방향이나 오른쪽으로 드래그하면 데이터가 복사됩니다.

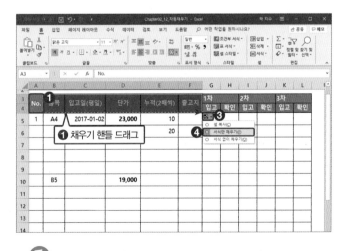

서식만 채우기

02 셀의 채우기 핸들을 드래그한 후 서식만 복사하겠습니다.

❶ [A3] 셀 클릭

❷ 채우기 핸들을 [F3] 셀까지 드래그

❸ [자동 채우기 옵션 ▦] 클릭

❹ [서식만 채우기]를 클릭합니다.

'No.'가 서식과 함께 복사되었다가 [서식만 채우기]를 클릭하면 기존 문자가 복구되고 서식만 복사됩니다.

바로 통 하는TIP 채우기 핸들을 드래그하면 드래그한 셀까지 범위가 선택되면서 채우기 핸들 옆에 [자동 채우기 옵션]이 표시됩니다. 채우기 유형을 선택할 수 있습니다.

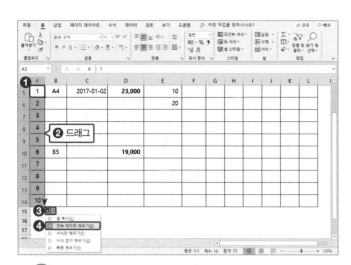

연속 데이터 채우기

03 숫자만 있는 셀의 채우기 핸들을 드래그해서 연속 데이터로 채우겠습니다.

❶ [A5] 셀 클릭

❷ 채우기 핸들을 [A14] 셀까지 드래그

❸ [자동 채우기 옵션] 클릭

❹ [연속 데이터 채우기]를 클릭합니다.

바로 통 하는TIP 숫자만 있는 셀의 채우기 핸들을 드래그하면 숫자가 복사됩니다. 따라서 '1'이 복사되었다가 [연속 데이터 채우기] 옵션을 선택하면 1씩 증가한 값으로 채워집니다. 또는 [A5] 셀을 클릭하고 Ctrl을 누른 상태에서 채우기 핸들을 드래그해도 1씩 증가한 값으로 채워집니다.

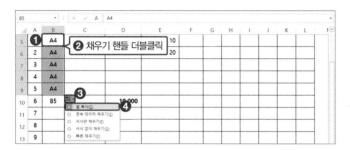

셀 복사하기

04 문자와 숫자가 혼합된 데이터 셀의 채우기 핸들을 드래그해서 복사하겠습니다.

❶ [B5] 셀 클릭

❷ 채우기 핸들 더블클릭

❸ [자동 채우기 옵션] 클릭

❹ [셀 복사]를 클릭합니다.

바로 통 하는TIP 문자와 숫자가 혼합된 데이터 셀의 채우기 핸들을 드래그하면 기본적으로는 숫자가 1씩 증가하면서 채워집니다. 따라서 1씩 증가한 값으로 채워졌다가 [셀 복사]를 선택하면 같은 값으로 복사됩니다. 또는 [B5] 셀을 클릭하고 Ctrl을 누른 상태에서 채우기 핸들을 드래그해도 숫자가 증가되지 않고 복사됩니다.

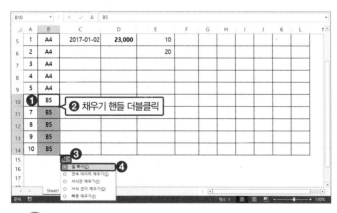

05 [B10] 셀에 대해서도 같은 작업을 반복합니다.

❶ [B10] 셀 클릭

❷ 채우기 핸들 더블클릭

❸ [자동 채우기 옵션] 클릭

❹ [셀 복사]를 클릭합니다.

같은 값이 셀에 복사됩니다.

바로 통 하는TIP 채우기 핸들 더블클릭

오른쪽이나 왼쪽의 셀에 빈 셀이 없고 데이터가 채워져 있는 경우에는 채우기 핸들을 더블클릭하여 데이터가 있는 곳까지 자동으로 데이터를 채울 수 있습니다.

우선
순위

실무
활용

문서
작성
&
데이터
입력

수식
&
데이터
편집

서식
&
인쇄

함수

차트
&
일러스트
레이션

데이터
관리
&
분석

매크로
&
VBA

부록

핵심기능

11

날짜, 숫자 데이터 자동 채우기

실습 파일 | Chapter02\11_자동채우기.xlsx   완성 파일 | Chapter02\11_자동채우기_완성.xlsx

평일 단위로 날짜 채우기

01 주말을 제외한 평일 단위로 날짜를 채우겠습니다.

❶ [C5] 셀 클릭

❷ 채우기 핸들 더블클릭

❸ [자동 채우기 옵션 📱] 클릭

❹ [평일 단위 채우기]를 클릭합니다.

바로 통 하는TIP 날짜 데이터 셀의 채우기 핸들을 드래그하면 기본적으로 일 단위로 채워집니다. 따라서 1일씩 증가된 날짜로 채워졌다가 [평일 단위 채우기]를 선택하면 주말을 제외한 평일 날짜만으로 채워집니다.

서식 없이 채우기

02 숫자 데이터 셀을 복사하면서 채우되, 서식은 복사하지 않겠습니다.

❶ [D5] 셀 클릭

❷ 채우기 핸들 더블클릭

❸ [자동 채우기 옵션] 클릭

❹ [서식 없이 채우기]를 클릭합니다.

바로 통 하는TIP 서식이 있는 셀의 채우기 핸들을 드래그하면 기본적으로 서식이 함께 복사됩니다. 따라서 굵은 글꼴 서식이 함께 복사됐다가 [서식 없이 채우기]를 선택하면 굵은 글꼴 서식이 없어집니다.

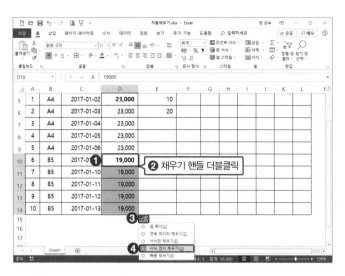

03 [D10] 셀에 대해 같은 작업을 반복하겠습니다.

❶ [D10] 셀 클릭

❷ 채우기 핸들 더블클릭

❸ [자동 채우기 옵션] 클릭

❹ [서식 없이 채우기]를 클릭합니다.

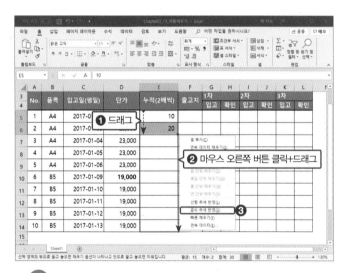

단축 메뉴로 급수추세 반영하기

04 숫자가 두 배씩 증가되도록 채우겠습니다.

❶ [E5:E6] 범위 지정

❷ 마우스 오른쪽 버튼을 클릭한 상태에서 채우기 핸들을 [E14] 셀까지 드래그

❸ [급수 추세 반영]을 클릭합니다.

값이 두 배씩 커지며 채워집니다.

바로 통 하는TIP 숫자가 입력된 두 셀 범위를 선택한 후 채우기 핸들을 드래그하면 기본적으로 [선형 추세] 형식으로 데이터가 채워집니다. [선형 추세]는 두 셀의 값 차이만큼 더하면서 범위를 채우는 방식, [급수 추세]는 두 셀의 값을 나눈 값만큼 곱하면서 범위를 채우는 방식입니다.

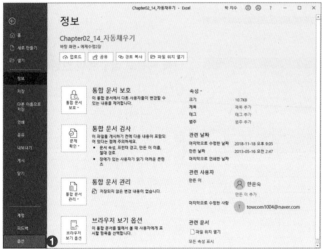

12 사용자 지정 목록 자동 채우기

실습 파일 | Chapter02\12_자동채우기.xlsx　완성 파일 | Chapter02\12_자동채우기_완성.xlsx

사용자 지정 목록 추가하기

01 문자 목록을 연속된 데이터로 등록하겠습니다.

❶ [파일] 탭-[옵션] 클릭

❷ [Excel 옵션] 대화상자에서 [고급] 클릭

❸ [사용자 지정 목록 편집] 클릭

❹ [사용자 지정 목록] 대화상자에서 [목록 항목]란에 **동부, 서부, 남부, 북부** 입력

❺ [추가] 클릭

❻ [사용자 지정 목록] 대화상자에서 [확인] 클릭

❼ [Excel 옵션] 대화상자에서 [확인]을 클릭합니다.

바로 통하는 TIP 목록 항목에 데이터 입력 시 항목마다 Enter를 누르면서 입력해도 되고, 한 줄에 콤마(,)를 구분 기호로 하여 입력해도 됩니다.

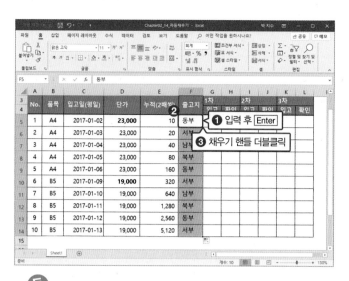

사용자 지정 목록 채우기

02 연속 데이터로 등록한 목록 순서로 채워보겠습니다.

❶ [F5] 셀에 **동부** 입력 후 Enter

❷ [F5] 셀 다시 클릭

❸ [F5] 셀의 채우기 핸들을 더블클릭합니다.

바로 통 하는 TIP 문자만 입력된 셀의 채우기 핸들을 드래그하거나 더블클릭하면 기본적으로 문자가 복사됩니다. 사용자 지정 목록에 등록된 데이터인 경우 등록된 목록 순서의 연속 데이터로 채워집니다. 따라서 '동부, 서부, 남부, 북부' 순서로 데이터가 채워집니다.

빠른 채우기로 데이터 분리하기

2007 2010 2013 2016 2019

실습 파일 | Chapter02\13_주소록분리.xlsx   완성 파일 | Chapter02\13_주소록분리_완성.xlsx

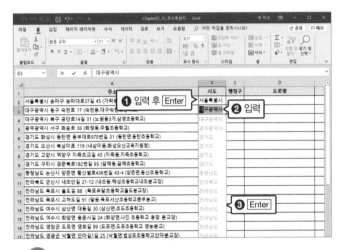

패턴이 같은 분할 데이터 입력하기

01 주소에서 시도 부분만 분리하겠습니다.

❶ [B2] 셀에 **서울특별시** 입력 후 Enter

❷ [B3] 셀에 **대** 입력

❸ 나머지 셀에 모든 시도 목록이 표시되면 Enter를 누릅니다.

주소의 시도 부분만 분리되어 채워집니다.

바로 통 하는TIP 하나의 열에 있는 데이터를 분리하기 위해 함수를 사용하거나 텍스트 나누기 도구 등을 사용할 수도 있지만 [빠른 채우기] 기능을 사용하면 아주 간편하고 빠르게 데이터를 분리할 수 있습니다. 첫 번째 셀에 주소의 첫 단어인 시도 부분을 입력한 후 두 번째 셀에는 첫 글자만 입력해도 나머지 셀에 같은 패턴의 분할 데이터가 제시됩니다.

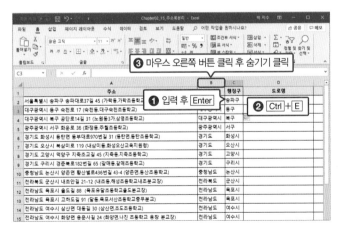

단축키로 데이터 분리하기

02 주소로부터 행정구를 분리해보겠습니다.

❶ [C2] 셀에 **송파구** 입력 후 Enter

❷ Ctrl + E

❸ B열 머리글에서 마우스 오른쪽 버튼을 클릭한 후 [숨기기]를 클릭합니다.

주소의 구와 시 부분만 분리되어 채워집니다.

바로 통 하는TIP 빠른 채우기를 할 수 있는 데이터도 시간이 지나면 빠른 채우기가 실행되지 않습니다. 이때는 단축키 Ctrl + E를 사용합니다. 단축키를 사용하면 첫 셀에 데이터 입력 후 두 번째 셀에 데이터를 입력하지 않고도 빠른 채우기를 실행할 수 있습니다.

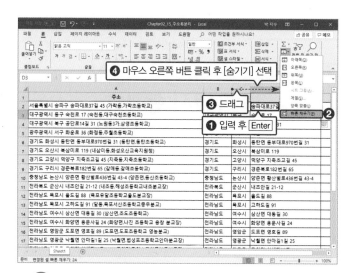

리본 메뉴로 데이터 분리하기

03 단축키 대신 리본 메뉴 명령을 클릭하여 빠른 채우기를 실행하겠습니다.

❶ [D2] 셀에 **송파대로37길 45** 입력 후 Enter

❷ [홈] 탭-[편집] 그룹-[채우기]- [빠른 채우기]를 클릭합니다.

❸ [C:D] 열 머리글 범위 지정

❹ 마우스 오른쪽 버튼을 클릭한 후 [숨기기]를 클릭합니다.

도로명 이후 주소가 분리되어 채워집니다.

바로 통 하는TIP [데이터] 탭-[데이터 도구] 그룹-[빠른 채우기] 명령을 선택해도 됩니다.

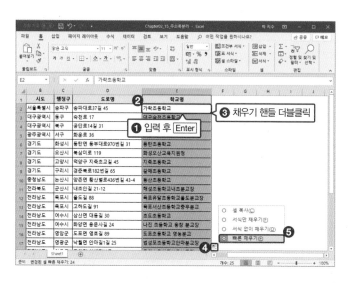

채우기 핸들로 데이터 분리하기

04 채우기 핸들을 이용해 학교명을 분리하겠습니다.

❶ [E2] 셀에 **가락초등학교** 입력 후 Enter

❷ 다시 [E2] 셀 클릭

❸ [E2] 셀의 채우기 핸들 더블클릭

❹ [자동 채우기 옵션 📷] 클릭

❺ [빠른 채우기]를 클릭합니다.

채우기 핸들을 더블클릭하면 '가락초등학교'가 복사되었다가 [빠른 채우기]를 선택하면 각 초등학교명으로 채워집니다.

 바로 통 하는TIP **빠른 채우기가 실행되지 않는 경우**

모든 경우에 빠른 채우기가 실행되는 것은 아니며 데이터에 일관성이 없는 경우나 셀 병합이 되어 있는 경우에는 실행되지 않습니다. 또한[Excel 옵션] 대화상자에서 [고급]-[빠른 채우기] 옵션이 해제되어 있어도 실행되지 않습니다.

채우기 기능으로 데이터 양식 완성하기 – 분기생산계획표

실습 파일 | Chapter02\실무_분기생산계획표.xlsx   완성 파일 | Chapter02\실무_분기생산계획표_완성.xlsx

⊕ 예제 설명 및 완성 화면

분기별로 제품의 재고, 생산, 출고량 계획을 입력할 양식입니다. 일부 목록만 작성되어 있는 상태의 표에서 채우기 핸들을 사용하여 나머지 부분을 완성해보겠습니다.

생산 지역은 사용자 지정 목록을 등록하여 순서대로 채우고, 품명은 빠른 채우기를 사용하여 채웁니다. 특기사항의 추천 업체는 양쪽 맞춤 기능을 사용하여 행을 분할해보겠습니다.

분기별 생산계획표

			결재			

월	품번	품명	서울			인천			평택			여수			부산		
			재고	생산	출고	재고	생산	출고	재고	생산	출고	재고	생산	출고	재고	생산	출고
1월	GUIDE PIN-S45C-Q60X230	Q60X230		200			200			200			200			200	
2월	GUIDE BUSH-S45C-Q80X70	Q80X70		200			200			200			200			200	
3월	WEAR PLATE-FC+GR-75X75X20	75X75X20		200			200			200			200			200	
1분기				600			600			600			600			600	
4월	GUIDE PIN-S45C-Q60X231	Q60X231		200			200			200			200			200	
5월	GUIDE BUSH-S45C-Q80X71	Q80X71		200			200			200			200			200	
6월	WEAR PLATE-FC+GR-75X75X21	75X75X21		200			200			200			200			200	
2분기				600			600			600			600			600	
7월	GUIDE PIN-S45C-Q60X232	Q60X232		200			200			200			200			200	
8월	GUIDE BUSH-S45C-Q80X72	Q80X72		200			200			200			200			200	
9월	WEAR PLATE-FC+GR-75X75X22	75X75X22		200			200			200			200			200	
3분기				600			600			600			600			600	
10월	GUIDE PIN-S45C-Q60X233	Q60X233		200			200			200			200			200	
11월	GUIDE BUSH-S45C-Q80X73	Q80X73		200			200			200			200			200	
12월	WEAR PLATE-FC+GR-75X75X23	75X75X23		200			200			200			200			200	
4분기				600			600			600			600			600	

※ 특기사항 :
  • 추천 업체: 혜성산업
            한미기계
            해진산업
            한빛기계

※ 지시사항

01 채우기 핸들로 월, 품번 채우기

월과 품번이 포함된 범위를 지정한 후 채우기 핸들을 드래그하면 연속 데이터로 채워집니다. ❶
[A6:D9] 범위 지정 ❷ 채우기 핸들을 [D21] 셀까지 드래그합니다.

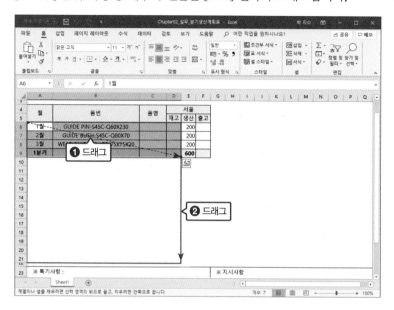

02 생산량 복사하며 채우기

생산량 범위는 숫자를 복사하며 채우겠습니다. ❶ [E6:F9] 범위 지정 ❷ 채우기 핸들 더블클릭
❸ [자동 채우기 옵션🖱] 클릭 ❹ [셀 복사]를 클릭합니다.

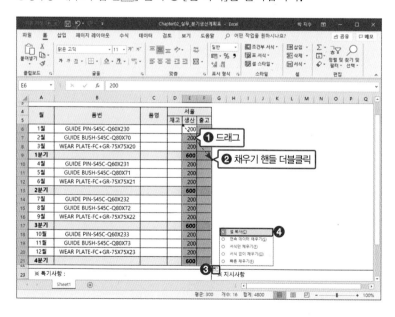

03 사용자 지정 목록 등록하기

❶ [파일] 탭-[옵션] 클릭 ❷ [Excel 옵션] 대화상자의 [고급] 클릭 ❸ [사용자 지정 목록 편집]을 클릭합니다.

바로 **통** 하는TIP 사용자 지정 목록에 등록된 데이터 셀의 채우기 핸들을 드래그하거나 더블클릭하면 연속 데이터로 채워집니다.

04 사용자 지정 목록 선택하기

❶ [사용자 지정 목록] 대화상자의 [목록 항목]에 **서울, 인천, 평택, 여수, 부산** 입력 ❷ [추가] 클릭 ❸ [확인] 클릭 ❹ [Excel 옵션] 대화상자에서도 [확인]을 클릭합니다.

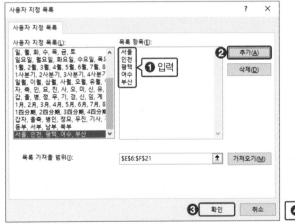

❹ [Excel 옵션] 대화상자 [확인] 클릭

05 지역 목록 채우기

등록한 지역 순서대로 재고, 생산, 출고 범위를 채우기 핸들을 사용해 복사하겠습니다. ❶
[D4:F21] 범위 지정 ❷ 채우기 핸들을 [R21] 셀까지 드래그합니다.

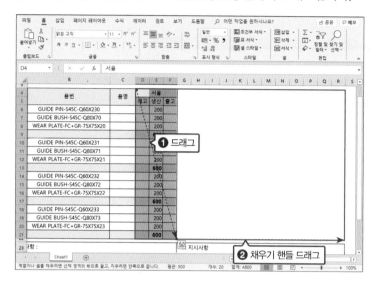

06 빠른 채우기로 품번에서 품명 분리하기

품번의 끝부분을 품명으로 분리하여 채워보겠습니다. ❶ [C6] 셀에 **Q60X230** 입력 ❷ [C6:C21]
범위 지정 ❸ [홈] 탭–[편집] 그룹–[채우기]–[빠른 채우기]를 클릭합니다. 품명이 분리되어 채워
집니다.

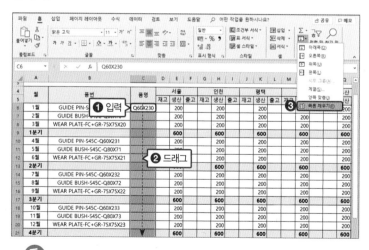

바로 **통** 하는**TIP** [데이터] 탭–[데이터 도구] 그룹–[빠른 채우기]를 클릭하거나 Ctrl + E 를 눌러도 됩니다. 중간에 빈 셀들이 포함

되어 있어서 첫 번째 셀의 데이터와 같은 패턴을 인식하기 어렵습니다. 첫 번째 셀에 분할할 데이터를 입력한 후 채워질 데이터 범위를

먼저 지정하고 [빠른 채우기]를 실행합니다. 범위를 지정하지 않고 그냥 두 번째 셀에서 [빠른 채우기]를 실행하면 채우기 값에 대한 패

턴을 찾을 수 없다는 메시지가 표시됩니다.

07 양쪽 맞춤으로 데이터 행 분할하기

한 줄에 입력된 추천업체 목록을 해당 범위 안에서 여러 줄로 나눠서 넣어보겠습니다. ❶ [C24]
셀 클릭 ❷ [홈] 탭-[편집] 그룹-[채우기]-[양쪽 맞춤]을 클릭합니다. ❸ 메시지 대화상자에서
[확인]을 클릭합니다.

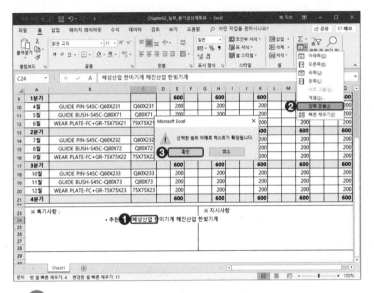

![바로 통하는 TIP] **양쪽 맞춤**

웹사이트나 워드 문서 등 다른 곳에 작성된 문장을 엑셀의 셀에 복사하면 한 셀에 모든 문장이 입력됩니다. 이런 경우 양쪽 맞춤을 사용
하면 지정하는 범위의 너비에 맞게 아래 셀에 데이터가 나눠집니다. 셀 병합이 되어 있는 경우에는 실행되지 않습니다.

CHAPTER

03

엑셀
수식 활용

수식을 작성해 자동 계산할 수 있다는 점은 엑셀의 가장 큰 장점 중 하나로, 엑셀은 숫자를 많이 다루는 문서 작업에 매우 탁월합니다. 연산자를 활용한 간단한 수식 작성 및 자동 합계 도구에서 제공하는 기본 함수의 활용 방법에 대해 살펴보겠습니다. 또한 수식 작성과 함수 작성을 위해 꼭 익혀야 할 엑셀의 셀 참조 방식과 빠른 분석 도구를 활용한 계산 방법도 알아보겠습니다.

01 문자열 연산자로 셀 내용 연결하기

실습 파일 | Chapter03\01_생산계획실적표.xlsx   완성 파일 | Chapter03\01_생산계획실적표_완성.xlsx

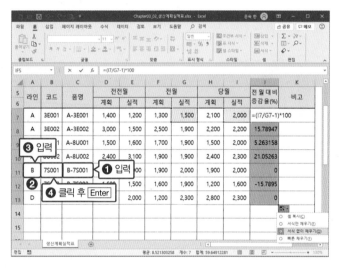

문자열 연결하기

01 &(앰퍼샌드)를 이용해 '라인-코드'의 형태로 품명을 입력하겠습니다.

❶ [C7] 셀에 = 입력

❷ [A7] 셀 클릭

❸ &"-"& 입력

❹ [B7] 셀을 클릭하고 Enter 를 누릅니다.

> **바로 통 하는TIP** 수식에서 피연산자로 문자를 직접 입력하는 경우에는 문자열의 앞뒤에 큰따옴표("")를 입력해야 합니다. &는 문자열을 서로 연결해주는 역할을 하는 문자 연산자입니다.

서식 없이 수식 채우기

02 A열과 B열의 문자열이 합쳐진 품명을 [C13] 셀까지 채우겠습니다.

❶ [C7] 셀 클릭

❷ 채우기 핸들 더블클릭

❸ [자동 채우기 옵션 📑] 클릭

❹ [서식 없이 채우기]를 선택합니다.

채우기 핸들을 더블클릭하고 나면 [C7] 셀의 위쪽 굵은 테두리 선까지 각 셀에 복사됩니다. 복사된 서식을 해제하기 위해 [서식 없이 채우기]를 선택합니다.

수식으로 품명 셀 연결하기

03 문자열 연결로 만든 품명을 아래쪽 표의 품명 범위에 연결해보겠습니다.
❶ [A19] 셀에 = 입력
❷ [C7] 셀을 클릭하고 Enter를 누릅니다.

[C7] 셀의 품명이 표시됩니다.

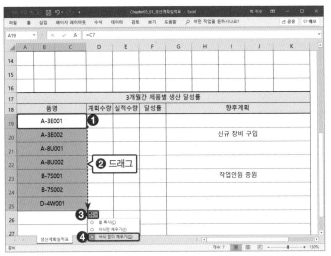

서식 없이 수식 채우기

04 연결된 품명을 아래쪽으로 채우겠습니다.
❶ [A19] 셀 클릭
❷ 채우기 핸들을 [A25] 셀까지 드래그
❸ [자동 채우기 옵션🔡] 클릭
❹ [서식 없이 채우기]를 선택합니다.

바로 통 하는TIP [A19] 셀을 기준으로 옆의 셀에 빈 셀 없이 데이터가 채워져 있다면 채우기 핸들을 더블클릭해서 범위를 채울 수 있습니다. 지금은 데이터가 없으므로 채우기 핸들을 직접 드래그했습니다. [A19] 셀의 위쪽 굵은 테두리 선까지 각 셀에 복사됩니다. 복사된 서식을 해제하기 위해 [서식 없이 채우기]를 선택합니다.

쉽고 빠른 엑셀 NOTE 문자열 연산자의 사용 방법

문자열 연산자 &(앰퍼샌드)를 사용한 수식에 문자를 직접 입력하는 경우에는 문자열의 앞뒤에 큰따옴표("")를 입력해야

합니다. 다음은 여러 셀에 입력된 시도, 행정구, 도로명 중간에 공백(" ")을 넣고, 끝에 "번지"를 넣어 한 셀에 합치는 수식입니다.

우선순위

실무활용

문서작성 & 데이터입력

수식 & 데이터편집

서식 & 인쇄

함수

차트 & 일러스트레이션

데이터관리 & 분석

매크로 & VBA

부록

우선
순위 핵심기능

02

2007 2010 2013 2016 2019

숫자 연산하고 숫자 서식 지정하기

실습 파일 | Chapter03\02_생산계획실적표.xlsx   완성 파일 | Chapter03\02_생산계획실적표_완성.xlsx

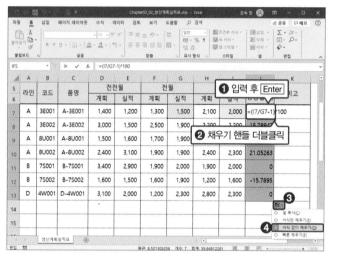

전월대비 증감율 구하기

01 셀에 수식을 직접 입력해 전월 대비 증감율을 구하겠습니다.

❶ [J7] 셀에 =(I7/G7−1)*100 입력 후 Enter

❷ 다시 [J7] 셀의 채우기 핸들 더블 클릭

❸ [자동 채우기 옵션] 클릭

❹ [서식 없이 채우기]를 선택합니다.

바로 통 하는TIP 수식을 작성할 때 셀 주소는 직접 입력해도 되지만 연산 대상 셀을 클릭하면 셀 주소가 자동으로 입력됩니다.

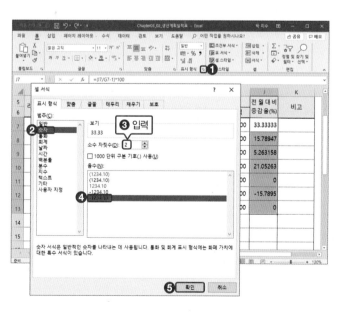

음수 서식 및 자릿수 조정하기

02 전월대비 증감율을 소수 둘째 자리까지 표시하고 음수인 경우 빨간색으로 표시하겠습니다.

❶ [홈] 탭-[표시 형식] 그룹-[대화 상자 표시] 클릭

❷ [셀 서식] 대화상자의 [표시 형식] 탭-[범주]에서 [숫자] 클릭

❸ [소수 자릿수]에 2 입력

❹ [음수] 목록에서 빨간색으로 표시된 [−1234.10] 클릭

❺ [확인]을 클릭합니다.

우선
순위

실무
활용

문서
작성
&
데이터
입력

수식
&
데이터
편집

서식
&
인쇄

함수

차트
&
일러스트
레이션

데이터
관리
&
분석

매크로
&
VBA

부록

쉽고 빠른 엑셀 NOTE [백분율 스타일] 표시 형식 사용

표시 형식 중 [백분율 스타일]을 사용하여 아예 셀의 결과 값 뒤에 % 기호를 붙여 표시할 수도 있습니다. [백분율 스타일] 표시 형식은 값에 100을 곱한 후 % 기호를 붙이는 서식입니다. 백분율 스타일을 사용하려면 수식에서 100을 곱하지 않습니다. 즉, ❶ 수식에는 =I7/G7−1만 입력한 후 ❷ [홈] 탭−[표시 형식] 그룹−[백분율 스타일]을 클릭합니다. ❸ [홈] 탭−[표시 형식] 그룹−[자릿수 늘림]을 두 번 클릭하면 ❹ 결과 값에 100이 곱해지고 % 기호가 붙습니다.

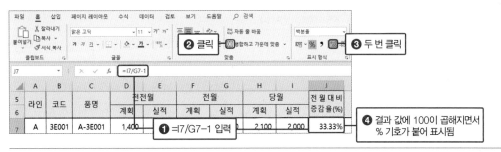

라인	코드	품명	전전월		전월		당월		전월 대비 증감율(%)
			계획	실적	계획	실적	계획	실적	
A	3E001	A-3E001	1,400				2,100	2,000	33.33%

❶ =I7/G7−1 입력
❹ 결과 값에 100이 곱해지면서 % 기호가 붙어 표시됨

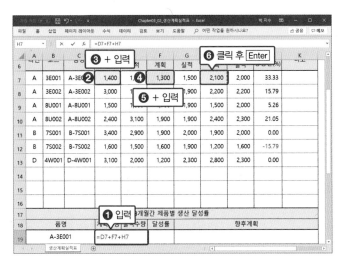

3개월간 계획수량 합계 구하기

03 계획수량 합계를 구하겠습니다.

❶ [D19] 셀에 = 입력

❷ [D7] 셀 클릭

❸ + 입력

❹ [F7] 셀 클릭

❺ + 입력

❻ [H7] 셀을 클릭한 후 Enter 를 누릅니다.

해당 품목의 계획수량 합계가 구해집니다.

3개월간 실적수량 합계

04 계획수량 수식 복사로 실적수량 합계를 구하겠습니다.

❶ [D19] 셀 클릭

❷ 채우기 핸들 오른쪽으로 드래그

❸ 다시 채우기 핸들 더블클릭

❹ [자동 채우기 옵션] 클릭

❺ [서식 없이 채우기]를 클릭합니다.

실적수량에도 수식이 복사됩니다. 서식 변경 없이 값만 구해집니다.

바로 통 하는 TIP 셀 주소가 피연산자로 참조된 수식을 다른 셀로 이동하거나 복사하면 셀 위치에 따라 셀 주소가 상대적으로 변경됩니다. 오른쪽으로 복사하면 열 이름이 바뀌고, 아래쪽으로 복사하면 행 번호가 자동으로 바뀝니다.

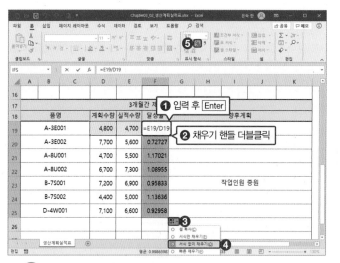

달성률 작성 및 백분율 스타일 지정하기

05 달성률 수식을 입력한 후 결과에 백분율 스타일을 지정하겠습니다.

❶ [F19] 셀에 **=E19/D19** 입력 후 [Enter]

❷ [F19] 셀의 채우기 핸들 더블클릭

❸ [자동 채우기 옵션] 클릭

❹ [서식 없이 채우기] 클릭

❺ [홈] 탭-[표시 형식] 그룹-[백분율 스타일 %]을 클릭합니다.

바로 통 하는TIP [백분율 스타일]을 클릭하면 자동으로 값에 100을 곱한 후 % 기호를 붙여 표시해주므로 수식에서 100을 곱하지 않아도 됩니다.

달성률이 %로 구해집니다.

쉽고 빠른 엑셀 NOTE **엑셀 수식 이해하기**

엑셀의 셀은 계산기와 같아서 수식을 입력하면 바로 계산 결과가 셀에 표시됩니다. 기본적인 사칙연산부터 복잡한 공식의 결과도 구할 수 있습니다. 엑셀에서 수식 작성 시 사용하는 연산자와 피연산자, 연산 순서 등을 알아보겠습니다.

수식 작성 방법

수식을 입력할 때는 셀에 먼저 등호(=)를 입력하거나 등호 없이 양수(+) 또는 음수(-) 부호가 포함된 피연산자를 입력하면서 작성합니다. 셀에는 수식의 결과가 표시되며 입력한 수식은 수식 입력줄에서 확인하고 수정할 수 있습니다.

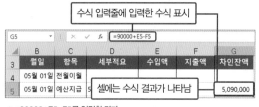

▲ =90000+E5-F5를 입력한 결과

▲ 등호 없이 +G4+E5-F5를 입력한 결과

수식의 구성

수식은 등호(=), 상수, 함수, 셀 참조 등의 피연산자와 연산자로 구성됩니다.

❶ **등호(=)** : 수식이 시작됨을 선언합니다.

❷ **피연산자** : 연산할 대상으로 숫자, 셀 참조, 문자, 함수 등을 사용합니다.

❸ **연산자** : 연산할 방식으로 산술 연산자, 참조 연산자, 비교 연산자, 문자 연산자를 사용합니다.

셀 참조로 수식 작성하기

수식 작성 시 등호, 연산자, 숫자, 괄호 등은 직접 입력해야 하지만, 계산할 데이터가 입력된 셀은 셀 주소를 참조하는 것이 좋습니다. 셀 주소를 참조하여 수식을 작성해놓으면 해당 셀의 값이 변경되었을 때 수식이 재계산되어 결과 값도 자동으로 변경됩니다. 셀 주소는 직접 입력해도 되지만, 등호나 연산자를 입력하고 참조할 셀을 클릭하면 자동으로 입력됩니다.

수식 작성 순서를 보면 다음과 같이 등호(=)를 먼저 입력하고 계산할 셀 클릭, 연산 부호 입력, 다시 계산할 셀을 클릭한 후 [Enter]를 눌러 입력을 마칩니다.

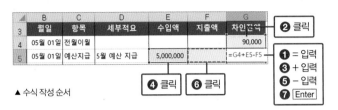

▲ 수식 작성 순서   ▲ 셀 값이 수정되면 수식 결과도 재계산됨

연산자의 유형과 계산 순서

엑셀 수식에 사용되는 연산자 유형 및 여러 개의 연산자가 혼합 사용되는 경우의 계산 순서는 다음과 같습니다. 우선순위가 같은 연산자인 경우에는 왼쪽에서 오른쪽 순서로 계산되며, 괄호로 묶어놓은 수식은 연산자 우선순위에 상관없이 먼저 계산됩니다.

종류	의미	연산자	기능	순서
산술 연산자	숫자 계산을 위한 연산자입니다.	%(백분율)	백분율	1
		^(캐럿)	제곱	2
		*(별표)	곱하기	3
		/(슬래시)	나누기	4
		+(더하기)	더하기	5
		−(빼기)	빼기	6
문자 연산자	문자열 연결을 위한 연산자입니다.	&(앰퍼샌드)	문자열 연결	7
비교 연산자	주로 논리 값을 확인하기 위한 조건식을 필요로 하는 함수식에서 사용합니다.	=(등호)	같다	8
		>(보다 큼)	보다 크다	
		<(보다 작음)	보다 작다	
		>=(크거나 같음)	크거나 같다	
		<=(작거나 같음)	작거나 같다	
		<>(같지 않음)	같지 않다	

상대 참조, 절대 참조로 수식 작성하기

실습 파일 | Chapter03\03_매출달성현황표.xlsx   완성 파일 | Chapter03\03_매출달성현황표_완성.xlsx

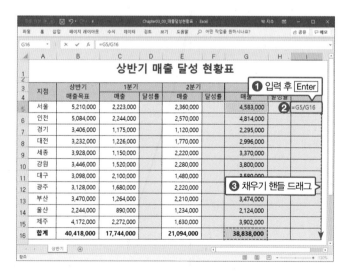

상대 참조로 상반기 매출 작성하기

01 '1분기매출+2분기매출' 수식 작성으로 상반기 매출을 구하겠습니다.

❶ [G5] 셀에 =C5+E5 입력 후 Enter

❷ [G5] 셀 클릭

❸ 채우기 핸들을 [G15] 셀까지 드래그하여 수식을 복사합니다.

수식이 채워지며 상반기 매출이 구해집니다.

바로 통 하는TIP 상대 참조로 수식을 오른쪽으로 이동/복사하면 열 이름이 변경되고, 아래쪽으로 이동/복사하면 행 번호가 변경됩니다.

점유율 구하기

02 '상반기 매출/상반기 매출합계' 수식 작성으로 상반기 매출 점유율을 구하겠습니다.

❶ [I5] 셀에 =G5/G16 입력 후 Enter

❷ [I5] 셀 클릭

❸ 채우기 핸들을 [I15] 셀까지 드래그하여 수식을 복사합니다.

나머지 셀에는 0으로 나눠졌을 때 생기는 #DIV/0! 오류가 표시됩니다.

우선
순위

실무
활용

문서
작성
&
데이터
입력

수식
&
데이터
편집

서식
&
인쇄

함수

차트
&
일러스트
레이션

데이터
관리
&
분석

매크로
&
VBA

부록

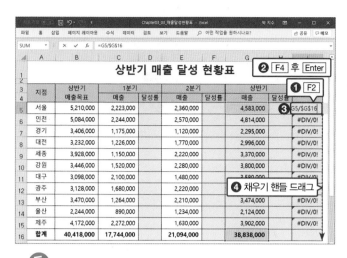

절대 참조로 수정하기

03 점유율 수식의 [G16] 셀을 절대 참조로 수정하겠습니다.

❶ [I5] 셀에서 F2

❷ 수식 끝에 커서가 표시되면 F4 를 눌러 G16을 $G$16 형태로 변경한 후 Enter

❸ [I5] 셀 클릭

❹ 채우기 핸들을 [I16] 셀까지 드래그합니다.

바로 통 하는TIP 상반기매출인 [G5] 셀의 주소는 해당 행을 계산에 반영해야 하므로 아래로 복사할 때마다 행 번호가 변경되는 상대 참조로 작성되어야 합니다. 그러나 상반기 매출합계인 [G16] 셀의 주소는 모든 행에 늘 똑같은 값을 반영해야 하므로 행 번호가 변경되지 않는 절대 참조로 작성되어야 합니다.

바로 통 하는TIP 행/열 모두에 $ 기호가 붙은 형태는 수식을 어느 방향으로 이동/복사해도 셀 주소가 변경되지 않습니다. 하나의 고정된 셀을 여러 셀과 연산할 때 하나에 해당하는 셀은 절대 참조로 사용합니다. F4 를 눌러 참조의 형태를 변경할 수 있습니다.

쉽고 빠른 엑셀 NOTE 오류 표시 종류와 대처 방법

수식에 오류가 있거나 인접 셀의 수식과 다른 수식인 경우에는 셀의 왼쪽 위에 녹색 오류 표시가 나타나고 해당 셀을 선택하면 왼쪽에 [스마트 태그 ◈] 아이콘이 표시됩니다. [스마트 태그] 아이콘에 마우스 포인터를 위치하면 오류에 대한 설명이 표시되며, 클릭하면 오류 관련 메뉴를 선택할 수 있습니다. 오류 관련 메뉴에서 오류에 대한 도움말을 볼 수 있지만, 8가지 오류 표시에 대한 주요 원인과 대처 방법은 다음과 같습니다.

오류 표시	원인	대처 방법
#DIV/0!	DIVIDE의 약자로 숫자를 0으로 나누었을 때 나타나는 오류	나누는 숫자를 0이 아닌 다른 숫자로 바꿈
#N/A	VLOOKUP, HLOOKUP, LOOKUP, MATCH 등의 함수에서 찾을 값이 없을 때, 배열 함수 등에서 열 또는 행 범위의 인수가 일치하지 않을 때 나타나는 오류	찾는 값을 바꾸거나 참조 범위의 값을 바꿈
#NAME?	함수명을 잘못 입력하거나 잘못된 인수를 사용했을 때, 즉 엑셀이 인식할 수 없는 이름이나 함수명이 사용되었을 때 나타나는 오류	사용된 함수나 이름에 오타가 있는지, 인수가 제대로 사용되었는지 확인
#NULL!	범위 연산자를 잘못 사용했거나 교차하지 않는 영역을 참조할 때 나타나는 오류	참조 범위를 다시 지정
#NUM!	함수의 인수나 수식이 잘못된 형식으로 입력되었을 때 나타나는 오류	함수의 형식을 확인하고 알맞은 형식으로 수정
#REF!	참조된 셀 주소가 잘못되었거나 참조했던 셀이 삭제되었을 때 나타나는 오류	참조된 셀이 삭제되었거나 공백이 아닌지 확인
#VALUE!	논리 값 또는 숫자가 필요한 수식에 텍스트를 입력했거나 배열 수식을 입력한 후 Ctrl+Shift+Enter 를 누르지 않았을 때 나타나는 오류	인수의 데이터 형태나 함수의 종류 등을 확인하고 수정
####	셀 값보다 열 너비가 좁거나 날짜/시간 서식 셀에 음수 값이 입력되었거나 엑셀에서 처리할 수 있는 숫자 범위를 넘었을 때 나타나는 표시	열 너비를 늘려주거나 셀 서식을 확인하고 조정

핵심기능 04

2007 2010 2013 2016 2019

혼합 참조로 수식 작성하기

실습 파일 | Chapter03\04_매출달성현황표.xlsx   완성 파일 | Chapter03\04_매출달성현황표_완성.xlsx

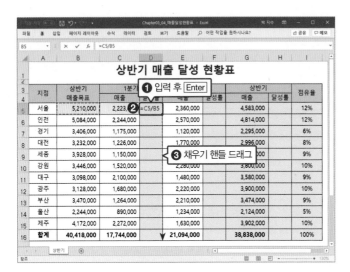

달성률 구하기

01 '매출/상반기 매출목표' 수식 작성으로 달성률을 구하겠습니다.

❶ [D5] 셀에 **=C5/B5** 입력 후 Enter

❷ [D5] 셀 클릭

❸ 채우기 핸들을 [D16] 셀까지 드래그하여 수식을 복사합니다.

수식이 채워지며 달성률이 구해집니다.

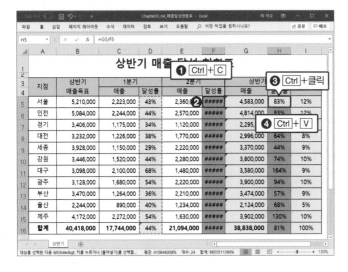

수식 복사하기

02 1분기 달성률 수식을 2분기, 상반기 달성률에 복사하겠습니다. 수식 채우기 후 [D5:D16] 범위가 선택된 상태에서 진행합니다.

❶ Ctrl + C

❷ [F5] 셀 클릭

❸ [H5] 셀 Ctrl +클릭

❹ Ctrl + V 를 눌러 붙여 넣습니다.

2분기 달성률의 값이 너무 커서 셀에 다 표시되지 못하여 '####' 모양으로 표시되었습니다.

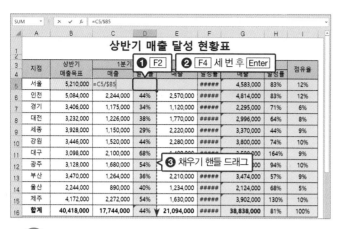

혼합 참조로 수정하기

03 수식의 [B5] 셀을 열 고정 혼합 참조로 수정하겠습니다.

❶ [D5] 셀에서 [F2]

❷ 수식 끝에 커서가 표시되면 [F4]를 세 번 눌러 B5을 $B5 형태로 변경한 후 [Enter]

❸ [D5] 셀의 채우기 핸들을 [D16] 셀까지 드래그합니다.

바로 통 하는TIP 혼합 참조는 행/열 중 한군데에만 $ 기호가 붙은 형태입니다. 수식을 이동/복사하면 $ 기호가 붙지 않은 부분만 변경됩니다. 수식을 오른쪽과 아래로 모두 복사해야 하는 경우 사용합니다.

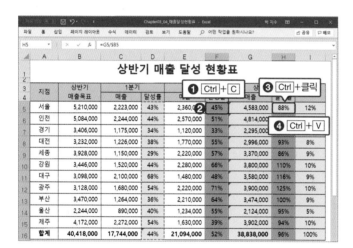

수식 복사하기

04 수정한 수식을 다시 복사하겠습니다. 수식 채우기 후 [D5:D16] 범위가 선택된 상태입니다.

❶ [Ctrl]+[C]

❷ [F5] 셀 클릭

❸ [H5] 셀 [Ctrl]+클릭

❹ [Ctrl]+[V]를 눌러 붙여 넣습니다.

바로 통 하는TIP [D5:D16] 범위의 달성률을 계산하는 수식에서 1분기 매출이 입력되어 있는 [C5] 셀의 주소는 오른쪽으로 복사될 때 열 이름이 상대적으로 변경되어야 하지만, 상반기 매출목표인 [B5] 셀의 주소는 열 이름은 변경되지 않고 행 번호만 변경되어야 합니다. 복사할 범위에 붙여 넣으면 수식이 채워지고 달성률이 구해집니다.

쉽고 빠른 엑셀 NOTE | 워크시트에 수식 표시하기

기본적으로 워크시트 셀에는 수식의 결과가 표시되고 수식은 수식 입력줄을 통해서 확인할 수 있습니다. 각 셀에 있는 수식을 워크시트 화면에서 전체적으로 확인하고 싶다면 [방법 ❶] [수식] 탭-[수식 분석] 그룹-[수식 표시]를 클릭하거나 [방법 ❷] 단축키 [Ctrl]+[~]를 누릅니다. 원상 복귀하려면 다시 [수식] 탭-[수식 분석] 그룹-[수식 표시]를 클릭하거나 [Ctrl]+[~]를 누릅니다.

	지점	상반기 매출목표	1분기 매출	1분기 달성률	2분기 매출	2분기 달성률	상반기 매출	상반기 달성률
5	서울	5210000	2223000	=C5/$B5	2360000	=E5/$B5	=C5+E5	=G5/$B5
6	인천	5084000	2244000	=C6/$B6	2570000	=E6/$B6	=C6+E6	=G6/$B6
7	경기	3406000	1175000	=C7/$B7	1120000	=E7/$B7	=C7+E7	=G7/$B7
8	대전	3232000	1226000	=C8/$B8	1770000	=E8/$B8	=C8+E8	=G8/$B8
9	세종	3928000	1150000	=C9/$B9	2220000	=E9/$B9	=C9+E9	=G9/$B9
10	강원	3446000	1520000	=C10/$B10	2280000	=E10/$B10	=C10+E10	=G10/$B10
11	대구	3098000	2100000	=C11/$B11	1480000	=E11/$B11	=C11+E11	=G11/$B11
12	광주	3128000	1680000	=C12/$B12	2220000	=E12/$B12	=C12+E12	=G12/$B12
13	부산	3470000	1264000	=C13/$B13	2210000	=E13/$B13	=C13+E13	=G13/$B13
14	울산	2244000	890000	=C14/$B14	1234000	=E14/$B14	=C14+E14	=G14/$B14
15	제주	4172000	2272000	=C15/$B15	1630000	=E15/$B15	=C15+E15	=G15/$B15
16	합계	=SUM(B5:B15)	=SUM(C5:C15)	=C16/$B16	=SUM(E5:E15)	=E16/$B16	=C16+E16	=G16/$B16

쉽고 빠른 엑셀
NOTE

셀 참조 이해하기

수식에서 피연산자로 셀 주소를 사용하는 것을 셀 참조라고 합니다. 셀 참조의 유형에는 상대 참조, 절대 참조, 혼합 참조가 있습니다. 셀 참조 유형에 따라 수식을 복사했을 때 셀 주소의 열 이름, 행 번호가 바뀌기도 하고 고정되기도 합니다. 지금까지 앞에서 사용했던 셀 참조 유형은 상대 참조였습니다. 상대 참조 외에 절대 참조, 혼합 참조를 사용해야 하는 경우를 살펴보겠습니다.

셀 참조의 유형

수식에서 피연산자로 셀 주소를 사용하는 것을 셀 참조라고 합니다. 셀 참조의 유형에는 상대 참조, 절대 참조, 혼합 참조가 있습니다. 셀 참조 유형에 따라 수식을 복사했을 때 셀 주소의 열 이름, 행 번호가 바뀌기도 하고 고정되기도 합니다. 지금까지 앞에서 사용했던 셀 참조 유형은 상대 참조였습니다. 상대 참조 외에 절대 참조, 혼합 참조를 사용해야 하는 경우를 살펴보겠습니다.

유형	형태	설명	사용 예
상대 참조	A1	수식을 오른쪽으로 이동/복사하면 열 이름이, 아래쪽으로 이동/복사하면 행 번호가 변경됩니다. 주로 피연산 셀의 개수와 방향이 같을 때 사용합니다.	[C2] 셀의 수식을 아래로 복사합니다. 　　A　　B　　C　　D 1 거래금액／적립율／적립금／적립금 수식 2 150,000／5%／7,500／=A2*B2 3 380,000／7%／26,600／=A3*B3
절대 참조	$A$1	행/열 모두에 $ 기호가 붙은 형태로 수식을 어느 방향으로 이동/복사해도 셀 주소가 변경되지 않습니다. 피연산 셀이 하나의 셀과 여러 셀일 때 하나의 셀은 절대 참조로 사용합니다.	[B4] 셀의 수식을 아래로 복사합니다. 　　A　　B　　C 1 적립율／5% 2 3 거래금액／적립금／적립금 수식 4 150,000／7,500／=A4*$B$1 5 380,000／19,000／=A5*$B$1
혼합 참조	$A1 또는 A$1	행/열 중 한군데에만 $ 기호가 붙은 형태로 수식을 이동/복사하면 $ 기호가 붙지 않은 부분만 변경됩니다. 수식을 오른쪽과 아래로 모두 복사해야 하는 경우 사용합니다.	[B5] 셀의 수식을 오른쪽으로 복사한 후 다시 아래로 복사합니다. 　　A　　B　　C　　D　　E 1 적립율／전월／금월 2 　／5%／7% 3 4 거래금액／전월 적립금／금월 적립금／적립금 수식 5 150,000／7,500／10,500／=B$2*$A5／=C$2*$A5 6 380,000／19,000／26,600／=B$2*$A6／=C$2*$A6

셀 참조 변환 키 F4

수식을 작성할 때 =를 입력한 후 피연산 셀을 클릭하면 기본적으로 셀 주소가 상대 참조 형태로 입력됩니다. 셀 주소가 입력되었을 때 F4를 누르면 절대 참조 형태로 변환되며, F4를 한 번 더 누를 때마다 다음과 같은 순서로 셀 참조 형태가 변경됩니다.

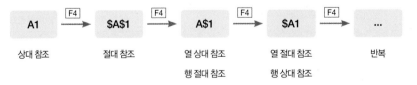

A1 → $A$1 → A$1 → $A1 → ...
상대 참조 / 절대 참조 / 열 상대 참조 행 절대 참조 / 열 절대 참조 행 상대 참조 / 반복

실습 파일 | Chapter03\05_8월거래내역.xlsx   완성 파일 | Chapter03\05_8월거래내역_완성.xlsx

각 거래처의 전월누계 합계 구하기

01 전월누계 셀에 수식을 작성하겠습니다.

❶ 보안 경고 표시줄의 [콘텐츠 사용] 클릭

❷ [통합보고서] 시트에서 [B5] 셀에 **=**를 입력합니다.

바로 통 하는TIP 연결 업데이트 경고 표시

각 거래처 시트의 전월누계 셀에는 7월거래내역 파일의 거래누계 셀이 참조되어 있습니다. 다른 파일의 셀을 참조한 수식이 작성되어 있는 파일을 처음 열면 리본 메뉴 아래에 보안 경고 메시지 표시줄이 표시됩니다. [콘텐츠 사용]을 클릭하면 연결된 셀 값이 변경됐을 때 셀 값을 업데이트합니다.

02 각 거래처의 전월누계가 있는 셀을 참조한 수식을 작성하겠습니다.

❶ [엔터파크] 시트 클릭

❷ [G7] 셀 클릭 후 **+** 입력

❸ [24마켓] 시트 클릭

❹ [G7] 셀 클릭 후 **+** 입력

❺ [예스마트] 시트 클릭

❻ [G7] 셀을 클릭하고 Enter 를 누릅니다.

다른 시트의 셀 값을 참조하는 수식이 작성되고 합계가 구해집니다.

바로 통 하는TIP [예스마트] 시트의 전월누계 셀에는 전월누계 값이 연결되어 있지 않습니다. 다음 실습에서 연결하도록 하겠습니다. 수식 작성 후 Enter 를 누르면 [통합보고서] 시트로 화면이 이동합니다.

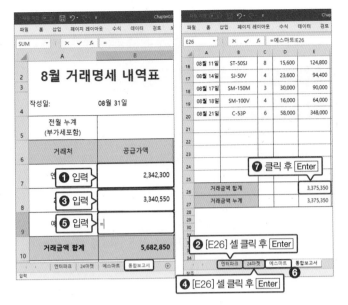

거래처별 공급가액 합계 연결하기

03 각 거래처별 공급가액 합계가 있는 셀을 참조하겠습니다.

❶ [통합보고서] 시트 클릭 후 [B7] 셀에 = 입력

❷ [엔터파크] 시트 클릭 후 [E26] 셀 클릭하고 Enter

❸ [통합보고서] 시트 클릭 후 [B8] 셀에 = 입력

❹ [24마켓] 시트 클릭 후 [E26] 셀을 클릭하고 Enter

❺ [통합보고서] 시트 클릭 후 [B9] 셀에 = 입력

❻ [예스마트] 시트 클릭

❼ [E26] 셀을 클릭하고 Enter 를 누릅니다.

수식 복사 및 거래금액 누계 구하기

04 나머지 빈 셀에 수식을 복사하고 전월누계와 거래금액 합계를 더하여 거래금액 누계를 입력하겠습니다.

❶ [B7:B9] 범위 지정

❷ 채우기 핸들을 [D9] 셀까지 드래그

❸ [B11] 셀에 = 입력

❹ [B5] 셀에 + 입력

❺ [D10] 셀을 클릭하고 Enter 를 누릅니다.

셀 주소가 상대 참조이므로 채우기 핸들을 드래그하면 [E26] 셀은 [F26] 셀로 열명이 변경되면서 복사됩니다.

핵심기능 06

2007 2010 2013 2016 2019

다른 파일의 셀을 참조하는 수식 작성하기

실습 파일 | Chapter03\06_7월거래내역.xlsx, 06_8월거래내역.xlsx
완성 파일 | Chapter03\06_7월거래내역_완성.xlsx, 06_8월거래내역_완성.xlsx

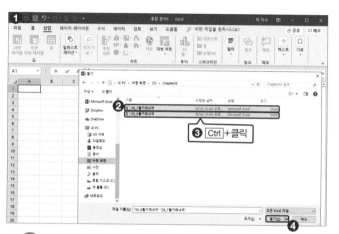

바로 통 하는TIP [Excel 옵션] 대화상자의 [저장]에서 [파일을 열거나 저장할 때 Backstage 표시 안 함]에 체크 표시해두었기 때문에 바로 [열기] 대화상자가 나타납니다. 이 옵션을 선택하지 않은 경우에는 Ctrl+F12를 눌러 [열기] 대화상자를 열 수 있습니다.

파일 열기

01 [열기] 대화상자에서 두 개의 엑셀 파일을 열어보겠습니다.

❶ 빠른 실행 도구 모음에서 [열기□] 클릭

❷ 06_7월거래내역.xlsx 클릭

❸ 06_8월거래내역.xlsx Ctrl+클릭

❹ [열기]를 클릭합니다.

바로 통 하는TIP Ctrl을 누른 채 파일을 클릭하면 두 개 이상의 파일이 한 번에 선택됩니다.

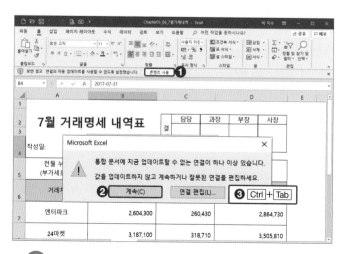

바로 통 하는TIP Ctrl+Tab을 누르면 열려 있는 엑셀 파일 창이 전환됩니다. [보기] 탭-[창] 그룹-[창 전환]을 선택해도 됩니다.

연결 업데이트 경고 처리하기

02 7월거래내역 파일의 연결 업데이트 경고를 처리하겠습니다.

❶ 보안 경고 메시지 표시줄에서 [콘텐츠 사용] 클릭

❷ 경고 메시지 대화상자에서 [계속] 클릭

❸ 8월거래내역 파일 창으로 전환하기 위해 Ctrl+Tab을 누릅니다.

7월거래내역.xlsx 파일의 참조 파일인 6월거래내역.xlsx 파일을 찾을 수 없으므로 연결 업데이트에 대한 경고 메시지가 표시되었습니다.

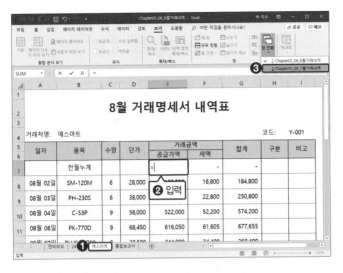

7월 전월누계 연결하기

03 [예스마트] 시트의 전월누계 셀에 7월 전월누계 값을 연결하겠습니다.

❶ [예스마트] 시트 클릭

❷ [E7] 셀에 = 입력

❸ [보기] 탭-[창] 그룹-[창 전환]-[7월거래내역]을 클릭합니다.

───────────────

7월거래내역 파일로 창이 전환됩니다.

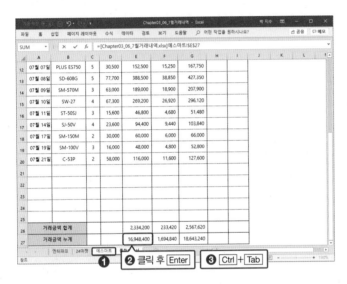

04 7월거래내역 파일 [예스마트] 시트의 거래금액 누계 셀을 참조하겠습니다.

❶ [예스마트] 시트 클릭

❷ [E27] 셀 클릭 후 Enter

❸ 8월거래내역 파일에서 값이 변경되면 다시 7월거래내역 파일 창으로 전환하기 위해 Ctrl + Tab 을 누릅니다.

바로 통 하는TIP 수식 입력줄을 통해 수식이 입력되는 것을 확인할 수 있습니다.

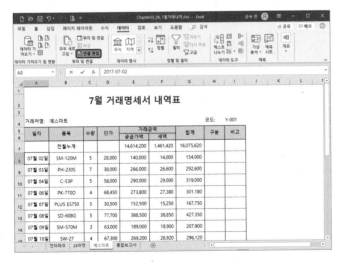

7월거래내역 파일의 원본 연결 끊기

05 6월거래내역 파일이 없으므로 7월거래내역 파일에서 연결을 끊고 값만 남기겠습니다.

[데이터] 탭-[연결] 그룹-[연결 편집]을 클릭합니다.

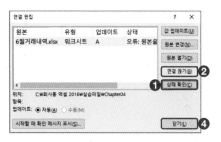

06

❶ [연결 편집] 대화상자에서 [상태 확인] 클릭

❷ [연결 끊기] 클릭

❸ 경고 메시지 대화상자에서 [연결 끊기] 클릭

❹ [연결 편집] 대화상자에서 [닫기]를 클릭합니다.

바로 **통** 하는 **TIP** [상태 확인]을 클릭하면 6월거래내역.xlsx 파일의 상태에 '오류:원본을 찾을 수 없습니다.'라고 표시됩니다. 6월거래내역.xlsx 파일과의 연결이 끊어지고 나서 [엔터파크], [24마켓], [예스마트] 시트의 전월누계 [E7] 셀을 선택한 후 수식 입력줄을 확인해보면 수식이 없어지고 결과 값만 표시됩니다. 원본과의 연결이 끊어져도 수식을 작성할 당시의 값은 남습니다.

다른 시트의 셀 참조

계산할 값이 다른 시트에 있다면 다음과 같이 수식을 입력합니다.

참조 형태 : **기획실!C21**

셀 주소 앞에는 시트명이 표시되며 시트명과 셀 주소를 구분하는 기호로 느낌표(!)가 붙습니다.

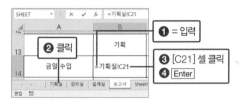

❶ = 입력
❷ 셀을 참조할 해당 시트 탭 클릭
❸ 해당 셀 클릭
❹ 수식 작성이 끝나면 Enter를 누릅니다.

시트명에 공백이 포함되거나 숫자로 시작하는 경우

시트명이 숫자로 시작하거나 시트명에 공백이 포함된 경우에는 시트명이 작은따옴표('') 안에 표시됩니다.

참조 형태 : '기획 실'!C21　　　　　　　　　　참조 형태 : '1기획실'!C21

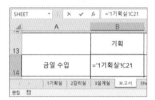

▲ 시트명에 공백이 포함되면 작은따옴표('') 안에 표시　　▲ 시트명이 숫자로 시작하면 작은따옴표('') 안에 표시됨

다른 파일의 셀 참조

계산할 값이 다른 파일에 있다면 해당 파일을 불러온 후 다음과 같이 수식을 입력합니다.

참조 형태 : =[2016년월계표.xlsx]월계표!$E$8

셀 주소는 기본적으로 절대 참조로 입력되며 시트명 앞의 파일명이 대괄호([ ]) 안에 표시됩니다.

❶ = 입력
❷ 참조할 파일 선택
❸ 참조할 [월계표] 시트의 [E8] 셀 클릭
❹ Enter

❶ =를 입력하고 ❷ 참조할 파일을 선택한 후 ❸ 참조할 시트의 셀을 클릭하고 ❹ 수식 작성이 끝나면 Enter를 누릅니다.

파일명에 공백이 포함되거나 시트명이 숫자로 시작한 경우, 또는 공백이 포함된 경우

파일명에 공백이 포함되거나 시트명이 숫자로 시작한 경우, 또는 공백이 포함된 경우 파일명부터 시트명까지 작은따옴표('') 안에 표시됩니다.

참조 형태 : ='[2016년 월계표.xlsx]월계표'!$E$8　　　　참조 형태 : ='[2016년월계표.xlsx]12월'!$E$8

▲ 파일명에 공백이 포함된 경우　　　　　　　　　▲ 시트명이 숫자로 시작된 경우

우선
순위

핵심기능

07

이름 정의 및 편집하기

실습 파일 | Chapter03\07_연말정산표.xlsx　완성 파일 | Chapter03\07_연말정산표_완성.xlsx

이름 상자로 셀 이름 정의하기

01 이름 상자를 이용하여 셀 이름을 정의하겠습니다.

❶ [A2] 셀 클릭

❷ 이름 상자에 **현재연도** 입력

❸ Enter 를 누릅니다.

바로 통 하는TIP　이름 작성 규칙

이름의 첫 번째 글자는 숫자를 사용할 수 없으며 문자나 밑줄(_), 백슬래시(\) 또는 원화 기호(₩)를 사용해야 합니다. 두 번째 글자부터는 문자, 숫자, 마침표 및 밑줄(_)을 사용할 수 있으며, 공백은 사용할 수 없습니다. 이름에는 최대 255개의 문자가 포함될 수 있습니다. 대, 소문자는 구별되지 않습니다.

[새 이름] 대화상자에 이름 정의하기

02 '세율'이라는 이름에 값 0.055를 정의하겠습니다.

❶ [수식] 탭-[정의된 이름] 그룹-[이름 정의] 클릭

❷ [새 이름] 대화상자의 [이름]에 **세율** 입력

❸ [참조 대상]에 **=0.055** 입력

❹ [확인]을 클릭합니다.

바로 통 하는TIP　[참조 대상]에는 셀이나 셀 범위뿐 아니라 등호를 입력한 후 수식이나 값을 입력할 수도 있습니다.

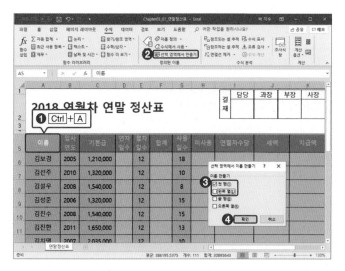

선택 영역에서 이름 만들기

03 범위를 선택한 후 범위의 첫 행을 이름으로 한꺼번에 정의하겠습니다.

❶ [A5] 셀에서 Ctrl + A 를 눌러 표 전체 범위 선택

❷ [수식] 탭-[정의된 이름] 그룹-[선택 영역에서 만들기] 클릭

❸ [선택 영역에서 만들기] 대화상자에서 [왼쪽 열]의 체크 표시 해제 후 [첫 행]에만 체크 표시

❹ [확인]을 클릭합니다.

> **바로 통 하는 TIP** 선택 범위 중 첫 행의 각 셀 이름이 그 아래 셀 범위의 이름으로 정의됩니다. 즉, [A6:A25] 범위가 '이름', [B6:B25] 범위가 '입사연도', [C6:C25] 범위가 '기본급'…[K6:K25] 범위가 '지급액'이라는 이름으로 정의됩니다.

> **바로 통 하는 TIP** [선택 영역에서 이름 만들기] 대화상자에서 셀 범위 중 첫 행, 왼쪽 열, 끝 행, 오른쪽 열에 입력되어 있는 문자를 해당 행이나 열 범위의 이름으로 한꺼번에 정의할 수 있습니다.

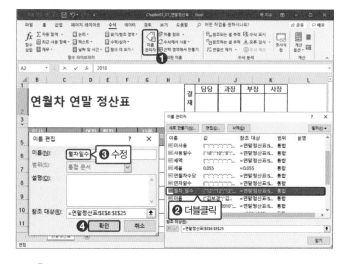

이름 편집하기

04 정의된 이름 중 하나를 편집하겠습니다.

❶ [수식] 탭-[정의된 이름] 그룹-[이름 관리자] 클릭

❷ [이름 관리자] 대화상자의 [이름] 목록 중 [월차_일수] 더블클릭

❸ [이름 편집] 대화상자에서 [이름]란의 밑줄(_)을 지워 **월차일수**로 수정

❹ [확인]을 클릭합니다.

> **바로 통 하는 TIP** 이름에는 공백이 포함될 수 없습니다. [E5] 셀의 '월차일수'라는 이름 가운데 공백이 포함되어 있어서 이름이 정의될 때 '월차_일수'로 정의되었습니다.

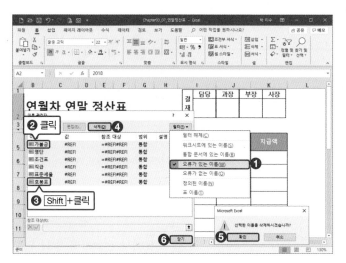

오류가 있는 이름을 한꺼번에 삭제하기

05 오류가 있는 이름들만 선택하여 삭제하겠습니다.

❶ [이름 관리자] 대화상자에서 [필터]-[오류가 있는 이름] 클릭

❷ 첫 번째 이름 클릭

❸ 마지막 이름 Shift +클릭

❹ [삭제] 클릭

❺ 경고 메시지 대화상자에서 [확인] 클릭

❻ [닫기]를 클릭합니다.

정의된 이름이 삭제됩니다.

바로 통 하는TIP #REF! 오류가 표시된 이름은 처음 이름 정의했던 셀이 삭제되어 없어졌을 때 생기는 오류입니다. 연말정산표 파일 작성 시 미리 정의되었던 이름이었는데, 정의했던 셀이 삭제되면서 오류가 생겼습니다.

우선
순위

실무
활용

문서
작성
&
데이터
입력

수식
&
데이터
편집

서식
&
인쇄

함수

차트
&
일러스트
레이션

데이터
관리
&
분석

매크로
&
VBA

부록

이름 참조로 수식 작성하기

실습 파일 | Chapter03\08_연말정산표.xlsx 완성 파일 | Chapter03\08_연말정산표_완성.xlsx

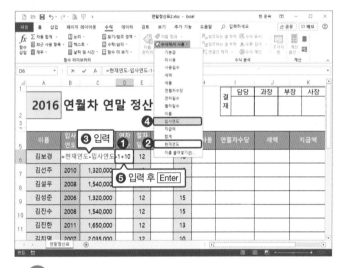

이름 목록에서 선택하며 수식 입력하기

01 수식에서 사용할 이름을 목록에서 선택하며 입력하겠습니다.

❶ [D6] 셀 클릭

❷ [수식] 탭-[정의된 이름] 그룹-[수식에서 사용]-[현재연도] 클릭

❸ - 입력

❹ [수식] 탭-[정의된 이름] 그룹-[수식에서 사용]-[입사연도] 클릭

❺ -1+10 입력 후 Enter 를 누릅니다.

바로 통 하는TIP [D6] 셀의 연차일수를 구하는 공식은 '=현재연도-입사연도-1+10'입니다. 입사 후 1년이 지나야 추가 연차일수가 생기기 때문에 1을 빼고 기본 연차일수로 10을 더했습니다.

앞서 정의한 이름을 사용해 수식을 작성했습니다. 입사연도가 구해집니다.

셀에서 이름 선택하며 수식 입력하기

02 이름의 첫 글자만 입력하고 이름 목록을 표시한 후 수식을 작성하겠습니다.

❶ [F6] 셀에 =월 입력 후 Alt + ↓ 를 누르고 Tab

❷ +연 입력 후 Alt + ↓ 를 누르고 ↓

❸ Tab 을 누른 후 Enter 를 누릅니다.

바로 통 하는TIP 수식을 작성하면서 사용할 이름을 정확히 알지 못할 때나 이름이 너무 길 때 이 방법을 사용하면 편리합니다. 사용할 이름을 정확히 알고 있다면 이름을 직접 다 입력하는 것이 더 편할 수 있습니다.

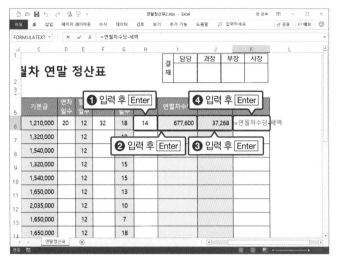

이름 직접 입력하며 수식 입력하기

03 나머지 셀에는 이름을 직접 입력하면서 수식을 작성하겠습니다.

❶ [H6] 셀에 **=합계-사용일수** 입력 후 Enter

❷ [I6] 셀에 **=기본급*미사용/25** 입력 후 Enter

❸ [J6] 셀에 **=연월차수당*세율** 입력 후 Enter

❹ [K6] 셀에 **=연월차수당-세액** 입력 후 Enter 를 누릅니다.

바로 **통**하는 **TIP** [I6] 셀의 연월차수당을 구하는 공식은 '기본급*미사용일수/25(월근무일수)'입니다.

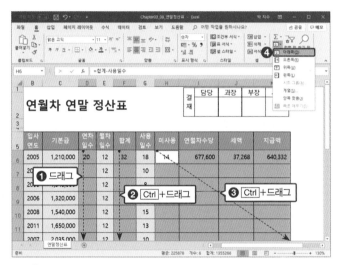

한꺼번에 수식 복사하기

04 수식을 한 번에 아래쪽으로 채우겠습니다.

❶ [D6:D25] 범위 지정

❷ [F6:F25] 범위 Ctrl +드래그

❸ [H6:K25] 범위 Ctrl +드래그

❹ [홈] 탭-[편집] 그룹-[채우기]-[아래쪽]을 클릭합니다.

수식이 채워지고 값이 구해집니다.

바로 **통**하는 **TIP** 아래로 채우기는 단축키 Ctrl + D 를 눌러도 됩니다.

2007 2010 2013 2016 2019

09 자동 합계 도구로 합계, 평균 구하기

실습 파일 | Chapter03\09_거래통계표.xlsx   완성 파일 | Chapter03\09_거래통계표_완성.xlsx

---

구입가 합계 구하기

01 한 달간 거래한 실구입가의 합계를 구하겠습니다.

❶ [B3] 셀 클릭

❷ [홈] 탭–[편집] 그룹–[자동 합계]–[합계] 클릭

❸ [F8] 셀 클릭

❹ Ctrl + Shift + ↓ 를 누른 후 Enter 를 누릅니다.

[F8:F34] 셀까지 선택한 범위의 합계가 구해집니다.

바로**통**하는TIP 단축키 Ctrl + Shift + ↓ 는 아래쪽의 마지막 데이터 셀까지 범위로 선택하는 단축키입니다.

평균배송료 구하기

02 한 달간 사용한 배송료 평균을 구하겠습니다.

❶ [B4] 셀 클릭

❷ [홈] 탭–[편집] 그룹–[자동 합계]–[평균] 클릭

❸ [E8:E34] 범위 지정 후 Enter 를 누릅니다.

선택한 범위의 평균이 구해집니다.

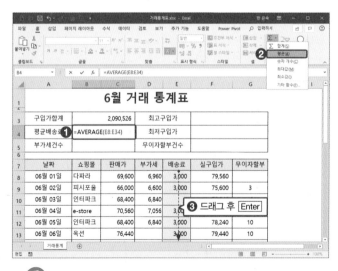

바로**통**하는TIP 배송료 범위는 중간에 빈 셀들 때문에 단축키로 한 번에 범위 지정이 안 되기 때문에 드래그하여 지정했습니다.

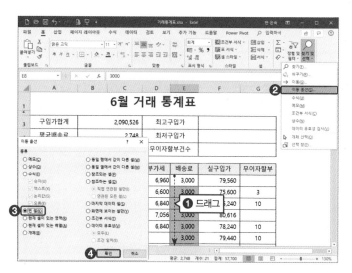

배송료 빈 셀만 선택하기

03 배송료 범위 중 빈 셀만 선택하겠습니다.

❶ [E8:E34] 범위 지정

❷ [홈] 탭-[편집] 그룹-[찾기 및 선택]-[이동 옵션] 클릭

❸ [이동 옵션] 대화상자에서 [빈 셀] 클릭

❹ [확인]을 클릭합니다.

선택 범위 중 빈 셀만 선택됩니다.

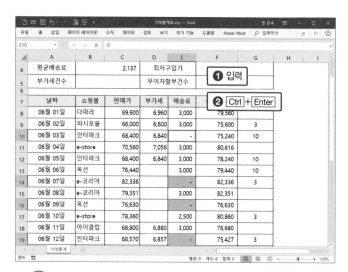

배송료 빈 셀을 모두 0으로 채우기

04 선택된 빈 셀에 0을 한 번에 입력하겠습니다.

❶ 빈 셀이 선택된 상태에서 **0** 입력

❷ Ctrl + Enter 를 누릅니다.

바로 통 하는TIP AVERAGE 함수는 빈 셀을 0으로 처리하지 않고 빈 셀을 제외한 평균을 구합니다. 따라서 빈 셀들에 0을 입력하기 전에는 2,748이던 평균 배송료가 2,137로 더 낮아졌습니다.

바로 통 하는TIP 단축키 Ctrl + Enter 는 아래쪽의 마지막 데이터 셀까지 범위로 선택하는 단축키입니다.

핵심기능

10

2007 2010 2013 2016 2019

자동 합계 도구로 최댓값, 최솟값, 숫자 개수 구하기

실습 파일 | Chapter03\10_거래통계표2.xlsx   완성 파일 | Chapter03\10_거래통계표2_완성.xlsx

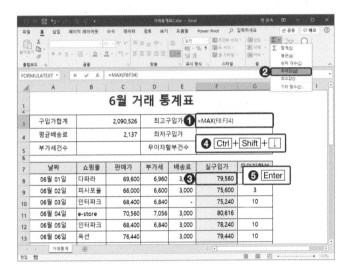

최고구입가 구하기

01 실구입가 범위에서 최댓값을 구하겠습니다.

❶ [F3] 셀 클릭

❷ [홈] 탭-[편집] 그룹-[자동 합계]-[최대값] 클릭

❸ [F8] 셀 클릭

❹ Ctrl + Shift + ↓

❺ Enter 를 누릅니다.

[F8:F34] 셀까지 선택 범위 중 최댓값이 구해집니다.

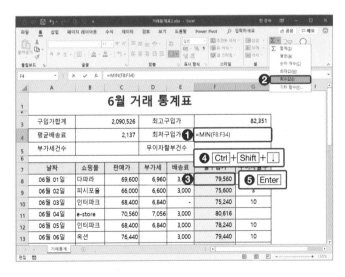

최저구입가 구하기

02 실구입가 범위에서 최솟값을 구하겠습니다.

❶ [F4] 셀 클릭

❷ [홈] 탭-[편집] 그룹-[자동 합계]-[최소값] 클릭

❸ [F8] 셀 클릭

❹ Ctrl + Shift + ↓

❺ Enter 를 누릅니다.

[F8:F34] 셀까지 선택 범위 중 최솟값이 구해집니다.

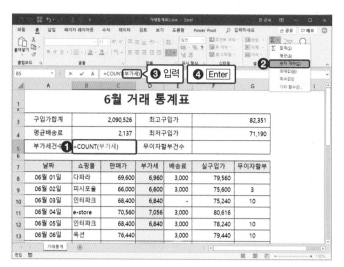

부가세건수 구하기

03 부가세 범위에서 부가세가 입력된 셀의 개수를 구하겠습니다.

❶ [B5] 셀 클릭

❷ [홈] 탭-[편집] 그룹-[자동 합계]-[숫자 개수] 클릭

❸ COUNT 함수식 괄호 안에 부가세 범위 이름인 **부가세** 입력

❹ Enter 를 누릅니다.

선택 범위의 개수가 구해집니다.

바로 통 하는 TIP [D8:D34] 범위는 '부가세'라는 이름으로 정의되어 있습니다.

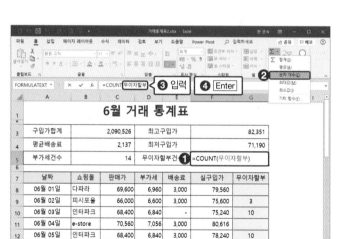

무이자할부건수 구하기

04 무이자할부 범위에서 개월 수가 입력된 셀의 개수를 구하겠습니다.

❶ [F5] 셀 클릭

❷ [홈] 탭-[편집] 그룹-[자동 합계]-[숫자 개수] 클릭

❸ COUNT 함수식이 입력되면 괄호 안에 **무이자할부** 입력

❹ Enter 를 누릅니다.

선택 범위의 개수가 구해집니다.

바로 통 하는 TIP [G8:G34] 범위는 '무이자할부'라는 이름으로 정의되어 있습니다.

핵심기능 11

자동 합계로 누계 및 소계 구하기

실습 파일 | Chapter03\11_누계및소계.xlsx   완성 파일 | Chapter03\11_누계및소계_완성.xlsx

누계 구하기

01 날짜별 실구입가의 누계를 구하겠습니다.

❶ [일별누계] 시트에서 [G2] 셀 클릭

❷ [홈] 탭-[편집] 그룹-[자동 합계] 클릭

❸ =SUM(F2)가 입력된 상태에서 : 입력

❹ =SUM(F2:F2)로 변경되면 앞쪽의 [F2] 클릭 후 F4를 눌러 **$F$2**로 수정

❺ Enter를 누릅니다.

바로 통하는TIP [자동 합계]를 눌렀을 때 =SUM(C2:F2)가 입력되지 않고 **=SUM(F2)**로 입력된 이유는 [F2] 셀에 [C2:E2] 범위 합계를 계산하는 SUM 함수식이 작성되어 있기 때문입니다. 자동 합계 도구는 인접 셀 범위에 SUM 함수식이 있는 경우에는 기존 SUM 함수식에서 사용한 범위는 선택하지 않습니다.

채우기로 수식 복사하기

02 아래쪽으로 수식을 복사하겠습니다.

❶ [G2] 셀 클릭

❷ 채우기 핸들을 더블클릭하여 아래쪽으로 수식을 복사합니다.

바로 통하는TIP 첫 셀의 합계 범위는 [$F$2:F2]로 [F2] 셀 하나지만, 두 번째 셀에서는 상대 참조로 셀이 변경되어 [$F$2:F3]으로 두 셀의 합계를 구합니다. 이렇게 아래쪽으로 갈수록 상대 참조 셀이 변하며 계산 범위가 확장되므로 각 행마다 누계가 구해집니다.

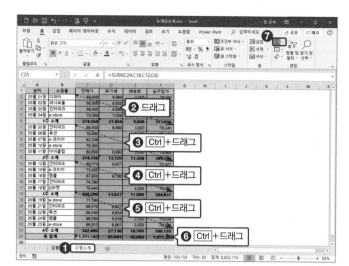

소계 구하기

03 [주별소계] 시트에서 주별 소계와 총합계를 한꺼번에 구하겠습니다.

❶ [주별소계] 시트 클릭

❷ [C2:F6] 범위 지정

❸ [C7:F12] 범위 Ctrl+드래그

❹ [C13:F18] 범위 Ctrl+드래그

❺ [C19:F24] 범위 Ctrl+드래그

❻ [C25:F25] 범위 Ctrl+드래그

❼ [홈] 탭─[편집] 그룹─[자동 합계]를 클릭합니다.

바로 통 하는TIP 빈 셀 앞의 숫자 셀 범위는 자동으로 합계 범위로 선택되어 소계가 구해지고, 마지막 합계 범위는 각 소계 셀이 자동으로 합계 셀로 지정됩니다.

2007 2010 2013 2016 2019

3차원 참조로 여러 시트 범위의 합계 구하기

실습 파일 | Chapter03\12_상반기판매실적.xlsx   완성 파일 | Chapter03\12_상반기판매실적_완성.xlsx

3차원 참조 범위 선택하기

01 서울 지역의 1월~6월 판매 실적 합계를 구하겠습니다.

❶ [상반기] 시트에서 [B4] 셀 클릭

❷ [홈] 탭-[편집] 그룹-[자동 합계 Σ] 클릭

❸ [1월] 시트 클릭

❹ [6월] 시트 Shift+클릭

❺ [B4] 셀을 클릭하고 Enter를 누릅니다.

입력 완료 후 [상반기] 시트로 화면이 바뀌고 [B4] 셀에 1월~6월 해당 제품의 합계가 구해집니다.

바로 통 하는 TIP 시트 탭에서 Shift를 누른 채 시트를 클릭하면 범위 내 모든 시트가 선택됩니다.

수식 복사하기

02 수식을 복사하여 나머지 지역의 판매 실적도 구하겠습니다.

❶ [B4] 셀 클릭

❷ 채우기 핸들을 [F4] 셀까지 드래그

❸ 채우기 핸들을 더블클릭하여 나머지 빈 셀에 수식을 복사합니다.

바로 통 하는 TIP 3차원 참조란 여러 시트 내에서 위치가 같은 셀을 계산 범위로 지정하는 참조 형태입니다. 입력된 SUM 함수식을 보면 '1월:6월'!B4와 같이 시트명과 시트명 사이에 범위를 나타내는 참조 연산자 콜론(:)이 지정되었습니다.

3차원 참조로 입력된 [1월]~[6월] 시트 각 셀의 합계가 구해집니다.

2007 2010 2013 2016 2019

빠른 분석 도구로
합계, 점유율 구하기

실습 파일 | Chapter03\13_연매출실적표.xlsx   완성 파일 | Chapter03\13_연매출실적표_완성.xlsx

지점별 매출합계 구하기

01 빠른 분석 도구를 사용해 합계를 한꺼번에 입력하겠습니다.

❶ [A4:F15] 범위 지정

❷ 범위 끝에 표시된 [빠른 분석📊] 클릭

❸ [합계] 클릭

❹ 열 방향 [합계]를 클릭합니다.

선택 범위의 열별 합계가 구해집니다.

바로 **통**하는TIP 빠른 분석 도구를 사용하면 선택된 데이터 범위의 합계, 평균, 개수 등을 쉽게 계산할 수 있습니다.

바로 **통**하는TIP 범위 지정 시 수치 데이터만 지정하지 않고 데이터 레이블에 해당하는 [A4:A15] 범위까지 지정했기 때문에 [A16] 셀에 데이터 레이블로 '합계'라는 글자가 입력됩니다.

지점별 매출 점유율 구하기

02 빠른 분석 도구를 사용해 매출 점유율을 한꺼번에 입력하겠습니다.

❶ [B16:F16] 범위 지정

❷ [빠른 분석📊] 클릭

❸ [합계] 클릭

❹ 열 방향 [총 %]를 클릭합니다.

열 방향 합계의 점유율, 즉 지점별 점유율이 구해집니다.

바로 **통**하는TIP [B17] 셀의 수식을 확인해보면 =SUM(B16)/SUM($B$16: $F$16)으로 입력되어 있습니다. 즉, [총 %]는 지정된 범위 중 '하나의 열 합계/총 범위 합계'로 구해지므로 열 합계의 점유율이 됩니다.

빠른 분석 도구로 평균, 누계 구하기

실습 파일 | Chapter03\14_연매출실적표.xlsx   완성 파일 | Chapter03\14_연매출실적표_완성.xlsx

월평균매출 구하기

01 빠른 분석 도구를 사용해 월평균매출을 한꺼번에 입력하겠습니다.

❶ [B4:F15] 범위 지정

❷ 범위 끝에 표시된 [빠른 분석 📧] 클릭

❸ [합계] 클릭

❹ 행 방향 [평균]을 클릭합니다.

선택 범위의 행별 평균이 구해집니다.

바로 통 하는TIP 행 방향 [평균]이 보이지 않으면 오른쪽 이동 버튼 ▶을 클릭해 찾습니다.

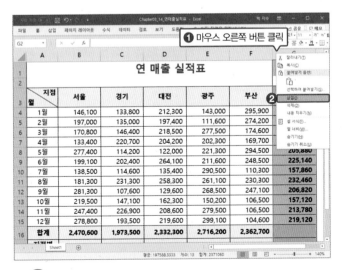

열 삽입하기

02 월별 매출누계가 입력될 열을 삽입하겠습니다.

❶ G열 머리글에서 마우스 오른쪽 버튼 클릭

❷ [삽입]을 클릭합니다.

G열의 왼쪽에 열이 삽입됩니다.

바로 통 하는TIP 빠른 분석 도구의 계산 결과는 지정된 연속 범위의 끝부분에만 입력되기 때문에 이미 범위 끝에 계산 결과가 있는 상태에서 다른 계산 결과를 또 입력해야 한다면 빈 열을 삽입한 후 작업합니다.

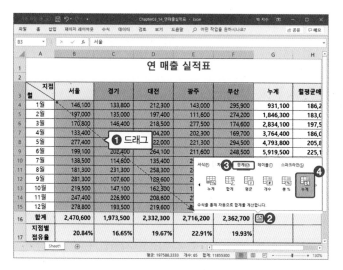

월별 매출누계 구하기

03 빠른 분석 도구를 사용해 월별 매출누계를 한꺼번에 입력하겠습니다.

❶ [B4:F15] 범위 지정

❷ [빠른 분석 📊] 클릭

❸ [합계] 클릭

❹ 행 방향 [누계]를 클릭합니다.

새로 삽입한 G열에 행별 누계가 구해집니다.

바로 통하는TIP 행 방향 [누계]가 보이지 않으면 오른쪽 이동 버튼 ▶을 클릭해 찾습니다.

쉽고 빠른 엑셀 NOTE | 빠른 분석 도구 계산 항목

열 방향 계산 항목

열 방향 계산 항목을 선택하면 범위의 아래에 계산 결과가 입력됩니다. 범위 아래에 빈 셀이 있어야 합니다.

행 방향 계산 항목

행 방향 계산 항목을 선택하면 범위의 오른쪽에 계산 결과가 입력됩니다. 범위 오른쪽에 빈 셀이 있어야 합니다.

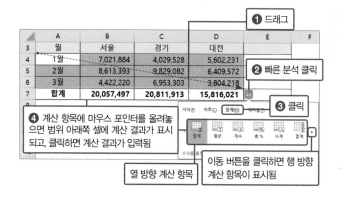

계산 항목별 적용 함수식

계산 항목	적용 함수식	계산 항목	적용 함수식
합계	SUM(범위)	총%	SUM(범위)/SUM(총 범위)
평균	AVERAGE(범위)	누계	SUM(누계 범위)
개수	COUNTA(범위)		

실습 파일 | Chapter03\15_배열 수식.xlsx 완성 파일 | Chapter03\15_배열 수식_완성.xlsx

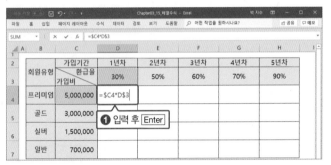

혼합 참조를 사용한 수식 작성하기

01 혼합 참조를 사용해서 환급금을 입력하겠습니다.

❶ [혼합참조] 시트의 [D4] 셀에 **=$C4*D$3** 입력 후 Enter

❷ [D4] 셀의 채우기 핸들을 [H4] 셀까지 드래그

❸ [H4] 셀의 채우기 핸들을 더블클릭합니다.

[D4:H7] 범위에 수식이 입력되고 값이 구해집니다.

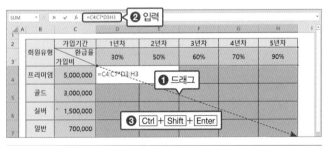

배열 수식으로 작성하기

02 같은 계산을 배열 수식으로 입력하겠습니다.

❶ [배열수식] 시트에서 [D4:H7] 범위 지정

❷ **=C4:C7*D3:H3** 입력

❸ Ctrl + Shift + Enter 를 눌러 수식 입력을 완료합니다.

수식 입력줄에 입력된 수식을 확인해보면 수식 앞뒤에 중괄호({})가 붙어 있습니다.

바로 통 하는 TIP 배열 수식이란 여러 값을 배열로 묶어 계산하는 수식을 말합니다. 배열 수식은 수식 입력을 완료할 때 반드시 Ctrl+Shift+Enter를 누릅니다. 배열 수식으로 작성하면 셀이나 셀 범위에 이름을 정의하지 않고, 절대 참조, 혼합 참조 변경 없이 단일 셀이나 셀 범위를 수식에 직접 사용하여 결과를 구할 수 있습니다.

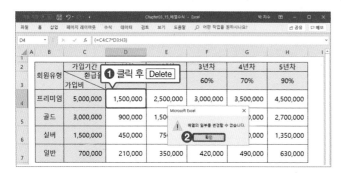

배열 수식 삭제하기

03 입력한 배열 수식을 삭제하겠습니다.

❶ [D4] 셀 클릭 후 Delete

❷ 경고 메시지 대화상자에서 [확인] 클릭

❸ [D4:H7] 범위 지정

❹ Delete 를 눌러 값을 삭제합니다.

범위의 값이 모두 삭제됩니다.

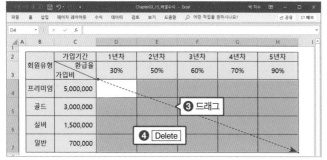

바로 통 하는 TIP 한꺼번에 작성한 배열 수식은 셀 하나만 따로 수정하거나 삭제할 수 없습니다. 처음 지정했던 셀 범위를 드래그한 후 삭제해야 합니다.

다른 파일과 다른 시트를 참조하여 표 완성하기 - 월계표

실습 파일 | Chapter03\2018년월계표.xlsx, 실무_2019년월계표.xlsx
완성 파일 | Chapter03\실무_2019년월계표_완성.xlsx

⊕ 예제 설명 및 완성 화면

다음의 2019년 월계표 2월분에서 예산액은 2018년 월계표 누계보다 20% 높은 금액을 책정합니다. 전월 수입액은 [1월] 시트의 월계표로부터 전월 수입액, 전월 지출액을 가져와 누계, 집행률 등을 구해보겠습니다.

월 계 표

2019년 2월분

1. 수입

과 목	예산액	전월까지 수입액	금 월 수입액	누 계	집행율
회비	111,012,000	32,540,500	23,141,260	55,681,760	50.16%
협찬금	54,960,000	13,580,000	1,435,105	15,015,105	27.32%
광고수입	39,480,000	3,290,000	1,922,714	5,212,714	13.20%
잡수입	8,773,829	331,150	321,771	652,921	7.44%
합 계	214,225,829	49,741,650	26,820,850	76,562,500	35.74%

2. 지출

과 목	예산액	전월까지 지출액	금 월 지출액	누 계	집행율
의무비	5,921,610	1,180,374	700,758	1,881,132	31.77%
인건비	66,513,468	4,070,284	3,820,876	7,891,160	11.86%
복리후생비	23,575,680	3,385,714	1,779,905	5,165,619	21.91%
출장비	17,949,001	4,601,329	776,829	5,378,158	29.96%
직무활동비	21,944,328	4,705,242	4,395,904	9,101,146	41.47%
관리비	5,551,584	748,552	639,204	1,387,756	25.00%
차량유지비	3,324,000	569,985	254,713	824,698	24.81%
보험료	2,880,000	1,200,124	206,924	1,407,048	48.86%
세금과공과금	3,969,600	721,617	69,539	791,156	19.93%
대내외경조비	5,316,384	1,162,368	217,566	1,379,934	25.96%
통신비	27,529,008	4,893,208	3,437,479	8,330,687	30.26%
홍보비	21,514,008	6,161,187	5,366,150	11,527,337	53.58%
잡비	4,489,728	1,532,222	1,400,152	2,932,374	65.31%
합 계	210,478,399	34,932,206	23,065,999	57,998,205	27.56%

01 두 파일 열기

두 개의 엑셀 파일을 열겠습니다. ❶ 빠른 실행 도구 모음에서 [열기 🗁] 클릭 ❷ 2018년월계표 클릭 ❸ 2019년월계표 Ctrl+클릭 ❹ [열기]를 클릭합니다. 두 개의 파일이 모두 열립니다.

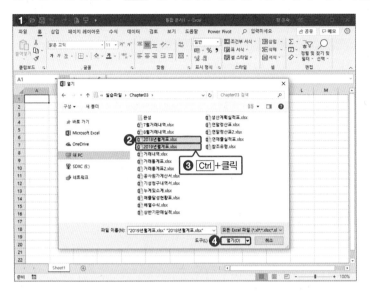

02 다른 파일의 셀 참조하기

다른 파일의 셀을 참조하여 예산액을 작성하겠습니다. ❶ 2019년월계표 파일에서 [1월] 시트의 [B8] 셀 클릭 ❷ = 입력 ❸ [보기] 탭–[창] 그룹–[창 전환]–[2018년월계표.xlsx]를 클릭합니다. 2018년월계표 파일로 창이 전환됩니다.

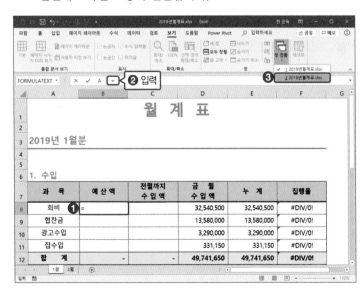

바로 통하는 TIP

예산액은 2018년 12월분 월계 표의 '누계*120%'입니다.

03 참조할 셀 선택하기

2018년 월계표에서 참조할 셀을 선택하겠습니다. ❶ [E8] 셀 클릭 ❷ F4를 세 번 눌러서 상대
참조로 변환 ❸ *120% 입력 후 Enter를 누릅니다. 수식 입력줄을 보면 수식이 입력되는 것을 확
인할 수 있습니다.

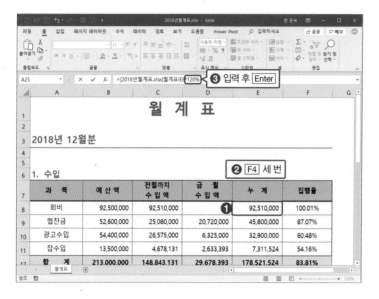

04 수식 복사하기

2019년 월계표에 입력된 수식을 복사하겠습니다. ❶ [B8] 셀 클릭 후 Ctrl+C ❷ [B9:B11] 범
위 지정 ❸ [B16:B28] 범위 Ctrl+드래그 ❹ Ctrl+V를 누릅니다. 선택 범위에 수식이 복사됩
니다.

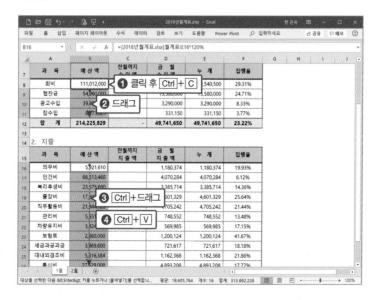

05 다른 시트의 셀 참조하기

[1월] 시트의 예산액을 [2월] 시트의 예산액 셀에 연결하겠습니다. ❶ [2월] 시트 클릭 ❷ [B8] 셀에 = 입력 ❸ [1월] 시트 클릭 ❹ [B8] 셀 클릭 후 Enter 를 누릅니다. 연결된 셀 값이 표시됩니다.

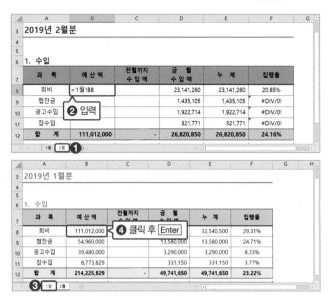

06 다른 시트의 셀에 연결하기

[1월] 시트의 누계를 [2월] 시트의 전월까지 수입액 셀로 연결하겠습니다. ❶ [2월] 시트 클릭 ❷ [C8] 셀에 = 입력 ❸ [1월] 시트 클릭 ❹ [E8] 셀 클릭 후 Enter 를 누릅니다. 연결된 셀 값이 표시됩니다.

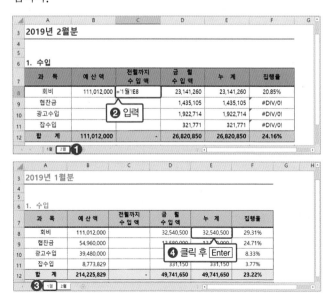

07 수식 복사하기

나머지 셀에 수식을 복사하겠습니다. ❶ [B8:C8] 범위 지정 후 Ctrl+C ❷ [B9:C11] 범위 지정
❸ [B16:C28] 범위 Ctrl+드래그 ❹ Ctrl+V를 누릅니다. 선택 범위에 수식이 복사됩니다.

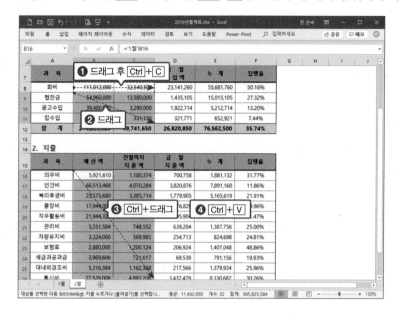

CHAPTER

04

문서의 틀을
잡는
데이터 편집

처음부터 빈 워크시트에서 문서 작성을 시작하는 경우보다 기존에 작성
되어 있는 문서에 데이터를 입력하고 자신의 업무에 필요한 문서 형태로
편집하는 경우가 더 많습니다. 빈 워크시트에 입력하든, 이미 작성된 문
서에 입력하든 데이터가 입력된 문서 전체의 틀을 잡는 방법에 대해 알아
보겠습니다. 틀을 잡는다는 것은 행/열 높이와 너비를 맞춰주거나 이동,
복사, 삭제 등으로 셀을 재배치하는 것을 의미하며, 일목요연하게 데이터
를 정리하는 작업입니다.

한 시트에 여러 표가 있을 때 행/열/셀 삽입하고 삭제하기

실습 파일 | Chapter04\01_행열편집.xlsx   완성 파일 | Chapter04\01_행열편집_완성.xlsx

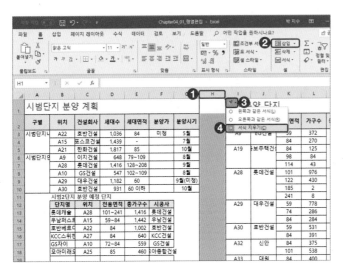

열 삽입 후 서식 지우기

01 표 사이에 열을 삽입하고 삽입 옵션에서 서식을 지우겠습니다.

❶ H열 머리글 클릭

❷ [홈] 탭-[셀] 그룹-[삽입] 클릭

❸ [삽입 옵션🖌] 클릭

❹ [서식 지우기]를 클릭합니다.

새로 삽입된 열의 채우기 색, 테두리 선 등이 삭제됩니다.

🔔 **바로 통 하는TIP** [삽입 옵션]을 이용하면 새로 삽입한 셀 범위에 주변 서식을 동일하게 적용하거나 서식을 지울 수 있습니다.

행 삽입 후 서식 지우기

02 제목과 표 사이에 행을 삽입하고 서식을 지우겠습니다.

❶ 2행 머리글 클릭

❷ [홈] 탭-[셀] 그룹-[삽입] 클릭

❸ [삽입 옵션🖌] 클릭

❹ [서식 지우기]를 클릭합니다.

새로 삽입된 행의 채우기 색, 테두리 선 등이 삭제됩니다

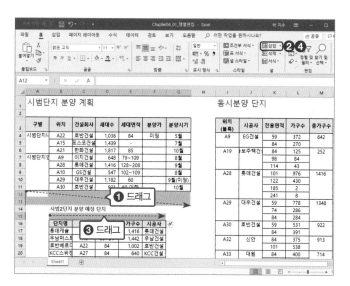

셀 삽입하기

03 옆의 표에 영향을 주지 않고 행을 삽입하겠습니다.

❶ [A12:G13] 범위 지정

❷ [홈] 탭-[셀] 그룹-[삽입] 클릭

❸ [B15:F15] 범위 지정

❹ [홈] 탭-[셀] 그룹-[삽입]을 클릭합니다.

선택 범위에 셀이 삽입됩니다.

바로 통하는TIP 옆의 표에 영향을 주지 않고 행을 삽입하려면 행 전체가 아닌 셀 범위를 선택한 후 셀을 삽입해야 합니다.

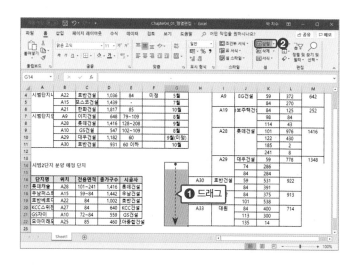

행/셀 삭제하기

04 필요 없어진 행과 셀을 삭제하겠습니다.

❶ [23:27] 행 머리글 범위 지정

❷ [홈] 탭-[셀] 그룹-[삭제] 클릭

❸ [A14:A22] 범위 지정

❹ [홈] 탭-[셀] 그룹-[삭제]를 클릭합니다.

선택 범위의 행과 셀이 삭제됩니다.

셀 삽입하기

05 [A14:A22] 범위 삭제 시 셀이 왼쪽으로 당겨졌기 때문에 다시 오른쪽 표의 셀 범위를 오른쪽으로 밀기 위해 셀 삽입을 하겠습니다.

❶ [G14:G22] 범위 지정

❷ [홈] 탭-[셀] 그룹-[삽입]을 클릭합니다.

선택 범위에 셀이 삽입됩니다.

핵심기능

02

다중 열 삽입하기

2007 2010 2013 2016 2019

실습 파일 | Chapter04\02_행열편집.xlsx 완성 파일 | Chapter04\02_행열편집_완성.xlsx

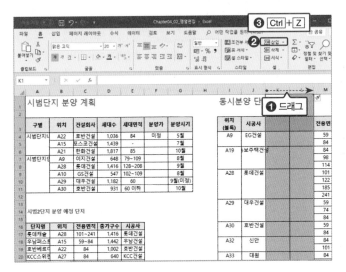

연속된 여러 열 삽입하기

01 두 개의 열을 삽입하겠습니다.

❶ [K:L] 열 범위 지정

❷ [홈] 탭-[셀] 그룹-[삽입] 클릭

❸ Ctrl + Z 를 눌러 실행을 취소합니다.

연속된 두 열 범위를 선택하면 연속된 두 열이 삽입됩니다.

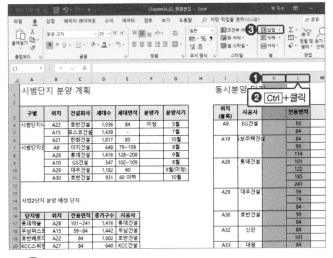

다중 선택 후 열 삽입하기

02 두 개의 열 사이에 한 개씩 열을 삽입하겠습니다.

❶ K열 다시 클릭

❷ L열 Ctrl +클릭

❸ [홈] 탭-[셀] 그룹-[삽입]을 클릭합니다.

범위를 한 개씩 따로 선택했기 때문에 선택한 각 열의 왼쪽에 열이 하나씩 삽입됩니다.

바로 통하는 TIP 범위를 한 번에 선택한 후 [삽입]을 클릭하면 선택한 범위만큼 왼쪽에 열이 삽입됩니다.

행/열 크기 조절하여 양식 정돈하기

실습 파일 | Chapter04\03_행열편집.xlsx　완성 파일 | Chapter04\03_행열편집_완성.xlsx

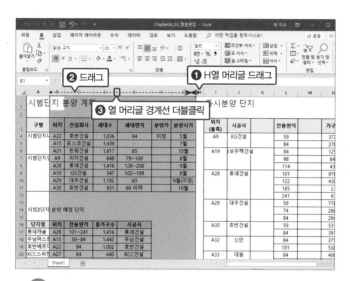

열 너비 자동 맞춤하기

01 데이터 길이에 맞춰 열 너비를 적당히 조절하겠습니다.

❶ H열 머리글 오른쪽 경계선을 왼쪽으로 드래그

❷ [B:G] 열 범위 지정

❸ 지정된 범위 중 한군데 열 머리글 경계선을 더블클릭하여 자동 맞춤합니다.

바로 통 하는TIP 열 머리글 경계선을 드래그하면 열 너비를 직접 확인하면서 임의의 너비로 조절할 수 있으며, 경계선을 더블클릭하면 해당 열에서 가장 긴 데이터를 기준으로 너비가 자동으로 맞춰집니다.

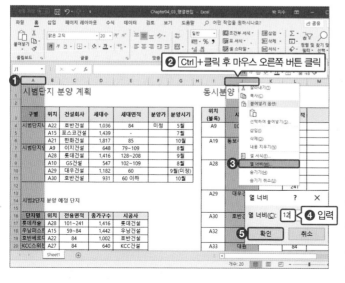

열 너비 직접 입력하기

02 [열 너비] 대화상자에서 값을 직접 지정하여 열 너비를 조절하겠습니다.

❶ A열 머리글 클릭

❷ J열 머리글 Ctrl+클릭 후 마우스 오른쪽 버튼 클릭

❸ [열 너비] 클릭

❹ [열 너비] 대화상자에 **12** 입력

❺ [확인]을 클릭합니다.

선택한 각 열의 너비가 조정됩니다.

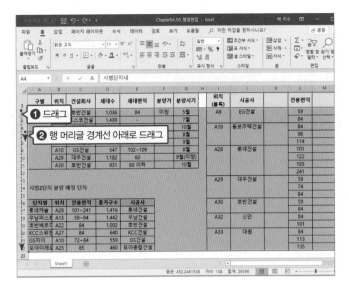

같은 간격으로 행 높이 조절하기

03 행 높이를 같은 간격으로 조절하겠습니다.

❶ [4:22] 행 범위 지정

❷ 선택된 행 범위 중 임의의 행 머리글 경계선을 아래로 드래그합니다.

바로 통하는 TIP 행 머리글을 사용하여 여러 행을 선택한 후 높이를 조절하면 모두 같은 간격으로 맞춰집니다.

데이터 열 숨기기

실습 파일 | Chapter04\04_행열편집.xlsx   완성 파일 | Chapter04\04_행열편집_완성.xlsx

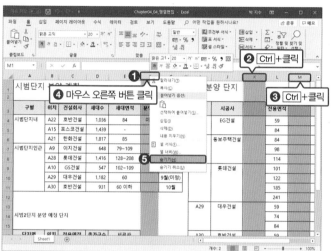

열 숨기기

01 표시하지 않을 데이터가 있는 열을 숨기겠습니다.

❶ F열 머리글 클릭

❷ K열 머리글 [Ctrl]+클릭

❸ M열 머리글 [Ctrl]+클릭

❹ F열 머리글에서 마우스 오른쪽 버튼 클릭

❺ [숨기기]를 클릭합니다.

선택한 열이 숨겨집니다.

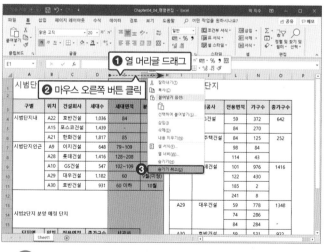

숨기기 취소하기

02 F열만 숨기기를 취소하겠습니다.

❶ [E:G] 열 범위 선택

❷ 선택한 열 머리글에서 마우스 오른쪽 버튼 클릭

❸ [숨기기 취소]를 클릭합니다.

숨겨진 열이 있는 부분은 열머리글 경계선이 이중선으로 표시됩니다. 이 경계선을 오른쪽으로 드래그해도 숨겨진 열이 표시됩니다.

바로 통하는 TIP 숨기기를 취소하지 못하게 하는 [시트 보호] 기능

[검토] 탭–[보호] 그룹–[시트 보호]를 클릭하고 [시트 보호] 대화상자에서 암호를 설정한 후 [확인]을 클릭합니다. 시트 보호 상태에서는 숨기기 취소를 할 수 없으며 셀의 데이터를 변경하거나 셀/행/열 서식을 변경할 수 없습니다. 다시 시트 보호를 해제하려면 [검토] 탭–[보호] 그룹–[시트 보호 해제]를 클릭합니다.

자르거나 복사한 데이터 삽입하기

실습 파일 | Chapter04\05_집계표.xlsx   완성 파일 | Chapter04\05_집계표_완성.xlsx

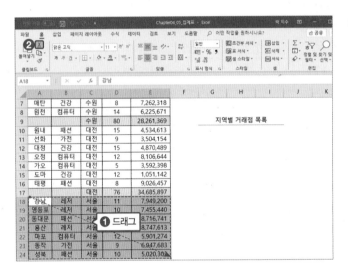

셀 잘라내기

01 서울 데이터 목록을 잘라내겠습니다.

❶ [A18:E24] 범위 지정

❷ [홈] 탭-[클립보드] 그룹-[잘라내기 ✂]를 클릭합니다.

잘라낼 범위에 녹색 점선 테두리가 나타납니다.

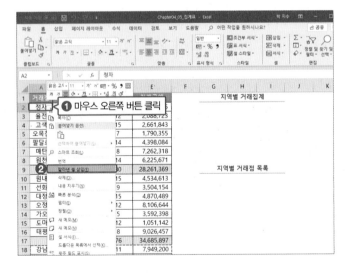

잘라낸 셀 삽입하기

02 잘라낸 데이터 목록을 수원 데이터 목록 위쪽으로 삽입하겠습니다.

❶ [A2] 셀에서 마우스 오른쪽 버튼 클릭

❷ [잘라낸 셀 삽입]을 클릭합니다.

선택한 위치에 잘라낸 셀 범위가 붙여넣기됩니다.

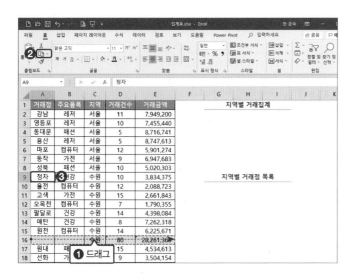

합계 수식 복사하기

03 서울 목록의 거래 건수와 금액의 합계 항목을 만들기 위해 수원 목록 합계 범위를 복사하겠습니다.

❶ [A16:E16] 범위 지정

❷ [홈] 탭-[클립보드] 그룹-[복사 📋] 클릭

❸ 삽입할 위치로 [A9] 셀을 클릭합니다.

복사할 범위에 녹색 점선 테두리가 나타납니다. ESC를 누르거나 셀에 입력하는 등 다른 작업을 하기 전에는 복사할 범위가 계속 활성화된 상태입니다.

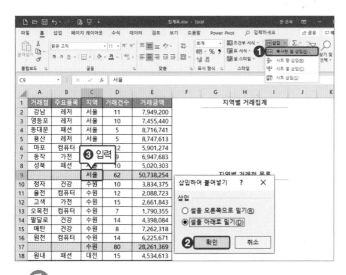

삽입하여 붙여넣기

04 복사한 데이터 범위를 삽입하겠습니다.

❶ [홈] 탭-[셀] 그룹-[삽입]-[복사한 셀 삽입] 클릭

❷ [삽입하여 붙여넣기] 대화상자의 [확인] 클릭

❸ [C9] 셀에 **서울**을 입력하여 수정합니다.

선택한 위치에 범위가 복사됩니다.

바로 통 하는 TIP [삽입하여 붙여넣기] 대화상자에는 [셀을 아래로 밀기]가 선택되어 있었기 때문에 셀이 아래로 한 행 밀리면서 데이터가 삽입됩니다.

다중 범위 복사하고 붙여넣기 옵션 사용하기

실습 파일 | Chapter04\06_집계표.xlsx   완성 파일 | Chapter04\06_집계표_완성.xlsx

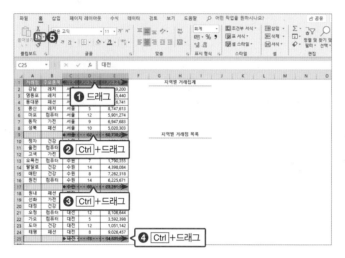

여러 범위 복사하기

01 지역, 거래건수, 거래금액의 합계 범위를 선택한 후 복사하겠습니다.

❶ [C1:E1] 범위 지정

❷ [C9:E9] 범위 Ctrl+드래그

❸ [C17:E17] 범위 Ctrl+드래그

❹ [C25:E25] 범위 Ctrl+드래그

❺ [홈] 탭-[클립보드] 그룹-[복사 📋]를 클릭합니다.

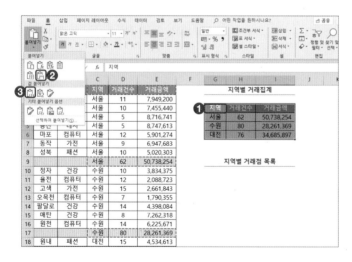

열 너비 유지하면서 값 붙여넣기

02 원본 열 너비를 유지하고 수식 없이 값만 붙여 넣겠습니다.

❶ [G3] 셀 클릭

❷ [홈] 탭-[클립보드] 그룹-[붙여넣기]-[원본 열 너비 유지 📋] 클릭

❸ 다시 [홈] 탭-[클립보드] 그룹-[붙여넣기]-[값 📋]을 클릭합니다.

 **실시간 미리 보기**

[잘라내기]나 [복사]를 실행한 후 [붙여넣기 옵션]의 각 항목에 마우스 포인터를 이동하면 붙여 넣을 셀 모양이 미리 보여집니다. 실시간 미리 보기를 사용하고 싶지 않다면 [파일] 탭-[옵션]을 클릭한 후 [Excel 옵션] 대화상자의 [일반]-[사용자 인터페이스 옵션] 중 [실시간 미리 보기 사용] 옵션의 체크 표시를 해제합니다.

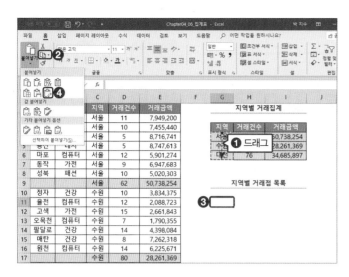

행/열 바꾸어 복사하기

03 세로 방향 목록을 가로 방향으로 복사하겠습니다.

❶ [G4:G6] 범위 지정

❷ [홈] 탭-[클립보드] 그룹-[복사 📋] 클릭

❸ [G11] 셀 클릭

❹ [홈] 탭-[클립보드] 그룹-[붙여넣기]-[바꾸기📋]를 클릭합니다.

서식 복사하기

04 한 셀의 서식만 복사하여 셀 범위에 적용하겠습니다.

❶ [G3] 셀 클릭

❷ [홈] 탭-[클립보드] 그룹-[서식 복사📋] 클릭

❸ [G11:I11] 범위를 드래그합니다.

복사한 셀의 서식이 선택한 범위에 그대로 적용됩니다.

쉽고 빠른 엑셀 NOTE 서식 복사 도구

서식만 복사하고자 하는 경우에는 데이터를 복사한 후 [붙여넣기] 옵션 목록의 [기타 붙여넣기] 옵션 중 [서식📋]을 선택해도 됩니다. 그러나 [서식 복사📋]를 클릭한 후 서식을 적용할 부분을 드래그하면 좀 더 쉽게 서식만 복사할 수 있습니다. 여러 위치에 계속해서 동일한 서식을 지정하려면 [서식 복사📋]를 더블클릭한 후 서식을 적용할 부분을 차례로 드래그합니다. 서식 복사를 끝내려면 ESC를 누릅니다.

우선
순위

실무
활용

문서
작성
&
데이터
입력

수식
&
데이터
편집

서식
&
인쇄

함수

차트
&
일러스트
레이션

데이터
관리
&
분석

매크로
&
VBA

부록

2007 2010 2013 2016 2019

단축키 및 마우스로 셀 복사하기

실습 파일 | Chapter04\07_집계표.xlsx   완성 파일 | Chapter04\07_집계표_완성.xlsx

단축키로 셀 복사하기

01 단축키를 이용해 셀을 복사하고 붙여 넣어보겠습니다.

❶ [A2:A8] 범위 지정 후 Ctrl + C

❷ [G12] 셀 클릭 후 Enter

❸ [A10:A16] 범위 지정 후 Ctrl + C

❹ [H12] 셀을 클릭하고 Ctrl + V 를 누릅니다.

바로 통 하는TIP 데이터 이동, 복사 단축키

· 잘라내기 : Ctrl + X   · 복사 : Ctrl + C   · 붙여넣기 : Ctrl + V 또는 Enter   · 잘라낸 셀/복사한 셀 삽입하기 : Ctrl + Shift + =

마우스로 셀 복사하기

02 마우스를 이용해 셀을 복사해보겠습니다.

❶ [A18:A24] 범위 지정

❷ 범위의 외곽 테두리를 Ctrl +드래그하여 [I12:I18] 셀 범위 안에 놓습니다.

Ctrl +드래그한 범위가 복사됩니다.

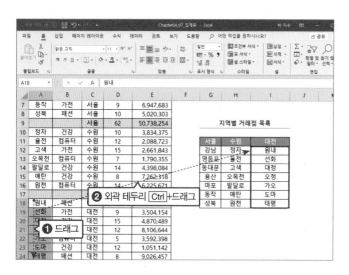

쉽고 빠른 엑셀
NOTE
마우스로 셀 이동하고 복사하기

한 워크시트 내 가까운 곳으로 데이터를 이동, 복사할 때는 마우스를 이용하는 것이 좀 더 간편합니다. 마우스로 드래그할 때와 단축키를 함께 사용할 때의 실행 방식은 다음과 같습니다.

❶ 범위의 외곽 테두리 부분을 드래그하면 선택한 범위의 셀이 이동합니다.

❷ 범위의 외곽 테두리 부분을 Ctrl +드래그하면 선택한 범위의 셀이 복사됩니다.

❸ 범위의 외곽 테두리 부분을 Shift +드래그하면 열 또는 행 사이에 데이터가 삽입되면서 선택한 범위의 셀이 이동합니다.

❹ 범위의 외곽 테두리 부분을 Ctrl + Shift +드래그하면 열 또는 행 사이에 데이터가 삽입되면서 선택한 범위의 셀이 복사됩니다.

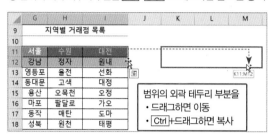

셀 범위를 복사하여 그림으로 붙여넣기

실습 파일 | Chapter04\08_거래명세표.xlsx   완성 파일 | Chapter04\08_거래명세표_완성.xlsx

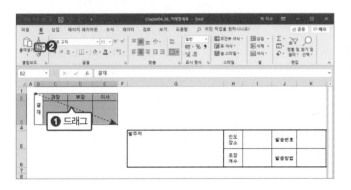

결재 양식 복사하기

01 결재 양식을 복사합니다.

❶ [추가양식] 시트에서 [B2:E3] 범위 지정

❷ [홈] 탭-[클립보드] 그룹-[복사 📋]를 클릭합니다.

그림으로 붙여넣기

02 복사한 결재 양식을 거래명세표 양식 위에 그림으로 붙이겠습니다.

❶ [거래명세표] 시트 클릭

❷ [H1] 셀 클릭

❸ [홈] 탭-[클립보드] 그룹-[붙여넣기]-[그림 📋]을 클릭합니다.

삽입된 양식의 크기 조절점을 드래그해 위치와 크기를 조절할 수 있습니다.

✿ **엑셀 2007**   엑셀 2007 버전에서는 [홈] 탭-[클립보드] 그룹-[붙여넣기]-[그림 형식]-[그림으로 붙여넣기]를 클릭합니다.

 **그림으로 복사**

셀 범위를 그림으로 복사할 때는 [홈] 탭-[클립보드] 그룹-[복사]-[그림으로 복사]를 사용할 수도 있습니다. [그림 복사] 대화상자에서 [모양]과 [형식]을 선택합니다. [확인]을 클릭하고 붙여 넣을 위치를 선택한 후 리본 메뉴, 단축 메뉴, 또는 단축키를 사용하여 붙여 넣으면 그림으로 붙여넣기됩니다.

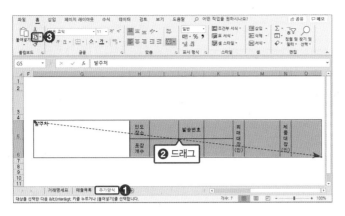

발주처 양식 복사하기

03 발주처 양식도 그림으로 만들기 위해 복사하겠습니다.

❶ [추가양식] 시트 클릭

❷ [G5:O6] 범위 지정

❸ [홈] 탭-[클립보드] 그룹-[복사 📄]를 클릭합니다.

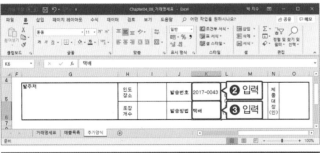

연결된 그림으로 붙여넣기

04 복사한 발주처 양식을 거래명세표 양식 아래에 원본과 연결된 그림으로 붙이겠습니다.

❶ [거래명세표] 시트 클릭

❷ [B18] 셀 클릭

❸ [홈] 탭-[클립보드] 그룹-[붙여넣기]-[연결된 그림 📋] 클릭

삽입된 양식의 크기 조절점을 드래그하여 크기를 조절할 수 있습니다.

바로 통하는 TIP 연결된 그림으로 붙여 넣은 개체를 더블클릭하면 원본이 있는 곳으로 화면이 이동합니다.

연결 확인하기

05 데이터를 수정하고 연결을 확인하겠습니다.

❶ [추가양식] 시트로 이동하기 위해 삽입된 양식 더블클릭

❷ [K5] 셀에 **2017-0043** 입력

❸ [K6] 셀에 **택배** 입력

❹ [거래명세표] 시트를 클릭해 데이터가 변경된 것을 확인합니다.

거래명세표 아래 연결된 그림에도 발송번호와 발송방법이 입력되었습니다. 또한 개체가 선택된 상태에서 수식 입력줄을 살펴보면 '=추가양식!$G$5:$O$6' 수식이 입력되어 연결된 것을 확인할 수 있습니다.

다른 셀에 연결하여 붙여넣기

실습 파일 | Chapter04\09_거래명세표.xlsx   완성 파일 | Chapter04\09_거래명세표_완성.xlsx

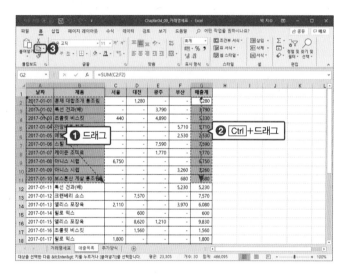

거래 목록 복사하기

01 다른 시트에 데이터 목록을 연결하기 위해 복사하겠습니다.

❶ [매출목록] 시트에서 [A2:B11] 범위 지정

❷ [G2:G11] 범위 Ctrl+드래그

❸ [홈] 탭-[클립보드] 그룹-[복사]를 클릭합니다.

연결하여 붙여넣기

02 복사한 거래 목록을 [거래명세표] 시트의 셀에 연결하겠습니다.

❶ [거래명세표] 시트 클릭

❷ [C7] 셀 클릭

❸ [홈] 탭-[클립보드] 그룹-[붙여넣기]-[연결하여 붙여넣기📋]를 클릭합니다.

바로 통하는 TIP 일자 범위에는 날짜 서식이 O월 O일 형식으로 설정되어 있습니다. [연결하여 붙여넣기]를 선택하면 원본 서식이 적용되는 것이 아니라 붙여 넣을 위치의 셀 서식이 적용됩니다. 데이터가 붙여진 각 셀을 클릭하고 수식 입력줄을 보면 **=매출목록!A2**와 같이 수식이 입력되어 원본과 연결된 것을 확인할 수 있습니다.

핵심기능 10

수식 없이 연산하기

실습 파일 | Chapter04\10_거래명세표.xlsx　완성 파일 | Chapter04\10_거래명세표_완성.xlsx

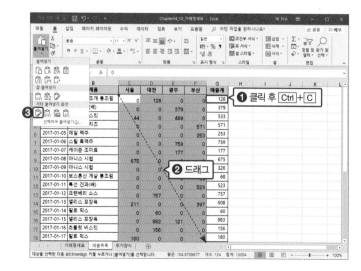

바로 통 하는 TIP [C2:F32] 범위 지정 시 [C2:F2] 범위를 드래그한 후 Ctrl + Shift + ↓를 누르면 빠르게 범위를 선택할 수 있습니다. 또 [선택하여 붙여넣기] 대화상자는 단축키 Ctrl + Alt + V를 눌러도 표시됩니다.

연산하며 붙여넣기

01 매출 목록의 수량에서 10을 나누어 수량 단위를 변경해보겠습니다.

❶ [매출목록] 시트에서 [J2] 셀에 **10** 입력

❷ [J2] 셀 클릭 후 Ctrl + C

❸ [C2:F32] 범위 지정

❹ [홈] 탭-[클립보드] 그룹-[붙여넣기]-[선택하여 붙여넣기] 클릭

❺ [선택하여 붙여넣기] 대화상자에서 [나누기] 클릭

❻ [확인]을 클릭합니다.

───────────

선택 범위를 10으로 나눈 값이 구해집니다.

서식 붙여넣기

02 서식만 복사하겠습니다.

❶ [G2] 셀 클릭 후 Ctrl + C

❷ [C2:F32] 범위 지정

❸ [홈] 탭-[클립보드] 그룹-[붙여넣기]-[서식🖌]을 클릭합니다.

───────────

연산하여 붙여넣기 후 [C2:F32] 범위의 셀 값에 10이 각각 나누어지면서 값이 변했습니다. 10이 입력되어 있던 [J2] 셀에는 테두리와 쉼표 서식이 없었기 때문에 붙여넣기한 범위에도 테두리와 쉼표 서식이 없어집니다.

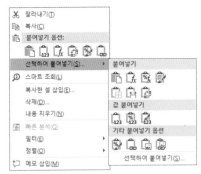

쉽고 빠른 엑셀 NOTE 선택하여 붙여넣기 옵션

붙여넣기 옵션에는 총 22가지가 있습니다. 데이터를 복사한 후 [홈] 탭—[클립보드] 그룹—[붙여넣기🗋]를 클릭하면 14 가지~15가지 옵션 아이콘이 표시됩니다. 데이터 복사 후 붙여 넣을 위치에서 마우스 오른쪽 버튼을 클릭했을 때 나타나는 단축 메뉴에는 자주 사용하는 6가지 붙여넣기 옵션 아이콘만 표시됩니다. 이때 [선택하여 붙여넣기]의 하위 메뉴를 선택해야 14가지~15가지 옵션 아이콘을 추가로 확인할 수 있습니다.

▲ [홈]—[클립보드]—[붙여넣기] 목록　　▲ [선택하여 붙여넣기] 단축 메뉴

메뉴의 옵션 외에 다른 옵션을 추가하려면 [붙여넣기 옵션] 목록 아래쪽에 있는 [선택하여 붙여넣기]를 선택합니다. 또는 단축키 Ctrl + Alt + V 를 누릅니다. [선택하여 붙여넣기] 대화상자에서 다른 옵션을 선택할 수 있습니다.

[선택하여 붙여넣기] 옵션을 선택했을 때의 결과는 다음 표와 같습니다. 아이콘이 없는 옵션은 [선택하여 붙여넣기] 대화상자에서만 선택할 수 있습니다.

옵션 및 아이콘	결과	옵션 및 아이콘	결과
모두	모든 셀 내용과 서식을 붙여 넣습니다.	값 및 원본 서식	선택한 셀의 값과 원본 테마 사용 옵션을 붙여 넣습니다.
수식	수식 입력줄에 입력한 대로 수식만 붙여 넣습니다.	조건부 서식 모두 병합	모든 셀 내용과 서식을 붙여 넣으며, 원본 셀과 대상 셀에 서로 다른 조건부 서식이 지정되어 있을 경우 조건부 서식을 병합합니다.
값	셀에 표시된 대로 값만 붙여 넣습니다.	그림	복사한 내용과 서식을 그림 형태로 붙여 넣습니다.
서식	셀 서식만 붙여 넣습니다.	연결된 그림	복사한 내용과 서식을 그림 형태로 붙여 넣으면서 원본 셀과 연결합니다.
메모	셀에 첨부한 메모만 붙여 넣습니다.	곱하기	복사한 값을 붙여 넣을 셀의 값에 곱합니다.
유효성 검사	복사한 셀의 데이터 유효성 검사 규칙을 붙여 넣을 영역에 붙여 넣습니다.	더하기	복사한 값을 붙여 넣을 셀의 값에 더합니다.
원본 테마 사용 (원본 서식 유지)	원본 데이터에 적용된 테마를 사용하여 모든 셀 내용과 서식을 붙여 넣습니다.	나누기	붙여 넣을 셀의 값을 복사한 값으로 나눕니다.

테두리만 제외 (테두리 없음)	테두리 외 복사한 데이터에 적용된 문서 테마 서식의 모든 내용을 붙여 넣습니다.	빼기	붙여 넣을 셀의 값에서 복사한 값을 뺍니다.
열 너비 (원본 열너비 유지)	한 개의 열 또는 열 범위의 너비를 다른 열 또는 열 범위에 붙여 넣습니다.	내용 있는 셀만 붙여넣기	복사한 셀 범위에 빈 셀이 있는 경우 빈 셀의 서식은 붙여 넣지 않습니다.
수식 및 숫자 서식	선택한 셀의 수식과 숫자 서식 옵션만 붙여 넣습니다.	행/열 바꿈 (바꾸기)	붙여 넣을 때 행/열 위치를 바꿉니다.
값 및 숫자 서식	선택한 셀의 값과 숫자 서식 옵션만 붙여 넣습니다.	연결하여 붙여넣기	복사한 셀 주소를 붙여 넣는 대상 셀에 수식으로 연결합니다. 서식은 복사되지 않습니다.

11 데이터를 한 번에 찾고 바꾸기

실습 파일 | Chapter04\11_제품목록.xlsx   완성 파일 | Chapter04\11_제품목록_완성.xlsx

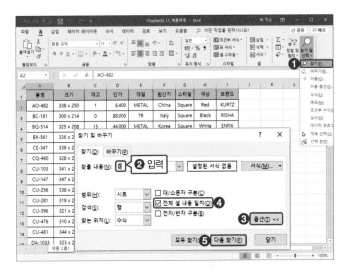

데이터 한 셀씩 찾기

01 0이 입력된 셀을 찾겠습니다.

❶ [홈] 탭–[편집] 그룹–[찾기 및 선택]–[찾기] 클릭

❷ [찾기 및 바꾸기] 대화상자의 [찾을 내용]에 **0** 입력

❸ [옵션] 클릭

❹ [전체 셀 내용 일치]에 체크 표시

❺ [다음 찾기]를 클릭합니다.

[C3] 셀이 선택됩니다. [다음 찾기]를 계속 누르면 0이 입력된 [C3], [C24] 셀이 번갈아가며 선택됩니다.

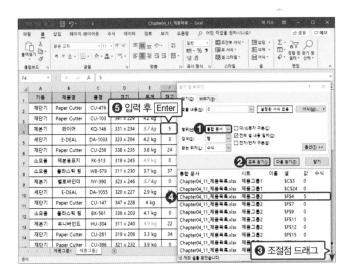

모든 시트에서 한꺼번에 찾기

02 모든 시트에 포함된 결과를 한 번에 찾아보겠습니다.

❶ [범위]에서 [통합 문서] 선택

❷ [모두 찾기] 클릭

❸ [찾기 및 바꾸기] 대화상자의 오른쪽 아래 조절점 드래그

❹ 검색 결과에서 [제품그룹2] 시트의 [F4] 셀 항목 클릭

❺ [F4] 셀로 셀 포인터가 이동하면 **5**를 입력하고 Enter 를 누릅니다.

[찾기 및 바꾸기] 대화상자에서 [F4] 셀 목록의 값도 5로 변경됩니다.

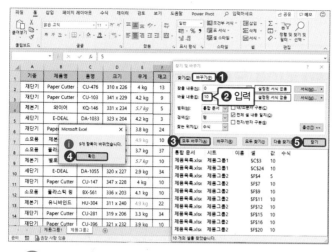

모든 시트에서 한꺼번에 찾기

03 나머지 0은 모두 10으로 변경 해보겠습니다.

❶ [바꾸기] 탭 클릭

❷ [바꿀 내용]에 **10** 입력

❸ [모두 바꾸기] 클릭

❹ 메시지 대화상자에서 [확인] 클릭

❺ [찾기 및 바꾸기] 대화상자에서 [닫기]를 클릭합니다.

0이었던 셀 값이 모두 10으로 변경됩니다.

바로 **통** 하는TIP 검색 결과에서 항목을 선택하면 해당 셀로 셀 포인터가 이동하며, 대화상자가 열려 있는 상태에서도 셀이나 범위를 선택할 수 있습니다.

바로 **통** 하는TIP 찾기는 Ctrl + F, 바꾸기는 Ctrl + H 단축키를 사용해도 됩니다.

우선
순위

실무
활용

문서
작성
&
데이터
입력

수식
&
데이터
편집

서식
&
인쇄

함수

차트
&
일러스트
레이션

데이터
관리
&
분석

매크로
&
VBA

부록

특정 범위에 있는 공백 모두 삭제하기

실습 파일 | Chapter04\12_제품목록.xlsx   완성 파일 | Chapter04\12_제품목록_완성.xlsx

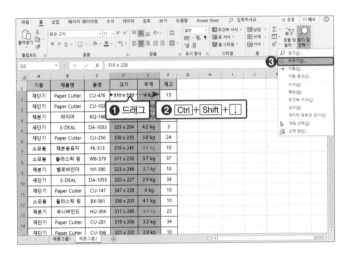

특정 범위에서 바꾸기

01 크기와 무게 범위에서만 [바꾸기]를 실행하겠습니다.

❶ [D2:E2] 범위 지정

❷ Ctrl + Shift + ↓ 눌러 아래쪽 끝까지 범위 지정

❸ [홈] 탭-[편집] 그룹-[찾기 및 선택]-[바꾸기]를 클릭합니다.

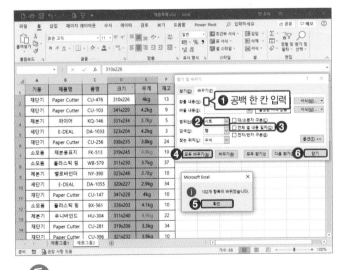

 하는TIP [찾기 및 바꾸기] 대화상자의 추가 옵션을 표시하려면 [옵션]을 클릭합니다.

공백 모두 삭제하기

02 셀 안에 있는 공백을 모두 삭제하겠습니다.

❶ [찾기 및 바꾸기] 대화상자의 [찾을 내용]에 공백 한 칸 입력 후 [바꿀 내용]에는 아무것도 입력하지 않음

❷ [범위]에서 [시트] 선택

❸ [전체 셀 내용 일치]의 체크 표시 해제

❹ [모두 바꾸기] 클릭

❺ 메시지 대화상자에서 [확인] 클릭

❻ [찾기 및 바꾸기] 대화상자에서 [닫기]를 클릭합니다.

숫자와 문자들 사이 공백이 없어집니다.

특정 서식만 찾아서
한 번에 변경하기

실습 파일 | Chapter04\13_제품목록.xlsx 완성 파일 | Chapter04\13_제품목록_완성.xlsx

찾을 서식 선택하기

01 4.9kg에 지정된 서식을 찾겠습니다.

❶ [찾기 및 바꾸기] 대화상자의 [바꾸기] 탭을 표시하는 단축키 Ctrl + H

❷ [찾을 내용]의 [서식]–[셀에서 서식 선택] 클릭

❸ 마우스 포인터가 서식 선택 모양으로 바뀌면 [E7] 셀을 클릭합니다.

바로 통 하는 TIP [찾기 및 바꾸기] 대화상자의 추가 옵션을 표시하려면 [옵션]을 클릭합니다.

한꺼번에 서식 바꾸기

02 바꿀 서식을 선택하고 한 번에 서식을 모두 바꾸겠습니다.

❶ [바꿀 내용]의 [서식]–[셀에서 서식 선택] 클릭

❷ [E4] 셀 클릭

❸ [모두 바꾸기] 클릭

❹ 메시지 대화상자에서 [확인] 클릭

❺ [찾기 및 바꾸기] 대화상자에서 [닫기]를 클릭합니다.

파란색 글꼴이 설정되었던 모든 셀의 서식이 빨간색 글꼴과 기울임꼴 서식으로 바뀝니다.

[찾기 및 바꾸기] 검색 옵션 알아보기

[찾기 및 바꾸기] 대화상자에서 [옵션]을 클릭했을 때 표시되는 검색 옵션은 다음과 같습니다.

❶ **범위** : [시트]를 선택하면 현재 선택된 시트에서만 검색하며 [통합 문서]
를 선택하면 모든 시트에서 검색합니다.

❷ **검색** : [행]을 선택하면 왼쪽에서 오른쪽 방향으로, [열]을 선택하면 위
에서 아래 방향으로 검색합니다.

❸ **찾는 위치** : [수식]을 선택하면 수식 입력줄에 나타나는 수식을 기준으
로 검색하며, [값]을 선택하면 셀에 표시된 값을 기준으로 검색합니다.
[메모]를 선택하면 메모를 삽입한 셀이 있는 경우 메모 상자에서만 검색
합니다.

❹ **대/소문자 구분** : 영문 검색어인 경우 대/소문자 구분 여부를 선택합니다.

❺ **전체 셀 내용 일치** : 셀에 찾는 검색어만 있는 경우를 찾습니다. 다른 문자와 섞여 있는 경우는 검색되지 않습니다.

❻ **전자/반자 구분** : 검색어가 전자(2byte 전각 문자) 또는 반자(1byte 반각 문자) 구분이 있는 경우 전자/반자 구분 여부를 선택합니다.

❼ **서식** : [서식]을 선택하면 [서식 찾기] 대화상자에서 찾을 서식을 선택할 수 있습니다. [셀에서 서식 선택]을 선택하면 마우스로 셀을 클릭
하여 찾을 서식을 선택할 수 있습니다. [서식 찾기 지우기]를 선택하면 선택했던 찾을 서식을 지울 수 있습니다.

검색어 입력 규칙

찾을 내용으로 검색어를 입력할 때 별표(*)나 물음표(?) 같은 와일드카드 문자(대표 문자)를 사용할 수 있습니다.

• **별표(*)** : 모든 문자를 대표하는 문자입니다. 예를 들어 검색어로 's*d'를 입력하면 'sad' 및 'started'를 찾을 수 있습니다.

• **물음표(?)** : 한 글자를 대표하는 문자입니다. 예를 들어 검색어로 's?t'를 입력하면 'sat'와 'set'를 찾을 수 있습니다.

• 대표 문자인 별표(*), 물음표(?) 문자 자체를 찾으려면 앞에 물결표(~)를 붙입니다. 예를 들어 '?' 문자를 포함하는 데이터를 찾으려면 '~?'
를 검색 조건으로 입력합니다.

• 와일드카드 문자(대표 문자)로 검색할 때는 [전체 셀 내용 일치] 옵션을 선택합니다.

2007 2010 2013 2016 2019

다른 파일로 워크시트 복사하고 시트 숨기기

실습 파일 | Chapter04\14_상반기매출집계.xlsx, 14_하반기매출집계.xls
완성 파일 | Chapter04\14_연매출집계.xlsx

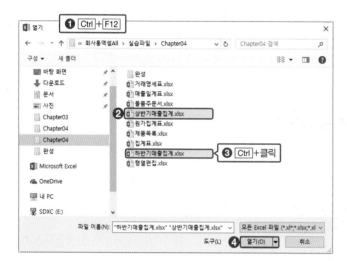

두 개의 파일 열기

01 두 개의 엑셀 파일을 엽니다.

❶ 엑셀 실행 후 [열기] 대화상자 단축키 Ctrl+F12

❷ 예제 폴더에서 **14_상반기매출집계.xlsx** 파일 클릭

❸ **14_하반기매출집계.xlsx** 파일 Ctrl +클릭

❹ [열기]를 클릭합니다.

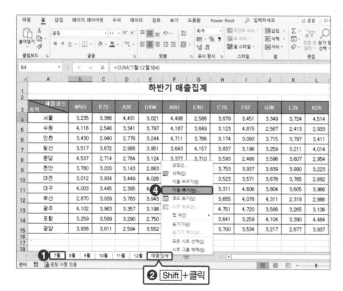

여러 시트 선택하기

02 복사할 여러 개 시트를 선택하겠습니다.

❶ 하반기매출집계 파일의 [7월] 시트 클릭

❷ [매출집계] 시트 Shift +클릭

❸ 선택한 시트 탭에서 마우스 오른쪽 버튼 클릭

❹ [이동/복사]를 클릭합니다.

[이동/복사] 대화상자가 표시됩니다.

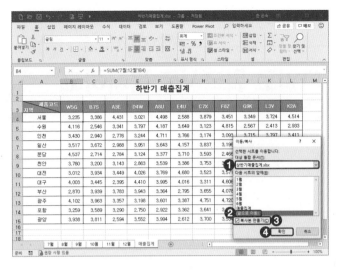

다른 파일로 시트 복사하기

03 선택한 시트를 상반기매출집계 파일로 복사하겠습니다.

❶ [이동/복사] 대화상자의 [대상 통합 문서]에서 [상반기매출집 계.xlsx] 선택

❷ 시트 목록에서 [(끝으로 이동)] 클릭

❸ [복사본 만들기]에 체크 표시

❹ [확인]을 클릭합니다.

복사 대상인 상반기매출집계 파일로 화면이 전환됩니다.

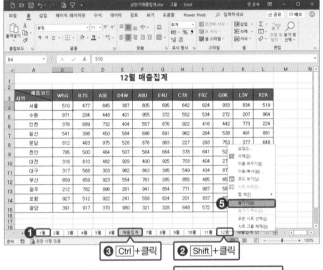

❸ Ctrl +클릭   ❷ Shift +클릭

❹ 마우스 오른쪽 버튼 클릭

시트 숨기기

04 상반기매출집계 파일에서 월 시트를 숨기겠습니다.

❶ [1월] 시트 클릭

❷ 1월~12월 시트를 연속으로 선택 하기 위해 [12월] 시트 Shift +클릭

❸ [매출집계] 시트의 선택을 해제하 기 위해 Ctrl +클릭

❹ [12월] 시트 탭에서 마우스 오른 쪽 버튼 클릭

❺ [숨기기]를 클릭합니다.

선택된 시트가 모두 숨겨집니다.

바로 통 하는TIP 연속된 시트를 선택할 때는 첫 번째 시트 클릭, 마지막 시트를 Shift +클릭합니다. 떨어져 있는 시트를 추가 선택하거나 선택 해제할 때는 Ctrl +클릭합니다.

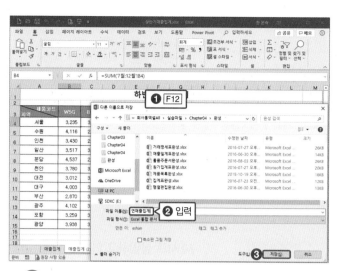

다른 이름으로 파일 저장하기

05 연매출집계 파일로 저장하겠습니다.

❶ [다른 이름으로 저장] 대화상자 단축키 F12

❷ [파일 이름]에 **연매출집계** 입력

❸ [저장]을 클릭합니다.

입력한 이름으로 파일이 저장됩니다.

바로 통 하는TIP 시트 숨기기 취소

숨겨진 시트를 다시 표시하려면 시트 탭의 단축 메뉴에서 [숨기기 취소]를 선택한 후 [숨기기 취소] 대화상자에서 표시하려는 시트 이름을 선택하고 [확인]을 클릭합니다.

쉽고 빠른 엑셀 NOTE 시트 삭제

시트를 숨기지 않고 삭제하려면 시트 탭에서 마우스 오른쪽 버튼을 클릭한 후 [삭제]를 선택하거나 [홈] 탭-[셀] 그룹-[삭제]-[시트 삭제]를 선택합니다. 시트 관련 작업은 실행 취소되지 않기 때문에 삭제한 시트는 복구할 수 없으므로 데이터가 있는 시트를 삭제할 때는 경고 메시지가 표시됩니다.

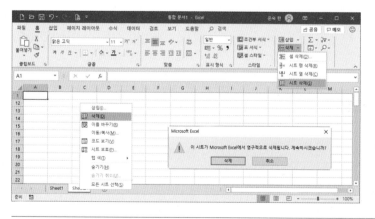

2007 2010 2013 2016 2019

시트 그룹 채우기로
시트 전체 복제하기

실습 파일 | Chapter04\15_연매출집계.xlsx 완성 파일 | Chapter04\15_연매출집계_완성.xlsx

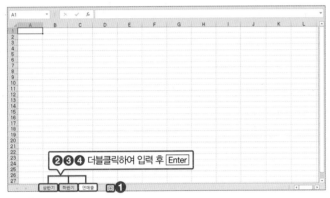

바로 통 하는TIP 시트를 삽입하기 위해 [홈] 탭-[셀] 그룹-[삽입]-[시트 삽입]을 선택하거나 단축키 Shift + F11을 눌러도 됩니다. 시트 이름에는 *, ?, /, [,], \ 등의 문자는 사용할 수 없습니다.

새 시트 삽입하고 이름 바꾸기

01 상반기와 하반기 매출을 더한 연매출집계표를 작성하겠습니다.

❶ 시트 탭에서 [새 시트⊕] 클릭

❷ 첫 번째 시트를 더블클릭하고 **상반기** 입력 후 Enter

❸ 두 번째 시트를 더블클릭하고 **하반기** 입력 후 Enter

❹ 세 번째 시트를 더블클릭하고 **연매출** 입력 후 Enter 를 누릅니다.

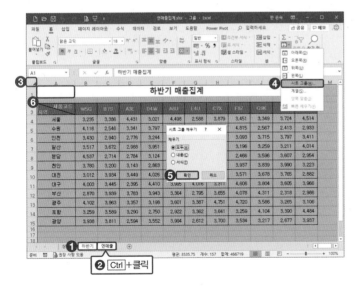

시트 그룹 채우기

02 [하반기] 시트 전체를 [연매출] 시트에 복제하겠습니다.

❶ [하반기] 시트 클릭

❷ [연매출] 시트 Ctrl +클릭

❸ [전체 선택▨] 클릭

❹ [홈] 탭-[편집] 그룹-[채우기]-[시트 그룹] 클릭

❺ [시트 그룹 채우기] 대화상자의 [모두]가 선택된 상태로 [확인] 클릭

❻ [A1] 셀을 클릭해 범위를 해제합니다.

[연매출] 시트에 동일한 내용이 채워집니다.

바로 통 하는TIP 여러 시트를 선택한 후 범위를 지정하고 시트 그룹 채우기를 하면 첫 번째 시트의 내용이나 서식이 그대로 뒤의 시트에 채워집니다. 또한 데이터 입력, 서식 지정 등을 하면 선택된 모든 시트에서 동일한 작업이 실행됩니다.

상반기 매출 복사하기

03 [연매출] 시트에 복제된 하반기 매출 값에 상반기 매출을 더하기 위해 상반기 매출을 복사하겠습니다.

❶ [상반기] 시트 클릭

❷ [B4:L15] 범위 지정

❸ [홈] 탭-[클립보드] 그룹-[복사]를 클릭합니다.

바로 통 하는TIP [하반기], [연매출] 시트가 그룹 설정되어 있는 상태에서 선택되어 있지 않던 [상반기] 시트를 선택하면 그룹이 해제됩니다.

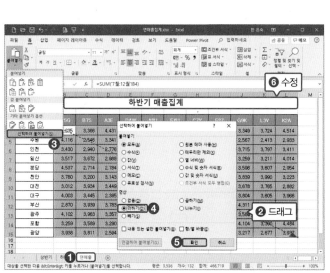

연산하며 붙여넣기

04 복사된 상반기 매출 값을 [연매출 시트]의 매출 값에 더하겠습니다.

❶ [연매출] 시트 클릭

❷ [B4:L15] 범위 지정

❸ [홈] 탭-[클립보드] 그룹-[붙여넣기]-[선택하여 붙여넣기] 클릭

❹ [선택하여 붙여넣기] 대화상자에서 [더하기] 클릭

❺ [확인] 클릭

❻ [A1] 셀을 클릭하고 **연매출집계**로 수정합니다.

바로 통 하는TIP [B4] 셀을 클릭해보면 앞에서 복사한 [상반기] 매출 값의 수식과 [연매출] 시트의 하반기 매출 값의 수식이 더해진 것을 알 수 있습니다.

			=(SUM(7월:12월'!B4)+(SUM(1월:6월'!B4))
			연매출집계

제품코드 지역	W5G	B7S	A3E	D4W	A8U	E4U
서울	7,132	5,551	6,979	6,766	9,031	6,071

여러 시트를 한 번에 편집하기

실습 파일 | Chapter04\16_연매출집계.xlsx　완성 파일 | Chapter04\16_연매출집계_완성.xlsx

시트 그룹 지정 후 편집하기

01 모든 시트에서 지역 범위의 셀 색을 변경하겠습니다.

❶ [상반기] 시트 클릭

❷ [연매출] 시트 Shift +클릭

❸ [A4:A15] 범위 지정

❹ [홈] 탭-[글꼴] 그룹-[채우기 색]-[흰색, 배경1, 15% 더 어둡게]를 선택합니다.

선택한 모든 시트의 동일한 범위에 채우기 색이 적용됩니다.

시트 그룹 해제하기

02 셀 범위와 시트 그룹을 해제하겠습니다.

❶ [B4] 셀 클릭해 범위 해제

❷ 시트 탭에서 마우스 오른쪽 버튼 클릭

❸ [시트 그룹 해제]를 클릭합니다.

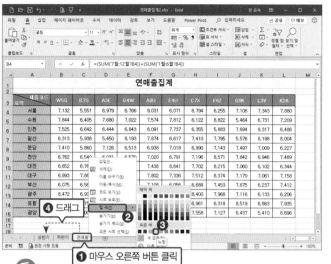

탭 색 지정하고 시트 이동하기

03 [연매출] 시트 탭의 색을 변경하고 시트를 맨 앞으로 이동하겠습니다.

❶ [연매출] 시트에서 마우스 오른쪽 버튼 클릭

❷ [탭 색] 클릭

❸ [노랑] 클릭

❹ [연매출] 시트 탭을 [상반기] 시트 탭 앞으로 드래그하여 놓습니다.

바로 통 하는TIP Ctrl을 누른 상태에서 시트 탭을 드래그하면 마우스 포인터에 붙은 문서 모양에 + 기호가 표시(⬚)됩니다. 복사해두려는 곳에서 클릭하고 있던 마우스 버튼을 놓으면 시트가 복사됩니다.

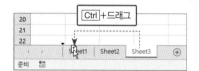

쉽고 빠른 엑셀 NOTE — 통합 문서 구조 보호하기

시트 이동, 복사, 삽입, 삭제, 숨기기, 이름 바꾸기 등 시트에 대한 작업은 엑셀의 실행 취소 목록에 포함되지 않기 때문에 빠른 실행 도구 모음의 [실행 취소 ↶]나 단축키 Ctrl+Z로 되돌릴 수 없습니다. 다른 사용자가 시트를 이동, 복사, 삽입, 삭제, 이름 바꾸기, 숨기기, 숨기기 취소 등을 할 수 없도록 하려면 통합 문서 구조를 보호해두어야 합니다. 통합 문서 구조를 보호하는 방법은 다음과 같습니다.

❶ [검토] 탭-[변경 내용] 그룹-[통합 문서 보호]를 클릭합니다.

❷ [구조 및 창 보호] 대화상자의 [구조] 옵션에 체크 표시되어 있는 상태로 [확인]을 클릭합니다. 암호는 옵션 사항이므로 지정하지 않아도 됩니다.

❸ 시트 탭에서 마우스 오른쪽 버튼을 클릭해보면 [삽입], [삭제], [이름 바꾸기], [이동/복사], [숨기기], [숨기기 취소] 등의 시트 관련 메뉴가 모두 비활성화되어 있습니다.

❹ 다시 [검토] 탭-[변경 내용] 그룹-[통합 문서 보호]를 클릭하면 통합 문서 보호가 해제됩니다. 암호를 지정한 경우 암호를 확인하는 대화상자가 표시됩니다.

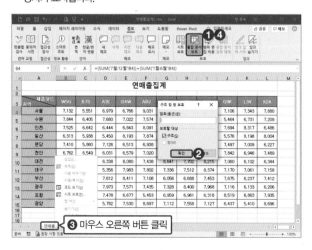

회사통 실무활용

카메라 도구로 양식을 더 빠르게 복사하기 – 물품주문서

실습 파일 | Chapter04\실무_물품주문서.xlsx   완성 파일 | Chapter04\실무_물품주문서_완성.xlsx

⊕ 예제 설명 및 완성 화면

워크시트의 일부분을 복사한 후 붙여넣기 옵션에서 연결된 그림으로 붙이는 작업은 카메라 도구를 이용하면 더 빠르고 편하게 할 수 있습니다. 카메라 도구는 리본 메뉴에는 없는 명령이기 때문에 빠른 실행 도구 모음에 추가한 후 사용해야 합니다.

01 빠른 실행 도구 모음 사용자 지정

❶ 빠른 실행 도구 모음에서 마우스 오른쪽 버튼 클릭 ❷ [빠른 실행 도구 모음 사용자 지정]을 클릭합니다.

02 카메라 도구 추가

❶ [Excel 옵션] 대화상자의 [명령 선택] 목록에서 [리본 메뉴에 없는 명령] 선택 ❷ 명령 목록에서 [카메라] 클릭 ❸ [추가] 클릭 ❹ [확인]을 클릭합니다.

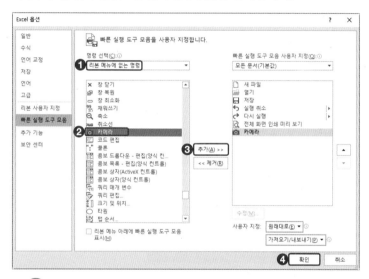

바로 통 하는 TIP 빠른 실행 도구 모음에 [카메라] 아이콘이 추가됩니다.

03 카메라로 양식 복사하기

❶ [추가양식] 시트에서 [B2:J4] 범위 지정 ❷ 빠른 실행 도구 모음의 [카메라📷] 클릭 ❸ [주문서] 시트를 클릭합니다.

바로 통하는TIP

선택 범위에 녹색 점선이 표시됩니다.

바로 통하는TIP

그림으로 복사될 때 워크시트 눈금선도 함께 복사되므로 [보기] 탭-[표시] 그룹-[눈금선] 옵션이 해제되어 있어야 합니다.

04 그림 붙여넣기 및 그림 서식 지정하기

❶ 그림으로 삽입할 위치인 [B4] 셀 클릭. 바로 양식이 삽입되며, 카메라로 삽입된 개체는 자동으로 바깥쪽 테두리가 이중 테두리로 지정됩니다. ❷ 양식이 선택된 상태에서 [그림 도구]-[서식] 탭-[그림 스타일] 그룹-[그림 테두리]-[윤곽선 없음] 클릭 ❸ 테두리가 변경되면 그림의 크기 조절점을 드래그하여 다른 양식과 크기를 맞춥니다.

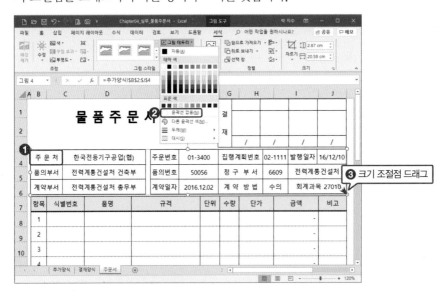

CHAPTER

05

문서를 꾸미는
서식 지정

엑셀 문서는 수치를 많이 다루고 긴 데이터 목록을 포함한 것이 많으므로 강조할 데이터를 눈에 띄게 표시하면서도 간결하게 꾸미는 것이 좋습니다. 엑셀에서 제공하는 표 서식과 셀 스타일 등을 활용하면 클릭 몇 번만으로 테두리, 셀 색, 글꼴 등의 기본적인 서식을 한 번에 지정할 수 있습니다. 엑셀에서는 숫자, 날짜, 시간, 문자 등 데이터 종류에 따라 다양한 형식을 지정하여 표시할 수 있으며 지정하는 조건에 맞춰 다른 서식으로 표시할 수 있습니다.

 2007 2010 2013 2016 2019

표 서식으로 빠르게 서식 지정하기

실습 파일 | Chapter05\01_지역별재고현황.xlsx   완성 파일 | Chapter05\01_지역별재고현황_완성.xlsx

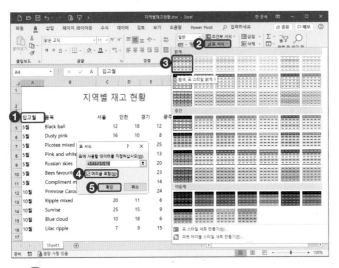

표 서식 지정하기

01 표 서식을 사용해 데이터 범위에 테두리와 셀 색을 빠르게 지정하겠습니다.

❶ 데이터 범위 중 한 셀 클릭

❷ [홈] 탭–[스타일] 그룹–[표 서식] 클릭

❸ [흰색, 표 스타일 밝게 1] 클릭

❹ [표 서식] 대화상자에서 =$A$4:$J$16 확인 후 [머리글 포함]에 체크 표시

❺ [확인]을 클릭합니다.

범위에 표 서식이 적용됩니다.

바로 통하는 TIP 머리글 포함 옵션 선택하지 않기

표 서식 지정 시 [머리글 포함] 옵션에 체크 표시하지 않으면 데이터 범위의 첫 행 위쪽으로 머리글 행이 추가로 생성됩니다.

	A	B	C	D	E	F	G	H	I
4	열1	열2	열3	열4	열5	열6	열7	열8	열9
5	품목	서울	인천	경기	광주	대구	대전	부산	합계
6	Black ball	1176	1790	1217	839	1248	2791	2713	11774

바로 통 하는 TIP [표 스타일] 그룹에서 원하는 스타일에 마우스 포인터를 올려놓으면
워크시트에 적용할 표 서식을 미리 보여줍니다.

스타일 변경 및 표 스타일 옵션 선택하기

02 선택한 표 서식의 스타일과 옵션을 변경하겠습니다.

❶ [표 도구]-[디자인] 탭-[표 스타일] 그룹-[파랑, 표 스타일 보통 2] 클릭

❷ [표 도구]-[디자인] 탭-[표 스타일 옵션] 그룹-[요약 행], [마지막 열], [줄무늬 열]에 체크 표시 후 [필터 단추], [줄무늬 행]의 체크 표시 해제

❸ [C17] 셀에서 목록 단추 클릭

❹ [합계] 클릭

❺ [C17] 셀의 채우기 핸들을 [I17] 셀까지 드래그합니다.

필터 단추와 줄무늬 행은 없어지고 줄무늬 열이 표시됩니다. 요약행이 생기고 마지막 열이 굵게 표시됩니다.

바로 통 하는 TIP 표 범위 상태에서는 셀 병합을 할 수 없습니다. 입고월 범위를 셀 병합하기 위해 일반 범위로 변환했습니다.

일반 셀 범위로 변환하기

03 표 서식은 유지한 채 표를 정상 범위로 변환하겠습니다.

❶ [A5] 셀 클릭

❷ [표 도구]-[디자인] 탭-[도구] 그룹-[범위로 변환] 클릭

❸ 메시지 대화상자에서 [예]를 클릭합니다.

표 서식은 유지되나 표 범위가 일반 범위로 변경됩니다.

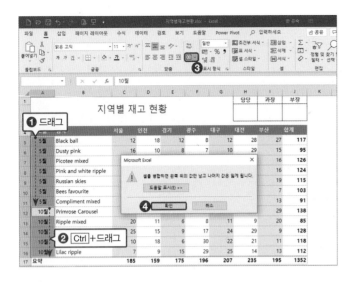

셀 병합하기

04 입고월의 월별 셀 범위를 각각 병합하겠습니다.

❶ [A5:A11] 범위 지정

❷ [A12:A16] 범위 Ctrl +드래그

❸ [홈] 탭–[맞춤] 그룹–[병합하고 가운데 맞춤📧] 클릭

❹ 메시지 대화상자가 두 번 표시됩니다. 각각 [확인]을 클릭합니다.

병합할 셀에 데이터가 모두 채워져 있는 경우 첫 번째 셀의 값만 남고 나머지 값은 없어지기 때문에 경고 메시지가 표시되었습니다. 병합할 셀 범위가 두 개이기 때문에 경고 메시지가 두 번 표시됩니다.

표 범위의 특징

참고 파일 | Chapter05\표서식.xlsx

표 범위는 데이터를 효율적으로 관리할 수 있는 일종의 데이터 관리 범위입니다. 정상 범위와는 달리 표 범위 안에서는 셀 병합, 서식 없는 빈 행, 빈 열을 삽입할 수 없습니다. 수식 입력 시에는 일반적인 셀 참조 형식이 아닌 구조적 참조 형식으로 입력됩니다. 따라서 데이터 관리가 아니라 서식 지정만을 위해 표 서식을 사용했다면 다시 정상 범위로 변환하는 것이 좋습니다. 또한 셀 병합이 포함된 범위에 표 서식을 지정하면 셀 병합이 모두 해제됩니다.

	품목정보		대리점							합계
판매월	품목	서울	인천	경기	광주	대구	대전	부산		
1월	Black ball	1176	1790	1217	839	1248	2791	2713		11774
	Dusty pink	1640	973	812	701	1015	2865	1512		9518
	Picotee mixed	555	1814	2493	2171	2503	1446	1580		12562
2월	Pink and white ripple	1624	1491	1278	1296	2581	2548	1613		12431
	Russian skies	1435	1542	1982	761	1674	2156	1851		11401
	Bees favourite	1039	747	2270	1718	1813	2108	717		10412
3월	Compliment mixed	2741	551	1352	876	842	1448	1328		9138
	Primrose Carousel	2208	1744	2384	2824	876	893	2885		13814
	Ripple mixed	2031	1062	590	845	1105	898	2020		8551
4월	Sunrise	2493	1451	900	1698	2392	2929	931		12794
	Blue cloud	973	1777	639	2959	2153	2051	1109		11661
	Lilac ripple	1304	861	1505	2890	2472	1441	1286		11759

▲ 셀 병합이 포함된 표 범위에 표 서식을 지정하면 셀 병합이 모두 해제됨

셀 스타일로 빠르게 서식 지정하기

실습 파일 | Chapter05\02_회원거래내역.xlsx　완성 파일 | Chapter05\02_회원거래내역_완성.xlsx

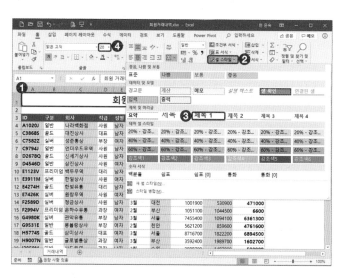

제목 셀 스타일 지정하기

01 제목 셀의 글꼴 크기와 셀 테두리를 빠르게 지정하겠습니다.

❶ [A1] 셀 클릭

❷ [홈] 탭-[스타일] 그룹-[셀 스타일] 클릭

❸ [제목1] 클릭

❹ [홈] 탭-[글꼴] 그룹-[글꼴 크기]에서 [20]을 선택합니다.

제목에 스타일이 적용되고 크기가 변경됩니다.

쉼표 셀 스타일 지정하기

02 숫자 셀 범위에 쉼표 스타일을 지정하겠습니다.

❶ [H4:J4] 범위 지정 후 Ctrl + Shift + ↓

❷ [홈] 탭-[스타일] 그룹-[셀 스타일] 클릭

❸ [쉼표[0]]을 클릭합니다.

[J44] 셀까지 범위가 선택되고 숫자의 세 자리 단위마다 쉼표가 표시됩니다.

바로**통**하는**TIP**　셀 스타일 목록의 숫자 서식 중 [쉼표]는 세 자리 단위마다 숫자에 콤마를 표시하면서 소수 둘째 자리까지 나타내고, [쉼표[0]]은 숫자를 정수로 표시합니다.

쉽고 빠른 엑셀 NOTE · 모니터 해상도에 따른 셀 스타일 목록 알아보기

[홈] 탭-[스타일] 그룹-[셀 스타일]은 모니터 해상도에 따라 다음과 같이 다르게 표시됩니다. 모니터 해상도가 1680x1050 이상인 경우에는 리본 메뉴에 일부 셀 스타일 목록이 바로 표시됩니다. [이전] 버튼을 클릭하면 스타일 목록 창 안에 이전 목록이 표시되고, [다음] 버튼을 클릭하면 다음 목록이 표시됩니다. 전체 목록을 표시하려면 [자세히] 버튼을 클릭합니다.

▲ 1024×768 해상도 　▲ 1280×768 해상도 　▲ 1680×1050 해상도

요약 셀 스타일 지정하기

03 요약 셀 범위에 요약 스타일을 지정하겠습니다.

❶ [A44:J44] 범위 지정

❷ [홈] 탭-[스타일] 그룹-[셀 스타일] 클릭

❸ [요약]을 클릭합니다.

선택 범위에 요약 스타일이 적용됩니다.

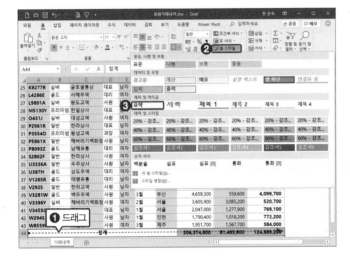

테마 변경하기

04 표 서식과 셀 스타일에 적용된 색, 글꼴, 효과를 변경하겠습니다.

❶ [페이지 레이아웃] 탭-[테마] 그룹-[테마] 클릭

❷ [다마스크]를 클릭합니다.

'다마스크 테마'에 정의된 글꼴, 표 테두리, 셀 색 등이 바로 적용됩니다.

바로 통하는 TIP · 테마에 따른 스타일 변화 확인하기

적용하는 테마에 따라 표 서식과 셀 스타일 목록의 색상 배합, 글꼴 조합 등이 다르게 표시됩니다. 이미 워크시트 범위에 지정된 표 서식이나 셀 스타일도 테마를 변경하면 함께 바뀝니다. 테마는 [페이지 레이아웃] 탭-[테마] 그룹-[테마]를 클릭한 후 테마 목록에서 변경할 수 있습니다. 선택한 테마에서도 [페이지 레이아웃] 탭-[테마] 그룹-[테마 색], [테마 글꼴], [테마 효과]에 따라 색 배합이나 글꼴 조합 등이 다르게 표시됩니다.

여러 범위를 한 번에 셀 병합하기

2007 2010 2013 2016 2019

실습 파일 | Chapter05\03_여비교통비지불증.xlsx   완성 파일 | Chapter05\03_여비교통비지불증_완성.xls

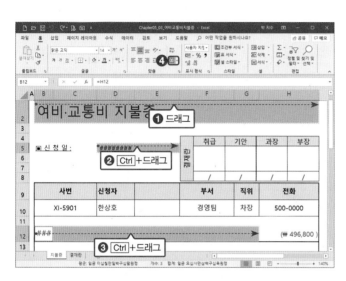

다중 범위 셀 병합하기

01 여러 셀 범위를 지정한 후 한 번에 셀 병합하겠습니다.

❶ [B2:H2] 범위 지정

❷ [D5:E5] 범위 Ctrl+드래그

❸ [B12:G12] 범위 Ctrl+드래그

❹ [홈] 탭-[맞춤] 그룹-[병합하고 가운데 맞춤 🖭]을 클릭합니다.

범위 지정한 각 셀이 병합되면서 셀 내용은 가운데로 맞춰집니다.

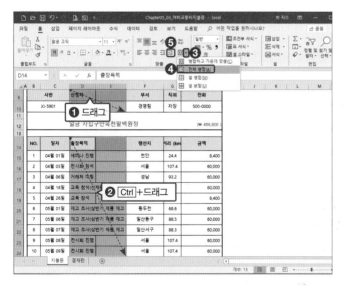

행 단위 전체 병합하기

02 지정 범위의 행별로 한 번에 셀 병합하겠습니다.

❶ [D9:E10] 범위 지정

❷ [D14:E30] 범위 Ctrl+드래그

❸ [홈] 탭-[맞춤] 그룹-[병합하고 가운데 맞춤]의 목록 ▾ 클릭

❹ [전체 병합] 클릭

❺ [홈] 탭-[맞춤] 그룹-[들여쓰기 🔳]를 클릭합니다.

[전체 병합]은 지정된 범위의 셀이 행 단위로 병합되면서 문자는 왼쪽, 숫자는 오른쪽 맞춤으로 지정됩니다. [들여쓰기]를 클릭하여 문자가 왼쪽에서 한 칸 들어가도록 설정했습니다.

핵심기능

04

테마 글꼴과 테마 색 변경하기

2007 2010 2013 2016 2019

실습 파일 | Chapter05\04_여비교통비지불증.xlsx   완성 파일 | Chapter05\04_여비교통비지불증_완성.xlsx

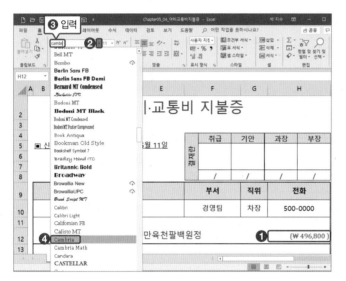

글꼴 변경하기

01 금액의 글꼴을 변경하겠습니다.

❶ [H12] 셀 클릭

❷ [홈] 탭-[글꼴] 그룹-[글꼴]의 목록 ▾ 클릭

❸ cam 입력

❹ [Cambria]을 클릭합니다.

목록에서 Cambria가 선택됩니다.

바로 통 하는TIP 글꼴란에서 글꼴명 앞 문자를 입력하면 글꼴을 쉽게 찾을 수 있습니다. 또는 글꼴란에 직접 글꼴명 Cambria를 입력하고 Enter를 눌러도 됩니다.

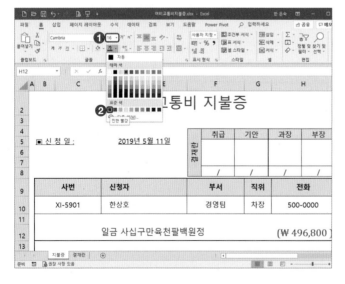

글꼴 크기, 글꼴 색 변경하기

02 금액의 글꼴 크기, 글꼴 색을 지정하겠습니다.

❶ [홈] 탭-[글꼴] 그룹-[글꼴 크기]에서 [16] 선택

❷ [글꼴 색]에서 [표준색]의 [진한 빨강]을 클릭합니다.

바로 통 하는TIP 글꼴 크기란에 직접 숫자 16을 입력하고 Enter를 눌러도 됩니다.

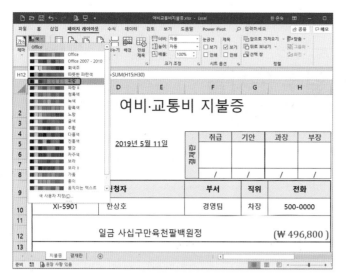

테마 색 변경하기

03 테마 색 조합을 변경하여 지정된 테마 색을 변경하겠습니다. [페이지 레이아웃] 탭-[테마] 그룹-[색]-[파랑]을 클릭합니다.

문서 작성 시 테마 색 목록에서 선택한 색상들만 변경됩니다. [H12] 셀 글꼴색은 테마 색이 아닌 표준색에서 선택했기 때문에 변경되지 않았습니다.

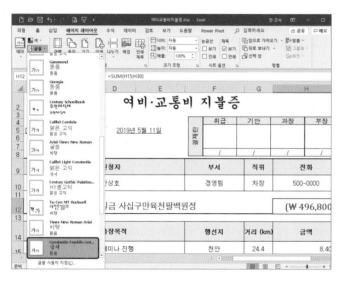

테마 글꼴 변경하기

04 테마 글꼴 조합을 변경하여 지정된 테마 글꼴을 변경하겠습니다. [페이지 레이아웃] 탭-[테마] 그룹-[글꼴]-[궁서]를 클릭합니다.

문서 작성 시 테마 글꼴에서 선택한 글꼴들이 변경됩니다. [H12] 셀 글꼴은 테마 글꼴이 아니기 때문에 변경되지 않습니다.

쉽고 빠른 엑셀 NOTE 테마 글꼴, 테마 색 변경 확인하기

[페이지 레이아웃] 탭-[테마] 그룹에서 선택한 글꼴 조합에 따라 [홈] 탭-[글꼴] 그룹-[글꼴] 목록의 [테마 글꼴]이 달라집니다. 또한 [페이지 레이아웃] 탭-[테마] 그룹에서 선택한 색 조합에 따라 [홈] 탭-[글꼴] 그룹-[글꼴 색], [채우기 색]의 [테마 색]이 달라집니다.

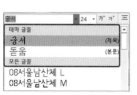

▲ 테마 글꼴

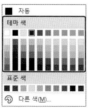

▲ 테마 색

셀의 일부 문자를
위 첨자로 지정하기

2007 2010 2013 2016 2019

실습 파일 | Chapter05\05_여비교통비지불증.xlsx   완성 파일 | Chapter05\05_여비교통비지불증_완성.xlsx

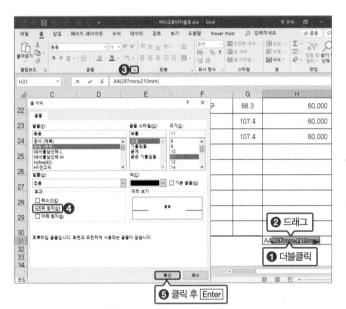

위 첨자 지정하기

01 [H31] 셀 문자의 괄호 부분만 위 첨자로 지정하겠습니다.

❶ [H31] 셀 더블클릭

❷ (297mm×210mm) 부분 드래그

❸ [홈] 탭-[글꼴] 그룹-[대화상자 표시 🖼] 클릭

❹ [셀 서식] 대화상자에서 [효과]의 [위 첨자]에 체크 표시

❺ [확인]을 클릭한 후 Enter를 누릅니다.

셀 내에서 (297mmx210mm) 부분만 위 첨자 효과가 지정됩니다.

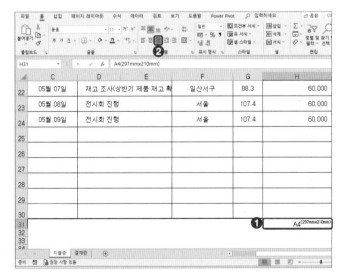

오른쪽 맞춤하기

02 문자를 오른쪽 맞춤합니다.

❶ [H31] 셀 클릭

❷ [홈] 탭-[맞춤] 그룹-[오른쪽 맞춤 ▤]을 클릭합니다.

텍스트가 오른쪽으로 정렬됩니다.

바로 통하는TIP 셀 내의 일부 텍스트를 범위 지정할 때는 수식 입력줄을 클릭한 후 텍스트 범위를 드래그해도 됩니다.

핵심기능

06

텍스트 세로 쓰기 및 줄 바꾸기

 2007 2010 2013 2016 2019

실습 파일 | Chapter05\06_여비교통비지불증.xlsx   완성 파일 | Chapter05\06_여비교통비지불증_완성.xlsx

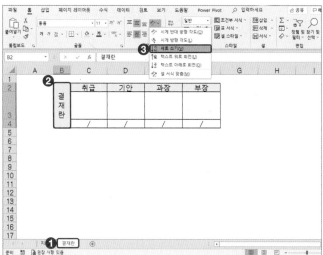

텍스트 세로 쓰기

01 결재란의 텍스트 방향을 변경하겠습니다.

❶ [결재란] 시트 클릭

❷ [B2] 셀 클릭

❸ [홈] 탭-[맞춤] 그룹-[방향]-[세로 쓰기🔽]를 클릭합니다.

―――――

결재란 글씨가 세로로 배열됩니다.

> **바로 통 하는 TIP** 결재란 양식의 원본은 [결재란] 시트에 작성되어 있고 [지불증] 시트에는 그림으로 연결되어 있습니다.

텍스트 줄 바꾸기

02 열 너비에 비해 텍스트가 긴 셀에 텍스트 줄바꿈을 설정하겠습니다.

❶ [지불증] 시트 클릭

❷ [G14] 셀 클릭

❸ [홈] 탭-[맞춤] 그룹-[텍스트 줄바꿈🔲]을 클릭합니다.

―――――

셀 내용이 두 줄로 표시됩니다.

> **바로 통 하는 TIP** [텍스트 줄 바꿈]은 길이가 긴 텍스트의 줄을 바꿔 셀 내에 여러 줄로 표시하는 기능입니다.

텍스트 균등 분할 및 텍스트 크기 자동으로 맞추기

실습 파일 | Chapter05\07_여비교통비지불증.xlsx   완성 파일 | Chapter05\07_여비교통비지불증_완성.xlsx

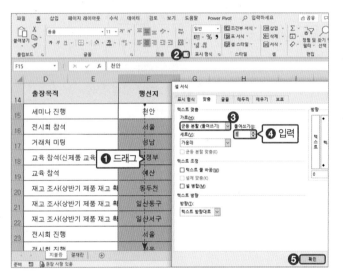

텍스트 균등 분할하기

01 텍스트를 균등 분할 맞춤합니다.

❶ [F15:F24] 범위 지정

❷ [홈] 탭-[맞춤] 그룹-[대화상자 표시⬚] 클릭

❸ [셀 서식] 대화상자에서 [가로] 목록 중 [균등 분할(들여쓰기)] 선택

❹ [들여쓰기] 값에 **1** 입력

❺ [확인]을 클릭합니다.

텍스트가 균등 분할되고 들여쓰기가 적용됩니다.

열 너비에 맞춰 글꼴 크기 조정하기

02 열 너비에 맞춰 글꼴 크기가 자동으로 축소되도록 합니다.

❶ [D15:D24] 범위 지정

❷ [홈] 탭-[맞춤] 그룹-[대화상자 표시⬚] 클릭

❸ [셀 서식] 대화상자에서 [텍스트 조정] 옵션 중 [셀에 맞춤]에 체크 표시

❹ [확인]을 클릭합니다.

범위 중 열 너비보다 텍스트 길이가 긴 [D20: D22] 셀은 너비에 맞춰 자동으로 글꼴 크기가 작게 표시됩니다.

2007 2010 2013 2016 2019

채우기 색으로 특정 내역 강조하기

실습 파일 | Chapter05\08_수익성분석.xlsx   완성 파일 | Chapter05\08_수익성분석_완성.xlsx

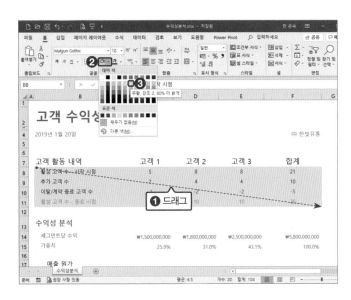

첫 번째 강조 항목 셀 색 채우기

01 고객 활동 내역 범위에 강조 색을 채우겠습니다.

❶ [B8:F11] 범위 지정

❷ [홈] 탭-[글꼴] 그룹-[채우기 색] 목록 클릭

❸ [주황,강조2, 80% 더 밝게]를 클릭합니다.

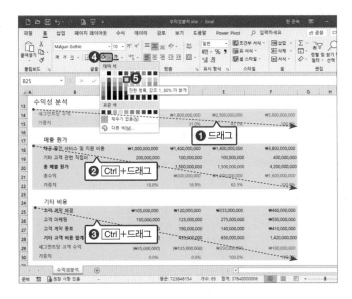

두 번째 강조 항목 셀 색 채우기

02 수익성 분석에 해당하는 다중 범위에 강조 색을 채우겠습니다.

❶ [B14:F15] 범위 지정

❷ [B18:F22] 범위 Ctrl+드래그

❸ [B25:F30] 범위 Ctrl+드래그

❹ [홈] 탭-[글꼴] 그룹-[채우기 색] 목록 클릭

❺ [진한 청록, 강조1, 80% 더 밝게]를 클릭합니다.

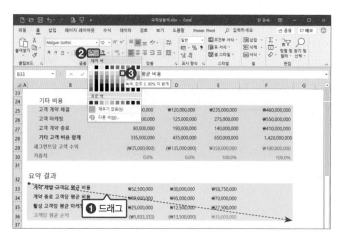

세 번째 강조 항목 셀 색 채우기

03 요약 결과 범위에 강조 색을 채우겠습니다.

❶ [B33:F36] 범위 지정

❷ [홈] 탭-[글꼴] 그룹-[채우기 색 🎨] 목록▾ 클릭

❸ [녹색, 강조3, 80% 더 밝게]를 클릭합니다.

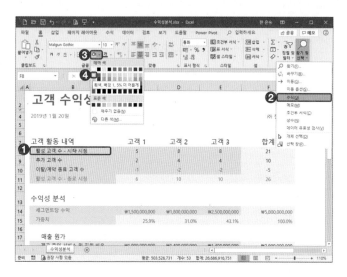

수식 셀만 셀 색 변경하기

04 수식이 있는 셀만 색을 변경하겠습니다.

❶ 범위 해제를 위해 [B8] 셀 클릭

❷ [홈] 탭-[편집] 그룹-[찾기 및 선택]-[수식] 클릭

❸ [홈] 탭-[글꼴] 그룹-[채우기 색 🎨] 목록▾ 클릭

❹ [흰색, 배경1, 5% 더 어둡게]를 클릭합니다.

수식이 입력된 셀에 채우기 색이 적용됩니다.

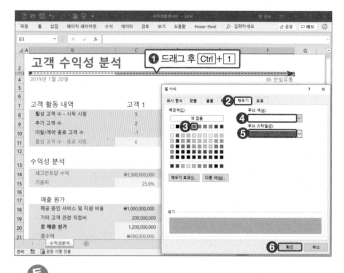

셀 무늬 채우기

05 제목 아래 셀 범위에 무늬를 채우겠습니다.

❶ [B3:F3] 범위 지정 후 Ctrl + 1

❷ [셀 서식] 대화상자의 [채우기] 탭 클릭

❸ [배경 색]에서 [진한 청록, 강조1] 클릭

❹ [무늬 색]의 [흰색, 배경1] 선택

❺ [무늬 스타일]의 [대각선 줄] 선택

❻ [확인]을 클릭합니다.

바로 통 하는 TIP 3행 높이가 좁아서 [B3:F3] 범위를 드래그하기 어렵다면 이름 상자에 **B3:F3**을 입력하고 Enter 를 눌러 범위를 지정합니다.

핵심기능 09

2007 2010 2013 2016 2019

셀 테두리를 그리는
다양한 방법 알아보기

실습 파일 | Chapter05\09_수익성분석.xlsx   완성 파일 | Chapter05\09_수익성분석_완성.xlsx

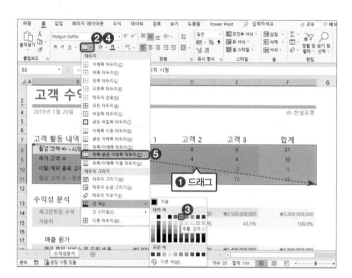

테두리 목록에서 테두리 지정하기

01 리본 메뉴의 테두리 목록에서
테두리를 지정하겠습니다.

❶ [B8:F11] 범위 지정

❷ [홈] 탭-[글꼴] 그룹-[테두리⊞]
목록⯆ 클릭

❸ [선 색]-[주황, 강조2] 클릭

❹ 다시 [홈] 탭-[글꼴] 그룹-[테두
리⊞] 목록⯆ 클릭

❺ [위쪽/굵은 아래쪽 테두리]를 클
릭합니다.

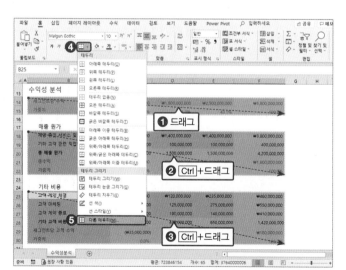

지정할 범위 선택하기

02 테두리를 지정할 다중 범위를
선택한 후 [셀 서식] 대화상자를 열
겠습니다.

❶ [B14:F15] 범위 지정

❷ [B18:F22] 범위 Ctrl+드래그

❸ [B25:F30] 범위 Ctrl+드래그

❹ [홈] 탭-[글꼴] 그룹-[테두리⊞]
목록⯆ 클릭

❺ [다른 테두리]를 클릭합니다.

바로통하는TIP [셀 서식] 대화상자를 여는 단축키 Ctrl+1을 누르고 대화상자가 열리면 [테두리] 탭을 클릭해도 됩니다.

CHAPTER 05 문서를 꾸미는 서식 지정 **153**

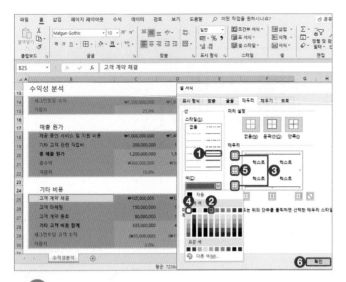

[셀 서식] 대화상자에서 테두리 지정하기

03 [셀 서식] 대화상자의 [테두리] 탭에서 선 색과 테두리 위치를 한 번에 지정하겠습니다.

❶ [스타일]의 [굵은 실선] 클릭

❷ [색]에서 [진한 청록, 강조1] 클릭

❸ 테두리 위치 [위쪽▦], [아래쪽▦] 클릭

❹ 다시 [색]에서 [흰색, 배경1] 클릭

❺ 테두리 위치 [가로 안쪽▦] 클릭

❻ [확인]을 클릭합니다.

테두리 스타일과 색이 변경됩니다.

바로 통하는TIP [가로 안쪽]을 선택했을 때는 선 색이 흰색이므로 선택이 되었는지 미리 보기에서 보이지 않습니다.

테두리 그리기 옵션 선택하기

04 테두리를 직접 그리기 위해 옵션을 선택하겠습니다.

❶ 범위 해제를 위해 [B32] 셀 클릭

❷ [홈] 탭-[글꼴] 그룹-[테두리▦] 목록▾ 클릭

❸ [테두리 눈금 그리기] 클릭

❹ 다시 [홈] 탭-[글꼴] 그룹-[테두리▦] 목록▾ 클릭

❺ [선 스타일]-[점선]을 클릭합니다.

바로 통하는TIP 선 색은 01에서 선택했던 주황색이 선택되어 있습니다. 다른 색을 선택하고 싶다면 선 색에서 다른 색을 선택해도 되지만, 지금은 주황색이 선택된 상태로 그려보겠습니다.

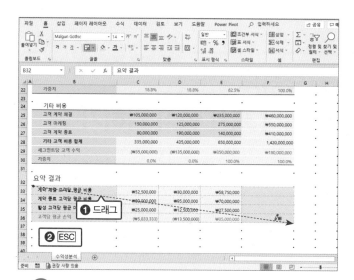

테두리 직접 그리기

05 드래그로 테두리를 직접 그리겠습니다.

❶ [B33:F36] 범위 지정

❷ ESC 를 눌러 테두리 그리기 상태를 해제합니다.

드래그한 범위에 점선 테두리가 그려집니다.

바로 통 하는TIP [테두리 눈금 그리기]를 선택한 상태에서 범위를 드래그하면 바로 테두리 눈금이 그려집니다. ESC 를 누르지 않고 다른 범위를 드래그하면 계속 테두리가 그려집니다.

자주 사용하는 엑셀 데이터 표시 형식 익히기

실습 파일 | Chapter05\10_월간입출금내역서.xlsx   완성 파일 | Chapter05\10_월간입출금내역서_완성.xlsx

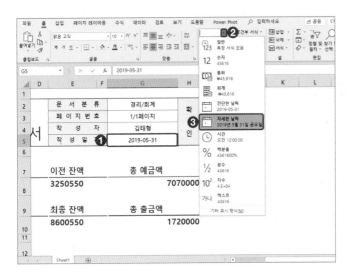

날짜에 요일 표시하기

01 날짜 표시 형식에 요일까지 표시되도록 변경하겠습니다.

❶ [G5] 셀 클릭

❷ [홈] 탭-[표시 형식] 그룹-[표시 형식 날짜] 목록 ⌄ 클릭

❸ [자세한 날짜]를 클릭합니다.

────────────────

년, 월, 일, 요일 형태로 날짜 표시 형식이 바뀝니다.

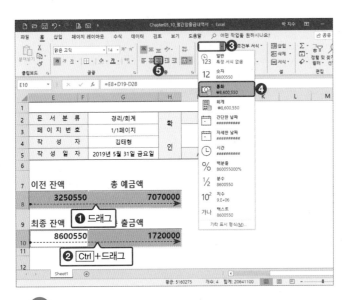

통화 표시 형식 지정하기

02 잔액과 총액 범위에 통화 형식을 지정하겠습니다.

❶ [E8:H8] 범위 지정

❷ [E10:H10] 범위 Ctrl +드래그

❸ [홈] 탭-[표시 형식] 그룹-[표시 형식 날짜] 목록 ⌄ 클릭

❹ [통화] 클릭

❺ [홈] 탭-[맞춤] 그룹-[가운데 ▤] 를 클릭합니다.

────────────────

숫자 앞에 통화 기호 ₩가 표시되고 천 단위마다 쉼표가 적용됩니다.

바로 통 하는 TIP [통화] 표시 형식은 통화 기호가 숫자 바로 앞에 표시됩니다.

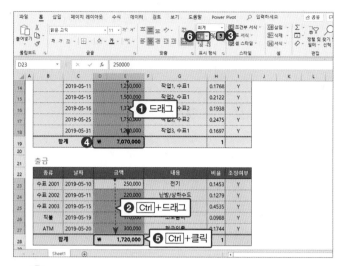

쉼표 스타일 및 회계 표시 형식 지정하기

03 금액 범위에 쉼표 스타일, 합계 범위에는 회계 표시 형식을 지정하겠습니다.

❶ [D14:E18] 범위 지정

❷ [D23:E27] 범위 Ctrl+드래그

❸ [홈] 탭-[표시 형식] 그룹-[쉼표 스타일 ⑨] 클릭

❹ [D19] 셀 클릭

❺ [D28] 셀 Ctrl+클릭

❻ [홈] 탭-[표시 형식] 그룹-[회계 표시 형식 ▦]을 클릭합니다.

바로 통 하는 TIP [회계 표시 형식]은 통화 기호가 셀의 왼쪽 끝에 표시되고 숫자는 오른쪽 끝에 표시됩니다. 쉼표 스타일도 회계 표시 형식에 속하며 회계 표시 형식은 가운데 맞춤이 지정되지 않습니다.

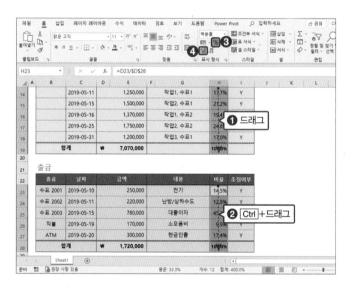

백분율, 자릿수 지정하기

04 비율 범위에 백분율 표시 형식을 지정하고 자릿수를 지정합니다.

❶ [H14:H19] 범위 지정

❷ [H23:H28] 범위 Ctrl+드래그

❸ [백분율 스타일 %] 클릭

❹ [자릿수 늘림 ⬆]을 클릭합니다.

값이 백분율로 표시되고 소수 첫째 자리까지 표시됩니다.

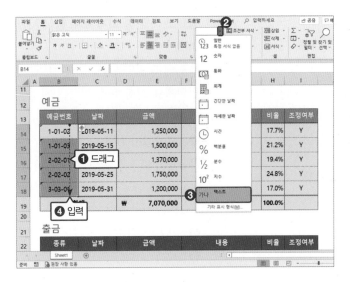

텍스트 표시 형식 지정하기

05 예금번호 범위에 텍스트 표시 형식을 지정한 후 예금번호를 입력하겠습니다.

❶ [B14:B18] 범위 지정

❷ [홈] 탭-[표시 형식] 그룹-[표시 형식 일반] 목록 클릭

❸ [텍스트] 클릭

❹ [B14:B18] 범위 각 셀에 **1-01-02, 1-01-03, 2-02-01, 2-02-02, 3-03-01**을 입력합니다.

각 셀에 입력한 그대로 셀에 표시됩니다.

바로 통 하는TIP 예금번호 형태가 날짜와 같기 때문에 그냥 입력하면 날짜 형식으로 입력됩니다. 텍스트 형식으로 입력하려면 아포스트로피(')
기호를 입력한 후 입력합니다. 그런데 텍스트 형식으로 입력할 셀이 많은 경우에는 이 방법이 번거로우므로 이때는 셀 범위에 텍스트 표시 형식을
지정합니다. 아포스트로피(') 기호 없이 입력해도 날짜 형식이 아닌 텍스트 형식으로 입력됩니다. 날짜 형식인데 텍스트로 입력되었으므로 셀에 오
류 표시와 오류 검사 [스마트 태그⬦] 아이콘이 표시됩니다. 아이콘 클릭 후 [오류 무시]를 선택하면 오류 표시가 없어집니다.

11

날짜/시간 요소를
선택적으로 표시하기

실습 파일 | Chapter05\11_거래명세표.xlsx   완성 파일 | Chapter05\11_거래명세표_완성.xlsx

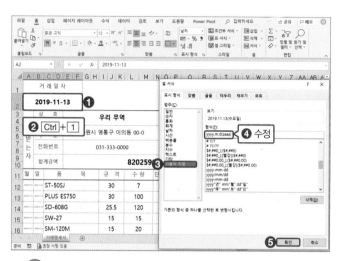

날짜 구분 기호 변경하고 요일 표시하기

01 거래 일자의 구분 기호를 변경하고 요일까지 표시하겠습니다.

❶ [A2] 셀 클릭

❷ [셀 서식] 대화상자를 표시하기 위해 Ctrl + 1

❸ [표시 형식] 탭의 [범주]에서 [사용자 지정] 클릭

❹ [형식]을 **yyyy.m.d(aaaa)**로 수정

❺ [확인]을 클릭합니다.

날짜가 2019.11.13.(수요일)로 표시됩니다.

바로 통 하는 TIP Ctrl + 1은 [셀 서식] 대화상자를 표시하기 위한 단축키입니다.

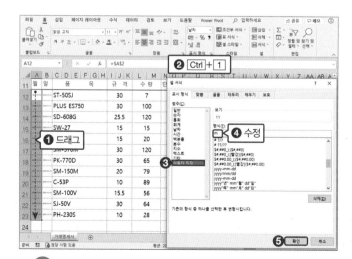

날짜의 월만 표시하기

02 월 범위에 거래일자의 월만 표시하겠습니다.

❶ [A12:A23] 범위 지정

❷ [셀 서식] 대화상자를 표시하기 위해 Ctrl + 1

❸ [표시 형식] 탭의 [범주]에서 [사용자 지정] 클릭

❹ [형식]을 **m**으로 수정

❺ [확인]을 클릭합니다.

거래일자의 월만 표시됩니다.

바로 통 하는 TIP [A12:B23] 범위에는 [A2] 셀의 날짜가 수식으로 연결되어 있으며, 기본 날짜 서식인 yyyy-mm-dd 형식과 [셀에 맞춤] 서식이 지정되어 있습니다.

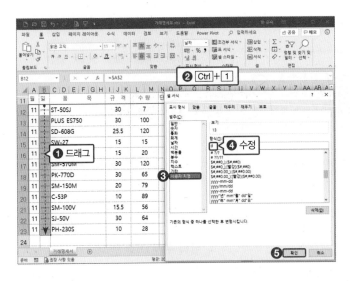

날짜의 일만 표시하기

03 일 범위에 거래일자의 일만 표시하겠습니다.

❶ [B12:B23] 범위 지정

❷ [셀 서식] 대화상자를 표시하기 위해 Ctrl+1

❸ [표시 형식] 탭의 [범주]에서 [사용자 지정] 클릭

❹ [형식]의 서식 코드를 **d**로 수정

❺ [확인]을 클릭합니다.

거래일자의 일만 표시됩니다.

경과 시간 표시하기

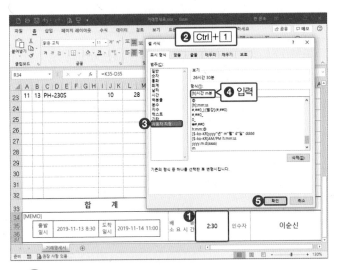

04 배송 소요시간을 24시간이 넘는 경과 시간이 표시되도록 수정하겠습니다.

❶ [R34] 셀 클릭

❷ [셀 서식] 대화상자를 표시하기 위해 Ctrl+1

❸ [표시 형식] 탭의 [범주]에서 [사용자 지정] 클릭

❹ [형식]에 **[h]시간 m분** 입력

❺ [확인]을 클릭합니다.

26시간 30분으로 표시됩니다.

바로 통 하는TIP 배송소요시간에는 '도착일시-출발일시'의 수식이 작성되어 있습니다. 결과가 24시간이 넘는 값이지만 기본 시간 서식으로 표시되어 있었습니다.

실무
활용

문서
작성
&
데이터
입력

수식
&
데이터
편집

서식
&
인쇄

함수

차트
&
일러스트
보안

데이터
관리
&
분석

매크로
&
VBA

부록

우선 순위 / 핵심기능 12

2007 2010 2013 2016 2019

데이터에 원하는 문자 일괄 표시하기

실습 파일 | Chapter05\12_거래명세표.xlsx 완성 파일 | Chapter05\12_거래명세표_완성.xlsx

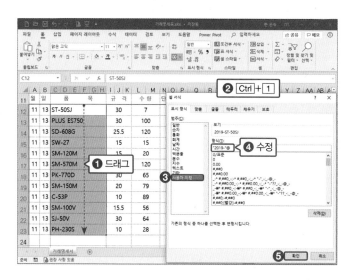

문자 앞에 다른 문자 표시하기

01 품목명 앞에 한꺼번에 '2019-'를 붙이겠습니다.

❶ [C12:C23] 범위 지정

❷ [셀 서식] 대화상자를 표시하기 위해 Ctrl + 1

❸ [표시 형식] 탭의 [범주]에서 [사용자 지정] 클릭

❹ [형식]을 "2019-"@로 수정

❺ [확인]을 클릭합니다.

서식 코드 @는 문자 서식 코드입니다. 품목명 앞에 일괄적으로 '2019-'가 표시됩니다.

숫자 뒤에 문자 표시하기

02 소수까지 규격을 표시하고 숫자 뒤에 'cm'를 붙이겠습니다.

❶ [I12:I23] 범위 지정

❷ [셀 서식] 대화상자를 표시하기 위해 Ctrl + 1

❸ [표시 형식] 탭의 [범주]에서 [사용자 지정] 클릭

❹ [형식]을 0.0"cm"로 수정

❺ [확인]을 클릭합니다.

바로 통 하는 TIP 서식 코드 0은 숫자 표시 코드입니다. 0으로 자릿수를 지정하면 값이 없는 자리에 0을 표시합니다. 0.0으로 지정했으므로 소수 첫째 자리까지 표시하며 소수 첫째 자리에 값이 없으면 0을 표시합니다. 뒤에 "cm" 문자를 표시했으므로 숫자 뒤에 "cm"가 표시됩니다.

소수 첫째 자리까지 표시되며, 숫자 뒤에 "cm"가 일괄적으로 표시됩니다.

서식 코드로 숫자 자릿수 지정하기

실습 파일 | Chapter05\13_거래명세표.xlsx 완성 파일 | Chapter05\13_거래명세표_완성.xlsx

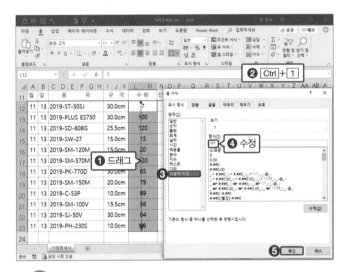

숫자 자릿수를 공백으로 맞추기

01 수량 범위에서 세 자리가 안 되는 숫자는 앞을 공백으로 채우겠습니다.

❶ [L12:L23] 범위 지정

❷ [셀 서식] 대화상자를 표시하기 위해 Ctrl + 1

❸ [표시 형식] 탭의 [범주]에서 [사용자 지정] 클릭

❹ [형식]을 ???로 수정

❺ [확인]을 클릭합니다.

바로 통 하는TIP 서식 코드 ?는 숫자 서식 코드이며 ?로 자릿수를 지정하면 값이 없는 자리는 공백을 표시합니다. 범위에 입력된 숫자 중 가장 긴 숫자가 세 자리이므로 서식 코드 ???를 지정하면 자릿수가 세 자리가 안 되는 숫자는 앞이 공백으로 채워지기 때문에 셀에서 가운데 맞춤된 상태에서는 숫자가 오른쪽 맞춤된 것으로 보입니다.

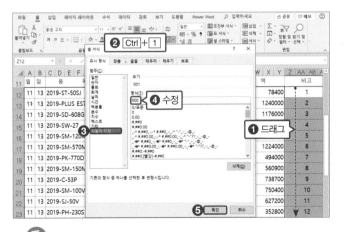

숫자 앞자리 0으로 맞추기

02 비고 범위는 세 자리로 표시하고 세 자리가 안 되면 앞자리를 0으로 채우겠습니다.

❶ [Z12:Z23] 범위 지정

❷ [셀 서식] 대화상자를 표시하기 위해 Ctrl + 1

❸ [표시 형식] 탭의 [범주]에서 [사용자 지정] 클릭

❹ [형식]을 000으로 수정

❺ [확인]을 클릭합니다.

바로 통 하는TIP 비고 범위는 서식 코드를 000으로 지정해서 숫자를 세 자리로 맞추되, 자릿수가 세 자리가 안 되는 숫자는 앞이 0으로 채워집니다.

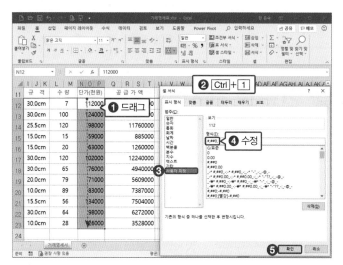

천원 단위 생략하여 표시하기

03 단가는 열 너비가 좁으므로 천원 단위를 생략하여 표시합니다.

❶ [N12:N23] 범위 지정

❷ [셀 서식] 대화상자를 표시하기 위해 Ctrl + 1

❸ [표시 형식] 탭의 [범주]에서 [사용자 지정] 클릭

❹ [형식]을 #,##0,로 수정

❺ [확인]을 클릭합니다.

천 원 단위가 생략되어 표시됩니다.

바로 통 하는 TIP 서식 코드 #은 값이 없는 자리에 0을 표시하지 않습니다. 서식 코드 .(쉼표)는 천 단위 구분 기호를 표시하며 서식 코드의 끝에 넣으면 천으로 수를 나누어 천 단위를 생략해서 표시합니다.

쉽고 빠른 엑셀 NOTE 숫자 및 문자 서식 코드

숫자와 문자의 표시 형식을 지정할 때 사용하는 서식 코드는 다음과 같습니다.

서식 코드	기능	사용 예		
		입력	서식 코드	표시
0(영)	유효하지 않은 0자리 표시	7.5	0.00	7.50
		1	000	001
#	유효하지 않은 0자리 표시 안 함	7.5	#.##	7.5
		0.631	0.#	0.6
?	유효하지 않은 0자리에 공백 추가. 주로 소수점이 포함된 숫자를 소수점 기준으로 정렬할 때 사용	4.333 102.51 2.8	???.???	4.333 102.51 2.8 (소수점 기준 정렬)
.(쉼표)	숫자에 천 단위 구분 기호 표시. 서식 코드 끝에 넣으면 천으로 수를 나누어 천 단위를 생략해서 표시	16000	#,##0	16,000
		1600000	#,##0,	1,600
		16000000	#,##0,,	16
*(별표)	별표 뒤에 입력한 문자 반복 표시	9	*─#	───────9
_ (언더바, 하이픈)	언더바 뒤에 입력한 문자만큼 공백 표시, 공백 대체 문자로 주로 하이픈 사용	1000	#,##0_-	1,000
@	문자 표시	대표	@"님"	대표님

2007 2010 2013 2016 2019

숫자를 한글로 표시하기

실습 파일 | Chapter05\14_거래명세표.xlsx   완성 파일 | Chapter05\14_거래명세표_완성.xlsx

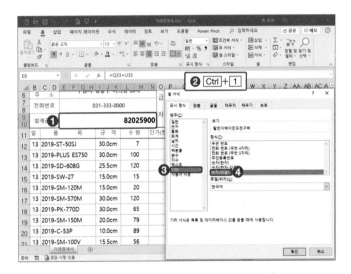

숫자를 한글로 표시하기

01 합계금액을 한글로 표시하겠습니다.

❶ [E9] 셀 클릭

❷ [셀 서식] 대화상자를 표시하기 위해 Ctrl+1

❸ [표시 형식] 탭의 [범주]에서 [기타] 클릭

❹ [형식]에서 [숫자(한글)]을 클릭합니다.

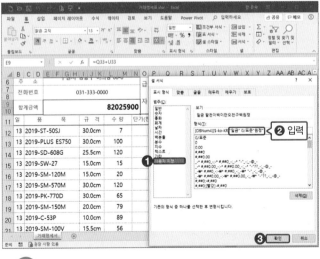

숫자의 한글 표시 서식 수정하기

02 한글 문자 앞뒤에 넣을 문자를 추가하겠습니다.

❶ [표시 형식] 탭의 [범주]에서 [사용자 지정] 클릭

❷ [형식]의 서식 코드 중 G/표준 앞에 **"일금 "**, 끝에는 **"원정"** 입력

❸ [확인]을 클릭합니다.

숫자가 한글로 표기되며, 앞뒤에 일금, 원정이 표시됩니다.

바로 **통** 하는 TIP   **숫자의 문자 표시 형식 코드**

[형식] 입력란에 입력된 서식 코드 중 [DBNum4]는 숫자를 한글 형태로 표시하라는 코드이며 [$-ko-KR]은 기타 범주에서 선택한 로컬(위치)
코드(한국어 [$-ko-KR], 일본어 [$-ja-JP], 중국어(중국) [$-zh-CN]), G/표준은 숫자에 대한 일반 서식 코드입니다. G/표준 대신 0을 입력하
면 값으로 표시하지 않고 넘버링하듯 표시합니다.

핵심기능

15

조건에 따라 색과
표시 형식 지정하기

2007 2010 2013 2016 2019

실습 파일 | Chapter05\15_거래명세표.xlsx   완성 파일 | Chapter05\15_거래명세표_완성.xlsx

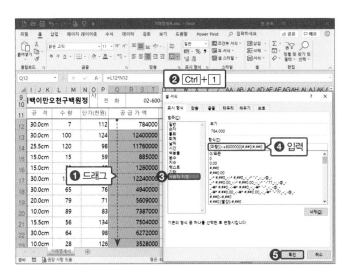

공급가액 조건에 따라 색상 표시하기

01 공급 가액이 6백만 원 이상이면
글꼴을 파란색으로 표시합니다.

❶ [Q12:Q23] 범위 지정

❷ [셀 서식] 대화상자를 표시하기
위해 Ctrl + 1

❸ [표시 형식] 탭의 [범주]에서 [사
용자 지정] 클릭

❹ [형식]에 [파랑][>= 6000000]#,##0;
#,##0 입력

❺ [확인]을 클릭합니다.

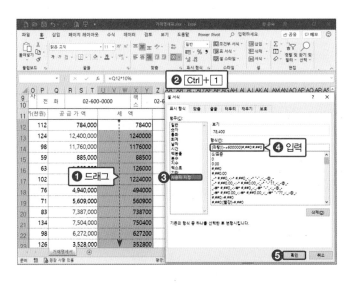

세액 조건에 따라 색상 표시

02 세액이 6십만 원 이상이면 글꼴
을 파란색으로 표시합니다.

❶ [U12:U23] 범위 지정

❷ [셀 서식] 대화상자를 표시하기
위해 Ctrl + 1

❸ [표시 형식] 탭의 [범주]에서 [사
용자 지정] 클릭

❹ [형식]에 [파랑][>= 600000]#,##0;#,
##0 입력

❺ [확인]을 클릭합니다.

데이터 값에 대한 조건부 서식 지정하기

실습 파일 | Chapter05\16_조건부서식-강조규칙.xlsx
완성 파일 | Chapter05\16_조건부서식-강조규칙_완성.xlsx

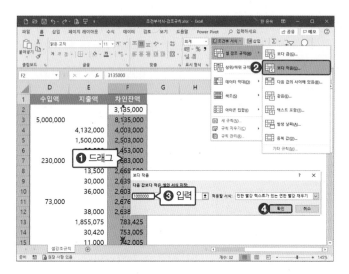

숫자 값에 따라 셀 강조하기

01 차인잔액이 백만 원 미만인 경우 빨간색으로 셀을 강조합니다.

❶ [F2:F33] 범위 지정

❷ [홈] 탭-[스타일] 그룹-[조건부 서식]-[셀 강조 규칙]-[보다 작음] 클릭

❸ [보다 작음] 대화상자에 **1000000** 입력

❹ [확인]을 클릭합니다.

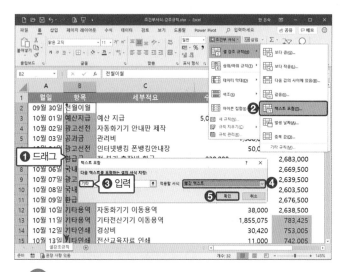

텍스트에 따라 셀 강조하기

02 항목에 '기타'가 포함된 셀의 글꼴을 빨간색으로 지정합니다.

❶ [B2:B33] 범위 지정

❷ [홈] 탭-[스타일] 그룹-[조건부 서식]-[셀 강조 규칙]-[텍스트 포함] 클릭

❸ [텍스트 포함] 대화상자에 **기타** 입력

❹ [적용할 서식] 목록에서 [빨강 텍스트] 선택

❺ [확인]을 클릭합니다.

'기타'가 포함된 텍스트에 셀 서식이 적용됩니다.

바로 통하는 TIP [적용할 서식] 목록에서 기본 제공하는 서식 외에 다른 서식을 지정하고 싶다면 [적용할 서식] 목록에서 [사용자 지정 서식]을 선택합니다. [셀 서식] 대화상자에서 표시 형식, 글꼴, 테두리, 채우기 등 다양한 서식을 지정할 수 있습니다.

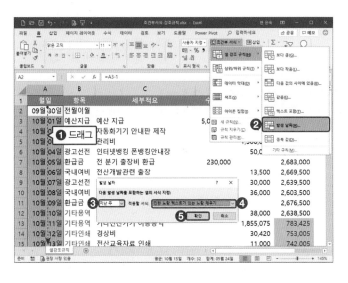

발생 날짜에 따라 셀 강조하기

03 지난 주 날짜 셀을 노란색으로 표시하겠습니다.

❶ [A2:A33] 범위 지정

❷ [홈] 탭-[스타일] 그룹-[조건부 서식]-[셀 강조 규칙]-[발생 날짜] 클릭

❸ [발생 날짜] 대화상자의 날짜 목록에서 [지난 주] 선택

❹ [적용할 서식]에서 [진한 노랑 텍스트가 있는 노랑 채우기] 선택

❺ [확인]을 클릭합니다.

현재 날짜 기준으로 지난 주 날짜가 입력된 셀에 셀 서식이 적용됩니다.

바로 통 하는 TIP 발생 날짜 기준

발생 날짜는 컴퓨터에 설정되어 있는 현재 날짜를 기준으로 어제, 오늘, 내일, 지난 7일, 지난 주, 이번 주, 다음 주, 지난 달, 이번 달, 다음 달을 선택할 수 있습니다. 예제 파일의 마지막 셀인 [A33] 셀의 날짜는 현재 날짜를 입력하는 TODAY 함수가 입력되어 있고, 그 위의 셀에는 아래 셀에서 1을 뺀 아래 셀의 전 날짜가 입력되도록 수식이 작성되어 있습니다. 따라서 화면 속 예제의 날짜와 실제 실습 화면의 날짜는 다릅니다.

쉽고 빠른 엑셀 NOTE 기타 비교 연산자 지정하기

[셀 강조 규칙]에서 선택할 수 있는 [보다 큼]은 〉 연산자, [보다 작음]은 〈 연산자, [다음 값의 사이에 있음]은 〉=, 그리고 〈= 연산자가 적용됩니다. 메뉴에서 선택할 수 없는 다른 규칙 항목은 [홈] 탭-[스타일] 그룹-[조건부 서식]을 클릭하고 [셀 강조 규칙]-[기타 규칙]을 선택한 후 연산자 목록에서 제외 범위, 〈〉(같지 않음), 〉=, 〈= 등의 연산자를 선택합니다.

문서
작성
&
데이터
입력

수식
&
데이터
편집

서식
&
인쇄

함수

차트
&
일러스트
레이션

데이터
관리
&
분석

매크로
&
VBA

부록

중복 데이터 표시하기

실습 파일 | Chapter05\17_조건부서식-강조규칙.xlsx
완성 파일 | Chapter05\17_조건부서식-강조규칙_완성.xlsx

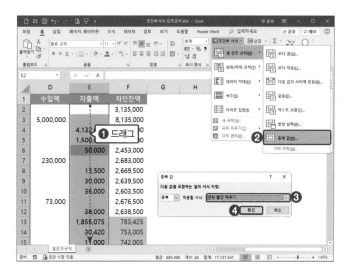

중복 값 표시하기

01 지출액이 중복되는 셀을 빨간
색으로 표시하겠습니다.

❶ [E2:E33] 범위 지정

❷ [홈] 탭-[스타일] 그룹-[조건부
서식]-[셀 강조 규칙]-[중복 값]
클릭

❸ [중복 값] 대화상자의 [적용할 서
식]에서 [연한 빨강 채우기] 선택

❹ [확인]을 클릭합니다.

[중복 값] 대화상자에서 [중복]이 아닌 [고유]를
선택한 후 서식을 지정하면 데이터 범위 중에
중복된 항목이 없는 고유 항목에만 서식이 지정
됩니다.

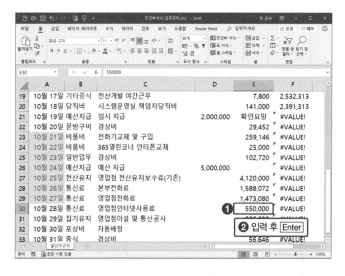

중복 데이터 수정하기

02 조건부 서식이 설정된 셀의 데
이터를 수정하면 서식이 자동으로
바뀝니다.

❶ [E30] 셀 클릭

❷ 550,000을 입력하고 Enter 를 누
릅니다.

중복 값이 없어지므로 서식도 없어집니다.

빈 셀 및 오류 셀에 조건부 서식 지정하기

실습 파일 | Chapter05\18_조건부서식-강조규칙.xlsx
완성 파일 | Chapter05\18_조건부서식-강조규칙_완성.xlsx

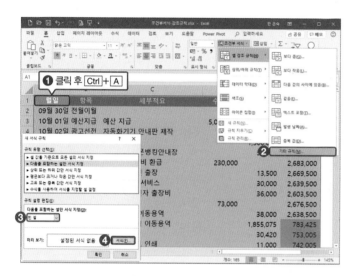

빈 셀 규칙 선택하기

01 표의 빈 셀에만 서식을 지정하기 위해 빈 셀 규칙을 선택하겠습니다.

❶ [A1] 셀 클릭 후 표 전체 범위를 선택하기 위해 Ctrl + A

❷ [홈] 탭-[스타일] 그룹-[조건부 서식]-[셀 강조 규칙]-[기타 규칙] 클릭

❸ [새 서식 규칙] 대화상자의 [규칙 설명 편집]에서 [빈 셀] 선택

❹ [서식]을 클릭합니다.

빈 셀 서식 지정하기

02 빈 셀은 셀 색을 회색으로 채우겠습니다.

❶ [셀 서식] 대화상자에서 [채우기] 탭 클릭

❷ [배경색]에서 [밝은 회색, 배경 2] 클릭

❸ [확인] 클릭

❹ [새 서식 규칙] 대화상자에서 [확인]을 클릭합니다.

빈 셀에 셀 서식이 적용됩니다.

바로 통하는 TIP [새 서식 규칙] 대화상자의 [규칙 설명 편집]에서 [빈 셀]이 아니라 [내용 있는 셀]을 선택하면 반대로 데이터가 있는 셀에만 서식이 적용됩니다.

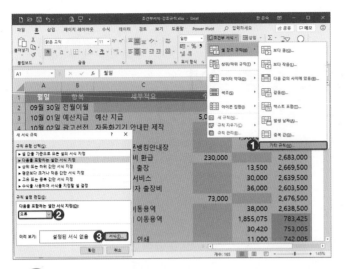

오류 규칙 선택하기

03 오류 값이 있는 셀의 서식을 지정하기 위해 규칙을 선택하겠습니다.

❶ [홈] 탭-[스타일] 그룹-[조건부 서식]-[셀 강조 규칙]-[기타 규칙] 클릭

❷ [새 서식 규칙] 대화상자의 [규칙 설명 편집]에서 [오류] 선택

❸ [서식]을 클릭합니다.

바로 통 하는TIP 차인잔액에는 '위쪽 셀+수입액-지출액'의 수식이 입력되어 있습니다. [E21] 셀에 문자가 입력되어 있기 때문에 [F21] 셀부터는 문자와 사칙연산했을 때 나타나는 #VALUE! 오류가 표시되어 있습니다.

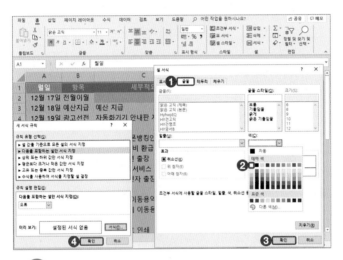

오류 표시 감추기

04 셀에 표시된 오류 표시 글꼴을 흰색으로 지정하여 화면에 표시되지 않게 하겠습니다.

❶ [셀 서식] 대화상자에서 [글꼴] 탭 클릭

❷ [색]에서 [흰색, 배경 1] 클릭

❸ [확인] 클릭

❹ [새 서식 규칙] 대화상자에서 [확인]을 클릭합니다.

바로 통 하는TIP [새 서식 규칙] 대화상자의 [규칙 설명 편집]에서 [오류]가 아니라 [오류 없음]을 선택하면 반대로 오류가 없는 셀에만 서식이 적용됩니다.

기타 규칙

[홈] 탭−[스타일] 그룹−[조건부 서식]을 클릭하고 [셀 강조 규칙]−[기타 규칙]을 선택하면 [새 서식 규칙] 대화상자가 표시됩니다. [텍스트 포함] 규칙 중 특정 텍스트를 포함하지 않거나 특정 텍스트로 시작하는 문자, 혹은 끝나는 문자를 강조하는 조건을 선택할 수 있습니다. 또한 빈 셀, 내용 있는 셀, 오류 셀, 오류 없는 셀을 선택한 후 서식을 지정할 수 있습니다.

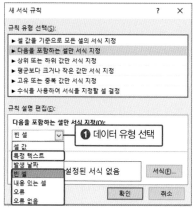

▲ 기타 규칙 선택

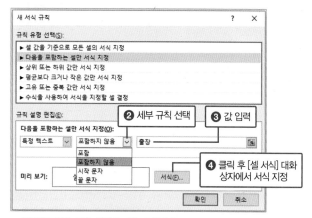

▲ '출장'을 포함하지 않는 셀을 강조하는 규칙 선택

상위/하위 규칙에 따라 서식 지정하기

실습 파일 | Chapter05\19_조건부서식-상하위.xlsx 완성 파일 | Chapter05\19_조건부서식-상하위_완성.xlsx

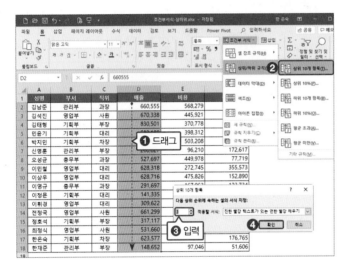

매출 상위 세 개 항목 강조하기

01 매출 값 상위 세 개의 항목에 강조 표시하겠습니다.

❶ [D2:D18] 범위 지정

❷ [홈] 탭-[스타일] 그룹-[조건부 서식]-[상위/하위 규칙]-[상위 10개 항목] 클릭

❸ [상위 10개 항목] 대화상자에 **3** 입력

❹ [확인]을 클릭합니다.

매출 상위 세 개 항목의 셀에 [진한 빨강 텍스트가 있는 연한 빨강 채우기] 서식이 적용됩니다.

매출 상위 10% 항목 강조하기

02 매출 상위 10% 항목에 강조 표시하겠습니다.

❶ [홈] 탭-[스타일] 그룹-[조건부 서식]-[상위/하위 규칙]-[상위 10%] 클릭

❷ [상위 10%] 대화상자의 [적용할 서식] 목록에서 [사용자 지정 서식]을 클릭합니다.

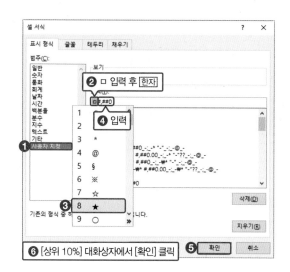

매출 상위 10% 항목에 특수 문자 표시하기

03 매출 상위 10% 항목의 값 앞에 별표가 표시되게 하겠습니다.

❶ [셀 서식] 대화상자의 [표시 형식] 탭에서 [범주]의 [사용자 지정] 클릭

❷ [형식]에 한글 자음 ㅁ 입력 후 한자

❸ 특수 문자 목록에서 [★] 클릭

❹ #,##0 입력

❺ [확인] 클릭

❻ [상위 10%] 대화상자에서 [확인]을 클릭합니다.

매출 상위 10% 항목에 해당하는 값 앞에 ★가 표시됩니다.

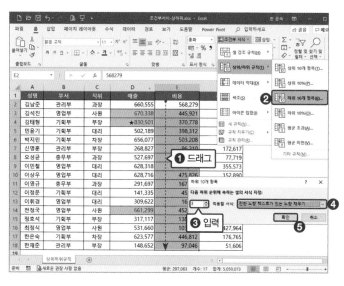

비용 하위 세 개 항목 강조하기

04 비용 하위 세 개의 항목을 강조 표시하겠습니다.

❶ [E2:E18] 범위 지정

❷ [홈] 탭-[스타일] 그룹-[조건부 서식]-[상위/하위 규칙]-[하위 10개 항목] 클릭

❸ [하위 10개 항목] 대화상자에 3 입력

❹ [적용할 서식] 목록에서 [진한 노랑 텍스트가 있는 노랑 채우기] 선택

❺ [확인]을 클릭합니다.

비용 하위 세 개 항목의 셀에 [진한 노랑 텍스트가 있는 노랑 채우기] 서식이 적용됩니다.

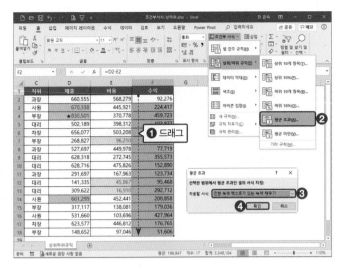

수익 평균 초과 값 강조하기

05 수익의 평균을 초과하는 셀을 강조하겠습니다.

❶ [F2:F18] 범위 지정

❷ [홈] 탭-[스타일] 그룹-[조건부 서식]-[상위/하위 규칙]-[평균 초과] 클릭

❸ [평균 초과] 대화상자의 [적용할 서식] 목록에서 [진한 녹색 텍스트가 있는 녹색 채우기] 선택

❹ [확인]을 클릭합니다.

수익 평균을 초과하는 셀에 [진한 녹색 텍스트가 있는 녹색 채우기] 서식이 적용됩니다.

핵심기능

20

2007 2010 2013 2016 2019

행 단위로 조건부 서식 지정하기

실습 파일 | Chapter05\20_조건부서식-수식.xlsx 완성 파일 | Chapter05\20_조건부서식-수식_완성.xlsx

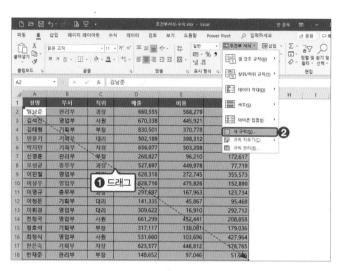

영업부 행 강조하기

01 부서가 영업부인 행에만 셀 색을 지정하겠습니다.

❶ [A2:F18] 범위 지정

❷ [홈] 탭-[스타일] 그룹-[조건부 서식]-[새 규칙]을 클릭합니다.

바로 통 하는TIP 조건은 부서지만 서식은 다른 셀에도 지정되어야 하므로 부서 범위만 지정하지 않고 제목 행을 제외한 전체 표 범위를 지정합니다.

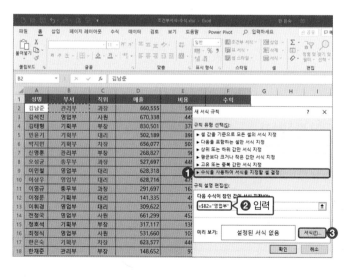

영업부 행 조건 지정하기

02 영업부 행에 대한 조건을 지정하겠습니다.

❶ [새 서식 규칙] 대화상자의 [규칙 유형 선택] 목록에서 [수식을 사용하여 서식을 지정할 셀 결정] 클릭

❷ 수식 입력란에 =$B2="영업부" 입력

❸ [서식]을 클릭합니다.

바로 통 하는TIP 행 단위로 서식이 지정되게 하려면 조건식을 작성할 때 셀 참조는 항상 $B2와 같이 열 고정 혼합 참조로 작성해야 합니다.

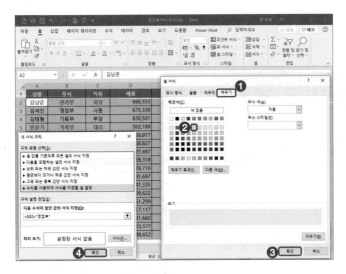

채우기 서식 지정하기

03 강조할 서식으로 채우기를 선택하겠습니다.

❶ [셀 서식] 대화상자에서 [채우기] 탭 클릭

❷ [배경색]에서 [파랑, 강조 1, 80% 더 밝게] 클릭

❸ [확인] 클릭

❹ [새 서식 규칙] 대화상자에서 [확인]을 클릭합니다.

부서가 영업부인 행에 채우기 색 서식이 적용됩니다.

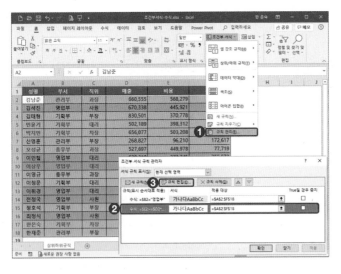

규칙 관리자 열기

04 글꼴이 파란색으로 표시된 조건부 서식의 조건을 수정하겠습니다.

❶ [홈] 탭-[스타일] 그룹-[조건부 서식]-[규칙 관리] 클릭

❷ [조건부 서식 규칙 관리자] 대화상자에서 두 번째 규칙 클릭

❸ [규칙 편집]을 클릭합니다.

비용이 매출의 70% 이상인 행의 글꼴색이 파란색으로 표시되는 조건부 서식이 지정되어 있습니다.

규칙 편집하기

05 기존에 작성되어 있던 조건식의 값을 수정하겠습니다.

❶ [서식 규칙 편집] 대화상자 수식 입력란의 수식 중 0.7을 **0.65**로 수정

❷ [확인]을 클릭합니다.

[조건부 서식 규칙 관리자] 대화상자에서 [확인]을 클릭합니다. 비용이 매출의 65% 이상인 행에 서식이 적용됩니다.

데이터 값을 아이콘으로 표시하기

실습 파일 | Chapter05\21_가격변동표.xlsx   완성 파일 | Chapter05\21_가격변동표_완성.xlsx

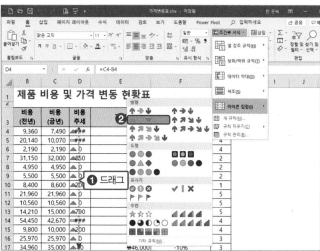

비용 추세 아이콘 표시하기

01 비용 추세에 아이콘을 표시하겠습니다.

❶ [D4:D40] 범위 지정

❷ [홈] 탭-[스타일] 그룹-[조건부 서식]-[아이콘 집합]-[삼각형 3개]를 클릭합니다.

비용 추세에는 '비용(금년)−비용(전년)'의 수식이 작성되어 있습니다. 비용 추세에 숫자가 큰 셀은 아이콘이 표시되면서 열 너비가 좁기 때문에 숫자가 #으로 채워집니다.

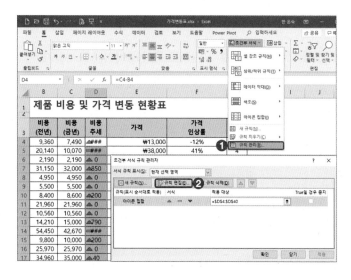

규칙 편집하기

02 아이콘 표시 규칙을 편집하겠습니다.

❶ [홈] 탭-[스타일] 그룹-[조건부 서식]-[규칙 관리] 클릭

❷ [조건부 서식 규칙 관리자] 대화상자에서 [규칙 편집]을 클릭합니다.

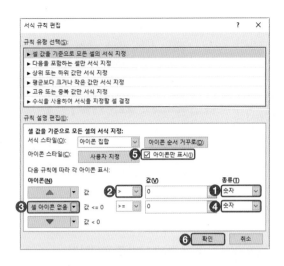

아이콘 표시 기준 수정하여 아이콘만 표시하기

03 아이콘 표시 기준을 수정하여 셀의 숫자를 숨기고 아이콘만 표시하겠습니다.

❶ [서식 규칙 편집] 대화상자의 첫 번째 [아이콘]에서 [값]의 [종류]로 [숫자] 선택

❷ 비교 연산자 목록에서 [>] 선택

❸ 두 번째 [아이콘] 목록에서 [셀 아이콘 없음] 선택

❹ [값]의 [종류] 목록에서 [숫자] 선택

❺ [아이콘만 표시] 옵션에 체크 표시

❻ [확인]을 클릭합니다.

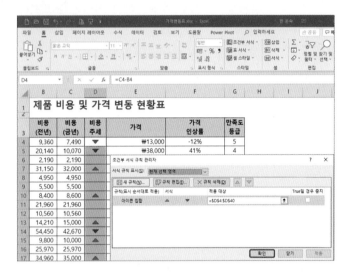

수정한 조건 적용하기

04 [조건부 서식 규칙 관리자] 대화상자에서 [확인]을 클릭해 대화상자를 닫습니다.

비용이 올랐으면 양수, 줄었으면 음수, 같으면 0이므로 이에 맞게 아이콘 표시 기준을 수정했습니다. 비용이 같은 경우는 아이콘을 표시하지 않았습니다. 비용이 오른 셀에 녹색 아이콘, 비용이 내린 셀에 빨간색 아이콘이 표시되고, 셀 값은 숨겨집니다.

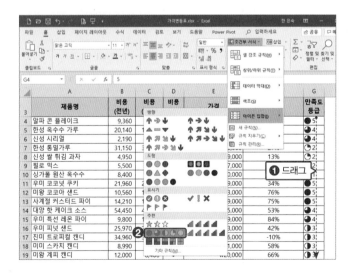

만족도 등급에 아이콘 표시하기

05 만족도 등급은 1~5 등급이 입력되어 있으므로 5개짜리 아이콘 집합을 표시하겠습니다.

❶ [G4:G40] 범위 지정

❷ [홈] 탭-[스타일] 그룹-[조건부 서식]-[아이콘 집합]-[5가지 원(흑백)]을 클릭합니다.

만족도 등급에 따라 원이 표시됩니다.

핵심기능

2007 2010 2013 2016 2019

22

데이터를 색조와
데이터 막대로 표시하기

실습 파일 | Chapter05\22_가격변동표2.xlsx   완성 파일 | Chapter05\22_가격변동표2_완성.xlsx

실무
활용

문서
작성
&
데이터
입력

수식
&
데이터
편집

서식
&
인쇄

함수

차트
&
일러스트
레이션

데이터
관리
&
분석

매크로
&
VBA

부록

비용에 색조 표시하기

01 비용 값을 색조로 표시하겠습니다.

❶ [B4:C40] 범위 지정

❷ [홈] 탭-[스타일] 그룹-[조건부 서식]-[색조]-[빨강-흰색-파랑 색조]를 클릭합니다.

비용이 클수록 빨간색으로 분포되고 작을수록 파란색으로 분포됩니다. 비용(전년) 색조와 비용(금년) 색조가 차이가 많이 나면 비용 차이가 크다는 것을 알 수 있습니다.

가격에 데이터 막대 표시하기

02 가격을 데이터 막대로 표시하겠습니다.

❶ [E4:E40] 범위 지정

❷ [홈] 탭-[스타일] 그룹-[조건부 서식]-[데이터 막대]-[그라데이션 채우기]-[빨강 데이터 막대]를 클릭합니다.

셀에 입력된 가격에 따라 데이터 막대의 길이가 다르게 표시됩니다.

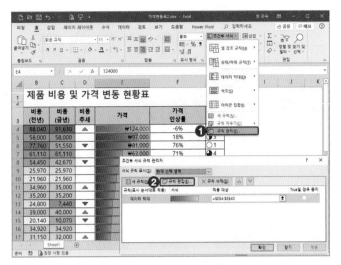

규칙 편집하기

03 데이터 막대를 수정하고 방향을 변경하기 위해 규칙을 편집하겠습니다.

❶ [홈] 탭-[스타일] 그룹-[조건부 서식]-[규칙 관리] 클릭

❷ [조건부 서식 규칙 관리자] 대화 상자에서 [규칙 편집]을 클릭합니다.

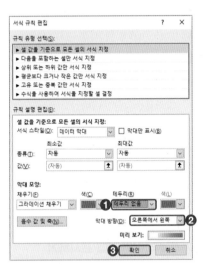

데이터 막대 테두리 숨기고 방향 변경하기

04 데이터 막대 모양 옵션을 변경하겠습니다.

❶ [서식 규칙 편집] 대화상자의 [테두리]에서 [테두리 없음] 선택

❷ [막대 방향]에서 [오른쪽에서 왼쪽] 선택

❸ [확인]을 클릭합니다.

[조건부 서식 규칙 관리자] 대화상자에서 [확인]을 클릭합니다. 데이터 막대의 테두리가 없어지고 막대 방향이 바뀝니다.

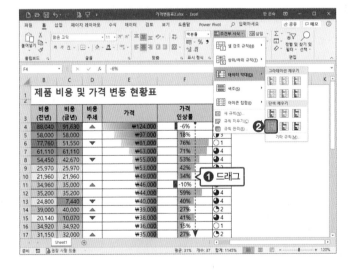

가격 인상률에 데이터 막대 표시하기

05 가격인상률에 데이터 막대를 표시하겠습니다.

❶ [F4:F40] 범위 지정

❷ [홈] 탭-[스타일] 그룹-[조건부 서식]-[데이터 막대]-[단색 채우기]-[주황 데이터 막대]를 클릭합니다.

음수는 왼쪽으로, 양수는 오른쪽으로 값에 따라 데이터 막대의 길이가 다르게 표시됩니다.

회사통 실무활용

조건부 서식 지정하기 – 생산계획 대비 실적 현황표

실습 파일 | Chapter05\실무_생산계획대비실적표.xlsx
완성 파일 | Chapter05\실무_생산계획대비실적표_완성.xlsx

⊕ 예제 설명 및 완성 화면

한 달간의 제품별 생산 목표량과 일별 계획량, 실적량 및 계획 대비 실적 달성률 수식이 입력되어 있는 실적 현황표입니다. 조건부 서식의 셀 강조 규칙, 상위/하위 규칙, 수식을 사용한 규칙 지정을 통해 조건에 해당하는 셀에 서식을 지정해보겠습니다.

01 오늘 날짜 셀을 빨간색으로 강조하기

❶ [D3:AH3] 범위 지정 ❷ [홈] 탭-[스타일] 그룹-[조건부 서식] 클릭 ❸ [셀 강조 규칙]-[발생 날짜] 클릭 ❹ [발생 날짜] 대화상자의 날짜 목록에서 [오늘] 선택 ❺ [확인]을 클릭합니다.

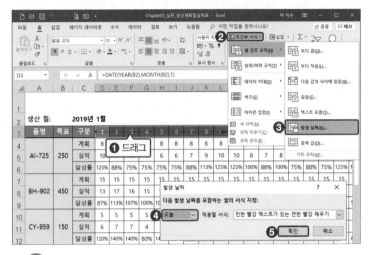

바로통하는TIP 날짜 기준

[B2] 셀에는 현재 날짜를 입력하는 TODAY 함수가 입력되어 있고 연도와 월만 표시되도록 사용자 지정 표시 형식이 설정되어 있습니다. [D3] 셀에는 [B2] 셀 연도와 월의 첫째 날짜가 입력되도록 DATE 함수가 작성되어 있습니다. [E3:AH3] 범위에는 각각 그 앞 셀에서 1을 더해서 앞 셀의 다음 날짜가 되도록 수식이 입력되어 있으며 일자만 표시되도록 사용자 지정 표시 형식이 설정되어 있습니다. TODAY 함수를 사용하면 현재 날짜가 입력되므로 화면의 날짜와 실습 화면의 날짜가 다릅니다.

02 품명 범위에 기타 규칙 지정하기

❶ [A4:A21] 범위 지정 ❷ [홈] 탭-[스타일] 그룹-[조건부 서식] 클릭 ❸ [셀 강조 규칙]-[기타 규칙]을 클릭합니다.

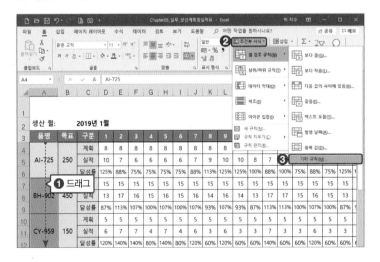

03 A로 시작하는 문자 조건 지정하기

❶ [새 서식 규칙] 대화상자에서 [규칙 설명 편집]의 첫 번째 목록에서 [특정 텍스트] 선택 ❷ 두
번째 목록에서 [시작 문자] 선택 ❸ 세 번째 입력란에 A 입력 ❹ [서식]을 클릭합니다.

04 굵은 기울임꼴로 강조하기

❶ [셀 서식] 대화상자에서 [글꼴] 탭 클릭 ❷ [글꼴 스타일]로 [굵은 기울임꼴] 클릭 ❸ [확인] 클
릭 ❹ [새 서식 규칙] 대화상자에서도 [확인]을 클릭하여 대화상자를 닫습니다. A로 시작하는 품
명에 굵은 기울임꼴 서식이 적용됩니다.

❹ [새 서식 규칙] 대화상자에서 [확인] 클릭

05 품명 중복 확인하고 수정하기

❶ 범위가 계속 지정된 상태에서 [홈] 탭-[스타일] 그룹-[조건부 서식] 클릭 ❷ [셀 강조 규칙]-[중복 값] 클릭 ❸ [중복 값] 대화상자에서 [확인] 클릭. [A7] 셀과 [A16] 셀 값이 중복된 것을 확인할 수 있습니다. ❹ [A16] 셀의 품명을 **BN-209**로 수정합니다.

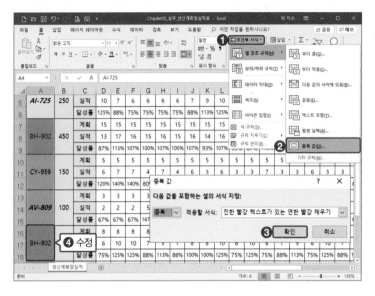

06 새 규칙 선택하기

❶ [C4:AI24] 범위 지정 ❷ [홈] 탭-[스타일] 그룹-[조건부 서식] 클릭 ❸ [새 규칙]을 클릭합니다.

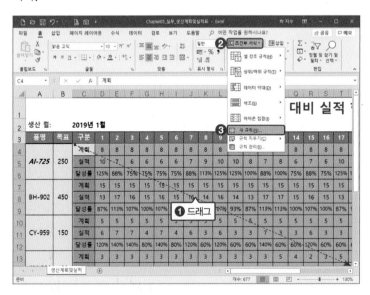

07 수식으로 계획, 실적 행에 대한 조건 지정하기

❶ [새 서식 규칙] 대화상자의 [규칙 유형 선택] 목록에서 [수식을 사용하여 서식을 지정할 셀 결정] 클릭 ❷ [규칙 설명 편집]의 수식 입력란에 **=$C4<>"달성률"** 입력 ❸ [서식]을 클릭합니다.

바로 **통** 하는 **TIP** 구분이 입력되어 있는 범위의 첫 번째 셀인 [C4] 셀이 기준 셀입니다. 다른 행의 값도 확인해야 하므로 열 고정 혼합 참조 $C4 형태를 사용합니다. 구분이 '계획'이나 '실적'인 행, 즉 '달성률'이 아닌 셀에 대해 서식을 지정할 것이므로 $C4의 값이 달성률이 아니다(<>)라는 조건식으로 입력했습니다.

08 조건 행 아래쪽 테두리를 점선으로 표시하기

❶ [셀 서식] 대화상자에서 [테두리] 탭 클릭 ❷ [선 스타일]로 두 번째 점선 클릭 ❸ [테두리] 중 [아래쪽] 클릭 ❹ [확인] 클릭 ❺ [새 서식 규칙] 대화상자에서 [확인]을 클릭해 대화상자를 닫습니다. 계획, 실적행 아래쪽 테두리가 점선으로 표시됩니다.

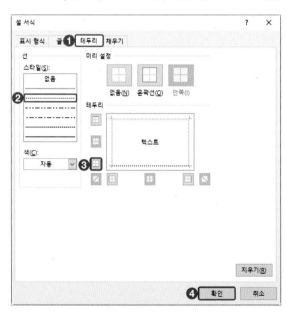

❺ [새 서식 규칙] 대화상자에서 [확인] 클릭

09 달성률 행에 서식 지정하기

❶ 범위가 계속 지정된 상태에서 [홈] 탭–[스타일] 그룹–[조건부 서식] 클릭 ❷ [새 규칙] 클릭 ❸ [규칙 유형 선택] 목록에서 [수식을 사용하여 서식을 지정할 셀 결정] 클릭 ❹ [규칙 설명 편집]의 수식 입력란에 **=$C4="달성률"** 입력 ❺ [서식]을 클릭합니다.

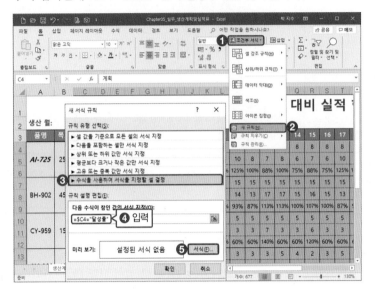

10 셀 색 채우기

❶ [셀 서식] 대화상자에서 [채우기] 탭 클릭 ❷ [배경색]에서 [파랑, 강조 1, 80% 더 밝게] 클릭 ❸ [확인] 클릭 ❹ [새 서식 규칙] 대화상자에서 [확인]을 클릭하여 대화상자를 닫습니다.

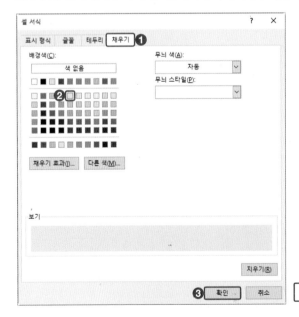

❹ [새 서식 규칙] 대화상자에서 [확인] 클릭

11 달성률 100% 미만은 빨강 텍스트로 표시하기

❶ 범위가 계속 지정된 상태에서 [홈] 탭-[스타일] 그룹-[조건부 서식] 클릭 ❷ [셀 강조 규칙]-
[보다 작음] 클릭 ❸ [보다 작음] 대화상자에서 **1** 입력 ❹ [적용할 서식] 목록에서 [빨강 텍스트]
선택 ❺ [확인]을 클릭합니다. 달성률 100% 미만인 셀에 [빨강 텍스트] 서식이 적용됩니다.

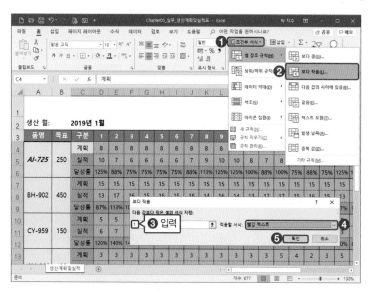

12 빈 셀 서식 지정하기

❶ 범위가 계속 지정된 상태에서 [홈] 탭-[스타일] 그룹-[조건부 서식] 클릭 ❷ [셀 강조 규칙]-
[기타 규칙] 클릭 ❸ [새 서식 규칙] 대화상자의 [규칙 설명 편집]에서 [빈 셀] 선택 ❹ [서식]을 클
릭합니다.

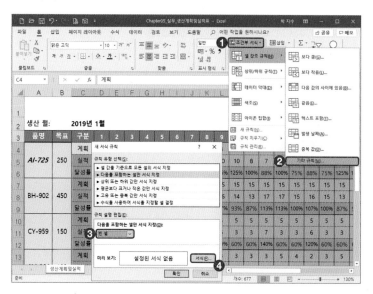

13 셀 색 회색으로 채우기

❶ [셀 서식] 대화상자에서 [채우기] 탭 클릭 ❷ [배경색]에서 [흰색, 배경 1, 15% 더 어둡게] 클릭
❸ [확인] 클릭 ❹ [새 서식 규칙] 대화상자에서 [확인]을 클릭하여 대화상자를 닫습니다.

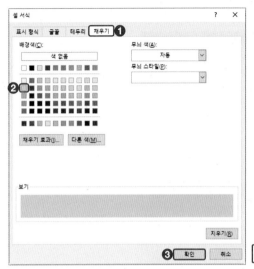

❹ [새 서식 규칙] 대화상자에서 [확인] 클릭

14 오류 값 서식 지정하기

달성률을 구하는 수식은 '실적량/계획량'이므로 계획량이 빈 셀이면 0으로 나눌 때 나타나는
#DIV/0! 오류가 표시됩니다. 오류 문자를 숨기려면 글꼴 색을 달성률 셀 색과 같은 [파랑, 강조
1, 80% 더 밝게]로 설정합니다. ❶ 범위가 계속 지정된 상태에서 [홈] 탭-[스타일] 그룹-[조건부
서식] 클릭 ❷ [셀 강조 규칙]-[기타 규칙] 클릭 ❸ [새 서식 규칙] 대화상자의 [규칙 설명 편집]에
서 [오류] 선택 ❹ [서식]을 클릭합니다.

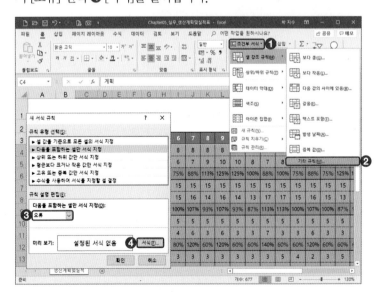

15 글꼴 색 지정하기

❶ [셀 서식] 대화상자에서 [글꼴] 탭 클릭 ❷ [글꼴 색]으로 [파랑, 강조 1, 80% 더 밝게] 클릭 ❸ [확인] 클릭 ❹ [새 서식 규칙] 대화상자에서 [확인]을 클릭하여 대화상자를 닫습니다.

❹ [새 서식 규칙] 대화상자에서 [확인] 클릭

16 실적 상위 10% 셀 강조하기

❶ [D23:AH23] 범위 지정 ❷ [홈] 탭-[스타일] 그룹-[조건부 서식] 클릭 ❸ [상위/하위 규칙]-[상위 10%] 클릭 ❹ [상위 10%] 대화상자에서 [확인]을 클릭합니다. 실적 합계가 상위 10% 인 셀에 [진한 빨강 텍스트가 있는 연한 빨강 채우기] 서식이 적용됩니다.

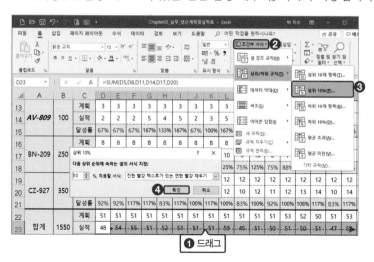

17 실적 평균 미만 셀 강조하기

실적이 평균보다 낮은 셀에 서식을 적용하겠습니다. ❶ 범위가 계속 지정된 상태에서 [홈] 탭-[스타일] 그룹-[조건부 서식] 클릭 ❷ [상위/하위 규칙]-[평균 미만] 클릭 ❸ [평균 미만] 대화상자의 [적용할 서식] 목록에서 [진한 노랑 텍스트가 있는 노랑 채우기] 선택 ❹ [확인]을 클릭합니다. 실적이 평균보다 낮은 셀에 [진한 노랑 텍스트가 있는 노랑 채우기] 서식이 적용됩니다.

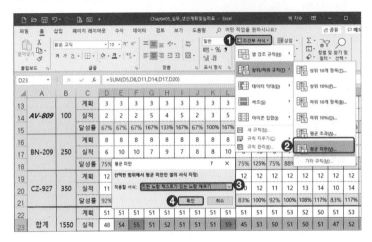

CHAPTER

06

창 관리와
인쇄

엑셀 문서는 여러 워크시트로 구성되어 있고, 워크시트 또한 작업 영역이
넓습니다. 따라서 여러 문서를 한 화면에 표시하거나 긴 데이터 목록을
분할하여 표시할 수 있는 창 관리 기능을 알아두면 문서 작업하기가 훨씬
편해집니다. 엑셀 작업 공간은 A4 용지보다 넓은 워크시트이므로 인쇄하
기 전에 인쇄할 용지에 맞게 용지 방향, 여백, 인쇄 배율 등을 지정해야
합니다. 인쇄를 위해 꼭 확인하고 설정해야 하는 페이지 레이아웃 설정과
인쇄 옵션에 대해서 알아보겠습니다.

화면에 원하는 범위 고정 및 분할하기

실습 파일 | Chapter06\01_틀고정및창정렬.xlsx   완성 파일 | 없음

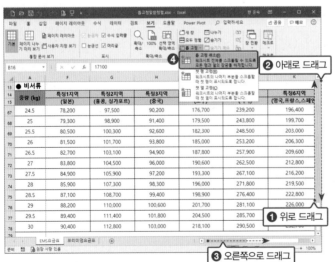

틀 고정하기

01 13행이 화면의 첫 번째 줄이 되도록 틀 고정을 하겠습니다.

❶ 13행이 화면의 첫 번째 줄이 되도록 수직 이동 바를 아래로 드래그

❷ [B16] 셀 클릭

❸ [보기] 탭-[창] 그룹-[틀 고정]-[틀 고정]을 클릭합니다.

[B16] 셀의 위쪽과 왼쪽이 화면에 고정됩니다.

바로 통 하는TIP 첫 행 고정, 첫 열 고정

[틀 고정]은 선택된 셀의 위쪽과 왼쪽이 모두 고정되지만 [첫 행 고정]이나 [첫 열 고정]은 선택된 셀과 관계없이 표시된 화면의 첫 번째 행, 첫 번째 열만 고정됩니다. 즉, 그림의 화면에서 [첫 행 고정]을 선택하면 13행만 고정되며, [첫 열 고정]을 선택하면 A열만 고정됩니다.

틀 고정 취소하기

02 틀 고정 상태의 화면 이동을 확인해보고 틀 고정을 취소하겠습니다.

❶ 수직 이동 바를 위로 끝까지 드래그. 13행 위쪽의 화면이 나타나지 않습니다.

❷ 수직 이동 바를 아래로 드래그. [13:15] 행이 고정된 상태로 화면이 이동합니다.

❸ 수평 이동 바를 오른쪽으로 드래그. A열이 고정된 상태로 화면이 이동합니다.

❹ [보기] 탭-[창] 그룹-[틀 고정]-[틀 고정 취소]를 클릭합니다.

바로 **통** 하는 **TIP** 긴 데이터 목록의 앞부분과 끝부분을 동시에 보려면 창을 분할하여 화면을 따로 스크롤하면 됩니다. 틀 고정과 마찬가지로 선택한 셀을 기준으로 왼쪽과 위쪽이 분할됩니다. 틀 고정과 창 나누기는 동시에 적용되지 않습니다.

창 나누기

03 원하는 위치를 선택한 후 창을 나누겠습니다.

❶ [E23] 셀 클릭

❷ [보기] 탭—[창] 그룹—[나누기] 클릭

❸ 분할선의 가운데 부분을 왼쪽으로 드래그. C열과 D열 사이로 옮깁니다.

❹ 다시 분할선을 위쪽으로 드래그해 21행과 22행 사이로 옮깁니다.

C, D열 사이, 21행과 22행 사이를 기준으로 분할됩니다.

창 나누기 해제하기

04 분할된 각 영역에서 화면을 이동해보고 창 나누기를 해제하겠습니다.

❶ 아래 창에는 73행부터 표시되도록 아래 창의 수직 이동 바 드래그

❷ 오른쪽 창에는 J열부터 표시되도록 오른쪽 창의 수평 이동 바 드래그

❸ [보기] 탭—[창] 그룹—[나누기]를 클릭합니다.

창 나누기가 해제됩니다.

바로 **통** 하는 **TIP** 작업 창 분할선을 더블클릭해도 창 나누기가 해제됩니다.

우선
순위

실무
활용

문서
작성
&
데이터
입력

수식
&
데이터
편집

서식
&
인쇄

함수

차트
&
일러스트
레이션

데이터
관리
&
분석

매크로
&
VBA

부록

두 개의 시트를 한 화면에 표시하기

실습 파일 | Chapter06\02_틀고정및창정렬.xlsx   완성 파일 | 없음

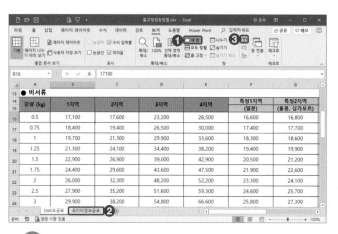

바로 통 하는TIP [나란히 보기]를 선택 했을 때 처음 창 정렬 방향은 PC 환경에 따라 가로 방향으로 정렬되기도 하고 바둑판식으로 정렬되기도 합니다. [나란히 보기] 선택 후 가로 방향으로 정렬되었다면 '바둑판식'을 선택해보기 바랍니다.

새 창 열고 나란히 보기

01 다른 시트를 표시할 새 창을 열고 나란히 보기를 선택하겠습니다.

❶ [보기] 탭-[창] 그룹-[새 창] 클릭

❷ [프리미엄요금표] 시트 클릭

❸ [보기] 탭-[창] 그룹-[나란히 보기 █]를 클릭합니다.

엑셀 창이 두 개만 열려 있으면 바로 두 개의 창이 나란히 표시됩니다. 엑셀 창이 세 개 이상 열려 있을 때는 나란히 비교할 문서를 선택하도록 대화상자가 표시됩니다.

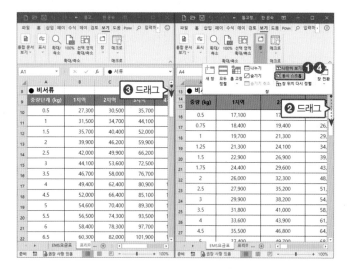

동시 스크롤 설정하기

02 동시 스크롤 설정 해제 후 화면을 맞추고 다시 설정하겠습니다.

❶ [보기] 탭-[창] 그룹-[동시 스크롤] 클릭

❷ 왼쪽 창의 수직 이동 바 드래그. 8행부터 표시합니다.

❸ 오른쪽 창의 수직 이동 바 드래그. 13행부터 표시합니다.

❹ 다시 [보기] 탭-[창] 그룹-[동시 스크롤]을 클릭합니다.

바로통 하는TIP [나란히 보기]를 선택하면 자동으로 [동시 스크롤]이 함께 설정됩니다. 동시에 스크롤하고 싶은 화면을 맞추려면 [동시 스크롤]을 일단 해제한 후에 화면을 맞추고 다시 [동시 스크롤]을 설정합니다. 한쪽 창의 수직 이동 바를 드래그하면 다른 쪽 창의 화면도 같이 이동됩니다. [동시 스크롤] 선택은 두 개의 창 중 한군데서만 선택하면 됩니다.

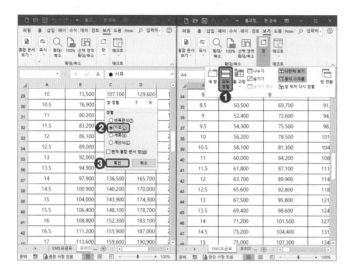

창 정렬 방향 선택하기

03 창 정렬 방향을 변경합니다.

❶ [보기] 탭-[창] 그룹-[모두 정렬] 클릭

❷ [창 정렬] 대화상자의 [가로] 클릭

❸ [확인]을 클릭합니다.

창이 가로로 정렬됩니다.

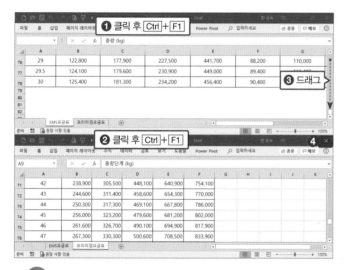

리본 메뉴 최소화 및 창 닫기

04 워크시트를 더 넓게 보기 위해 각 창의 리본 메뉴를 최소화하고 두 창의 데이터를 비교해본 후 두 번째 창은 닫겠습니다.

❶ 위에 창 클릭 후 Ctrl + F1

❷ 아래 창 클릭 후 Ctrl + F1

❸ 두 창 중 한 창의 수직 이동 바를 드래그하여 화면 스크롤

❹ 더 이상 비교할 데이터가 없으면 아래 창의 [닫기]를 클릭합니다.

바로통 하는TIP [동시 스크롤]이 필요 없을 때는 [나란히 보기]를 선택하지 않고 창 정렬만 선택해도 됩니다.

문서에 로고 및 워터마크 삽입하기

실습 파일 | Chapter06\03_근무평가서.xlsx   완성 파일 | Chapter06\03_근무평가서_완성.xlsx

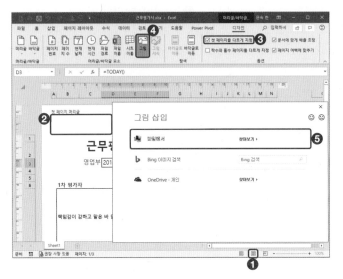

회사 로고 삽입하기

01 첫 페이지에 작은 크기의 회사 로고를 삽입하겠습니다.

❶ 상태 표시줄의 [페이지 레이아웃] 클릭

❷ 머리글 왼쪽 영역 클릭

❸ [머리글/바닥글 도구]–[디자인] 탭–[옵션] 그룹–[첫 페이지를 다 르게 지정]에 체크 표시

❹ [머리글/바닥글 도구]–[디자인] 탭–[머리글/바닥글 요소] 그 룹–[그림] 클릭

❺ [그림 삽입] 대화상자에서 [파일 에서]를 클릭합니다.

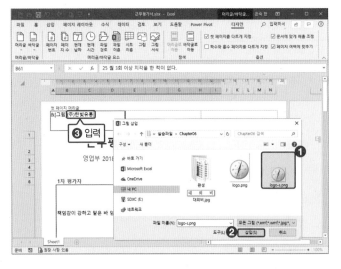

머리글 영역에 그림 삽입하기

02 머리글 영역에 그림을 삽입하 고 회사명을 입력하겠습니다.

❶ [그림 삽입] 대화상자에서 예제 폴더의 **logo-s.png** 파일 클릭

❷ [삽입] 클릭

❸ 머리글 영역에 삽입된 '&[그림]' 옆에 ㈜한빛유통을 입력합니다.

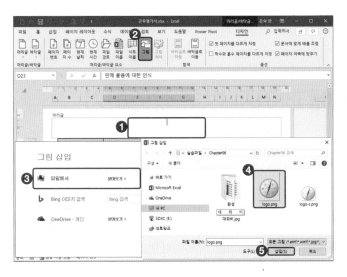

배경 그림 삽입하기

03 두 번째 페이지부터는 로고를 배경 그림으로 삽입하겠습니다.

❶ 두 번째 페이지 머리글 가운데 영역 클릭

❷ [머리글/바닥글 도구]-[디자인] 탭-[머리글/바닥글 요소] 그룹-[그림] 클릭

❸ [그림 삽입] 대화상자의 [파일에서] 클릭

❹ [그림 삽입] 대화상자에서 예제 폴더의 **logo.png** 파일 클릭

❺ [삽입]을 클릭합니다.

배경 그림 크기 조절하기

04 그림의 원본 크기보다 확대하겠습니다.

❶ [머리글/바닥글 도구]-[디자인] 탭-[머리글/바닥글 요소] 그룹-[그림 서식] 클릭

❷ [그림 서식] 대화상자에서 [크기] 탭-[배율]의 [높이], [너비]란에 모두 **120%**를 입력합니다.

배경 그림 색 조절하기

05 원본 그림보다 희미한 색상으로 표시하겠습니다.

❶ [그림 서식] 대화상자에서 [그림] 탭 클릭

❷ [이미지 조절]의 [색] 목록에서 [희미하게] 선택

❸ [확인] 클릭

❹ [B22] 셀을 클릭하여 머리글 편집을 마칩니다.

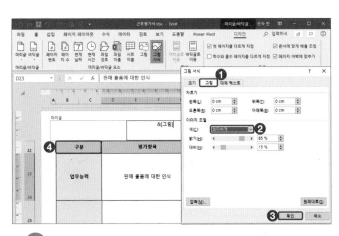

바로 통하는 TIP 왼쪽 머리글에 작은 로고 이미지가 표시되고, 두 번째 페이지의 문서 한가운데로 로고 이미지가 희미하게 표시됩니다.

문서에 페이지 번호 삽입하기

실습 파일 | Chapter06\04_근무평가서.xlsx 완성 파일 | Chapter06\04_근무평가서_완성.xlsx

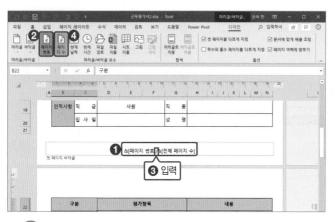

바로 통 하는TIP [첫 페이지를 다르게 지정] 옵션을 선택한 문서이기 때문에 두 번째 페이지에도 한 번 더 페이지 번호를 삽입해야 합니다.

페이지 번호와 페이지 수 삽입하기

01 문서 아래쪽에 페이지 번호와 페이지 수를 삽입합니다.

❶ 첫 페이지의 바닥글 가운데 영역 클릭

❷ [머리글/바닥글 도구]-[디자인] 탭-[머리글/바닥글 요소] 그룹-[페이지 번호] 클릭

❸ / 입력

❹ [머리글/바닥글 도구]-[디자인] 탭-[머리글/바닥글 요소] 그룹-[페이지 수]를 클릭합니다.

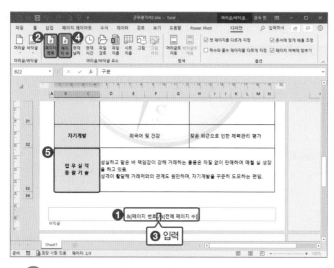

바로 통 하는TIP 나머지 페이지에는 자동으로 페이지 번호가 표시됩니다.

02 두 번째 페이지에도 페이지 번호와 페이지 수를 삽입합니다.

❶ 두 번째 페이지의 바닥글 가운데 영역 클릭

❷ [머리글/바닥글 도구]-[디자인] 탭-[머리글/바닥글 요소] 그룹-[페이지 번호]를 클릭

❸ / 입력

❹ [머리글/바닥글 도구]-[디자인] 탭-[머리글/바닥글 요소] 그룹-[페이지 수] 클릭

❺ [B33] 셀을 클릭하여 바닥글 편집을 해제합니다.

우선
순위
핵심기능

2007 2010 2013 2016 2019

05 인쇄 페이지 레이아웃 설정하기

실습 파일 | Chapter06\05_근태보고서.xlsx   완성 파일 | Chapter06\05_근태보고서_완성.xlsx

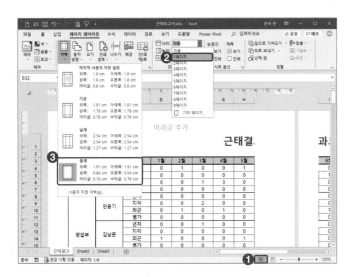

문서 너비 1페이지에 맞추기

01 페이지 레이아웃 보기에서 인쇄 모양을 확인하고 문서 너비를 1페이지로 맞추겠습니다.

❶ 상태 표시줄의 [페이지 레이아웃 圖] 클릭

❷ [페이지 레이아웃] 탭-[크기 조정] 그룹-[너비]-[1페이지] 클릭

❸ [페이지 레이아웃] 탭-[페이지 설정] 그룹-[여백]-[좁게]를 클릭합니다.

문서 너비가 1페이지로 맞춰지면서 인쇄 배율이 축소됩니다.

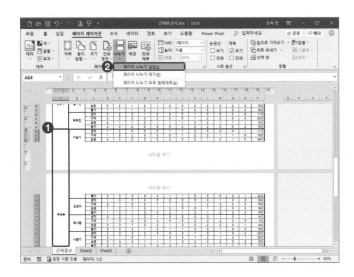

원하는 위치에서 페이지 나누기

02 구매부 데이터 부분에서 페이지를 나누겠습니다.

❶ [A64] 셀 클릭

❷ [페이지 레이아웃] 탭-[페이지 설정] 그룹-[나누기]-[페이지 나누기 삽입]을 클릭합니다.

[페이지 나누기 삽입]은 선택된 셀의 왼쪽과 위쪽으로 페이지를 나눕니다.

06 반복 인쇄할 제목 행 설정하기

실습 파일 | Chapter06\06\근태보고서.xlsx   완성 파일 | Chapter06\06_근태보고서_완성.xlsx

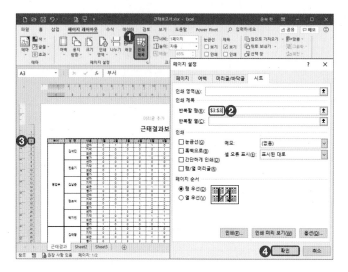

인쇄 제목 행 설정하기

01 두 번째 페이지에도 표의 머리글 제목이 인쇄되게 설정하겠습니다.
❶ [페이지 레이아웃] 탭-[페이지 설정] 그룹-[인쇄 제목] 클릭
❷ [페이지 설정] 대화상자에서 [반복할 행]란 클릭
❸ 3행 머리글 클릭
❹ [확인]을 클릭합니다.

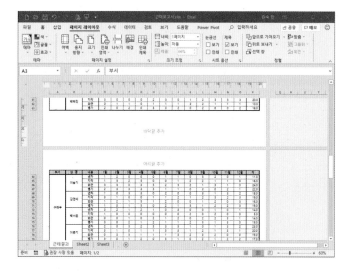

02 두 번째 페이지에도 3행이 표시되는 것을 확인할 수 있습니다.

2007 2010 2013 2016 2019

페이지 나누기 미리 보기에서 인쇄 영역 설정하기

실습 파일 | Chapter06\07_인쇄영역.xlsx 완성 파일 | Chapter06\07_인쇄영역_완성.xlsx

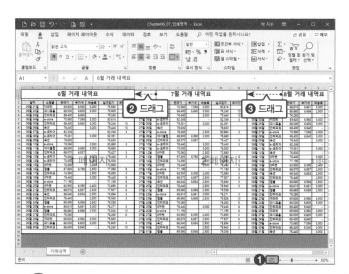

페이지 나누기 미리 보기에서 인쇄 페이지 설정하기

01 인쇄 페이지를 나눠보겠습니다.

❶ 상태 표시줄의 [페이지 나누기 미리 보기 □] 클릭

❷ H열과 I열 사이의 파란색 점선을 G열과 H열 사이로 드래그

❸ 두 번째 파란색 점선을 N열과 O열 사이로 드래그합니다.

바로 통 하는 TIP [페이지 나누기 미리 보기]에서는 인쇄할 영역만 하얗게 표시되고 나머지 부분은 회색으로 표시됩니다. 페이지 구분선은 파란색 점선으로 표시되는데, 이 점선을 드래그하여 페이지 나눌 위치를 조정하면 그에 따라 인쇄 배율이 자동으로 조정됩니다. 또한 인쇄 영역을 설정하여 원하는 범위만 인쇄하도록 고정할 수 있습니다.

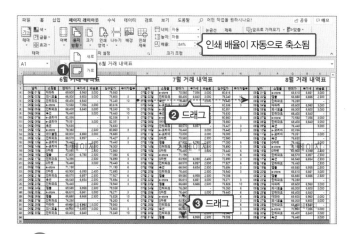

6월, 7월 표를 한 페이지로 설정하기

02 인쇄 배율을 자동으로 조정합니다.

❶ [페이지 레이아웃] 탭-[페이지 설정] 그룹-[용지 방향]-[가로] 클릭

❷ G열과 H열 사이의 파란색 실선을 N열과 O열 사이로 드래그

❸ 아래쪽의 파란색 점선을 34행과 35행 사이로 드래그합니다.

바로 통 하는 TIP 파란색 점선은 자동으로 나누어진 페이지 구분선이며, 파란색 실선은 사용자가 지정한 페이지 구분선입니다

[페이지 레이아웃] 탭-[크기 조정] 그룹-[배율] 이 자동으로 축소됩니다.

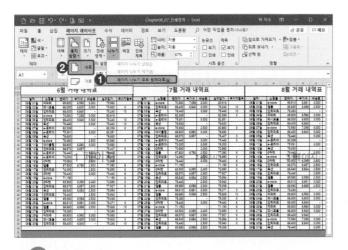

페이지 나누기 모두 원래대로 복구하기

03 페이지 나누기 설정을 다시 원상 복구하겠습니다.

❶ [페이지 레이아웃] 탭-[페이지 설정] 그룹-[나누기]-[페이지 나누기 모두 원래대로] 클릭

❷ [페이지 레이아웃] 탭-[페이지 설정] 그룹-[용지 방향]-[세로]를 클릭합니다.

바로 통 하는TIP [페이지 나누기 모두 원래대로]를 선택하면 인쇄 배율도 100%로 다시 변경됩니다.

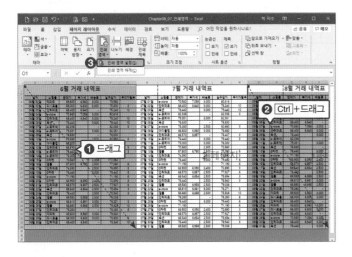

인쇄 영역 설정하기

04 인쇄하려는 범위만 인쇄 영역으로 설정하겠습니다.

❶ [A1:G34] 범위 지정

❷ [O1:U34] 범위 Ctrl+드래그

❸ [페이지 레이아웃] 탭-[페이지 설정] 그룹-[인쇄 영역]-[인쇄 영역 설정]을 클릭합니다.

범위를 지정한 부분만 인쇄 영역으로 설정됩니다.

인쇄 미리 보기

05 인쇄 미리 보기 화면에서 확인하겠습니다.

❶ Ctrl+P를 눌러 인쇄 미리 보기 실행

❷ 페이지 보기의 오른쪽 화살표 클릭 후 설정된 인쇄 범위 확인

❸ [인쇄]를 클릭합니다. 문서가 인쇄됩니다.

바로 통 하는TIP ESC를 누르면 편집 화면으로 돌아갑니다.

페이지 레이아웃 설정 및 인쇄하기

실습 파일 | Chapter06\실무_판매실적표.xlsx   완성 파일 | Chapter06\실무_판매실적표_완성.xlsx

예제 설명 및 완성 화면

연간 판매 실적표 문서에 용지 여백, 방향, 인쇄 배율, 페이지 나누기 등의 페이지 레이아웃을 설정합니다. 셀에 있는 오류 표시는 인쇄되지 않도록 하고 [A4] 셀에 삽입된 메모는 화면에 표시한 대로 인쇄되도록 시트 옵션을 설정합니다. 전체 통합 문서를 인쇄 대상으로 하여 두 개의 시트를 모두 인쇄합니다.

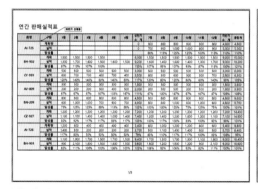

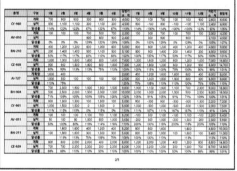

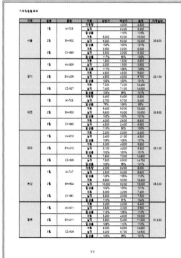

01 용지 방향, 여백, 인쇄 배율 지정하기

인쇄 백스테이지 화면을 표시하기 위해 단축키 Ctrl+P를 누릅니다. ❶ 용지 방향에서 [가로 방향] 선택 ❷ 여백에서 [좁은 여백] 선택 ❸ 인쇄 배율에서 [한 페이지에 모든 열 맞추기] 선택 ❹ 페이지 보기의 오른쪽 화살표를 클릭하여 2페이지 표시 ❺ 페이지 확대/축소 🔲 클릭 ❻ ESC를 누릅니다.

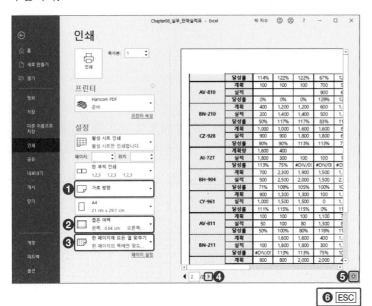

> **바로 통하는 TIP**
>
> 두 번째 페이지부터는 제목 행이 인쇄되지 않습니다. 품명별 계획, 실적, 달성률이 한 세트의 내용인데 두 번째 페이지 윗부분에 달성률만 하나 표시되었습니다. 또한 오류 메시지가 입력된 셀도 그대로 보입니다.

02 원하는 위치에서 페이지 나누기

계획, 실적, 달성률이 한 페이지에 모두 인쇄되도록 페이지를 나눠보겠습니다. ❶ 상태 표시줄의 [페이지 레이아웃] 클릭 ❷ [A28] 셀 클릭 ❸ [페이지 레이아웃] 탭-[페이지 설정] 그룹-[나누기]-[페이지 나누기 삽입]을 클릭합니다. [A28] 셀을 기준으로 인쇄 페이지가 나눠집니다.

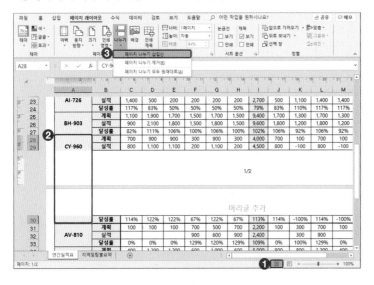

03 인쇄 제목 설정 및 인쇄 옵션 지정하기

제목 행은 모든 페이지에서 메모는 시트에 표시된 대로, 오류 메시지가 입력된 셀은 공백으로 인쇄합니다. ❶ [페이지 레이아웃] 탭-[페이지 설정] 그룹-[인쇄 제목] 클릭 ❷ [페이지 설정] 대화상자의 [반복할 행] 입력란 클릭 ❸ 3행 머리글 클릭 ❹ [메모] 목록에서 [시트에 표시된 대로] 선택 ❺ [셀 오류 표시] 목록에서 [〈공백〉] 선택 ❻ [확인]을 클릭합니다.

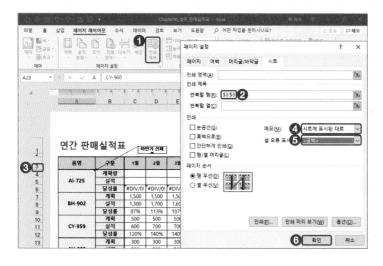

바로 **통** 하는TIP

인쇄 페이지마다 3행이 반복되고 메모도 표시한 대로 인쇄됩니다. 오류 셀은 공백으로 표시됩니다.

04 여백 직접 지정하기

제목 행이 추가 인쇄되면서 마지막 한 행이 세 번째 페이지로 넘어갔습니다. 위아래 여백을 줄여서 페이지를 정리해보겠습니다. ❶ [페이지 레이아웃] 탭-[페이지 설정] 그룹-[여백]-[사용자 지정 여백] 클릭 ❷ [위쪽] 여백 입력란에 **1.5** 입력 ❸ [아래쪽] 여백 입력란에 **1.5** 입력 ❹ [페이지 가운데 맞춤] 옵션에서 [가로]에 체크 표시 ❺ [확인] 클릭 ❻ [지역및팀별요약] 시트를 클릭합니다.

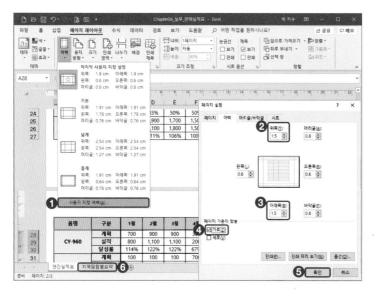

바로 **통** 하는TIP

축소 배율 자동 지정

여백을 줄이지 않고 두 페이지로 인쇄하려면 인쇄 배율을 축소하면 됩니다. [페이지 레이아웃] 탭-[크기 조정] 그룹의 [높이]를 [2페이지]로 설정하면 그에 맞추어 배율이 자동으로 설정됩니다.

05 한 페이지에 시트 맞추기

❶ 인쇄 백스테이지 화면을 표시하기 위해 단축키 Ctrl + P ❷ 인쇄 배율에서 [한 페이지에 시트 맞추기]를 선택합니다. 네 페이지로 나누어졌던 문서가 한 페이지에 맞춰집니다.

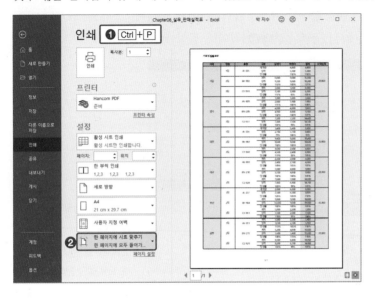

06 전체 시트 인쇄하기

[연간실적표] 시트와 [지역및팀별요약] 시트의 내용을 모두 인쇄해보겠습니다. ❶ 인쇄 대상 클릭 ❷ [전체 통합 문서 인쇄] 클릭 ❸ 페이지 보기의 오른쪽 화살표를 클릭해 다음 페이지를 확인합니다. 두 개의 시트가 모두 인쇄된다는 것을 알 수 있습니다.

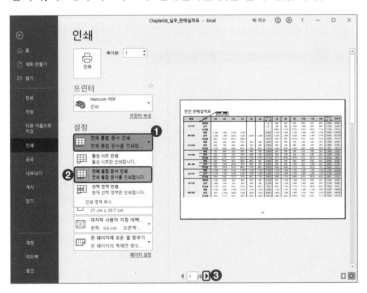

CHAPTER

07

꼭 알아야 할 엑셀 함수

엑셀 함수를 이용하면 복잡한 계산이나 반복 작업을 쉽게 해결할 수 있습니다. 회사의 업무에 따라 사용할 수 있는 함수의 종류는 매우 다양하며 사용 범위도 넓습니다. 함수의 개념을 간단히 살펴보고, 실무에서 가장 많이 사용하는 함수를 알아보겠습니다.

함수식을 작성하는 다양한 방법 알아보기

실습 파일 | Chapter07\01_매출집계.xlsx   완성 파일 | Chapter07\01_매출집계_완성.xlsx

함수식 직접 입력하기

01 TODAY 함수를 입력하여 문서를 열 때마다 그 시점의 날짜를 표시해보겠습니다.

❶ [F2] 셀에 =to 입력

❷ Tab 을 눌러 =TODAY(입력

❸ 닫는 괄호) 입력

❹ Enter 를 누릅니다.

셀에 =t를 입력하면 t로 시작하는 함수 목록이 표시되다가 o까지 입력하면 TODAY 함수 한 개만 표시됩니다.

바로 통 하는TIP TODAY 함수는 문서를 열 때마다 현재의 날짜를 표시하며, 인수가 없는 함수입니다.

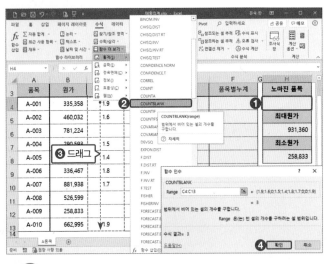

함수 라이브러리에서 함수 선택하기

02 노마진 품목 셀에 마진율 범위의 빈 셀 개수를 구하겠습니다.

❶ [H4] 셀 클릭

❷ [수식] 탭-[함수 라이브러리] 그룹-[함수 더 보기]-[통계]-[COUNTBLANK] 클릭

❸ [함수 인수] 대화상자가 열려 있는 상태에서 [C4:C13] 범위 지정

❹ [확인]을 클릭합니다.

범위 내 비어 있는 셀의 개수가 구해집니다.

바로 통 하는TIP COUNTBLANK 함수는 지정된 범위 내 빈 셀의 개수를 구합니다.

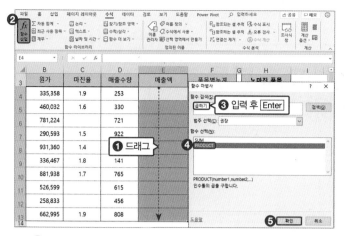

함수 마법사에서 곱하기 함수 검색하기

03 원가, 마진율, 매출수량을 곱해 매출액을 구하겠습니다.

❶ [E4:E13] 범위 지정

❷ [수식] 탭-[함수 라이브러리] 그룹-[함수 삽입 *fx*] 클릭

❸ [함수 마법사] 대화상자의 [함수 검색]에 **곱하기** 입력 후 Enter

❹ [함수 선택] 목록에서 [PRODUCT] 클릭

❺ [확인]을 클릭합니다.

바로 통 하는TIP [함수 삽입] 버튼은 수식 입력줄과 [수식] 탭-[함수 라이브러리] 그룹에서 선택할 수 있으며, 단축키 Shift + F3 을 눌러도 됩니다.

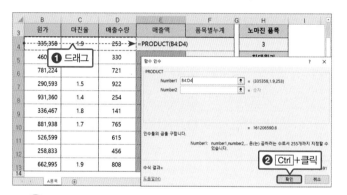

함수 인수 지정하기

04 인수를 지정하고 입력을 마치겠습니다.

❶ [함수 인수] 대화상자가 열려 있는 상태에서 [B4:D4] 범위 지정

❷ [확인]을 Ctrl +클릭합니다.

바로 통 하는TIP 매출액에 **=B4*C4*D4**의 수식을 작성하면 마진율이 비어 있는 경우 매출이 0이 됩니다. PRODUCT 함수는 지정된 범위의 값을 곱하되, 빈 셀이 있는 경우 무시하기 때문에 마진율이 비어 있는 경우 원가와 매출수량만 곱한 결과가 입력됩니다. 선택된 범위에 한꺼번에 입력하려면 [확인]을 Ctrl +클릭합니다. [확인]을 그냥 클릭하면 첫 셀에만 입력됩니다.

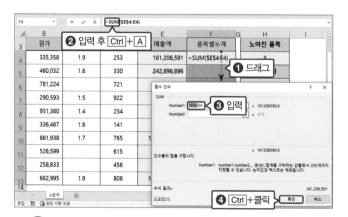

[함수 인수] 대화상자 열기

05 '=함수명'을 입력한 후 [함수 인수] 대화상자를 열 수 있습니다. SUM 함수로 품목별 누계를 구합니다.

❶ [F4:F13] 범위 지정

❷ =SUM을 입력한 후 Ctrl + A

❸ [함수 인수] 대화상자에서 [Number1]에 **$E$4:E4** 입력

❹ [확인]을 Ctrl +클릭합니다.

바로 통 하는TIP 합계 범위 $E$4:E4에서 첫 번째 셀은 절대 참조($E$4), 마지막 셀은 상대 참조(E4) 형태이므로 첫 번째 셀 주소는 변하지 않고, 마지막 셀 주소만 E5, E6, …, E13으로 범위가 확장되면서 누계가 구해집니다.

2007 2010 2013 2016 2019

02 조건에 따라 다른 결과 입력하기 – IF

우선순위 핵심기능

실습 파일 | Chapter07\02_품질시험결과표.xlsx   완성 파일 | Chapter07\02_품질시험결과표_완성.xlsx

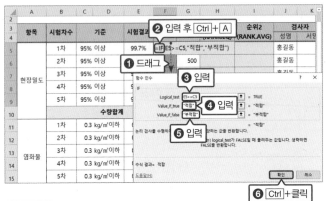

현장밀도 판정 결과 입력하기

01 시험 결과에 따라 '적합', '부적합'을 입력하겠습니다.

❶ [F5:F9] 범위 지정

❷ =IF 입력 후 Ctrl + A

❸ [Logical_test]에 **E5>=C5** 입력

❹ [Value_if_true]에 **"적합"** 입력

❺ [Value_if_false]에 **"부적합"** 입력

❻ [확인]을 Ctrl +클릭합니다.

선택 범위에는 기준에 따른 적합, 부적합이 표시됩니다.

인수 설명

- **Logical_test** : 시험결과(E5) 값이 기준(C5) 값 이상인지 판단
- **Value_if_true** : 조건 판단 결과가 참일 때 "적합" 입력. 큰따옴표("")는 입력하지 않아도 자동으로 입력됩니다.
- **Value_if_false** : 조건 판단 결과가 거짓일 때 "부적합" 입력

염화물 판정 결과 입력하기

02 시험 결과 '적합', '부적합'을 입력하겠습니다.

❶ [F11:F15] 범위 지정

❷ =IF 입력 후 Ctrl + A

❸ [Logical_test]에 **E11<=C11** 입력

❹ [Value_if_true]에 **"적합"** 입력

❺ [Value_if_false]에 **"부적합"** 입력

❻ [확인]을 Ctrl +클릭합니다.

선택 범위에는 기준에 따른 적합, 부적합이 표시됩니다.

인수 설명

- **Logical_test** : 시험결과(E11) 값이 기준(C11) 값 이하인지 판단
- **Value_if_true** : 조건 판단 결과가 참일 때 "적합" 입력
- **Value_if_false** : 조건 판단 결과가 거짓일 때 "부적합" 입력

2007 2010 2013 2016 2019

03

중첩 함수 입력 방법 알아보기
– IF, COUNT, SUM

실습 파일 | Chapter07\03_품질시험결과표.xlsx　완성 파일 | Chapter07\03_품질시험결과표_완성.xlsx

중첩 함수 선택하기

01 수량 합계는 시험결과 평균이 95% 이상인 경우에만 구해지도록 하기 위해 IF 함수 안에 AVERAGE 함수를 중첩하겠습니다.

❶ [G10] 셀 클릭

❷ [수식] 탭-[함수 라이브러리] 그룹-[논리]-[IF] 클릭

❸ 이름 상자 목록 단추 클릭

❹ [AVERAGE]를 클릭합니다.

AVERAGE 함수의 [함수 인수] 대화상자가 표시됩니다.

> **바로통하는TIP** 이름 상자 함수 목록에 AVERAGE가 없으면 목록 제일 아래 [함수 추가]를 선택한 후 [함수 마법사] 대화상자에서 함수를 선택합니다.

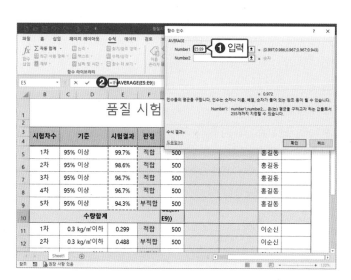

[함수 인수] 대화상자 전환하기

02 AVERAGE 함수의 인수를 지정한 후 다시 IF [함수 인수] 대화상자로 전환하겠습니다.

❶ AVERAGE [함수 인수] 대화상자의 [Number1]에 **E5:E9** 입력

❷ 수식 입력줄의 IF를 클릭합니다.

IF 함수의 [함수 인수] 대화상자가 표시됩니다.

실무
활용

문서
작성
&
데이터
입력

수식
&
데이터
편집

서식
&
인쇄

함수

차트
&
일러스트
레이션

데이터
관리
&
분석

매크로
&
VBA

부록

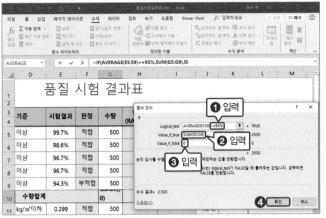

중첩 함수 직접 입력하기

03 IF [함수 인수] 대화상자에 조건식을 입력하고 조건이 참일 때 합계를 구하도록 두 번째 중첩 함수 SUM은 직접 입력하겠습니다.

❶ IF [함수 인수] 대화상자의 [Logical _test]에 입력된 AVERAGE(E5: E9) 뒤에 **>=95%** 입력

❷ [Value_if_true]에 **SUM(G5:G9)** 입력

❸ [Value_if_false]에 **0** 입력

❹ [확인]을 클릭합니다.

95%보다 크거나 같은 경우의 합계가 구해집니다.

인수 설명

- **Logical_test** : 시험결과 평균(AVERAGE(E5:E9))이 95% 이상인지 판단
- **Value_if_true** : 조건 판단 결과가 참일 때 수량 합계(SUM(G5:G9)) 입력
- **Value_if_false** : 조건 판단 결과가 거짓일 때 0 입력

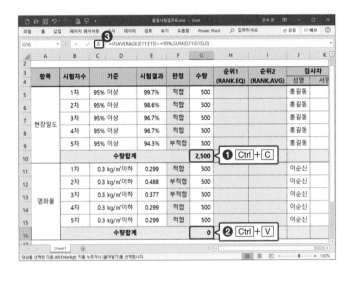

함수식 복사하기

04 현장밀도 항목의 수량 합계 셀의 함수식을 복사해서 염화물 항목의 수량 합계로 사용하겠습니다.

❶ [G10] 셀 클릭 후 Ctrl + C

❷ [G16] 셀 클릭 후 Ctrl + V

❸ 수식 입력줄의 [함수 삽입 fx]을 클릭합니다.

바로 통 하는 TIP [함수 삽입]을 클릭하는 대신 Shift + F3을 눌러도 됩니다.

쉽고 빠른 엑셀 NOTE 중첩 함수

작업 성격에 따라 함수 안에 함수를 중첩하여 사용할 수 있습니다. B라는 함수가 A라는 함수의 인수로 사용되면 함수 B는 2수준 함수가 됩니다. **함수 중첩은 64수준까지** 지정 가능합니다. 다음 수식은 [B2:D2] 범위의 숫자 개수가 3이면 [B2:D2] 범위의 합계를 구하고, 아니면 빈 셀이 되도록 하는 함수식입니다. IF 함수의 인수로 중첩하여 사용된 COUNT와 SUM 함수는 2수준 함수입니다. 만약 COUNT나 SUM 함수 안에 또 다른 함수를 사용했다면 그 함수는 3수준 함수가 됩니다.

함수 안의 함수

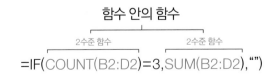

=IF(COUNT(B2:D2)=3,SUM(B2:D2),"")

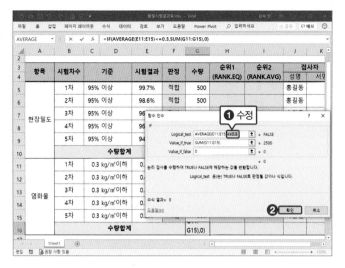

함수식 수정하기

05 염화물 항목에 대한 조건 기준이 다르므로 함수식을 수정하겠습니다.
❶ IF [함수 인수] 대화상자의 [Logical _test]의 〉=95%를 **〈=0.3**으로 수정
❷ [확인]을 클릭합니다.

함수식 결과 염화물 항목의 시험결과 평균이 0.3을 초과하기 때문에 수량합계에는 0이 입력됩니다.

쉽고 빠른 엑셀 NOTE | **조건에 따라 다른 결과를 반영하는 함수 IF**

IF 함수는 조건에 따라 다른 결과를 구해야 할 때 사용하는 함수입니다. 특정 조건이 참 또는 거짓일 때 결과 값을 따로 지정할 수 있습니다. 단독으로 쓰는 경우도 있지만, 다른 함수와 함께 중첩하여 작성하는 경우가 많습니다.

함수 범주	논리
함수 형식	=IF(Logical_test, Value_if_true, Value_if_false)
인수	Logical_test(조건) : 참(TRUE)이나 거짓(FALSE)으로 판정될 값이나 식 Value_if_true(참일 때의 값) : 위 조건이 참(TRUE)으로 판정되었을 때 지정할 값 Value_if_false(거짓일 때의 값) : 위 조건이 거짓(FALSE)으로 판정되었을 때 지정할 값
사용 예	매출누계가 목표매출 이상일 때 "달성"이라고 입력하고, 그렇지 않은 경우 "미달"이라고 입력하는 IF 함수식

순위 구하기
– RANK.EQ, RANK.AVG

실습 파일 | Chapter07\04_품질시험결과표.xlsx   완성 파일 | Chapter07\04_품질시험결과표_완성.xlsx

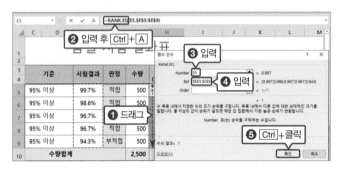

클수록 높은 순위 구하기

01 RANK.EQ 함수로 시험결과가 클수록 높은 순위를 구하겠습니다.

❶ [H5:H9] 범위 지정

❷ =RANK.EQ 입력 후 Ctrl + A

❸ [Number]에 E5 입력

❹ [Ref]에 $E$5:$E$9 입력

❺ [확인]을 Ctrl +클릭합니다.

선택 범위에 시험결과가 큰 순서대로 순위가 구해집니다.

인수 설명

- **Number** : 순위를 구할 숫자로 시험결과 값(E5) 지정
- **Ref** : 고정 범위이므로 절대 참조 형태($E$5:$E$9)로 지정. [E5:E9] 범위 지정 후 F4 를 누릅니다.
- **Order** : 가장 큰 수가 1위인 경우이므로 생략

작을수록 높은 순위 구하기

02 RANK.EQ 함수로 시험결과가 작을수록 높은 순위를 구하겠습니다.

❶ [H11:H15] 범위 지정

❷ =RANK.EQ 입력 후 Ctrl + A

❸ [Number]에 E11 입력

❹ [Ref]에 $E$11:$E$15 입력

❺ [Order]에 1 입력

❻ [확인]을 Ctrl +클릭합니다.

선택 범위에 시험결과가 작은 순서대로 순위가 구해집니다.

인수 설명

- **Number** : 순위를 구할 숫자로 시험결과 값(E11) 지정
- **Ref** : 고정 범위이므로 절대 참조 형태($E$11:$E$15)로 지정. [E11:E15] 범위 지정 후 F4
- **Order** : 가장 작은 수가 1위인 경우이므로 1 입력

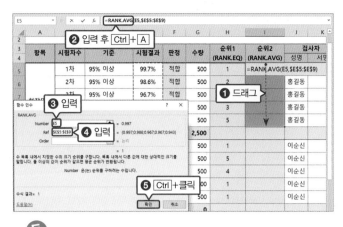

동일 값의 순위 평균 구하기

03 RANK.AVG 함수로 순위를 구하여 동일 순위의 경우 평균 순위가 되도록 하겠습니다.

❶ [I5:I9] 범위 지정

❷ =RANK.AVG 입력 후 Ctrl + A

❸ [Number]에 E5 입력

❹ [Ref]에 $E$5:$E$9 입력

❺ [확인]을 Ctrl +클릭합니다.

바로 통 하는TIP RANK.AVG 함수의 인수 구성은 RANK.EQ 함수와 같습니다. 순위를 구할 값에 동일 값이 있는 경우 RANK.EQ는 공동 순위, RANK.AVG는 순위 평균을 매깁니다. 즉, 시험결과가 96.7%인 두 항목에서 RANK.EQ 함수로 구한 순위는 동일 값 두 개의 항목에 공동 3위가 매겨지고 다음 순위 4위가 생략됩니다. RANK.AVG 함수로 구한 순위는 동일 값 두 개의 항목이 3위, 4위에 해당하므로, (3+4)/2로 계산되어 3.5위가 매겨지고, 이전 순위 3위와 다음 순위 4위가 생략됩니다.

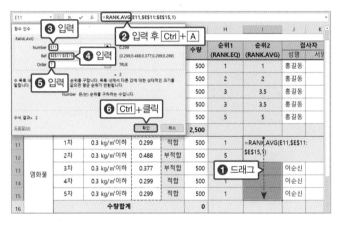

동일 값의 순위 평균 구하기

04 RANK.AVG 함수로 동일 값 순위 평균을 값이 낮은 순서로 구해보겠습니다.

❶ [I11:I15] 범위 지정

❷ =RANK.AVG 입력 후 Ctrl + A

❸ [Number]에 E11 입력

❹ [Ref]에 $E$11:$E$15 입력

❺ [Order]에 1 입력

❻ [확인]을 Ctrl +클릭합니다.

✿ **엑셀 2007** RANK.EQ 함수는 엑셀 2007 이하 버전의 RANK 함수와 같으며, 엑셀 2007 이하 버전에서는 RANK.AVG 함수가 없습니다.

쉽고 빠른 엑셀 NOTE **같은 값에 대한 결과 비교**

시험결과가 0.299인 값이 세 항목입니다. RANK.EQ 함수로 구한 순위는 동일 값 세 개의 항목에 공동 1위가 매겨지고, 다음 순위 2, 3위가 생략됩니다. RANK.AVG 함수로 구한 순위는 동일 값 세 개의 항목에 2위가 매겨지고 이전 순위 1위, 다음 순위 3위가 생략됩니다. 동일 값 세 개의 항목이 1, 2, 3위에 해당하므로 '(1+2+3)/3'을 계산하여 순위 평균은 2위가 된 것입니다.

	E 시험결과	F 판정	G 수량	H 순위1 (RANK.EQ)	I 순위2 (RANK.AVG)
11	0.299	적합	500	1	2
12	0.488	부적합	500	5	5
13	0.377	부적합	500	4	4
14	0.299	적합	500	1	2
15	0.299	적합	500	1	2

→ RANK.EQ 함수 결과는 동일 값 세 개에 공동 1위를 매기고 다음 순위 2, 3위를 생략함

→ RANK.AVG 함수 결과는 동일 값 세 개에 동일 값 순위 평균((1+2+3)/3)인 2위를 매기고 이전 순위 1위, 다음 순위 3위를 생략함

우선
순위

실무
활용

문서
작성
&
데이터
입력

수식
&
데이터
편집

서식
&
인쇄

함수

차트
&
일러스트
레이션

데이터
관리
&
분석

매크로
&
VBA

부록

쉽고 빠른 엑셀
NOTE

순위를 구하는 함수 RANK.EQ, RANK.AVG

RANK.EQ와 RANK.AVG 함수는 수치 데이터 목록에서 선택한 숫자가 몇 번째로 큰 숫자인지 또는 몇 번째로 작은 숫자인지 크기 순위를 구합니다. 동일 값이 있는 경우 RANK.EQ 함수는 공동 순위를 매기고 다음 순위는 생략하며 RANK.AVG 함수는 순위의 평균을 매기고 전과 후 순위는 생략합니다.

함수 범주	통계
함수 형식	=RANK.EQ(Number,Ref,[Order]) =RANK.AVG(Number,Ref,[Order])
인수	Number(순위를 구할 숫자) : 순위를 구할 기준이 되는 숫자 Ref(숫자 목록 범위) : 위 [Number]에서 지정한 숫자가 포함되어 있는 숫자 목록 범위로, 주로 절대 참조로 지정하는 경우가 많습니다. Order(순위를 구할 방식) : 순위를 매길 방식에 대한 옵션 선택 사항. 0을 입력하거나 생략하면 가장 큰 숫자가 1위, 1을 입력하면 가장 작은 숫자가 1위가 됩니다.
사용 예	큰 값이 1위인 경우 [Order] 항목을 생략합니다. 2위인 동일 값이 셋인 경우 RANK.EQ 함수로 구하면 동일 값 셋에 모두 2위를 매기고 3, 4위를 생략합니다. RANK.AVG 함수로 구하면 순위 평균으로 2, 3, 4위의 평균((2+3+4)/3)인 3위를 동일 값 셋에 매기고 전과 후 순위 2위와 4위가 생략됩니다. 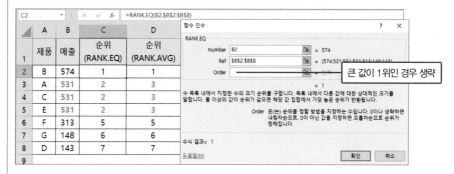 제품 불량률과 같이 작은 값이 1위인 경우 [Order] 항목에 TRUE 또는 1을 입력합니다. 2위인 동일 값이 둘인 경우 RANK.EQ 함수로 구하면 동일 값 둘에 모두 2위를 매기고 3위를 생략하며, RANK.AVG 함수로 구하면 순위 평균으로 2, 3위의 평균((2+3)/2)인 2.5위를 동일 값 둘에 매기고 전과 후 순위 2위와 3위가 생략됩니다. 

절삭 및 반올림, 올림하기 – ROUND, ROUNDUP, ROUNDDOWN

실습 파일 | Chapter07\05_결제금액계산표.xlsx　완성 파일 | Chapter07\05_결제금액계산표_완성.xlsx

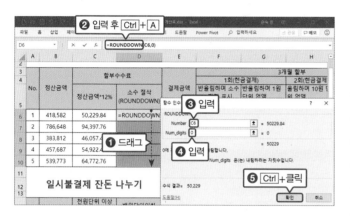

할부 수수료 소수 절삭하기

01 결제금액에 합산할 할부수수료의 소수 이하 값을 버리겠습니다.

❶ [D6:D10] 범위 지정

❷ =ROUNDDOWN 입력 후 [Ctrl]+[A]

❸ [Number]에 **C6** 입력

❹ [Num_digits]에 **0** 입력

❺ [확인]을 [Ctrl]+클릭합니다.

선택 범위에서는 소수 이하를 버린 값이 구해집니다.

인수 설명

• **Number** : 내림할 값. 계산된 할부수수료 C6 지정. 할부수수료 계산식인 B6*12%를 지정해도 됩니다.

• **Num_digits** : 소수 이하를 없앨 것이므로 자릿수로 0 지정

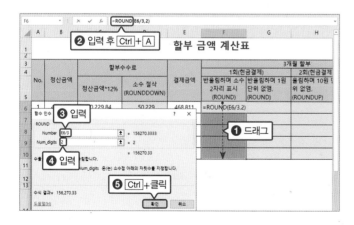

계산결과 반올림하고 소수 둘째 자리까지 남기기

02 결제금액을 3으로 나눈 값을 반올림하면서 소수 둘째 자리까지 남기겠습니다.

❶ [F6:F10] 범위 지정

❷ =ROUND 입력 후 [Ctrl]+[A]

❸ [Number]에 **E6/3** 입력

❹ [Num_digits]에 **2** 입력

❺ [확인]을 [Ctrl]+클릭합니다.

선택 범위에서는 값을 반올림하여 소수 둘째 자리까지 구합니다.

인수 설명

• **Number** : 반올림할 값. 결제금액(E6) 나누기 3

• **Num_digits** : 소수 둘째 자리까지 계산할 것이므로 2 지정

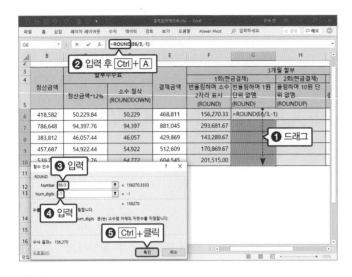

반올림하며 1원 단위 없애기

03 반올림하면서 1원 단위를 없애 겠습니다.

❶ [G6:G10] 범위 지정

❷ =ROUND 입력 후 Ctrl + A

❸ [Number]에 E6/3 입력

❹ [Num_digits]에 -1 입력

❺ [확인]을 Ctrl +클릭합니다.

선택 범위에서는 값을 반올림하여 1원 단위를 버리고 10원 단위까지 구합니다.

인수 설명

- **Number** : 반올림할 값. 결제금액(E6) 나누기 3
- **Num_digits** : -1 지정. 1원 단위가 0이 됨. 1원 단위 숫자가 5 이상이면 10원씩 올림됨

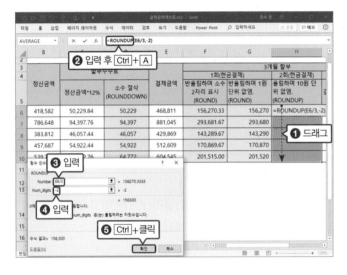

올림하며 10원 단위 없애기

04 올림하면서 10원 단위를 없애 겠습니다.

❶ [H6:H10] 범위 지정

❷ =ROUNDUP 입력 후 Ctrl + A

❸ [Number]에 E6/3 입력

❹ [Num_digits]에 -2 입력

❺ [확인]을 Ctrl +클릭합니다.

선택 범위에서는 10원 단위를 올림하여 값을 구합니다.

인수 설명

- **Number** : 올림할 값. 결제금액(E6) 나누기 3
- **Num_digits** : -2 지정. 10원 단위부터 0이 됨. 10원 단위 숫자가 1 이상이면 100원씩 올림됨

내림하여 100원 단위 없애기

05 일시불 결제금액의 100원 단위 이하를 없애겠습니다.

❶ [C15:C19] 범위 지정

❷ =ROUNDDOWN 입력 후 Ctrl + A

❸ [Number]에 B15 입력

❹ [Num_digits]에 –3 입력

❺ [확인]을 Ctrl +클릭합니다.

선택 범위에서는 100원 단위를 내림하여 값을 구합니다.

인수 설명

· **Number** : 내림할 값. 결제금액(B15)
· **Num_digits** : –3 지정. 소수 왼쪽 세 번째 자리인 100원 단위부터 0이 됨

쉽고 빠른 엑셀 NOTE 반올림, 올림, 내림 함수 ROUND, ROUNDUP, ROUNDDOWN

ROUND 함수는 지정한 자릿수 다음 숫자가 5 이상일 때 반올림합니다. ROUNDUP 함수는 지정한 자릿수 다음 숫자가 1 이상일 때 지정한 자릿수를 1 올리고, 미만이면 0으로 내립니다. ROUNDDOWN 함수는 지정한 자릿수 다음 숫자는 무조건 0으로 만듭니다.

함수 범주	수학/삼각
함수 형식	=ROUND(Number,Num_digits) =ROUNDUP(Number,Num_digits) =ROUNDDOWN(Number,Num_digits)
인수	Number(숫자) : 반올림, 올림, 내림을 할 숫자입니다. Num_digits(자릿수) : 자릿수를 양수로 지정하면 지정한 자릿수만큼 소수 아래 자리를 표시합니다. 예를 들어 자릿수를 2로 지정하면 소수 아래 두 자리를 표시합니다. 자릿수를 0으로 지정하면 소수 아래 자리를 표시하지 않습니다. 자릿수를 음수로 지정하면 지정한 자릿수만큼 소수 위 자리를 0으로 만듭니다. 자릿수를 –2로 지정하면 소수 위 두 자리를 0으로 표시합니다. 숫자: 1 5 3 . 3 3 3 자릿수: -3 -2 -1 0 1 2 3
사용 예	다음은 숫자 153.333을 ROUND, ROUNDUP, ROUNDDOWN 함수를 사용해 자릿수를 각각 1, 2, 0, –1, –2로 지정했을 때의 결과 값을 구한 표입니다.

사용 예 표:

함수 \ 자릿수 값	값	1	2	0	-1	-2
ROUND(값,자릿수)	153.333	153.3	153.33	153	150	200
ROUNDUP(값,자릿수)		153.4	153.34	154	160	200
ROUNDDOWN(값,자릿수)		153.3	153.33	153	150	100

우선순위 핵심기능

06

2007 2010 2013 2016 2019

선택 영역 이름 정의 및 조건별 평균 구하기 – AVERAGEIF

실습 파일 | Chapter07\06_지점별매출집계.xlsx 완성 파일 | Chapter07\06_지점별매출집계_완성.xlsx

데이터 범위 이름 정의하기

01 거래 데이터 범위의 각 필드 목록을 이름 정의하겠습니다.

❶ [A15] 셀 클릭 후 Ctrl + A 눌러 데이터 전체 범위 선택

❷ [수식] 탭-[정의된 이름] 그룹-[선택 영역에서 만들기] 클릭

❸ [선택 영역에서 이름 만들기] 대화상자에서 [첫 행]만 체크 표시

❹ [확인]을 클릭합니다.

바로 통 하는 TIP 거래 집계 시 함수에서 목록 범위가 자주 사용되므로 좀 더 편하게 함수를 작성하기 위해 데이터 목록 범위의 이름을 정의했습니다. 이름 정의 후 이름 상자의 목록 단추를 클릭해보면 범위 첫 행의 이름이 해당 범위의 이름으로 등록된 것을 확인할 수 있습니다.

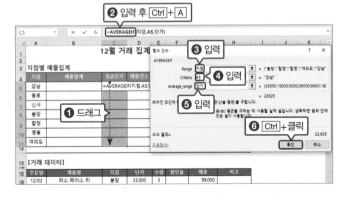

지점별 평균단가 구하기

02 거래 데이터에서 각 지점별 평균단가를 구하겠습니다.

❶ [C5:C11] 범위 지정

❷ =AVERAGEIF 입력 후 Ctrl + A

❸ [Range]에 **지점** 입력

❹ [Criteria]에 **A5** 입력

❺ [Average_range]에 **단가** 입력

❻ [확인]을 Ctrl +클릭합니다.

선택 범위에서는 각 지점의 단가 평균이 구해집니다.

인수 설명

- **Range** : 조건을 확인할 범위로 [C16:C105] 범위 이름인 '지점' 입력. 이름 정의가 안 되어 있다면 $C$16:$C$105 입력

- **Criteria** : 조건인 지점명이 입력되어 있는 [A5] 셀 지정

- **Average_range** : 평균을 구할 범위로 [D16:D105] 범위 이름인 '단가' 입력. 이름 정의가 안 되어 있다면 $D$16:$D$105 입력

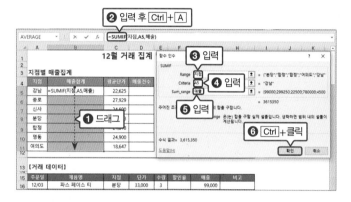

조건별로 합계 구하기 – SUMIF

실습 파일 | Chapter07\07_지점별매출집계.xlsx   완성 파일 | Chapter07\07_지점별매출집계_완성.xlsx

지점별 매출합계 구하기

01 거래 데이터의 각 지점별 매출합계를 구하겠습니다.

❶ [B5:B11] 범위 지정

❷ =SUMIF 입력 후 Ctrl + A

❸ [Range]에 **지점** 입력

❹ [Criteria]에 **A5** 입력

❺ [Sum_range]에 **매출** 입력

❻ [확인]을 Ctrl +클릭합니다.

선택 범위에서는 각 지점의 매출합계가 구해집니다.

인수 설명

· **Range** : 조건을 확인할 범위로 [C16:C105] 범위 이름인 '지점' 입력
· **Criteria** : 조건인 지점명이 입력되어 있는 [A5] 셀 지정
· **Sum_range** : 합계를 구할 범위로 [G16:G105] 범위 이름인 '매출' 입력

수금된 매출 합계 구하기

02 비고란이 빈 셀인 매출의 합계를 구하겠습니다.

❶ [H5] 셀 클릭

❷ =SUMIF 입력 후 Ctrl + A

❸ [Range]에 **비고** 입력

❹ [Criteria]에 **""** 입력

❺ [Sum_range]에 **매출** 입력

❻ [확인]을 클릭합니다.

비고가 비어 있는 지점의 매출합계, 즉 수금 합계를 구합니다.

인수 설명

· **Range** : 조건을 확인할 범위로 [H16:H105] 범위 이름인 '비고' 입력
· **Criteria** : 조건인 빈 셀 기호 "" 입력
· **Sum_range** : 합계를 구할 범위로 [G16:G105] 범위 이름인 '매출' 입력

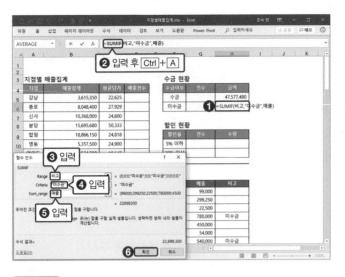

미수금된 매출 합계 구하기

03 비고란이 '미수금'인 매출의 합계를 구하겠습니다.

❶ [H6] 셀 클릭

❷ **=SUMIF** 입력 후 Ctrl + A

❸ [Range]에 **비고** 입력

❹ [Criteria]에 **"미수금"** 입력

❺ [Sum_range]에 **매출** 입력

❻ [확인]을 클릭합니다.

미수금이 있는 지점의 미수금 매출합계를 구합니다.

인수 설명

- **Range** : 조건을 확인할 범위로 [H16:H105] 범위 이름인 '비고' 입력
- **Criteria** : 조건인 "미수금" 입력
- **Sum_range** : 합계를 구할 범위로 [G16:G105] 범위 이름인 '매출' 입력

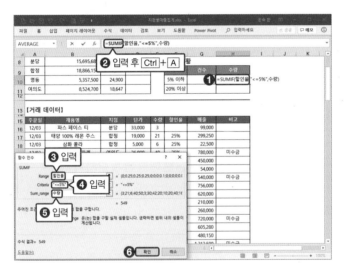

할인율 5% 이하 수량 합계 구하기

04 할인율이 5% 이하인 수량의 합계를 구하겠습니다.

❶ [H10] 셀 클릭

❷ **=SUMIF** 입력 후 Ctrl + A

❸ [Range]에 **할인율** 입력

❹ [Criteria]에 **"<=5%"** 입력

❺ [Sum_range]에 **수량** 입력

❻ [확인]을 클릭합니다.

할인율이 5% 이하인 제품의 수량 합계를 구합니다.

인수 설명

- **Range** : 조건을 확인할 범위로 [F16:F105] 범위 이름인 '할인율' 입력
- **Criteria** : 조건인 "<=5%" 입력(빈 셀은 조건에서 제외됨)
- **Sum_range** : 합계를 구할 범위로 [E16:E105] 범위 이름인 '수량' 입력

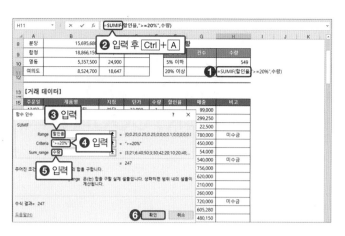

우선
순위

실무
활용

문서
작성
&
데이터
입력

수식
&
데이터
편집

서식
&
인쇄

함수

차트
&
일러스트
편집

데이터
관리
&
분석

매크로
&
VBA

부록

할인율 20% 이상 수량 합계 구하기

05 할인율이 20% 이상인 수량의 합계를 구하겠습니다.

❶ [H11] 셀 클릭

❷ =SUMIF 입력 후 Ctrl + A

❸ [Range]에 **할인율** 입력

❹ [Criteria]에 **">=20%"** 입력

❺ [Sum_range]에 **수량** 입력

❻ [확인]을 클릭합니다.

인수 설명

- **Range** : 조건을 확인할 범위로 [F16:F105] 범위 이름인 '할인율' 입력
- **Criteria** : 조건인 ">=20%" 입력
- **Sum_range** : 합계를 구할 범위로 [E16:E105] 범위 이름인 '수량' 입력

할인율이 20% 이상인 제품의 수량 합계를 구합니다.

쉽고 빠른 엑셀 NOTE — 조건별로 합계, 평균을 구하는 함수 SUMIF, AVERAGEIF

지정된 범위의 모든 숫자를 더할 때는 SUM 함수를 사용하지만 특정 조건에 해당하는 숫자만 더할 때는 SUMIF 함수를 사용합니다. AVERAGEIF 함수를 사용하면 특정 조건에 해당하는 숫자들의 평균을 구할 수 있습니다.

함수 범주	수학/삼각, 통계
함수 형식	=SUMIF(Range,Criteria,[Sum_range]) =AVERAGEIF(Range,Criteria,[Average_range])
인수	Range(범위) : 조건에 맞는지 검사할 셀 범위입니다. Criteria(조건) : 계산할 조건으로 숫자, 문자, 조건식 등을 입력할 수 있습니다. Sum_range(합계 범위) : 합계를 구할 셀 범위로, 생략하면 [Range](범위) 인수에서 지정한 범위의 합계를 구합니다. Average_range(평균 범위) : 평균을 구할 셀 범위로, 생략하면 [Range](범위) 인수에서 지정한 범위의 평균을 구합니다.
사용 예	[F3:F7] 범위 중 [E3:E7] 범위의 값이 '적합'인 셀 합계를 구합니다. 시험결과인 [D3:D7] 범위에서 0.3 이하인 셀 값의 평균을 구합니다.

빈 셀, 데이터 셀 개수 구하기
– COUNTBLANK, COUNTA

실습 파일 | Chapter07\08_지점별매출집계.xlsx 완성 파일 | Chapter07\08_지점별매출집계_완성.xlsx

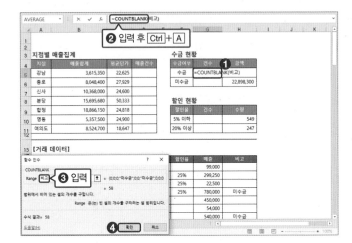

수금 건수 구하기

01 비고 범위 중 빈 셀이 수금이므로 COUNTBLANK 함수로 빈 셀의 개수를 구하겠습니다.

❶ [G5] 셀 클릭
❷ **=COUNTBLANK** 입력 후 Ctrl + A
❸ [Range]에 **비고** 입력
❹ [확인]을 클릭합니다.

비고가 비어 있는 셀의 개수를 구합니다.

인수 설명

• **Range** : 빈 셀의 개수를 구할 범위로 [H16:H105] 범위 이름인 '비고' 입력

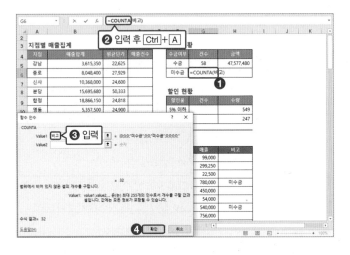

미수금 건수 구하기

02 빈 셀이 아닌 셀의 개수를 구하는 COUNTA로 비고 범위에서 미수금 건수를 구하겠습니다.

❶ [G6] 셀 클릭
❷ **=COUNTA** 입력 후 Ctrl + A
❸ [Value1]에 **비고** 입력
❹ [확인]을 클릭합니다.

비고에 입력 내용이 있는 셀 개수를 구합니다.

인수 설명

• **Value1** : 빈 셀이 아닌 셀의 개수를 구할 범위로 [H16:H105] 범위 이름인 '비고' 입력

조건별 셀 개수 구하기
– COUNTIF

실습 파일 | Chapter07\09_지점별매출집계.xlsx   완성 파일 | Chapter07\09_지점별매출집계_완성.xlsx

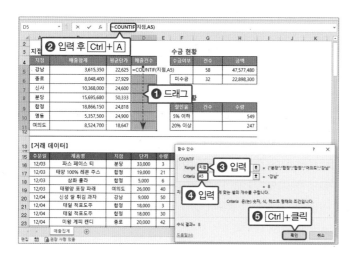

지점별 매출건수 구하기

01 지점별 매출건수를 구해보겠습니다.

❶ [D5:D11] 범위 지정

❷ =COUNTIF 입력 후 Ctrl + A

❸ [Range]에 **지점** 입력

❹ [Criteria]에 A5 입력

❺ [확인]을 Ctrl +클릭합니다.

선택 범위의 지점별 매출건수를 구합니다.

인수 설명

• **Range** : 개수를 셀 조건 범위로 [C16:C105] 범위 이름인 '지점' 입력

• **Criteria** : 조건인 지점이 입력되어 있는 [A5] 셀 지정

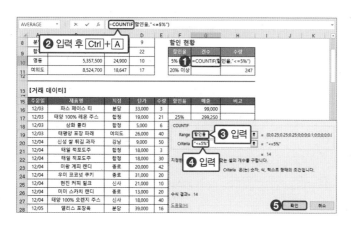

할인율 5% 이하 건수 구하기

02 할인율이 5% 이하인 제품의 판매 건수를 구해보겠습니다.

❶ [G10] 셀 클릭

❷ =COUNTIF 입력 후 Ctrl + A

❸ [Range]에 **할인율** 입력

❹ [Criteria]에 **"<=5%"** 입력

❺ [확인]을 클릭합니다.

할인율 5% 이하의 판매 건수를 구합니다.

인수 설명

• **Range** : 조건 범위로 [F16:F105] 범위 이름인 '할인율' 입력

• **Criteria** : 조건인 "<=5%" 입력(빈 셀은 조건에서 제외됨)

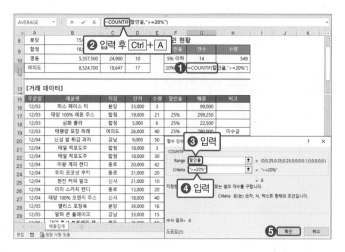

할인율 20% 이상 건수 구하기

03 할인율이 20% 이상인 제품의 판매 건수를 구하겠습니다.

❶ [G11] 셀 클릭

❷ =COUNTIF 입력 후 Ctrl + A

❸ [Range]에 **할인율** 입력

❹ [Criteria]에 **>=20%** 입력

❺ [확인]을 클릭합니다.

할인율 20% 이상의 판매 건수를 구합니다.

인수 설명

• **Range** : 조건 범위로 [F16:F105] 범위 이름인 '할인율' 지정
• **Criteria** : 조건인 ">=20%" 입력

쉽고 빠른 엑셀 NOTE 개수를 구하는 함수 COUNT, COUNTA, COUNTBLANK, COUNTIF

개수를 구할 때는 개수를 구할 데이터 유형에 따라 함수를 잘 선택해서 사용해야 합니다. 지정된 범위 중 숫자가 입력되어 있는 셀의 개수를 구하려면 COUNT 함수를, 숫자와 문자를 가리지 않고 데이터가 입력되어 있는 셀의 개수를 구하려면 COUNTA 함수를, 빈 셀의 개수를 구하려면 COUNTBLANK 함수를 사용합니다. 특정 조건에 해당하는 셀의 개수를 구할 때는 COUNTIF 함수를 사용합니다.

함수 범주	수학/삼각, 통계
함수 형식	=COUNT(Value1,Value2,...,Value255) → 숫자 개수 =COUNTA(Value1,Value2,...,Value255) → 빈 셀을 제외한 데이터 개수 =COUNTBLANK(Range) → 빈 셀 개수 =COUNTIF(Range,Criteria) → 조건에 맞는 개수
인수	Value(값) : 개수를 구할 값으로 255개까지 지정할 수 있으며 값을 직접 입력하거나 수식이나 셀 주소, 셀 범위 등 다양한 유형을 인수로 지정할 수 있습니다. 주로 [Value1]에 셀 범위를 드래그하는 경우가 많습니다. Range(범위) : 개수를 구할 셀 범위입니다. Criteria(조건) : 개수를 구할 조건으로 숫자, 문자, 조건식 등을 입력할 수 있습니다.
사용 예	[B2:D8] 범위에서 COUNTA로 데이터 입력 수를, COUNT로 숫자 개수를, COUNTBLANK로 빈 셀 수를, COUNTIF로 null 수를 구합니다.

해당 제품이 목록에 있는지 확인 표시하기

실습 파일 | Chapter07\실무_제품목록확인.xlsx　완성 파일 | Chapter07\실무_제품목록확인_완성.xlsx

⊕ 예제 설명 및 완성 화면

엑셀에서는 워낙 많은 데이터를 다루기 때문에 작업을 하다 보면 이 데이터가 다른 목록에 있는 것인지 확인해야 되는 경우가 있습니다. 다음 문서의 [12월매출] 시트의 제품명 목록 중 [제품명목록] 시트의 제품목록에 없는 제품 행은 조건부 서식으로 셀 색을 채우고, 비고란에 '신상품'이라고 표시해보겠습니다.

날짜	제품명	서울	대전	광주	부산	매출계	비고
2017-12-02	신성 시리얼	-	-	379	-	379	신상품
2017-12-03	초콜릿 비스킷	44	-	489	-	533	
2017-12-04	까망베르 치즈	-	-	-	571	571	
2017-12-05	에일 맥주	-	-	-	253	253	
2017-12-06	스틸 흑맥주	-	-	759	-	759	
2017-12-07	케이준 조미료	-	-	1,077	-	1,077	
2017-12-08	아니스 시럽	675	-	-	-	675	
2017-12-09	태양 체리 시럽	-	-	-	326	326	신상품
2017-12-10	보스톤산 게살 통조림	-	-	-	68	68	
2017-12-11	특선 건과(배)	-	-	-	5,023	5,023	
2017-12-12	훈제 대합조개 통조림	-	128	-	-	128	
2017-12-12	크랜베리 소스	-	1,757	-	-	1,757	
2017-12-13	앨리스 포장육	2,211	-	-	4,897	7,108	
2017-12-14	대륙 냉동 참치	-	60	-	-	60	신상품
2017-12-15	앨리스 포장육	-	1,862	1,121	-	2,983	
2017-12-16	대양 특선 딸기 소스	-	156	-	-	156	신상품
2017-12-17	필로 믹스	180	-	-	-	180	
2017-12-18	이포 커피	216	-	-	-	216	
2017-12-19	앨리스 포장육	-	-	6,125	1,472	7,597	
2017-12-20	까망베르 치즈	-	392	-	-	392	
2017-12-21	훈제 대합조개 통조림	-	-	1,861	664	2,525	
2017-12-22	아니스 시럽	-	-	-	78	78	
2017-12-23	대일 포장 치즈	750	-	-	-	750	신상품
2017-12-24	고르곤졸라 치즈	-	-	236	-	236	
2017-12-25	크랜베리 소스	-	563	-	-	563	
2017-12-26	훈제 대합조개 통조림	-	131	-	-	131	
2017-12-27	고르곤졸라 치즈	-	-	-	1,628	1,628	
2017-12-28	이포 커피	-	3,067	-	-	3,067	
2017-12-29	모짜렐라 치즈	-	58	-	-	58	
2017-12-30	필로 믹스	113	-	-	-	113	
2017-12-31	신성 시리얼	-	2,104	-	-	2,104	신상품

12월매출　제품명목록　⊕

[제품명목록] 시트의 제품목록에 없는 제품명은 셀 색을 채우고, 비고란에 '신제품' 표시

제품목록
고르곤졸라 치즈
까망베르 치즈
모짜렐라 치즈
보스톤산 게살 통조림
스틸 흑맥주
아니스 시럽
앨리스 포장육
에일 맥주
이포 커피
초콜릿 비스킷
케이준 조미료
크랜베리 소스
특선 건과(배)
필로 믹스
훈제 대합조개 통조림

제품명목록　⊕

01 제품목록에 이름 정의하기

❶ [제품명목록] 시트에서 [A2:A16] 범위 지정 ❷ 이름 상자에 **제품목록** 입력 후 Enter ❸ [12월매출] 시트를 클릭합니다.

02 COUNTIF로 조건부 서식 지정하기

[제품목록] 시트에 없는 제품의 행을 찾아 서식을 지정해보겠습니다. ❶ [A2:H2] 범위 지정 후 Ctrl+Shift+↓를 눌러 범위 지정 ❷ [홈] 탭-[스타일] 그룹-[조건부 서식]-[새 규칙]을 클릭합니다.

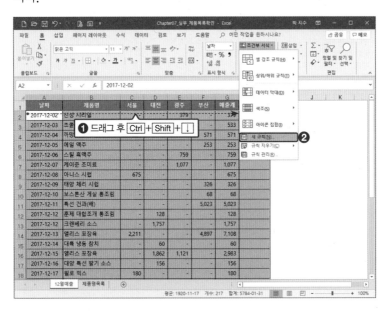

03 수식 조건 지정하기

❶ [새 서식 규칙] 대화상자의 [규칙 유형 선택] 목록에서 [수식을 사용하여 서식을 지정할 셀 결정] 클릭 ❷ [규칙 설명 편집]의 수식 입력란에 **=COUNTIF(제품목록,$B2)<1** 입력 ❸ [서식]을 클릭합니다.

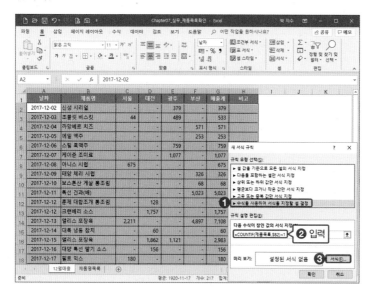

바로 통 하는 TIP

COUNTIF(제품목록,$B2)<1
: 제품목록([제품명목록] 시트
[A2:A16] 범위)에 제품명($B2)
의 개수가 1보다 작으면 서식 지
정. 조건부 서식에서 조건 셀 주
소는 $B2 형태와 같이 열 이름
을 고정시켜야 합니다.

04 서식 선택하기

❶ [셀 서식] 대화상자의 [채우기] 탭에서 [청회색, 강조 6, 80% 더 밝게] 클릭 ❷ [확인] 클릭 ❸ [새 서식 규칙] 대화상자에서 [확인]을 클릭합니다.

05 IF, COUNTIF로 비고에 신상품 표시하기

❶ [H2] 셀 클릭 ❷ **=IF** 입력 후 Ctrl+A ❸ [함수 인수] 대화상자의 [Logical_test]에 **COUNTIF (제품목록,B2)<1** 입력 ❹ [Value_if_true]에 **"신상품"** 입력 ❺ [Value_if_false]에 **""** 입력 ❻ [확인] 클릭 ❼ [H2] 셀의 채우기 핸들을 더블클릭하여 함수식을 복사합니다.

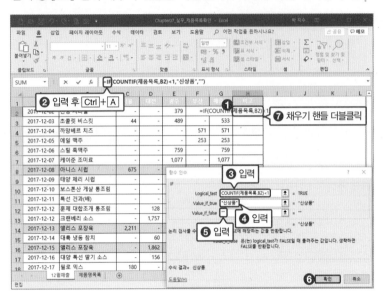

인수 설명

- **Logical_test(조건)** : 제품목록([제품명목록] 시트 [A2:A16] 범위)에 제품명(B2)의 개수가 1보다 작은지 확인
- **Value_if_true(참일 때의 값)** : 위 조건이 참일 때, 즉 제품목록에 없는 제품명이면 "신상품" 입력
- **Value_if_false(거짓일 때의 값)** : 위 조건이 거짓일 때, 즉 제품목록에 있는 제품명이면 빈 셀("")로 표시

CHAPTER

08

엑셀
실무 함수
알아보기

회사 업무는 범위가 넓기 때문에 부서별, 업무 종류별로 사용하는 함수도
매우 다양합니다. 엑셀에서 제공하는 함수 범주별로 회사 실무에서 사용
빈도가 높은 함수를 골라 대표적인 함수 활용 사례를 살펴보겠습니다.

01

여러 조건에 대한 여러 결과 값 구하기 – 중첩 IF

실습 파일 | Chapter08\01_품질등급결과표.xlsx   완성 파일 | Chapter08\01_품질등급결과표_완성.xlsx

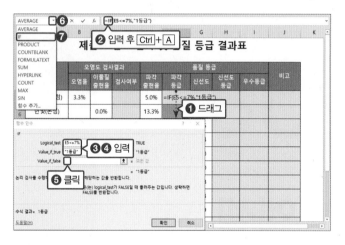

파각 등급 구하기

01 파각출현율 7% 이하는 '1등급'이 입력되게 첫 번째 조건과 값을 입력하겠습니다.

① [F5:F14] 범위 지정

② =IF 입력 후 Ctrl + A

③ [Logical_test]에 **E5<=7%** 입력

④ [Value_if_true]에 **"1등급"** 입력

⑤ [Value_if_false]란 클릭

⑥ 이름 상자의 목록 단추 클릭

⑦ [IF]를 클릭합니다.

인수 설명

- **Logical_test** : 파각출현율(E5)이 7% 이하인지 확인하는 조건식
- **Value_if_true** : 조건이 참이면 "1등급" 표시
- **Value_if_false** : 조건이 거짓이면 두 번째 IF 함수 실행

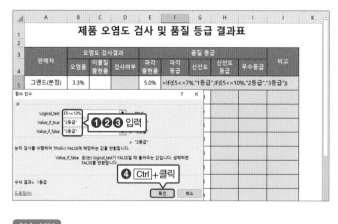

파각 등급 구하기

02 새로 열린 [함수 인수] 대화상자에 10% 이하 '2등급', 나머지는 '3등급'이 되게 두 번째 조건과 값을 입력하겠습니다.

① [Logical_test]에 **E5<=10%** 입력

② [Value_if_true]에 **"2등급"** 입력

③ [Value_if_false]에 **"3등급"** 입력

④ [확인]을 Ctrl +클릭합니다.

인수 설명

- **Logical_test** : 파각출현율(E5)이 10% 이하인지 확인하는 조건식
- **Value_if_false** : 조건이 거짓이면 "3등급" 표시
- **Value_if_true** : 조건이 참이면 "2등급" 표시

여러 조건에 대한 여러 결과 값 구하기 – IFS

실습 파일 | Chapter08\02_품질등급결과표.xlsx 완성 파일 | Chapter08\02_품질등급결과표_완성.xlsx

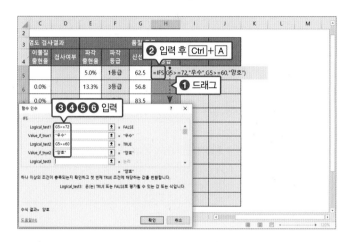

신선도 등급 입력하기

01 신선도 72 이상 '우수', 60 이상 '양호'가 표시되게 조건과 값을 입력 하겠습니다.

❶ [H5:H14] 범위 지정

❷ =IFS 입력 후 Ctrl + A

❸ [Logical_test1]에 G5>=72 입력

❹ [Value_if_true1]에 **"우수"** 입력

❺ [Logical_test2]에 G5>=60 입력

❻ [Value_if_true2]에 **"양호"** 입력

인수 설명

• **Logical_test1** : 신선도(G5)가 72 이상인지 확인하는 조건식

• **Value_if_true1** : 조건이 참이면 "우수" 표시

• **Logical_test2** : 신선도(G5)가 60 이상인지 확인하는 조건식

• **Value_if_true2** : 조건 확인 결과 참이면 "양호" 표시

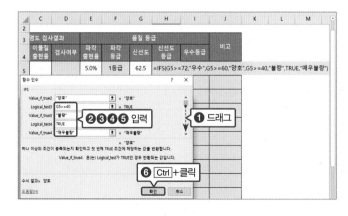

02 신선도 40 이상은 '불량', 나머 지는 '매우불량'이 표시되게 조건과 값을 입력하겠습니다.

❶ [함수 인수] 대화상자의 수직 이 동바 아래로 드래그

❷ [Logical_test3]에 **G5>=40** 입력

❸ [Value_if_true3]에 **"불량"** 입력

❹ [Logical_test4]에 **TRUE** 입력

❺ [Value_if_true4]에 **"매우불량"** 입력

❻ [확인]을 Ctrl +클릭합니다.

인수 설명

• **Logical_test3** : 신선도(G5)가 40 이상인지 확인하는 조건식

• **Value_if_true3** : 조건이 참이면 "불량" 표시

• **Logical_test4** : 나머지 모든 경우의 조건을 참으로 간주하기 위해 TRUE 입력

• **Value_if_true4** : 최종 조건이 참이므로 나머지 경우는 모두 "매우불량" 표시

중첩 IF 함수와 IFS 함수

중첩 IF 함수

IF 함수는 논리 함수 중 실무에서 가장 많이 사용하는 함수입니다. 다음 수식과 같이 조건이 여러 개일 때는 IF 함수를 최대 64개까지 여러 번 중첩하여 사용할 수 있습니다. 예를 들어 두 개의 조건에 결과가 세 가지인 경우 중첩 IF 함수식은 다음과 같습니다.

▲ 주문수량 10 이상 무료, 5 이상 2,000원, 나머지 기본 배송료는 4,000원인 경우 배송료를 구하는 중첩 IF 함수식

IFS 함수

IFS 함수는 여러 조건에 대한 결과를 구해야 할 때 중첩 IF 대신 사용할 수 있습니다. 중첩 IF 함수에 비해 읽기가 쉽고, 최대 127가지 조건을 입력할 수 있습니다. 여러 조건 이외의 나머지 기본 결과에 대한 값은 최종 [Logical_test]에 TRUE를 입력합니다.

함수 범주	논리
함수 형식	=IFS(Logical_test1,Value_if_true1,…,Logical_test127,Value_if_true127)
인수	Logical_testN(조건N) : 참(TRUE)이나 거짓(FALSE)으로 판정될 값이나 식으로 127개까지 지정할 수 있습니다. Value_if_trueN(값N) : [Logical_test]가 참일 때 표시할 값입니다.
사용 예	위에서 중첩 IF 함수로 작성한 것과 동일한 조건과 결과를 IFS 함수로 작성하면 다음과 같습니다. 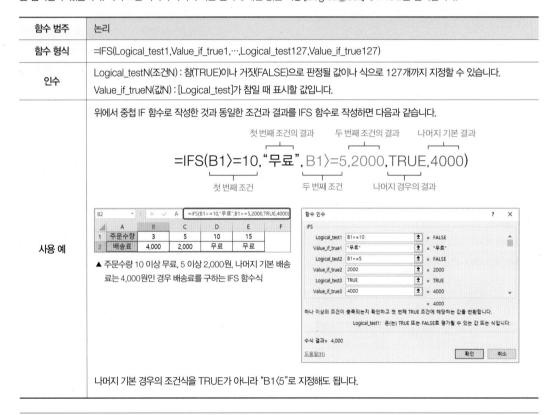 나머지 기본 경우의 조건식을 TRUE가 아니라 "B1<5"로 지정해도 됩니다.

03

2007 2010 2013 2016 2019

여러 항목에 대한 조건을 판단해야 할 때 – IF, AND, OR, XOR

실습 파일 | Chapter08\03_품질등급결과표.xlsx   완성 파일 | Chapter08\03_품질등급결과표_완성.xlsx

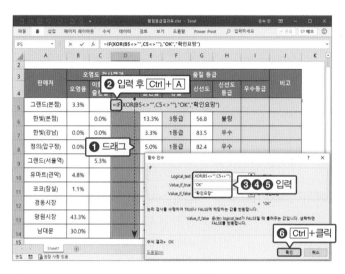

✿ **엑셀 2013**   XOR 함수는 엑셀 2013 이상 버전에서 사용할 수 있습니다.

검사여부 입력하기

01 오염율과 이물질 출현율 두 가지 중 한 가지만 입력되어 있으면 'OK'를 표시하고, 둘 다 입력되어 있거나 둘 다 비어 있으면 '확인요망'을 표시하겠습니다.

❶ [D5:D14] 범위 지정

❷ =IF 입력 후 Ctrl + A

❸ [Logical_test]에 **XOR(B5〈〉"", C5 〈〉"")** 입력

❹ [Value_if_true]에 **"OK"** 입력

❺ [Value_if_false]에 **"확인요망"** 입력

❻ [확인]을 Ctrl +클릭합니다.

인수 설명

• **Logical_test** : 오염율(B5)이 빈 셀이 아니거나(〈〉"") 이물질 출현율(C5)이 빈 셀이 아닌지(〈〉"") 확인하는 조건식. XOR 함수는 두 조건 중 하나라도 만족하면 TRUE를 반환하며 두 조건 모두를 만족하면 참의 개수가 짝수이므로 FALSE를 반환

• **Value_if_true** : 조건이 참이면 "OK" 표시

• **Value_if_false** : 조건이 거짓이면 "확인요망" 표시

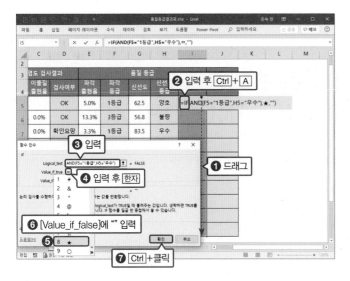

두 항목 조건 확인하기

02 우수등급에는 파각등급이 1등급이고 신선도등급이 우수이면 '★' 기호를 표시하겠습니다.

❶ [I5:I14] 범위 지정

❷ **=IF** 입력 후 Ctrl + A

❸ [Logical_test]에 **AND(F5="1등급",H5="우수")** 입력

❹ [Value_if_true]에 □ 입력 후 한자

❺ 기호 목록에서 ★ 클릭

❻ [Value_if_false]에 **""** 입력

❼ [확인]을 Ctrl +클릭합니다.

인수 설명

- **Logical_test** : 파각등급(F5)이 '1등급'이고 신선도등급(H5)이 '우수'인지 확인하는 조건식
- **Value_if_true** : 조건이 참이면 "★" 표시
- **Value_if_false** : 조건이 거짓이면 빈 셀("") 표시

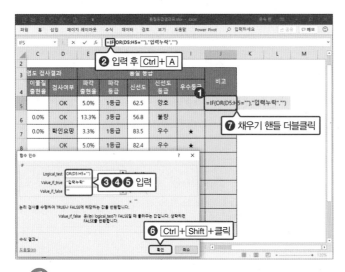

입력 누락 확인하기

03 검사여부부터 신선도등급 범위에서 빈 셀이 하나라도 있는 경우 '입력누락'을 표시하겠습니다.

❶ [J5] 셀 클릭

❷ **=IF** 입력 후 Ctrl + A

❸ [Logical_test]에 **OR(D5:H5="")** 입력

❹ [Value_if_true]에 **"입력누락"** 입력

❺ [Value_if_false]에 **""** 입력

❻ [확인]을 Ctrl + Shift +클릭

❼ [J5] 셀의 채우기 핸들을 더블클릭하여 아래쪽에 수식을 복사합니다.

바로 통하는 TIP Ctrl + Shift +클릭하여 배열 수식으로 작성했습니다. 조건 셀이 연속적인 범위일 때는 각 셀의 조건을 일일이 입력하지 않고 범위에 대한 조건식을 지정해 배열 수식으로 작성할 수 있습니다. AND 함수를 사용할 때도 마찬가지입니다.

쉽고 빠른 엑셀 NOTE | 여러 항목에 대한 조건을 판단해야 할 때는 AND, OR, XOR 함수

여러 항목의 조건이 모두 참일 때 TRUE 값을 돌려주는 경우에는 AND 함수 안에서 조건을 지정합니다. 또한 여러 항목의 조건 중 한 가지만 참이어도 TRUE 값을 돌려주어야 하는 경우에는 OR 함수 안에서 조건을 지정합니다. XOR 함수는 엑셀 2013 버전부터 추가된 함수로, 지정한 조건 중 TRUE에 해당하는 개수가 홀수면 TRUE를 반환하고 짝수면 FALSE를 반환합니다.

함수 범주	논리
함수 형식	=AND(Logical1,…,Logical255) → 모든 조건이 참인 경우 TRUE 값을 반환합니다. =OR(Logical1,…,Logical255) → 한 가지 조건만 참이어도 TRUE 값을 반환합니다. =XOR(Logical1,…,Logical254) → Exclusive OR, 즉 배타적 논리합을 구합니다. 배타적 논리합은 조건 중 참의 개수가 홀수면 TRUE 값을, 짝수면 FALSE 값을 반환합니다.
인수	Logical1~Logical255(조건1~조건255) : 참(TRUE)이나 거짓(FALSE)으로 판정될 값이나 식으로, AND, OR 함수는 255개까지, XOR 함수는 254개까지 지정할 수 있습니다.
사용 예	=IF(AND(G2>=80,H2>=80),"PASS","FAIL") =IF(OR(G2>=80,H2>=80),"PASS","FAIL") ▲ 필기, 실기가 모두 80 이상이면 PASS, 아니면 FAIL ▲ 필기나 실기 둘 중 하나가 80 이상이면 PASS, 아니면 FAIL XOR 함수는 OR 함수와 마찬가지로 두 조건 중 하나라도 참이면 TRUE를 반환하는데, 조건 중 TRUE의 개수가 짝수면 FALSE를 반환합니다. 따라서 다음의 표에서 A 방식, B 방식 모두에 "O"가 입력된 경우 FALSE를 반환합니다. 만약 XOR 대신 OR 함수를 상용하면 두 방식에 모두 "O"가 입력된 경우에도 "OK" 결과가 입력됩니다. =IF(XOR(E2="O",F2="O"),"OK","ERR") ▲ 두 방식 중 한 개에만 O가 표시되어야 OK 표시, 아니면 ERR 표시

첫 번째 표:

NO.	필기	실기	결과
1	89	67	FAIL
2	95	80	PASS
3	78	95	FAIL

두 번째 표:

NO.	필기	실기	결과
1	89	67	PASS
2	95	80	PASS
3	78	95	PASS

세 번째 표:

회차	A방식	B방식	확인
1	O		OK
2	O	O	ERR
3		O	OK
4	O	O	ERR
5			ERR

오류 표시 대신 원하는 값 지정하기 – IFERROR

실습 파일 | Chapter08\04_제품구입내역표.xlsx 완성 파일 | Chapter08\04_제품구입내역표_완성.xlsx

#N/A 오류 대신 0 입력하기

01 함수식 결과가 #N/A 오류일 때 '0'을 입력하겠습니다.

❶ [E5] 셀 클릭

❷ 수식 입력줄의 =과 VLOOKUP 사이 클릭 후 **IFERROR(** 입력

❸ ←를 눌러 커서를 IFERROR 함수 부분으로 이동

❹ 수식 입력줄의 [함수 삽입 *fx*]을 클릭합니다.

IFERROR 함수의 [함수 인수] 대화상자가 표시됩니다.

> **바로 통 하는 TIP** 배송료에는 [배송료] 시트에 쇼핑몰별로 정해진 배송료를 찾아 입력하는 함수식이 작성되어 있습니다. [배송료] 시트에 없는 쇼핑몰일 때 #N/A 오류가 입력됩니다. #N/A 오류는 찾을 수 없는 값을 참조했을 때 계산을 시도하지 못하여 반환되는 오류입니다.

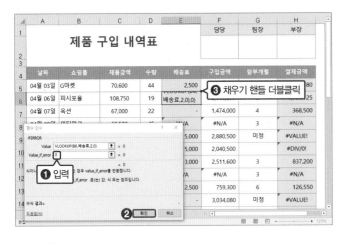

함수식 수정하기

02 [함수 인수] 대화상자에 오류 표시 대신 표시할 값을 입력하겠습니다.

❶ [Value_if_error]에 0 입력

❷ [확인] 클릭

❸ [E5] 셀의 채우기 핸들을 더블클릭하여 수식을 복사합니다.

오류 표시가 있던 셀에 0이 표시됩니다.

인수 설명

· **Value** : 기존에 입력되어 있던 VLOOKUP 함수식   · **Value_if_error** : VLOOKUP 함수식의 결과가 오류이면 0 입력

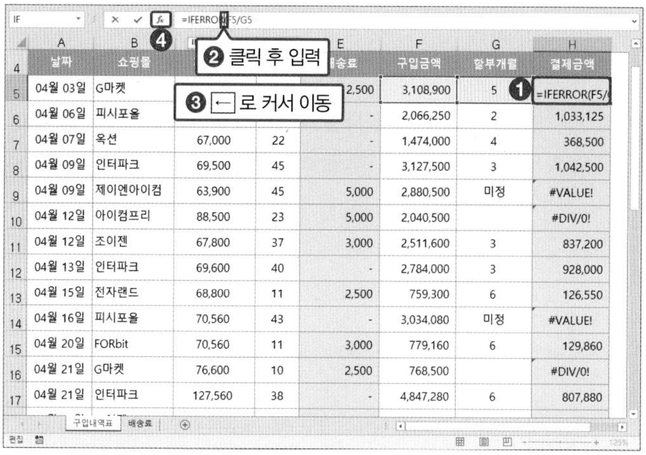

오류 대신 구입금액 입력하기

03 결제금액 결과가 오류일 때 할부개월로 나누지 않고 바로 구입금액이 표시되게 수정하겠습니다.

❶ [H5] 셀 클릭

❷ 수식 입력줄의 =과 F5 사이 클릭 후 **IFERROR(** 입력

❸ ←를 눌러 커서를 IFERROR 함수 부분으로 이동

❹ 수식 입력줄의 [함수 삽입 fx]을 클릭합니다.

바로통하는TIP 결제금액은 '구입금액/할부금액'의 수식이 작성되어 있습니다. 할부금액란이 빈 셀인 경우에는 0으로 나누었을 때 #DIV/0! 오류가 생깁니다. 문자가 입력된 경우에는 계산할 수 없는 값이므로 #VALUE! 오류가 생깁니다.

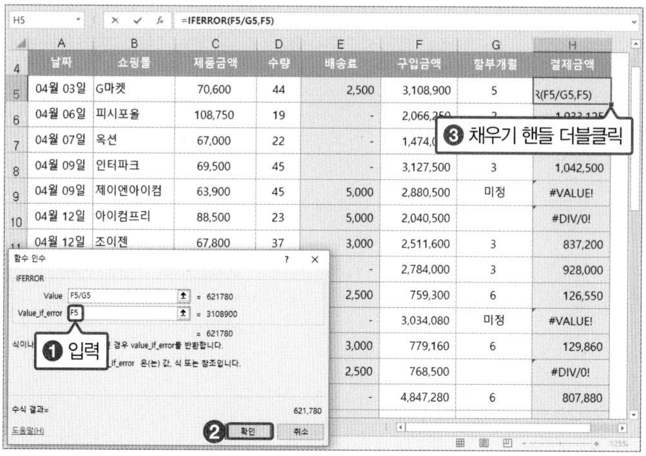

함수식 수정하기

04 [함수 인수] 대화상자에 오류 표시 대신 표시할 값을 입력하겠습니다.

❶ [Value_if_error]에 **F5** 입력

❷ [확인] 클릭

❸ [H5] 셀의 채우기 핸들을 더블클릭하여 수식을 복사합니다.

오류일 때 구입금액이 표시됩니다.

인수 설명

- **Value** : 기존에 입력되어 있던 F5/G5 수식
- **Value_if_error** : 수식 결과가 오류이면 [F5] 셀의 구입금액 입력

오류인 경우에 대해 값을 지정하는 IFERROR 함수

숫자, 문자, 공백 등 여러 가지 형태의 데이터가 섞여 있는 표에 수식을 입력하다 보면 어쩔 수 없이 오류가 생깁니다. 셀 값이나 계산식 결과에 오류가 생겼을 때 오류 표시 대신 다른 값을 지정하려면 IFERROR 함수를 사용합니다. IFERROR 함수는 값이 #N/A, #VALUE!, #REF!, #DIV/0!, #NUM!, #NAME?, #NULL! 등의 오류를 참조하는 경우 결과 값을 지정할 수 있습니다.

함수 범주	논리
함수 형식	=IFERROR(Value,Value_if_error)
인수	Value(값) : 오류를 검사할 값으로 식이나 셀 참조를 지정할 수 있습니다. Value_if_error(오류일 때 지정할 값) : 값이 오류(#N/A, #VALUE!, #REF!, #DIV/0!, #NUM!, #NAME?, #NULL!)일 때 오류 표시 대신 표시할 값입니다.
사용 예	다음 왼쪽 그림에서는 '금액+배송료'의 수식으로 결제금액을 구했을 때 배송료에 '무료'라는 텍스트가 입력되어 있으면 #VALUE! 오류가 생깁니다. 오른쪽 그림은 오류 표시 대신 금액만 표시되도록 IFERROR 함수식을 작성한 결과입니다. ▲ 금액+배송료 수식으로 작성한 경우 ▲ IFERROR 함수 안에 금액+배송료 수식을 넣고, 수식의 결과가 오류인 경우 금액만 입력되게 함

우선
순위 핵심기능

05 왼쪽과 가운데 문자 가져오기 – LEFT, MID

실습 파일 | Chapter08\05_재고조사표.xlsx 완성 파일 | Chapter08\05_재고조사표_완성.xlsx

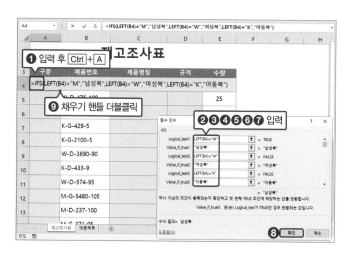

인수 설명

- **Logical_test1** : [B4] 셀 왼쪽에서 첫 번째 글자가 "M"인지 확인
- **Value_if_true1** : 조건 확인 결과 참이면 "남성복" 입력
- **Logical_test2** : [B4] 셀 왼쪽에서 첫 번째 글자가 "W"인지 확인
- **Value_if_true2** : 조건 확인 결과 참이면 "여성복" 입력
- **Logical_test3** : [B4] 셀 왼쪽에서 첫 번째 글자가 "K"인지 확인
- **Value_if_true3** : 조건 확인 결과 참이면 "아동복" 입력. LEFT 함수에서 추출할 문자 수를 입력하지 않으면 한 개만 추출합니다.

제품 구분 입력하기 – IFS, LEFT

01 제품번호가 M으로 시작하면 '남성복', W는 '여성복', K는 '아동복'을 입력하겠습니다.

❶ [A4] 셀에 **=IFS** 입력 후 Ctrl + A

❷ [함수 인수] 대화상자의 [Logical_test1]에 **LEFT(B4)="M"** 입력

❸ [Value_if_true1]에 **"남성복"** 입력

❹ [Logical_test2]에 **LEFT(B4)="W"** 입력

❺ [Value_if_true2]에 **"여성복"** 입력

❻ [Logical_test3]에 **LEFT(B4)="K"** 입력

❼ [Value_if_true3]에 **"아동복"** 입력

❽ [확인] 클릭

❾ [A4] 셀의 채우기 핸들을 더블클릭하여 수식을 복사합니다.

조건에 따른 값이 표시됩니다.

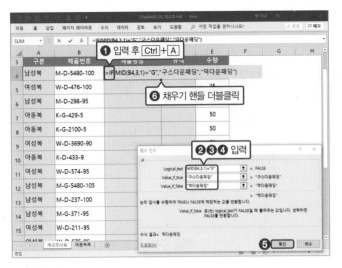

제품명칭 입력하기

02 제품번호의 두 번째 글자가 G 면 '구스다운패딩', D면 '덕다운패딩'을 입력하겠습니다.

❶ [C4] 셀에 **=IF** 입력 후 Ctrl + A

❷ [함수 인수] 대화상자의 [Logical_test]에 **MID(B4,3,1) ="G"** 입력

❸ [Value_if_true]에 **"구스다운패딩"** 입력

❹ [Value_if_false]에 **"덕다운패딩"** 입력

❺ [확인] 클릭

❻ [C4] 셀의 채우기 핸들을 더블클릭하여 수식을 복사합니다.

조건에 따른 값이 표시됩니다.

인수 설명

- **Logical_test** : [B4] 셀 세 번째 글자가 "G"인지 확인
- **Value_if_true** : 조건이 참이면 "구스다운패딩" 표시
- **Value_if_false** : 조건이 거짓이면 "덕다운패딩" 표시

쉽고 빠른 엑셀 NOTE | **원하는 위치의 문자를 가져오는 함수 LEFT, RIGHT, MID**

문자의 일부를 추출하는 함수입니다. 왼쪽에서 몇 글자 추출할 때는 LEFT 함수, 오른쪽에서 몇 글자를 추출할 때는 RIGHT 함수, 가운데 원하는 위치에서 몇 글자를 추출해야 할 때는 MID 함수를 사용합니다. 이 함수들은 데이터를 추출하기 위해 단독으로 사용되는 경우가 있지만, 셀의 일부 문자에 대한 조건을 판단하기 위해 IF 함수 안에서 사용되는 경우도 많습니다. 사실 단순히 문자만 추출하는 작업이라면 엑셀 2013 버전 이후부터 추가된 [빠른 채우기] 기능을 사용하는 것이 간편합니다.

함수 형식	=LEFT(Text,Num_chars) → 문자의 왼쪽에서 지정한 문자수만큼 추출합니다. =RIGHT(Text,Num_chars) → 문자의 오른쪽에서 지정한 문자수만큼 추출합니다. =MID(Text,Start_num,Num_chars) → 지정한 시작 위치부터 지정한 문자수만큼 추출합니다.
인수	Text(문자) : 가져올 문자가 포함되어 있는 문자열, 또는 문자가 들어 있는 셀 주소입니다. Num_chars(문자 수) : 가져올 문자 개수. 생략하면 한 개를 추출합니다. Start_num(시작 위치) : MID 함수에서 문자를 가져오기 시작할 위치의 번호입니다.
사용 예	다음은 한 셀에 입력된 신체사이즈에서 신장, 가슴둘레, 허리둘레를 추출하기 위해 LEFT, MID, RIGHT 함수를 사용했습니다.

=LEFT(A2,3)	=MID(A2,5,2)	=RIGHT(A2,2)

	A 신체사이즈	B 신장
2	155-82-61	155
3	160-85-64	160
4	160-88-67	160

	A 신체사이즈	C 가슴둘레
2	155-82-61	82
3	160-85-64	85
4	160-88-67	88

	A 신체사이즈	D 허리둘레
2	155-82-61	61
3	160-85-64	64
4	160-88-67	67

▲ 왼쪽에서 세 개 추출   ▲ 다섯 번째 문자부터 두 개 추출   ▲ 오른쪽에서 두 개 추출

쉽고 빠른 엑셀 NOTE **문자열 개수를 구하는 함수 LEN**

LEN 함수는 문자열의 개수를 구하는 함수입니다. LEFT, RIGHT, MID 함수로 문자열을 추출할 때 불규칙한 길이의 문자열인 경우 LEN 함수를 사용하여 추출할 문자의 길이나 위치를 지정합니다.

함수 형식	=LEN(Text)
인수	Text(문자) : 개수를 구할 문자, 함수식 또는 해당 문자가 있는 셀 주소입니다.
사용 예	=LEFT(A2,LEN(A2)-1) |	A	B
---	---	---
1	포인트	숫자만 추출
2	83점	83
3	7797점	7797
4	979점	979	 ▲ 포인트 문자 길이(LEN(A2))에서 '점' 한 글자를 뺀(−1) 개수를 왼쪽에서 추출

문자 추출 및 결합하기 – RIGHT, LEN, FIND, TEXTJOIN, TEXT

실습 파일 | Chapter08\06_재고조사표.xlsx　완성 파일 | Chapter08\06_재고조사표_완성.xlsx

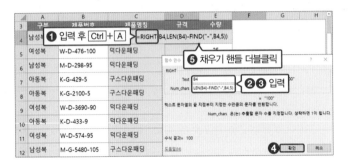

제품번호에서 규격 추출하기

01 제품번호 중 오른쪽 끝의 숫자를 추출하겠습니다.

❶ [D4] 셀에 **=RIGHT** 입력 후 Ctrl + A

❷ [Text]에 **B4** 입력

❸ [Num_chars]에 **LEN(B4)-FIND ("-",B4,5)** 입력

❹ [확인] 클릭

❺ [D4] 셀의 채우기 핸들을 더블클릭하여 수식을 복사합니다.

제품번호의 마지막 "–" 이후 글자만 추출됩니다.

인수 설명

- **Text** : 추출할 규격이 있는 [B4] 셀
- **Num_chars** : 제품번호 전체 문자 길이 LEN(B4)에서 FIND("–",B4,5) 결과를 뺀 개수만큼 문자를 추출. FIND("–",B4,5)는 "–"를 [B4] 셀에서 찾되, 다섯 번째 문자 이후부터 찾습니다. 제품번호의 두 번째 "–" 이후부터 찾아야 하기 때문입니다.

쉽고 빠른 엑셀 NOTE · 문자열 위치를 찾는 FIND 함수

FIND 함수는 전체 문자열 중 특정 문자를 찾아 그 문자가 몇 번째에 있는지 위치 번호를 돌려주는 함수입니다. 주로 불규칙한 길이의 문자열에서 특정 문자열의 위치를 기준으로 문자열을 추출하도록 설정할 때 사용합니다.

함수 형식	=FIND(Find_text,Within_text,[Start_num])
인수	Find_text(찾는 문자) : 찾을 문자로 큰따옴표 ("") 안에 입력합니다. Within_text(찾는 문자가 포함된 문자) : 찾는 문자가 포함된 문자나 해당 문자가 있는 셀 주소입니다. Start_num(시작 위치) : 찾는 문자가 포함된 문자열 내에서 찾는 문자를 찾기 시작할 위치 번호로, 보통 생략하는 경우가 많으며 생략하면 1로 지정됩니다.
사용 예	=LEFT(A2,FIND("@",A2)-1) 　|　A　|　B 1　| E-mail　| ID 2　| abc@hamail.com　| abc 3　| abcd@never.net　| abcd ▲ E-mail에서 @ 기호 전까지의 문자 추출

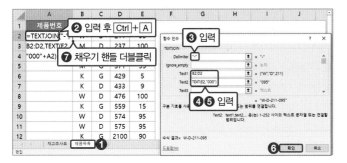

문자 결합하기

02 [제품목록] 시트의 구분, 종류, 라인, 사이즈 정보를 결합해 제품번호로 만들고 사이즈는 자릿수를 세 자리로 맞추어 표시하겠습니다.

❶ [제품목록] 시트 클릭

❷ [A2] 셀에 **=TEXTJOIN** 입력 후 Ctrl + A

❸ [Delimiter]에 **–** 입력

❹ [Text1]에 **B2:D2** 입력

❺ [Text2]에 **TEXT(E2,"000")** 입력

❻ [확인] 클릭

❼ [A2] 셀의 채우기 핸들을 더블클릭하여 수식을 복사합니다.

인수 설명

- **Delimiter** : 문자열 사이의 구분자로 " – " 지정
- **Ignore_empty** : 빈 셀을 무시할지 여부. 생략하면 빈 셀은 무시합니다.
- **Text1** : 결합할 첫 번째 범위 [B2:D2] 지정
- **Text2** : 결합할 두 번째 문자열 [E2] 셀을 세 자리로 표시하기 위해 TEXT 함수에 "000" 코드 지정

✿ **엑셀 2019** TEXTJOIN 함수는 엑셀 2019, Office 365 버전에서 사용할 수 있습니다.

쉽고 빠른 엑셀 NOTE 표시 형식을 지정하는 TEXT 함수

TEXT 함수는 함수식 안에서 사용자 지정 표시 형식 코드를 지정할 수 있습니다. 수식의 결과 값을 지정한 표시 형식으로 돌려주는 함수입니다. [셀 서식] 대화상자에서 지정하는 표시 형식은 숫자 값 자체 속성은 변하지 않지만 TEXT 함수로 지정된 결과는 셀의 값 자체가 지정한 형태의 문자 값으로 변경됩니다.

함수 형식	=TEXT(Value,Format_text)
인수	Value(값) : 숫자, 숫자가 산출되는 식이나 숫자가 입력되어 있는 셀 주소입니다. Format_text(표시 형식 코드) : 표시할 사용자 지정 표시 형식 코드로, 큰따옴표("") 안에 입력합니다.
사용 예	=A2&"~"&B2 =TEXT(A2,"yyyy-mm-dd")&" ~ "&TEXT(B2,"yyyy-mm-dd") 		A	B	C
1	가입일	만기일	기간
2	2015-12-03	2016-05-31	42341~42521
3	2016-12-31	2017-06-28	42735~42914
4	2017-11-25	2018-05-24	43064~43244 | |	A	B	C	D
1	가입일	만기일	기간	
2	2015-12-03	2016-05-31	2015-12-03 ~ 2016-05-31	
3	2016-12-31	2017-06-28	2016-12-31 ~ 2017-06-28	
4	2017-11-25	2018-05-24	2017-11-25 ~ 2018-05-24		 ▲ 셀 참조만 합치면 날짜 서식이 적용되지 않음 ▲ TEXT 함수로 날짜 표시 형식 지정하면서 문자열 합침

쉽고 빠른 엑셀
NOTE

여러 문자를 연결하는 CONCAT, TEXTJOIN 함수

문자열을 연결하는 작업은 & 연산자를 사용하지만 연결할 항목이 너무 많은 경우에는 CONCAT 함수 또는 TEXTJOIN 함수를 사용하는 것이 간편합니다. CONCAT 함수는 이전 버전의 CONCATENATE 함수를 대체하는 함수로 여러 문자열을 결합합니다. CONCATENATE 함수는 범위 형태의 인수를 지정할 수 없었지만 CONCAT 함수는 범위 형태의 인수를 지정할 수 있어 더 편리합니다. TEXTJOIN 함수는 결합할 문자열 사이에 삽입할 문자를 지정할 수 있으며, 범위 중간에 빈 셀이 있을 경우 빈 셀을 포함시켜 결합할 수 있습니다. 두 함수 모두 엑셀 2019, Office 365 버전에서 사용할 수 있습니다.

함수 형식	=CONCAT(Text1,…,Text254) =TEXTJOIN(Delimiter,Ignore_empty,Text1,…,Text252)
인수	Text1~Text254(문자1~문자254) : 결합할 문자로 254개까지 지정할 수 있습니다. Delimiter(구분자) : 결합 문자열 사이에 넣을 구분자입니다. Ignore_empty(빈 셀 무시) : 빈 셀이 있는 경우 무시할지 여부로, 생략하거나 TRUE를 입력하면 빈 셀을 무시합니다. 빈 셀을 포함하려면 FALSE를 입력합니다.
사용 예	▲ CONCAT 함수로 셀 범위의 문자열 결합 ▲ CONCAT 함수로 / 구분자를 넣어 문자열 결합 ▲TEXTJOIN 함수로 / 구분자를 넣어 문자열 결합(빈 셀 무시)

핵심기능 07

엑셀의 날짜와 시간 개념 이해하기

실습 파일 | Chapter08\07_날짜시간개념.xlsx   완성 파일 | Chapter08\07_날짜시간개념_완성.xlsx

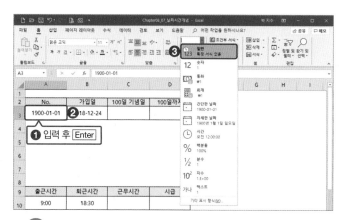

날짜 서식 없애기

01 날짜가 입력됐던 셀에 숫자를 입력하겠습니다.

❶ [A3] 셀에 **1** 입력 후 Enter

❷ [A3] 셀 다시 클릭

❸ [홈] 탭-[표시 형식] 그룹-[표시 형식]-[일반]을 클릭합니다.

바로 통 하는TIP [A3] 셀에는 **=TODAY()** 함수가 작성되어 있었습니다. 셀에 날짜 함수를 입력하거나 하이픈(-), 슬러시(/) 구분 기호로 연-월-일을 입력하면 자동으로 날짜 서식이 지정됩니다. 날짜 서식이 지정되어 있는 셀에 숫자 1을 입력하면 1900-01-01 날짜가 입력됩니다. 엑셀은 1에서 2,958,465까지의 숫자에 날짜 서식을 지정하면 1900-01-01에서 9999-12-31까지의 날짜를 표시하기 때문입니다.

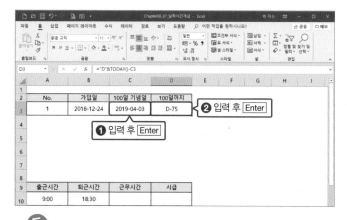

100일 기념 날짜 계산하기

02 100일째 날짜와 오늘부터 100일째 날짜까지 남은 날짜를 구하겠습니다.

❶ [C3] 셀에 **=B3+100** 입력 후 Enter

❷ [D3] 셀에 **="D"&TODAY()-C3**을 입력하고 Enter 를 누릅니다.

바로 통 하는TIP 100일째까지 D-day를 구하는 등 날짜를 실습하는 시점을 오늘로 하기 위해 [B3] 셀에는 **=TODAY()-25**로 날짜가 작성되어 있습니다. 엑셀에서 날짜 데이터의 실제 속성은 숫자이기 때문에 날짜에 날짜 또는 숫자를 더하거나 빼면 일수가 계산됩니다. 가입일에 100을 더하면 100일 후 날짜가 표시됩니다. 100일 기념일까지 남은 D-day는 문자 "D"를 연결하여 표시하기 위해 & 연산자를 사용했습니다. 오늘 날짜에서 100일 기념일을 빼면 오늘부터 100일 기념일까지 남은 일수가 구해집니다.

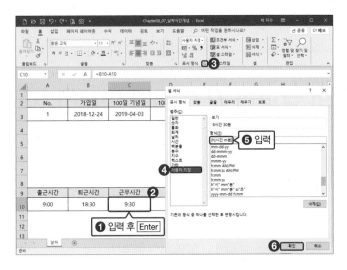

근무시간 구하기

03 근무시간을 구하고 시간 서식을 변경하겠습니다.

❶ [C10] 셀에 **=B10-A10** 입력 후 [Enter]

❷ 다시 [C10] 셀 클릭

❸ [홈] 탭-[표시 형식] 그룹-[대화상자 표시 🖫] 클릭

❹ [셀 서식] 대화상자가 표시되면 [표시 형식] 탭의 [범주]에서 [사용자 지정] 클릭

❺ [형식]에 **[h]시간 m분** 입력

❻ [확인]을 클릭합니다.

쉽고 빠른 엑셀 NOTE 엑셀의 시간의 개념

셀에 콜론(:)을 구분 기호로 '시:분:초'를 입력하면 자동으로 시간 서식이 적용됩니다. 시간 데이터가 입력된 셀에 시간 서식을 없애면 0~1 사이의 숫자가 표시됩니다. 엑셀은 하루 24시간을 1로 정의하고 시간을 0과 1 사이 소수점으로 표시합니다. 예를 들어 18:30 입력된 셀에서 서식을 없애면 0.77083333이 표시됩니다. 18시는 18을 24시간으로 나눈 0.75입니다. 1시간은 60분, 24시간은 1,440분이므로 30분은 30을 1,440분으로 나눈 0.020833입니다. 따라서 18시 30분은 0.75+0.020833=0.770833과 같습니다.

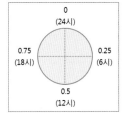

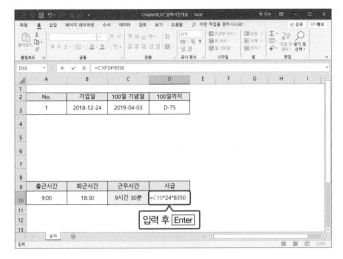

시급 구하기

04 근무시간에 시간당 금액을 곱하여 시급을 구하겠습니다.

[D10] 셀에 **=C10*24*8350**을 입력하고 [Enter]를 누릅니다.

바로 통하는 TIP 엑셀에서 시간 데이터는 실제로는 24시간으로 나누어진 0 이하의 숫자입니다. 따라서 시간에 시급을 곱해야 하는 경우에는 근무시간에 바로 시급을 곱하지 않고 24를 곱한 후에 시급을 곱해야 합니다.

2007 2010 2013 2016 2019

08 날짜 기간 계산하기 – DATEDIF, DATE, YEAR, MONTH, DAY

실습 파일 | Chapter08\08_아르바이트급여.xlsx　완성 파일 | Chapter08\08_아르바이트급여_완성.xlsx

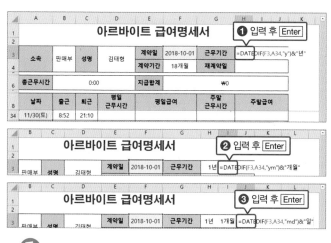

근무기간 구하기

01 계약일에서 마지막 날짜까지의 기간을 구하겠습니다.

❶ [H3] 셀에 **=DATEDIF(F3,A34, "y")&"년"** 입력 후 Enter

❷ [I3] 셀에 **=DATEDIF(F3,A34, "ym")&"개월"** 입력 후 Enter

❸ [J3] 셀에 **=DATEDIF(F3,A34, "md")&"일"**을 입력하고 Enter를 누릅니다.

바로 통 하는 TIP　함수식 설명

· **=DATEDIF(F3,A34,"y")&"년"** : 계약일(F3)로부터 급여 말일(A34)까지의 경과 연수("y")에 "년" 연결(&)

· **=DATEDIF(F3,A34,"ym")&"개월"** : 계약일(F3)로부터 급여 말일(A34)까지의 연수를 뺀 개월 수("ym")에 "개월" 연결(&)

· **=DATEDIF(F3,A34,"md")&"일"** : 계약일(F3)로부터 급여 말일(A34)까지의 연수와 개월 수를 뺀 일수("md")에 "일" 연결(&)

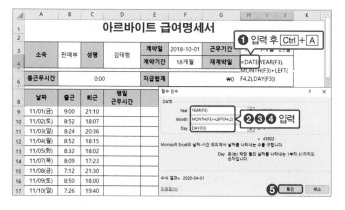

재계약일 구하기

02 계약일에 계약기간을 더해 재계약일을 구하겠습니다.

❶ [H4] 셀에 **=DATE** 입력 후 Ctrl + A

❷ [Year]에 **YEAR(F3)** 입력

❸ [Month]에 **MONTH(F3)+LEFT (F4,2)** 입력

❹ [Day]에 **DAY(F3)** 입력

❺ [확인]을 클릭합니다.

인수 설명

· **Year(연)** : 계약일의 연도 YEAR(F3) 지정　　· **Day(일)** : 계약일의 일 DAY(F3) 지정

· **Month(월)** : 계약일의 월 MONTH(F3)에 계약기간 셀의 왼쪽에서 두 개의 숫자 LEFT(F4,2)를 더함

쉽고 빠른 엑셀 NOTE

두 날짜 사이의 종류별 경과 기간을 구하는 DATEDIF 함수

DATEDIF 함수는 두 날짜 사이에 경과된 연수나 개월 수, 일수를 구할 때 사용되는 함수입니다. DATEDIF 함수는 함수 라이브러리나 함수 마법사 목록에서는 제공하지 않기 때문에 셀에 직접 입력해야 합니다.

함수 형식	=DATEDIF(시작일,종료일,결과 유형)
인수	시작일 : 기간을 구할 시작 날짜나 날짜가 입력되어 있는 셀로, 날짜를 직접 입력할 때는 큰따옴표("") 안에 입력합니다. 종료일 : 기간을 구할 종료 날짜가 입력되어 있는 셀로, 날짜를 직접 입력할 때는 큰따옴표("") 안에 입력합니다. 결과 유형 : 경과 연도를 구할 것인지, 개월 수를 구할 것인지 등에 대한 결과 유형으로, 다음의 유형 문자를 입력하며 대소문자는 구분하지 않습니다. 큰따옴표("") 안에 입력합니다. 　　　　y : 총 경과 연수 　　　　m : 총 경과 개월 수 　　　　d : 총 경과 일수 　　　ym : 경과 연수를 뺀 나머지 개월 수 　　　md : 경과 연수와 개월 수를 뺀 나머지 일수

사용 예

	A	B	C	D	E	F
1	작성일시:	2018-01-11 16:09				
2	계약날짜	경과일수		가입기간		납부
3			연	개월	일	횟수
4	2016-10-18	=DATEDIF(A4,$B$1,"d")	=DATEDIF(A4,B1,"y")	=DATEDIF(A4,B1,"ym")	=DATEDIF(A4,B1,"md")	=DATEDIF(A4,B1,"m")+1

	A	B	C	D	E	F
1	작성일시:	2018-01-11 16:09				
2	계약날짜	경과일수		가입기간		납부
3			연	개월	일	횟수
4	2016-10-18	450	1	2	24	15

쉽고 빠른 엑셀 NOTE

날짜를 지정하는 DATE 함수, 연, 월, 일을 가져오는 YEAR, MONTH, DAY 함수

DATE 함수는 함수 안에서 연, 월, 일을 인수로 지정하여 원하는 날짜를 만들거나 계산할 때 사용합니다. 예를 들어 어떤 날짜로부터 몇 개월이나 몇 년 전 또는 후의 날짜를 만들어야 할 때는 DATE 함수 안의 인수에서 계산해주면 편리합니다. YEAR, MONTH, DAY 함수는 날짜로부터 연, 월, 일에 해당하는 숫자만 가져오는 함수입니다.

함수 형식	=DATE(Year,Month,Day) =YEAR(Serial_number) =MONTH(Serial_number) =DAY(Serial_number)
인수	Year(연) : 1900부터 9999까지 연도를 나타내는 숫자입니다. Month(월) : 1부터 12까지 월을 나타내는 숫자입니다. Day(일) : 1부터 31까지 일자를 나타내는 숫자입니다. Serial_number(날짜) : 날짜, 또는 날짜 데이터에 해당되는 숫자입니다.

사용 예

	A	B	C	D	E	F	G
1	계약날짜	계약연도	계약월	계약일	계약기간		만기일
2					연	개월	
3	2017-09-01	=YEAR(A3)	=MONTH(A3)	=DAY(A3)	10	2	=DATE(B3+E3,C3+F3,D3)

	A	B	C	D	E	F	G
1	계약날짜	계약연도	계약월	계약일	계약기간		만기일
2					연	개월	
3	2017-09-01	2017	9	1	10	2	2027-11-01

핵심기능 09

요일에 따라 근무시간 계산하기 – IF, OR, WEEKDAY, HOUR

실습 파일 | Chapter08\09_아르바이트급여.xlsx   완성 파일 | Chapter08\09_아르바이트급여_완성.xlsx

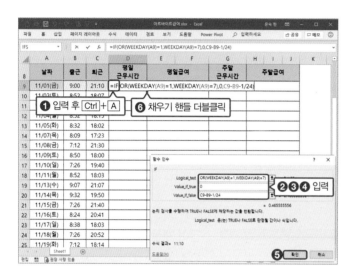

평일 근무시간 구하기

01 날짜의 요일이 일요일이나 토요일이면 0을 입력하고, 아니면 퇴근시간에서 출근시간과 점심시간 1시간을 뺀 시간을 구하겠습니다.

❶ [D9] 셀에 **=IF** 입력 후 Ctrl + A

❷ [함수 인수] 대화상자의 [Logical_test]에 OR(WEEKDAY (A9)=1, WEEKDAY(A9)=7) 입력

❸ [Value_if_true]에 **0** 입력

❹ [Value_if_false]에 **C9-B9-1/24** 입력

❺ [확인] 클릭

❻ [D9] 셀의 채우기 핸들을 더블클릭합니다.

인수 설명

• **Logical_test** : 날짜의 요일 번호(WEEKDAY(A9))가 1(일요일)이거나 7(토요일)인지 확인

• **Value_if_true** : 조건이 참이면 즉, 주말이면 0 입력

• **Value_if_false** : 조건이 거짓이면 즉, 평일이면 퇴근시간(C9)에서 출근시간(B9)을 빼고 점심시간 1시간을 뺍니다. 1시간을 뺄 때 시간 데이터로 계산하기 위해 1을 24시간으로 나눈 값을 뺍니다.

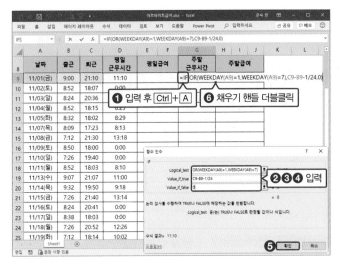

주말 근무시간 구하기

02 날짜가 일요일이나 토요일이면 퇴근시간에서 출근시간과 점심시간 1시간을 뺀 시간을 구하고 아니면 0 을 입력하겠습니다.

❶ [G9] 셀에 **=IF** 입력 후 Ctrl+A

❷ [Logical_test]에 **OR(WEEKDAY (A9)=1,WEEKDAY(A9)=7)** 입력

❸ [Value_if_true]에 **C9-B9-1/24** 입력

❹ [Value_if_false]에 **0**을 입력

❺ [확인] 클릭

❻ [G9] 셀의 채우기 핸들을 더블클릭합니다.

인수 설명

- **Logical_test** : 날짜의 요일 번호(WEEKDAY(A9))가 1(일요일)이거나 7(토요일) 인지 확인
- **Value_if_true** : 조건이 참이면 즉, 평일이면 퇴근시간(C9)에서 출근시간(B9)을 빼고 점심시간 한 시간을 뺍니다.
  (1시간을 뺄 때 시간 데이터로 계산하기 위해 1을 24시간으로 나눈 값을 뺍니다.)
- **Value_if_false** : 조건이 거짓이면 즉, 평일이면 0 입력

급여 계산하기

03 근무시간에서 시간 부분만 추출하여 평일급여에는 8,500원, 주말 급여에는 9,500원을 곱하겠습니다.

❶ [E9] 셀에 **=HOUR(D9)*8500** 입력 후 Enter

❷ [E9] 셀의 채우기 핸들을 더블클릭

❸ [H9] 셀에 **=HOUR(G9)*9500** 입력 후 Enter

❹ [H9] 셀의 채우기 핸들을 더블클릭합니다.

날짜로부터 요일 정보를 가져오는 WEEKDAY 함수

WEEKDAY 함수는 날짜로부터 요일에 해당되는 숫자를 반환하는 함수입니다.

함수 형식	=WEEKDAY(Serial_number,Return_type)
인수	Serial_number(날짜) : 날짜 형식의 날짜 데이터나 날짜에 해당하는 숫자입니다. Return_type(결과 유형) : 요일을 구할 유형으로 생략하면 일요일(1)~토요일(7) 순서로 숫자를 가져옵니다. 보통 생략합니다. 　　　1 또는 생략 : 일요일(1)~토요일(7)의 순서로 숫자를 가져옵니다. 　　　2 : 월요일(1)~일요일(7)의 순서로 숫자를 가져옵니다. 　　　3 : 월요일(0)~일요일(6)의 순서로 숫자를 가져옵니다.
사용 예	=WEEKDAY(A2)　　　　　　=TEXT(WEEKDAY(A2),"aaaa") 		A	B	C
1	계약날짜	요일
2	2017-06-05	2
3	2017-09-01	6
4	2016-10-18	3 | ▲ 계약날짜 요일에 해당하는 숫자 |	A	B	C	D
1	계약날짜	요일
2	2017-06-05	월요일
3	2017-09-01	금요일
4	2016-10-18	화요일	 ▲ TEXT 함수로 WEEKDAY 함수 결과를 요일 형식으로 표시

시간을 지정하는 TIME 함수, 시, 분, 초를 가져오는 HOUR, MINUTE, SECOND 함수

TIME 함수는 함수 안에서 시, 분, 초를 인수로 지정하여 원하는 시간을 만들거나 계산할 때 사용합니다. 어떤 시간으로부터 몇 시간 전이나 후, 몇 분 전이나 후의 시간을 구해야 할 때 TIME 함수 안의 인수에서 계산해주어야 합니다. HOUR, MINUTE, SECOND 함수는 시간으로부터 시, 분, 초에 해당하는 숫자만 가져오는 함수입니다.

함수 형식	=TIME(Hour,Minute,Second) =HOUR(Serial_number) =MINUTE(Serial_number) =SECOND(Serial_number)
인수	Hour(시) : 0부터 23까지 시간을 나타내는 숫자입니다. Minute(분) : 0부터 59까지 분을 나타내는 숫자입니다. Second(초) : 0부터 59까지 초를 나타내는 숫자입니다. Serial_number(시간) : 시간 형식으로 된 시간 데이터 또는 시간에 해당되는 숫자입니다.
사용 예	=HOUR(B3)　=MINUTE(B3)　=SECOND(B3)　=TIME(C3,D3+$B$1,E3) |	A	B	C	D	E	F
1	상영시간:	108 분
2	회차	시작시간	시	분	초	종료시간
3	1회	8:30	8	30	0	10:18
4	2회	10:50	10	50	0	12:38
5	3회	13:15	13	15	0	15:03
6	4회	15:35	15	35	0	17:23
7	5회	18:00	18	0	0	19:48	

요일에 따른 조건부 서식 지정하기 – WEEKDAY

실습 파일 | Chapter08\10_아르바이트급여.xlsx   완성 파일 | Chapter08\10_아르바이트급여_완성.xlsx

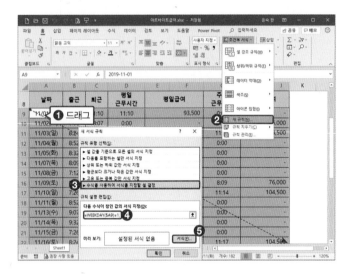

일요일 행에 조건부 서식 지정하기

01 일요일인 행의 채우기 색을 연한 빨간색으로 지정하겠습니다.

❶ [A9:J34] 범위 지정

❷ [홈] 탭-[스타일] 그룹-[조건부 서식]-[새 규칙] 클릭

❸ [새 서식 규칙] 대화상자의 [규칙 유형 선택] 목록에서 [수식을 사용하여 서식을 지정할 셀 결정] 클릭

❹ 수식 입력란에 **=WEEKDAY($A9) =1** 입력

❺ [서식]을 클릭합니다.

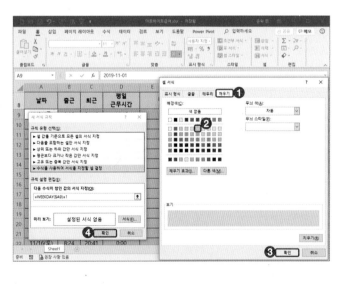

02 조건에 대한 서식을 지정하겠습니다.

❶ [셀 서식] 대화상자에서 [채우기] 탭 클릭

❷ [배경색]의 [빨강, 강조 2, 80% 더 밝게] 클릭

❸ [확인] 클릭

❹ [새 서식 규칙] 대화상자에서 [확인]을 클릭합니다.

날짜의 요일 번호가 1이면, 즉 일요일이면 행의 채우기 색이 선택한 색으로 표시됩니다.

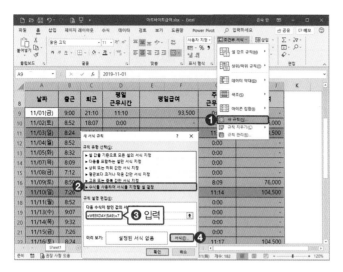

토요일 행에 조건부 서식 지정하기

03 토요일인 행은 채우기 색을 연한 파란색으로 지정하겠습니다.

❶ [홈] 탭–[스타일] 그룹–[조건부 서식]–[새 규칙] 클릭

❷ [새 서식 규칙] 대화상자의 [규칙 유형 선택] 목록에서 [수식을 사용하여 서식을 지정할 셀 결정] 클릭

❸ 수식 입력란에 **=WEEKDAY ($A9) =7** 입력

❹ [서식]을 클릭합니다.

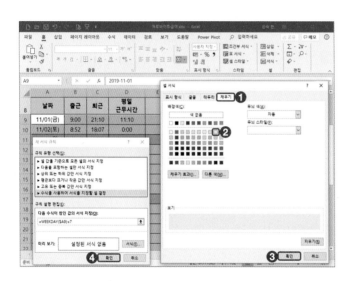

04 조건에 대한 서식을 지정하겠습니다.

❶ [셀 서식] 대화상자에서 [채우기] 탭 클릭

❷ [배경색]의 [바다색, 강조 5, 80% 더 밝게] 클릭

❸ [확인] 클릭

❹ [새 서식 규칙] 대화상자에서 [확인]을 클릭합니다.

날짜의 요일 번호가 7이면, 즉 토요일이면 행의 채우기 색이 선택한 색으로 표시됩니다.

행/열 정보로 일련번호 매기기 - ROW, COLUMN

실습 파일 | Chapter08\11_매출현황표.xlsx 완성 파일 | Chapter08\11_매출현황표_완성.xlsx

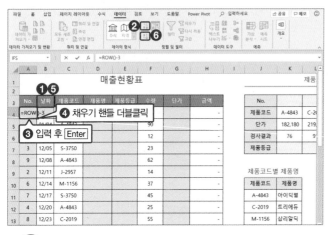

ROW 함수로 일련번호 매기기

01 일련번호를 수정하겠습니다.

❶ [B3] 셀 클릭

❷ [데이터] 탭-[정렬 및 필터] 그룹-[오름차순 정렬] 클릭

❸ [A4] 셀에 **=ROW()-3** 입력 후 Enter

❹ [A4] 셀의 채우기 핸들 더블클릭

❺ [B3] 셀 클릭

❻ [데이터] 탭-[정렬 및 필터] 그룹-[내림차순 정렬]을 클릭합니다.

바로 통하는 TIP 함수식 설명

처음 날짜별로 오름차순 정렬했을 때는 일련번호 순서가 뒤섞였습니다. ROW 함수로 일련번호를 수정한 후 다시 날짜별로 내림차순 정렬하면 날짜별로 행이 정렬되지만 일련번호 순서는 그대로입니다.

· **=ROW()-3** : 인수를 생략하면 현재 셀의 행 번호를 가져옵니다. 일련번호가 1부터 시작해야 하므로 현재 행 번호에서 일련번호에 포함하지 않을 3행을 뺍니다. **=ROW(A1)**을 입력해도 같은 결과가 나옵니다.

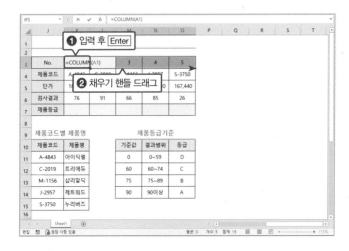

COLUMN 함수로 일련번호 매기기

02 가로 형태 목록 단가표의 일련번호를 입력하겠습니다.

❶ [K3] 셀에 **=COLUMN(A1)** 입력 후 Enter

❷ [K3] 셀의 채우기 핸들을 [O3] 셀까지 드래그합니다.

바로 통하는 TIP 함수식 설명

· **=COLUMN(A1)** : 인수로 지정한 [A1] 셀의 열 번호 1을 가져옵니다. **=COLUMN()-10**으로 입력해도 같은 결과입니다.

행 번호를 가져오는 ROW 함수, 열 번호를 가져오는 COLUMN 함수

ROW 함수는 행 번호를, COLUMN 함수는 열 번호를 가져오는 함수입니다. 인수를 생략하면 현재 셀의 행 번호, 열 번호를 가져오며, 인수로 셀 주소를 지정하면 해당 셀 주소에 대한 행 번호, 열 번호를 가져옵니다. 자동으로 일련번호가 변하도록 해야 하는 경우에 주로 쓰이며, 혼자 쓰는 경우보다는 다른 함수 안에서 활용되는 경우가 더 많습니다.

함수 형식	=ROW([Reference]) =COLUMN([Reference])
인수	Reference(셀 주소) : 행 번호나 열 번호를 가져올 셀 주소로, 생략하면 현재 셀의 행 번호, 열 번호를 가져옵니다.
사용 예	다음과 같이 셀에 원하는 번호를 입력하고 그 셀로부터 일련번호를 매겨야 할 때 사용하면 편리합니다.

No.	성명	주민번호	입사일	부서	연락처
1	한은숙	910403-2000000	2004-10-01	총무부	555-3333
2	배윤미	951225-2000000	2007-03-02	기획부	555-2222
3	이순신	890630-1000000	2009-04-01	영업부	555-7777
4	홍길동	830501-1000000	2010-05-11	영업부	555-1111
5	김성준	980511-1000000	2017-01-02	인사부	555-5555

=ROW()-3

No.	1	2	3	4	5
성명	한은숙	배윤미	이순신	홍길동	김성준
주민번호	910403-2000000	951225-2000000	890630-1000000	830501-1000000	980511-1000000
입사일	2004-10-01	2007-03-02	2009-04-01	2010-05-11	2017-01-02
부서	총무부	기획부	영업부	영업부	인사부
연락처	555-3333	555-2222	555-7777	555-1111	555-5555

=COLUMN(A1)

▲ 인수 없이 입력하고 현재 행 앞 세 개 행을 빼서 일련
번호 1 입력

▲ 인수로 A1 지정. A1의 열 번호는 1이므로 일련번호 1 입력

목록에서 데이터 찾아오기
– VLOOKUP, HLOOKUP

실습 파일 | Chapter08\12_매출현황표.xlsx 완성 파일 | Chapter08\12_매출현황표_완성.xlsx

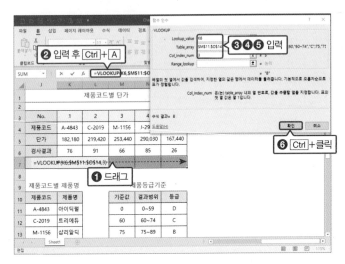

제품등급 입력하기

01 검사결과 값을 제품등급기준표에서 찾아 해당되는 등급을 가져오겠습니다.

❶ [K7:O7] 셀 범위 지정

❷ =VLOOKUP 입력 후 Ctrl + A

❸ [함수 인수] 대화상자의 [Lookup_value]에 **K6** 입력

❹ [Table_array]에 **$M$11:$O$14** 입력

❺ [Col_index_num]에 **3** 입력

❻ [확인]을 Ctrl +클릭합니다.

인수 설명

- **Lookup_value(찾는 값)** : 제품등급기준표에서 찾을 기준 값으로 검사결과 값 [K6] 셀 지정

- **Table_array(표 목록)** : [K6] 셀의 검사결과 값을 찾을 표 목록인 [M11:O14] 범위 지정. 다른 셀에서 변하지 않도록 절대 참조로 지정합니다.

- **Col_index_num(열 번호)** : 표 목록에서 가져올 데이터 등급은 세 번째 열에 있으므로 3 입력

- **Range_lookup(찾을 방식)** : 기준 값의 수치 범위 내에서 근삿값을 찾아야 하므로 생략

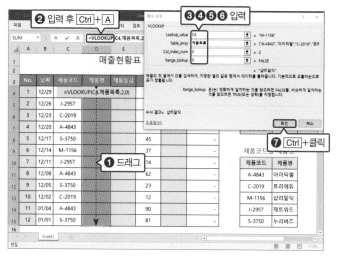

② 입력 후 Ctrl + A

③④⑤⑥ 입력

⑦ Ctrl +클릭

① 드래그

제품명 가져오기

02 제품코드에 따른 제품명을 제품목록표에서 가져오겠습니다.

❶ [D4:D15] 범위 지정

❷ =VLOOKUP 입력 후 Ctrl + A

❸ [함수 인수] 대화상자의 [Lookup_value]에 **C4** 입력

❹ [Table_array]에 **제품목록** 입력

❺ [Col_index_num]에 **2** 입력

❻ [Range_lookup]에 **0** 입력

❼ [확인]을 Ctrl +클릭합니다.

인수 설명

- **Lookup_value(찾는 값)** : 제품목록표에서 찾을 제품코드 [C4] 셀 지정
- **Table_array(표 목록)** : 제품코드를 찾을 표 목록 [J11:K15] 범위의 이름인 '제품목록' 입력
- **Col_index_num(열 번호)** : 제품목록 범위 중 가져올 제품명은 두 번째 열에 있으므로 2 입력
- **Range_lookup(찾을 방식)** : 정확하게 일치하는 값을 찾아야 하므로 0 입력

바로 통하는TIP [J11:K15] 범위는 '제품목록'이라는 이름으로 정의되어 있습니다.

쉽고 빠른 엑셀 NOTE 표 목록(Table_array) 작성 시 주의할 점

VLOOKUP, HLOOKUP 함수로 [Table_array]에서 참조할 표 목록을 작성할 때는 다음 사항을 꼭 지켜야 합니다.

❶ 찾는 값(Lookup_value)은 표 목록(Table_array)의 첫 번째 줄에서만 찾기 때문에 반드시 첫 번째 줄에 작성해야 합니다.

❷ 찾는 값(Lookup_value)이 숫자인 경우에는 오름차순으로 찾으므로 숫자 범위 중 가장 작은 숫자부터 조건에 해당하는 단위별로 오름차순(작은 숫자부터 큰 숫자 순서)으로 작성해야 합니다.

다음은 표 목록(Table_array) 작성이 잘못되어 함수식의 결과에 오류가 생기거나 엉뚱한 값을 찾아온 예입니다.

제품코드별 단가					
No.	1	2	3	4	5
제품코드	A-4843	C-2019	M-1156	J-2957	S-3750
단가	182,180	219,420	253,440	290,030	167,440
검사결과	76	91	66	85	26
제품등급	#N/A	#N/A	#N/A	#N/A	#N/A

제품등급기준		
결과범위	기준값	등급
0~59	0	D
60~74	60	C
75~89	75	B
90이상	90	A

▲ 찾는 값에 해당되는 열이 표 목록의 첫 번째 열이 아님

제품코드별 단가					
No.	1	2	3	4	5
제품코드	A-4843	C-2019	M-1156	J-2957	S-3750
단가	182,180	219,420	253,440	290,030	167,440
검사결과	76	91	66	85	26
제품등급	D	D	#N/A	D	#N/A

제품등급기준		
기준값	결과범위	등급
90	90이상	A
75	75~89	B
60	60~74	C
0	0~59	D

▲ 표 목록의 첫 번째 열의 숫자 목록이 내림차순으로 작성됨

우선 순위

실무 활용

부서 작성 & 데이터 입력

수식 & 데이터 편집

서식 & 인쇄

함수

차트 & 일러스트 레이션

데이터 관리 & 분석

매크로 & VBA

부록

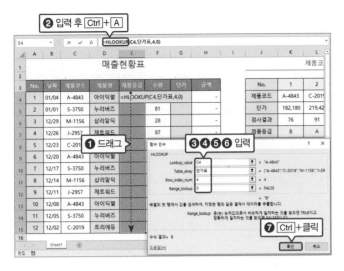

제품등급 가져오기

03 제품 코드에 따른 제품등급을 단가표에서 가져오겠습니다.

❶ [E4:E15] 범위 지정

❷ =HLOOKUP 입력 후 Ctrl + A

❸ [함수 인수] 대화상자의 [Lookup _value]에 **C4** 입력

❹ [Table_array]에 **단가표** 입력

❺ [Row_index_num]에 **4** 입력

❻ [Range_lookup]에 **0** 입력

❼ [확인]을 Ctrl + 클릭합니다.

> **인수 설명**

- **Lookup_value(찾는 값)** : 단가표에서 찾을 제품코드[C4] 셀 지정
- **Table_array(표 목록)** : 제품코드를 찾을 표 목록[K4:O7] 범위의 이름인 '단가표' 입력
- **Row_index_num(행 번호)** : 단가표 범위 중 가져올 제품등급은 네 번째 행에 있으므로 4 입력
- **Range_lookup(찾을 방식)** : 정확하게 일치하는 값을 찾아야 하므로 0 입력

> **바로 통 하는 TIP** 단가표가 가로 방향 목록이므로 HLOOKUP 함수를 사용해야 합니다. [K4:O7] 범위는 '단가표'라는 이름으로 정의되어 있습니다.

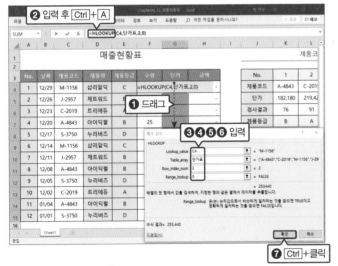

단가 가져오기

04 단가는 단가표 목록에서 두 번째 행에 있습니다. 제품등급을 구했던 함수식과 같고 가져올 행 번호만 2로 지정합니다.

❶ [G4:G15] 범위 지정

❷ =HLOOKUP 입력 후 Ctrl + A

❸ [함수 인수] 대화상자의 [Lookup _value]에 **C4** 입력

❹ [Table_array]에 **단가표** 입력

❺ [Row_index_num]에 **2** 입력

❻ [Range_lookup]에 **0** 입력

❼ [확인]을 Ctrl + 클릭합니다.

우선
순위

실무
활용

문서
작성
&
데이터
입력

수식
&
데이터
편집

서식
&
인쇄

함수

차트
&
일러스트
레이션

데이터
관리
&
분석

매크로
&
VBA

부록

쉽고 빠른 엑셀 NOTE **목록에서 값을 찾아오는 VLOOKUP, HLOOKUP 함수**

VLOOKUP, HLOOKUP은 입력한 어떤 값을 다른 데이터 목록에서 찾은 후 그 해당 값과 관련된 정보를 가지고 와야 할 때 주로 사용하는 함수입니다. 두 함수의 쓰임새와 함수 인수 형식은 거의 동일하지만 VLOOKUP 함수는 세로 방향 데이터 목록에서 값을 찾아올 때, HLOOKUP 함수는 가로 방향 데이터 목록에서 값을 찾아올 때 사용합니다.

함수 형식	=VLOOKUP(Lookup_value,Table_array,Col_index_num,[Range_lookup]) =HLOOKUP(Lookup_value,Table_array,Row_index_num,[Range_lookup])
인수	Lookup_value(찾는 값) : 표 목록의 첫 번째 줄에서 찾으려는 값입니다. Table_array(표 목록) : 찾을 값이 있는 표 목록입니다. Col_index_num(열 번호) : 표 목록에서 가져올 데이터가 있는 열 번호입니다. Row_index_num(행 번호) : 표 목록에서 가져올 데이터가 있는 행 번호입니다. Range_lookup(찾을 방식) : 정확히 일치하는 값을 찾을 것인지, 수치 범위 내에서 근삿값을 찾을 것인지에 대한 선택 사항입니다. TRUE 또는 생략 : 수치 범위 내에서 근삿값을 찾습니다. 찾을 값이 숫자인 경우 주로 사용합니다. FALSE 또는 0 : 정확하게 일치하는 값을 찾습니다. 찾을 값이 문자인 경우 주로 사용합니다.
사용 예	[A4] 셀에 사번을 입력하면 직원목록 범위에서 찾아 그에 해당하는 성명, 부서, 주민번호, 입사일, 연락처를 가져오도록 VLOOKUP 함수 사용합니다. 부서, 주민번호, 입사일, 연락처에도 같은 함수식이 작성하며 [Col_index_num] 인수만 데이터 열에 맞게 지정합니다. 예를 들어 부서는 다섯 번째 열이므로 '=VLOOKUP(A4,G4:L8,5,0)'으로 입력합니다. 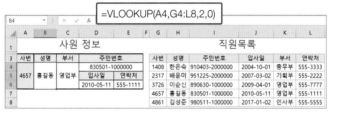 직원 목록이 가로 방향으로 작성되어 있다면 HLOOKUP 함수를 사용합니다. 다음과 같이 찾는 값(Lookup_value)이 수치 범위 내에서 근삿값을 찾아와야 하는 경우 찾을 방식(Range_lookup)을 생략합니다.

2007 2010 2013 2016 2019

행과 열이 교차하는 셀 값 가져오기 – INDEX, MATCH

실습 파일 | Chapter08\13_매출현황표.xlsx 완성 파일 | Chapter08\13_매출현황표_완성.xlsx

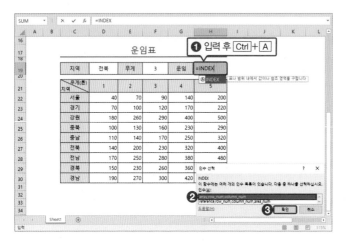

지정된 행과 열이 교차하는 셀 값 가져오기

01 [D19] 셀의 지역과 [F19] 셀의 무게를 아래쪽 운임표에서 찾아 운임을 가져오겠습니다.

❶ [H19] 셀에 **=INDEX** 입력 후 Ctrl + A

❷ [인수 선택] 대화상자에서 [array, row_num,column_num] 클릭

❸ [확인]을 클릭합니다.

INDEX 함수의 [함수 인수] 대화상자가 표시됩니다.

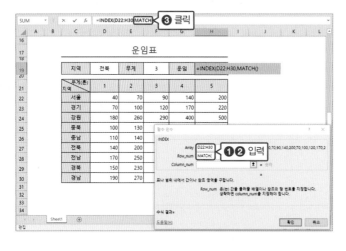

MATCH 함수 중첩하기

02 지역명이 운임표의 몇 번째 행에 있는지 행 번호를 가져오기 위해 MATCH 함수를 사용하겠습니다.

❶ [Array]에 **D22:H30** 입력

❷ [Row_num]란에 **MATCH(** 입력

❸ 수식 입력줄에 입력된 MATCH를 클릭합니다.

MATCH 함수의 [함수 인수] 대화상자가 표시됩니다.

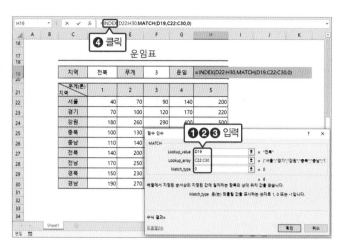

MATCH 함수 인수 지정하기

03 MATCH 함수의 인수를 지정하겠습니다.

❶ [Lookup_value]에 **D19** 입력

❷ [Lookup_array]에 **C22:C30** 입력

❸ [Match_type]에 **0** 입력

❹ 수식 입력줄의 INDEX를 클릭합니다.

인수 설명

- **Lookup_value(찾는 값)** : 몇 번째 위치에 있는지 알아볼 지역명인 [D19] 셀 지정
- **Lookup_array(찾을 범위)** : [D19] 셀의 지역명이 포함된 범위인 [C22:C30] 지정
- **Match_type(찾을 방법)** : 목록이 오름차순, 내림차순에 상관없이 찾을 것이므로 0 입력

> **쉽고 빠른 엑셀 NOTE** **값이 범위 내에서 몇 번째 위치인지를 구하는 MATCH 함수**
>
> MATCH는 범위 내에서 찾는 값이 몇 번째 위치에 있는지 구하는 함수입니다. INDEX 함수에서 특정 데이터의 행 번호와 열 번호를 지정할 때 함께 사용되는 경우가 많습니다.

함수 형식	=MATCH(Lookup_value,Lookup_array,Match_type)
인수	Lookup_value(찾는 값) : 범위에서 찾으려는 값. 숫자, 문자, 논리 값입니다. Lookup_array(찾을 범위) : 찾을 값이 포함되어 있는 셀 범위입니다. Match_type(찾을 방법) : 찾을 방법을 지정하는 숫자. –1, 0, 1 중에서 입력합니다. 　–1 : 찾는 값보다 크거나 같은 값 중 가장 작은 값을 찾습니다. 찾을 범위가 내림차순으로 되어 있어야 합니다. 　　0 : 찾는 값과 같은 첫째 값을 찾습니다. 찾을 범위가 임의의 순서여도 됩니다. 　　1 : 찾는 값보다 작거나 같은 값 중에서 최댓값을 찾습니다. 찾을 범위가 오름차순으로 되어 있어야 합니다.
사용 예	제품명과 지역명이 몇 번째 행, 몇 번째 열에 있는지를 INDEX 함수 안에서 MATCH 함수를 입력하여 표에서 매출을 가지고 오게 합니다. =INDEX(B5:E8,MATCH(B1,A5:A8,0),MATCH(B2,B4:E4,0))

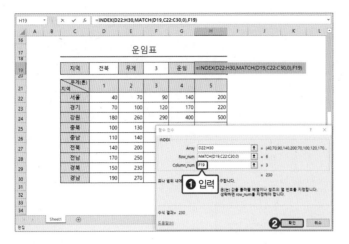

INDEX 함수 인수 지정하기

04 다시 INDEX [함수 인수] 대화 상자가 표시됩니다. 나머지 인수를 지정합니다.

❶ [Column_num]에 **F19** 입력

❷ [확인]을 클릭합니다.

인수 설명

- **Array(배열)** : 데이터를 가져올 배열 범위로 [D22:H30] 지정
- **Row_num(행 번호)** : [D19] 셀의 지역이 범위에서 몇 번째 행인지 행 번호를 가져오는 MATCH 함수식 입력
- **Column_num(열 번호)** : 무게는 숫자로 입력되어 있고 [F19] 셀의 숫자가 열 번호이므로 [F19] 셀 지정

지정하는 행과 열이 교차하는 셀의 값을 가져오는 INDEX 함수

INDEX는 범위 내에서 몇 번째 행, 몇 번째 열에 있는 값을 구할 수 있는 함수입니다. 배열(Array)형과 참조(Reference)형이 있는데, 배열형은 항상 한 개의 값 또는 값의 배열을 구합니다. INDEX 함수의 첫째 인수가 배열 상수이면 배열형을 사용합니다. 참조형은 행과 열이 교차하는 위치의 셀 참조를 반환합니다. 참조 범위가 인접하지 않은 여러 영역으로 이루어진 경우에는 참조형을 사용합니다.

함수 형식	=INDEX(Array,Row_num,Column_num) → 배열형 =INDEX(Reference,Row_num,Column_num,Area_num) → 참조형
인수	Array(배열) : 찾아올 값이 있는 셀 범위나 배열 상수. 배열에 행만 있거나 열만 있는 경우 [Row_num]나 [Column_num] 인수 중 하나는 생략할 수 있습니다. Row_num(행 번호) : 범위에서 찾아올 값이 있는 행 번호입니다. Column_num(열 번호) : 범위에서 찾아올 값이 있는 열 번호입니다. Reference(한 개 이상의 범위) : 한 개 이상의 셀 범위에 대한 참조입니다. 인접하지 않은 범위를 참조로 입력하려면 콤마(,)를 구분 기호로 입력하고 괄호로 묶어야 합니다. 예) (B4:E15,B20:E30) Area_num(범위 번호) : 참조형 INDEX 함수에서 한 개 이상의 범위를 지정한 경우에 어느 범위에서 값을 찾아올지 지정. 첫 번째 영역은 1, 두 번째는 2, 세 번째는 3으로 입력합니다. 생략하면 영역 1이 지정됩니다.
사용 예	• 배열형 =INDEX(B6:E9,B1,B2) ▲ 1분기 표에서 제품2(두 번째 행), 지역3(세 번째 열)의 값을 가져옴 • 참조형 =INDEX((B7:E10,H7:K10,B14:E17,H14:K17),B1,B2,B3) ▲ 1분기, 2분기, 3분기, 4분기 표에서 제품2(두 번째 행), 지역3(세 번째 열)의 값을 4분기 표에서 가져옴

2007 2010 2013 2016 2019

다중 조건에 대한 합계 구하기 – SUMIFS

실습 파일 | Chapter08\14_간이세금계산서.xlsx   완성 파일 | Chapter08\14_간이세금계산서_완성.xlsx

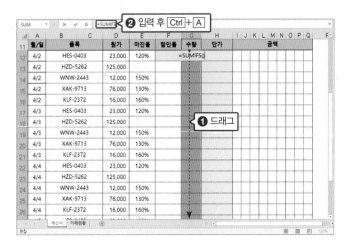

일자별 품목별 수량 합계 구하기

01 [거래현황] 시트에 있는 일자별, 품목별 데이터의 판매수량 합계를 계산하겠습니다.

❶ [G12 :G31] 범위 지정

❷ =SUMIFS를 입력한 후 Ctrl+A 를 누릅니다.

바로 통 하는TIP [거래현황] 시트에는 일자, 품목, 판매수량 데이터가 있으며 각 목록 범위는 이름이 정의되어 있습니다.

인수 지정하기

02 SUMIFS [함수 인수] 대화상자에 범위와 조건을 지정하겠습니다.

❶ [Sum_range]에 **판매수량** 입력

❷ [Criteria_range1]에 **일자** 입력

❸ [Criteria1]에 **A12** 입력

❹ [Criteria_range2]에 **품목** 입력

❺ [Criteria2]에 **B12** 입력

❻ [확인]을 Ctrl+클릭합니다.

[거래현황] 시트의 일자가 월/일과 일치하고 품목이 일치하는 거래 수량의 합계가 구해집니다.

인수 설명

- **Sum_range(합계 범위)** : 합계를 구할 범위로 [거래현황] 시트에 [C2:C48] 범위의 이름인 '판매수량' 입력
- **Criteria_range1(조건 범위1)** : 첫 번째 조건을 확인할 범위로 [거래현황] 시트에 [A2:A48] 범위의 이름인 '일자' 입력
- **Criteria1(조건1)** : 첫 번째 조건 범위에서 날짜가 입력되어 있는 [A12] 셀 지정
- **Criteria_range2(조건 범위2)** : 두 번째 조건을 확인할 범위로 [거래현황] 시트에 [B2:B48] 범위의 이름인 '품목' 입력
- **Criteria2(조건2)** : 두 번째 조건 범위에서 품목명이 입력되어 있는 [B12] 셀 지정

쉽고 빠른 엑셀 NOTE 다중 조건에 대한 합계를 구하는 SUMIFS 함수

SUMIFS는 여러 가지 조건을 만족하는 경우의 합계를 구하는 함수입니다.

함수 형식	=SUMIFS(Sum_range,Criteria_range1,Criteria1,…,Criteria_range127,Criteria127)
인수	Sum_range(합계 범위) : 합계를 구할 범위로 숫자, 이름, 참조 범위를 지정합니다. 빈 셀이나 텍스트 값은 무시됩니다. Criteria_range(조건 범위) : 조건에 맞는지 검사할 범위로 이름, 배열, 참조 범위를 지정합니다. 다음에 오는 조건 인수와 짝을 이루며 127개까지 지정할 수 있습니다. Criteria(조건) : 숫자, 식, 셀 참조 또는 텍스트 형식의 조건으로서 앞에 있는 조건 범위 인수와 짝을 이루며 127개까지 지정할 수 있습니다.
사용 예	▲ 색상과 사이즈별 수량 목록에서 흰색, 11호 이하 사이즈의 수량 합계를 구함

쉽고 빠른 엑셀 NOTE SUMPRODUCT 함수로 다중 조건에 대한 개수와 합계 구하기

SUMPRODUCT 함수는 단순한 곱셈 결과의 합을 구하는 것뿐 아니라 COUNTIFS나 SUMIFS 함수처럼 다중 조건에 대한 개수나 합계를 구할 때도 사용됩니다. 엑셀 2007 버전부터 추가된 SUMIFS, COUNTIFS 함수를 사용하면 다중 조건에 대한 합계나 개수를 구할 수 있지만, 이 함수들은 다중 조건에 대해 AND 조건으로만 계산합니다. 엑셀 97~2003 버전 사용자를 위해 SUMPRODUCT 함수를 사용해야 하는 경우나 다중 조건에 대한 OR 조건의 계산을 위해서 SUMPRODUCT 함수를 사용합니다. SUMPRODUCT 함수는 배열을 인수로 취급하기 때문에 함수식 안에서 조건들 사이에 별표(*) 기호를 사용하면 AND 조건으로, 더하기(+) 기호를 사용하면 OR 조건으로 계산합니다. SUMPRODUCT 함수 안에 별표(*)나 더하기(+) 기호로 연결한 조건을 나열하면 조건에 대한 개수를 구하고, 조건들 뒤에 범위를 지정하면 해당 조건에 대한 범위의 합계를 구합니다. 다중 조건에 대한 구체적인 계산 방식은 다음과 같습니다.

● 다중 조건에 대한 개수

=SUMPRODUCT((조건1)*(조건2)*…*(조건N)) → 여러 조건이 모두 맞는 경우의 개수를 구합니다(AND 조건).

=SUMPRODUCT((조건1)+(조건2)+…+(조건N)) → 여러 조건 중 한 가지라도 맞는 경우의 개수를 구합니다(OR 조건).

● 다중 조건에 대한 합계

=SUMPRODUCT((조건1)*(조건2)*…*(조건N),범위) → 여러 조건이 모두 맞는 경우의 범위의 합계를 구합니다(AND 조건).

=SUMPRODUCT((조건1)+(조건2)+…+(조건N),범위) → 여러 조건 중 한 가지라도 맞는 경우의 범위의 합계를 구합니다(OR 조건).

위에서 SUMIFS 함수로 구했던 것을 SUMPRODUCT 함수로 구하려면 다음과 같이 작성합니다.

=SUMPRODUCT((A3:A17="흰색")*(B3:B17<=11),C3:C17)

핵심기능 15

지정된 범위 곱하고 더하기 – PRODUCT, SUMPRODUCT

실습 파일 | Chapter08\15_간이세금계산서.xlsx 완성 파일 | Chapter08\15_간이세금계산서_완성.xlsx

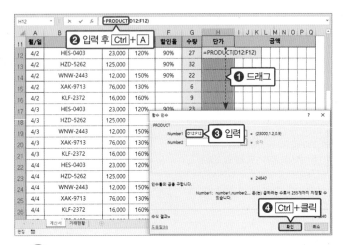

원가, 마진율, 할인율 곱하여 단가 구하기

01 원가, 마진율, 할인율을 곱하되, 빈 셀을 무시하고 곱해야 하므로 PRODUCT 함수를 사용하겠습니다.

❶ [H12 :H31] 범위 지정
❷ =PRODUCT 입력 후 Ctrl + A
❸ [함수 인수] 대화상자의 [Number1]에 **D12:F12** 입력
❹ [확인]을 Ctrl+클릭합니다.

바로 통 하는TIP 단가가 입력되면 금액도 채워집니다. '수량*단가'의 결과가 한 셀에 한 글자씩 입력되도록 금액의 각 셀에는 MID 함수가 작성되어 있습니다.

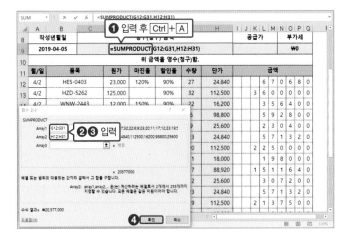

합계금액 구하기

02 계산서의 수량과 단가 범위를 곱한 후 곱한 결과를 더하는 SUM-PRODUCT 함수로 합계를 구하겠습니다.

❶ [C9] 셀에 =SUMPRODUCT 입력 후 Ctrl + A
❷ [함수 인수] 대화상자의 [Array1]에 **G12:G31** 입력
❸ [Array2]에 **H12:H31** 입력
❹ [확인]을 클릭합니다.

수량 범위와 단가 범위를 곱한 후 결과가 모두 더해져 값이 표시됩니다.

지정된 범위의 숫자를 모두 곱하는 PRODUCT 함수

PRODUCT 함수는 지정된 범위의 숫자를 모두 곱합니다. 또한 범위 중간에 빈 셀이 있는 경우 빈 셀은 건너뛰고 곱하기 때문에 범위 중간에 빈 셀이 포함된 범위에서 곱셈을 해야 할 때 사용하면 편리합니다.

함수 형식	=PRODUCT(Number1,Number2,…,Number255)
인수	Number1~Number255(수1~수255) : 곱하려는 수로 255개까지 지정할 수 있으며, 연속된 범위인 경우에는 [Number1]에서 한 번에 지정해도 됩니다.
사용 예	=B2*C2*D2 =PRODUCT(B2 :D2)

	A	B	C	D	E
1	제품	원가	마진율	수량	판매금액
2	제품1	6,101	130%	332	2,633,192
3	제품2	7,372		452	0
4	제품3	13,468	150%	476	9,616,152
5	제품4	4,107		315	0

▲ 판매금액을 원가, 마진율, 수량을 곱하는 수식. 마진율이 빈 셀인 경우 판매금액이 0이 됨

	A	B	C	D	E
1	제품	원가	마진율	수량	판매금액
2	제품1	6,101	130%	332	2,633,192
3	제품2	7,372		452	3,332,144
4	제품3	13,468	150%	476	9,616,152
5	제품4	4,107		315	1,293,705

▲ 판매금액을 PRODUCT 함수에서 범위를 지정하면 범위의 빈 셀은 무시하고 곱함

지정된 배열끼리 곱하고 더하는 SUMPRODUCT 함수

SUMPRODUCT는 지정한 배열끼리 대응되는 값을 곱한 후 곱한 결과의 합계를 구해주는 함수입니다. PRODUCT 함수와는 달리 배열 안에 빈 셀이 있는 경우 빈 셀을 0으로 곱합니다.

함수 형식	=SUMPRODUCT(Array1,Array2,…,Array255)
인수	Array1~Array255(배열1~배열255) : 계산할 배열로 2~255개의 배열을 지정할 수 있습니다. 배열의 차원은 모두 같아야 하며 같지 않으면 #VALUE! 오류가 반환됩니다.
사용 예	

▲ 수량 범위와 단가 범위를 곱한 후 곱한 결과를 더함

핵심기능

16

나눗셈의 몫과 나머지 구하기
– QUOTIENT, MOD

실습 파일 | Chapter08\16_간이세금계산서.xlsx   완성 파일 | Chapter08\16_간이세금계산서_완성.xlsx

합계금액의 공급가 구하기

01 합계금액을 1.1로 나눈 몫을 구하여 공급가를 구하겠습니다.

❶ [I9] 셀에 =QUOTIENT 입력 후 Ctrl + A

❷ [함수 인수] 대화상자의 [Numerator]에 C9 입력

❸ [Denominator]에 **1.1** 입력

❹ [확인]을 클릭합니다.

인수 설명

'=C9/1.1'의 계산식으로 작성해도 되지만 소수 이하까지 나오게 되므로 QUOTIENT 함수를 사용하여 나눗셈 몫의 정수만 가져옵니다.

· Numerator : 나누어질 합계금액이 입력되어 있는 [C9] 셀 지정

· Denominator : 나눌 수로 1.1 입력

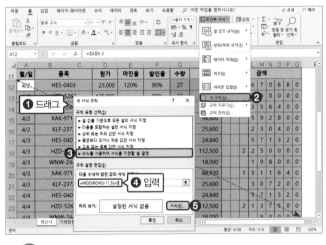

5행마다 빨간색 테두리 표시하기

02 5행마다 빨간색으로 아래쪽 테두리를 표시해 구분하겠습니다.

❶ [A12:Q31] 범위 지정

❷ [홈] 탭-[스타일] 그룹-[조건부 서식]-[새 규칙] 클릭

❸ [새 서식 규칙] 대화상자의 [규칙 유형 선택] 목록에서 [수식을 사용하여 서식을 지정할 셀 결정] 선택

❹ 수식 입력란에 =MOD(ROW()-11, 5)=0 입력

❺ [서식]을 클릭합니다.

바로 통 하는TIP 조건식 설명

· =MOD(ROW()-11,5)=0 : 행 번호(ROW()-11)를 5로 나눈 나머지가 0이면 서식 지정

270 회사에서 바로 통하는 실무 엑셀

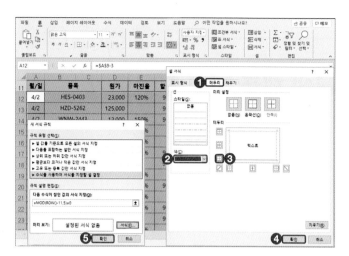

서식 지정하기

03 테두리 서식을 지정하겠습니다.

❶ [셀 서식] 대화상자에서 [테두리] 탭 클릭

❷ [색] 목록에서 [빨강] 선택

❸ [아래쪽 테두리] 클릭

❹ [확인] 클릭

❺ [새 서식 규칙] 대화상자에서 [확인]을 클릭합니다.

목록의 5행마다 빨간색 테두리가 표시됩니다.

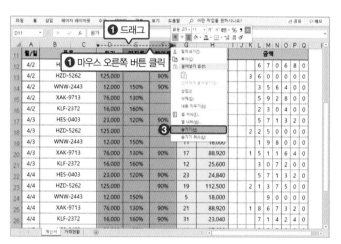

열 숨기기

04 계산서에서 보여줄 필요가 없는 원가, 마진율, 할인율 열을 숨기겠습니다.

❶ [D:F] 열 머리글 드래그

❷ 마우스 오른쪽 버튼 클릭

❸ [숨기기]를 클릭합니다.

선택한 열이 숨겨집니다.

쉽고 빠른 엑셀 NOTE | **나눗셈의 몫과 나머지를 구하는 QUOTIENT, MOD 함수**

QUOTIENT와 MOD는 나눗셈을 하는 함수입니다. QUOTIENT 함수는 나눗셈을 한 후 몫의 정수 부분만 반환하고 MOD 함수는 나머지 부분만 반환합니다.

함수 형식	=QUOTIENT(Numerator,Denominator) → 나눗셈 후 몫 부분만 구합니다.
	=MOD(Number,Divisor) → 나눗셈 후 나머지 부분만 구합니다.
인수	Numerator(피제수) : 피제수로 분자 부분에 해당되는 나누어질 수입니다.
	Denominator(제수) : 제수로 분모 부분에 해당되는 나눌 수입니다.
	Number(나누어질 수) : 나머지를 구할 수입니다. 분자 부분에 해당되는 피제수입니다.
	Divisor(나눌 수) : 나누는 수로 분모 부분에 해당되는 제수입니다.

사용 예	B2 =QUOTIENT(A2,12)&"년"	C2 =MOD(A2,12)&"개월"
	납입횟수 / 납입기간	**납입횟수 / 납입기간**
	37 / 3년	37 / 3년 / 1개월
	48 / 4년	48 / 4년 / 0개월
	53 / 4년	53 / 4년 / 5개월
	▲ 납입횟수를 12로 나눈 몫으로 연수를 구함	▲ 납입횟수를 12로 나눈 나머지로 개월 수를 구함

견적서에 제품 정보 찾아오기

실습 파일 | Chapter08\실무_견적서.xlsx 완성 파일 | Chapter08\실무_견적서_완성.xlsx

⊕ 예제 설명 및 완성 화면

다음 견적서의 빈 셀을 채워보겠습니다. 찾기/참조 영역 함수들을 활용하여 품명과 단위에 따라 규격, 단가를 입력하고 수량에 따라 할인율을 입력하겠습니다.

견 적 서

날짜: 2017년 12월 1일

사업장소재지	성남시 분당구 야탑동 000
상 호	올도무역㈜
대 표 자 성 명	홍 길 동 (인)
전 화 번 호	(031) 700-0000

우리 전자㈜ 귀하
아래와 같이 견적합니다.

합계금액 (공급가액+세액)	일금 일백이만구천오백일십원정			₩		1,029,510

No.	품명	규격	수량	단위	할인율	단가	공급가액	세액
1	A-002	25x60	46	SET	7%	2,820	120,640	12,064
2	B-001	25x61	80	EA	12%	1,520	107,008	10,701
3	C-001	12x48	96	EA	12%	760	64,205	6,420
4	C-002	25x63	50	SET	7%	3,580	166,470	16,647
5	D-001	25x64	118	EA	15%	1,270	127,381	12,738
6	E-001	12x47	49	SET	7%	3,560	162,229	16,223
7	E-002	25x64	15	BOX	3%	12,920	187,986	18,799
* 이 하 여 백 *								
합 계							935,919	93,592

[MEMO]

01 규격표 이름 정의하기

함수식을 간단하게 작성하기 위해 규격과 단가가 입력된 범위에 이름을 정의해두겠습니다. ❶
[제품정보] 시트에서 [B1:K2] 범위 지정 ❷ 이름 상자에 **규격표**를 입력한 후 Enter를 누릅니다.

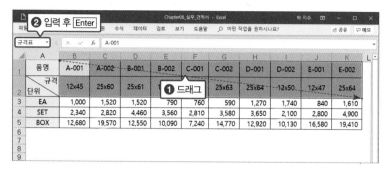

02 규격 이름 정의하기

❶ [B2:K2] 범위 지정 ❷ 이름 상자에 **규격**을 입력한 후 Enter를 누릅니다.

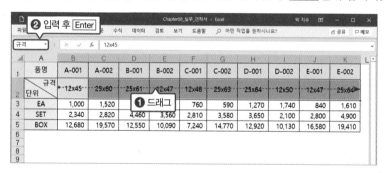

03 단위 이름 정의하기

❶ [A3:A5] 범위 지정 ❷ 이름 상자에 **단위**를 입력한 후 Enter를 누릅니다.

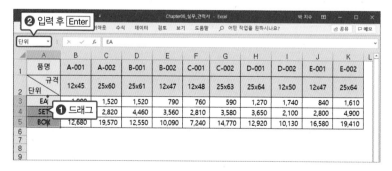

04 단가표 이름 정의하기

❶ [B3:K5] 범위 지정 ❷ 이름 상자에 **단가표**를 입력한 후 Enter 를 누릅니다.

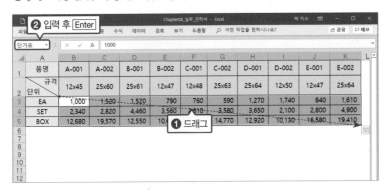

05 HLOOKUP 함수로 품명에 따라 규격 가져오기

규격표 범위는 가로 방향 목록이므로 HLOOKUP 함수를 사용해야 합니다. ❶ [견적서] 시트에서 [C12:C18] 범위 지정 ❷ =**HLOOKUP** 입력 후 Ctrl + A ❸ [함수 인수] 대화상자의 [Lookup_value]에 **B12** 입력 ❹ [Table_array]에 **규격표** 입력 ❺ [Row_index_num]에 **2** 입력 ❻ [Range_lookup]에 **0** 입력 ❼ [확인]을 Ctrl +클릭합니다.

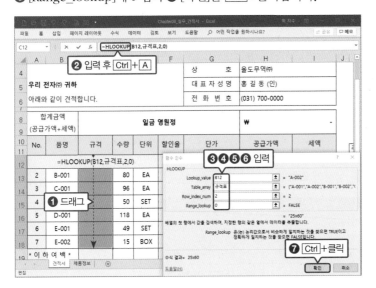

인수 설명

- **Lookup_value(찾는 값)** : 규격표에서 찾을 품명 [B12] 셀 지정
- **Table_array(표 목록)** : 품명을 찾을 표 목록 [제품정보] 시트 [B1:K2] 범위의 이름인 '규격표' 입력
- **Row_index_num(행 번호)** : 규격표 범위 중 가져올 규격은 두 번째 행에 있으므로 2 입력
- **Range_lookup(찾을 방식)** : 정확하게 일치하는 값을 찾아야 하므로 0 입력

06 VLOOKUP 함수로 수량에 따라 할인율 가져오기

할인규정표 범위는 세로 방향 목록이므로 VLOOKUP 함수를 사용합니다. ❶ [F12:F18] 범위 지정
❷ **=VLOOKUP** 입력 후 Ctrl + A ❸ [함수 인수] 대화상자의 [Lookup_value]에 D12 입력 ❹
[Table_array]에 **$K$12:$L$17** 입력 ❺ [Col_index_num]에 **2** 입력 ❻ [확인]을 Ctrl +클릭합니다.

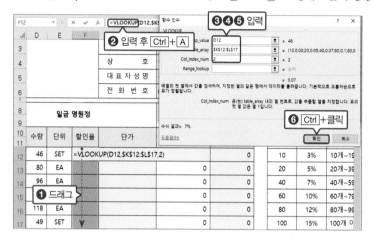

> **인수 설명**

- **Lookup_value(찾는 값)** : 할인규정표에서 찾을 수량 [D12] 셀 지정
- **Table_array(표 목록)** : 수량을 찾을 표 목록[$K$12: $L$17] 범위 지정. 다른 셀에서 범위가 변하지 않도록 절대 참조를 사용합니다.
- **Col_index_num(열 번호)** : 할인규정표 범위 중 가져올 할인율은 두 번째 열에 있으므로 **2** 입력
- **Range_lookup(찾을 방식)** : 수량 범위에서 근삿값을 가져와야 하므로 생략

07 INDEX 함수로 규격과 단위에 따라 단가 가져오기

단가표 범위에서 규격과 단위를 찾아 해당 행과 열이 교차하는 위치의 단가를 가져오겠습니다.
❶ [G12:G18] 범위 지정 ❷ **=INDEX** 입력 후 Ctrl + A ❸ [인수 선택] 대화상자의 [array,row_
num,column_num]이 선택된 상태에서 [확인]을 클릭합니다.

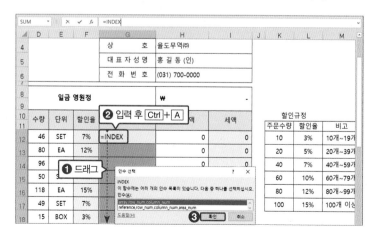

08 INDEX 함수 인수로 MATCH 함수 중첩하기

❶ [함수 인수] 대화상자의 [Array]에 **단가표** 입력 ❷ [Row_num]에 **MATCH(E12,단위,0)** 입력 ❸ [Column_num]에 **MATCH(C12,규격,0)** 입력 ❹ [확인]을 Ctrl+클릭합니다. 단위와 규격이 매치되는 단가를 [제품정보] 시트의 단가표에서 찾아 입력합니다.

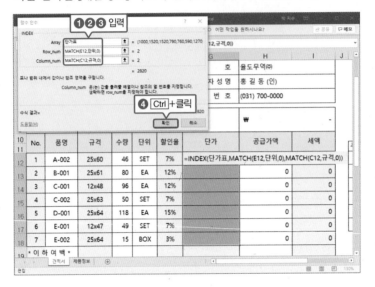

인수 설명

- **Array(배열)** : 단가를 가져올 배열 범위로 [제품정보] 시트에서 [B3:K5] 범위의 이름인 '단가표' 입력
- **Row_num(행 번호)** : 단가표에서 세로 방향 목록인 단위의 행 번호 입력. [E12] 셀의 단위가 [제품정보] 시트의 단위 범위에서 몇 번째 행인지 행 번호를 가져오는 MATCH 함수식을 입력합니다.
- **Column_num(열 번호)** : 단가표에서 가로 방향 목록인 규격의 열 번호 입력. [C12] 셀의 규격이 [제품정보] 시트의 규격 범위에서 몇 번째 열인지 열 번호를 가져오는 MATCH 함수식을 입력합니다.

CHAPTER

09

수치 데이터를 표현하는 차트

차트는 수치 데이터를 시각적으로 비교, 분석하여 데이터가 담고 있는 의미를 한눈에 파악할 수 있도록 시각화하는 도구입니다. 정보 전달력이 뛰어난 보고서를 작성하려면 수치와 텍스트만으로 작성된 것보다 데이터의 변화를 직관적으로 파악하고 효과적으로 분석할 수 있는 차트를 활용하는 것이 좋습니다. 엑셀에서 제공하는 차트의 종류와 구성 요소를 살펴보고 데이터 종류별로 적합한 차트를 삽입하여 활용하는 방법에 대해 알아보겠습니다.

단축키로 기본 차트 삽입하기

실습 파일 | Chapter09\01_차트작성.xlsx   완성 파일 | Chapter09\01_차트작성_완성.xlsx

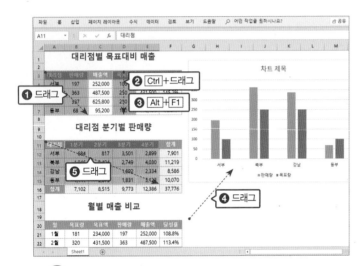

워크시트에 기본 차트 삽입하기

01 단축키를 사용해 워크시트 화면에 기본 차트를 삽입하겠습니다.

❶ [A3:B7] 범위 지정

❷ [D3:D7] 범위 Ctrl+드래그

❸ Alt + F1

❹ 삽입된 차트 영역을 오른쪽 위로 드래그하여 이동

❺ 기본 차트를 추가로 삽입하기 위해 [A11:E15] 범위를 드래그합니다.

바로 통하는TIP 데이터 범위 지정 후 Alt+F1을 누르면 워크시트 화면 가운데에 기본 차트인 묶은 세로 막대형 차트가 삽입됩니다.

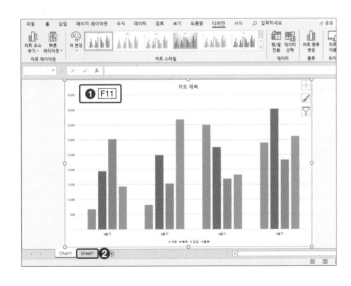

차트 시트에 기본 차트 삽입하기

02 단축키를 사용해 별도의 차트 시트에 기본 차트를 삽입하겠습니다.

❶ F11

❷ 다시 원본 데이터를 확인하기 위해 [Sheet1] 시트를 클릭합니다.

바로 통하는TIP 데이터 범위를 지정 후 F11를 누르면 시트 탭에 차트 시트인 [Chart1] 시트가 삽입됩니다. 시트에는 기본 차트인 묶은 세로 막대형 차트가 삽입됩니다.

핵심기능

02

2007 2010 2013 2016 2019

추천 차트 선택하여 삽입하기

실습 파일 | Chapter09\02_차트작성.xlsx   완성 파일 | Chapter09\02_차트작성_완성.xlsx

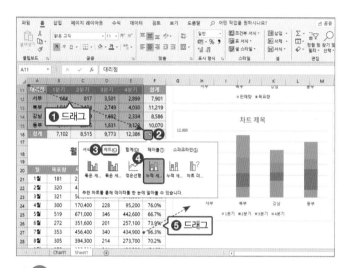

빠른 분석 도구의 추천 차트 삽입하기

01 데이터 범위를 지정하면 표시되는 빠른 분석 도구의 추천 차트를 삽입하겠습니다.

❶ [A11:E15] 범위 지정

❷ [빠른 분석 🔲] 클릭

❸ [차트] 클릭

❹ [누적 세로 막대형] 클릭

❺ 화면 가운데 삽입된 차트 영역을 드래그하여 위치를 이동합니다.

> **바로 통 하는TIP** 빠른 분석 도구에는 데이터 특징에 따라 추천 차트 목록이 다르게 나타납니다. 차트 종류에 마우스 포인터를 놓으면 삽입될 차트가 미리 표시됩니다.

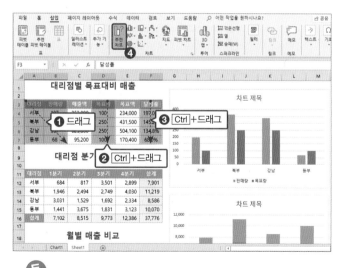

대화상자의 추천 차트 삽입하기

02 데이터 다중 범위를 선택한 후 추천 차트를 선택하겠습니다.

❶ [A3:B7] 범위 지정

❷ [D3:D7] 범위 Ctrl +드래그

❸ [F3:F7] 범위 Ctrl +드래그

❹ [삽입] 탭-[차트] 그룹-[추천 차트]를 클릭합니다.

[차트 삽입] 대화상자가 표시됩니다.

> **바로 통 하는TIP** 다중 범위를 지정한 상태에서는 빠른 분석 도구가 표시되지 않습니다. 다중 범위의 데이터를 사용하거나 더 다양한 추천 차트를 보려면 [차트 삽입] 대화상자를 사용해야 합니다.

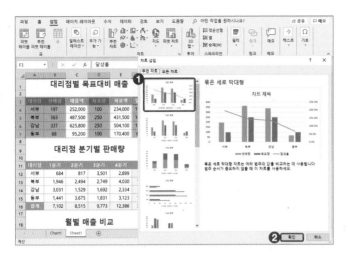

빠른 분석 도구의 추천 차트 삽입하기

03 [차트 삽입] 대화상자에서 혼합 차트를 선택하여 삽입하겠습니다.

❶ 꺾은선형과 함께 표시된 [묶은 세로 막대형] 차트 클릭

❷ [확인]을 클릭합니다.

차트가 삽입됩니다. 삽입된 차트 영역을 드래그하여 적당한 곳으로 이동합니다.

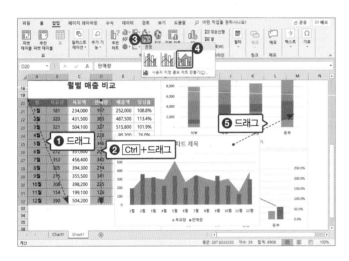

차트 종류 직접 선택하여 삽입하기

04 추천 차트에도 원하는 차트 종류가 없을 때는 차트 종류를 직접 선택하여 삽입합니다.

❶ [A20:B32] 범위 지정

❷ [D20:D32] 범위 Ctrl +드래그

❸ [삽입] 탭-[차트] 그룹-[콤보 차트 삽입] 클릭

❹ [누적 영역형-묶은 세로 막대형] 클릭

❺ 삽입된 차트 영역을 드래그하여 적당한 곳으로 이동합니다.

쉽고 빠른 엑셀 NOTE 기본 차트 종류 변경하기

엑셀에 기본 차트로 설정되어 있는 차트는 묶은 세로 막대형이기 때문에 단축키를 누르면 묶은 세로 막대형 차트가 삽입됩니다. 단축키를 누를 때 삽입될 기본 차트를 변경하고 싶다면 다음과 같이 설정합니다.

❶ 데이터 셀 선택

❷ [삽입] 탭-[차트] 그룹-[대화상자 표시🗔] 클릭

❸ [차트 삽입] 대화상자에서 [모든 차트] 탭 클릭

❹ 차트 종류 목록에서 기본 차트로 선택하고자 하는 차트 종류 선택

❺ 대화상자 오른쪽 위에 표시된 종류 중 원하는 차트에서 마우스 오른쪽 버튼 클릭

❻ [기본 차트로 설정] 클릭

❼ [확인]을 클릭합니다.

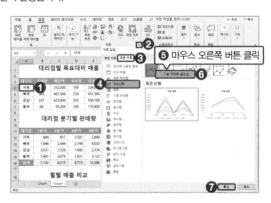

2007 2010 2013 2016 2019

차트 복제 후 차트 데이터 항목 변경하기

실습 파일 | Chapter09\03_지역별실적.xlsx   완성 파일 | Chapter09\03_지역별실적_완성.xlsx

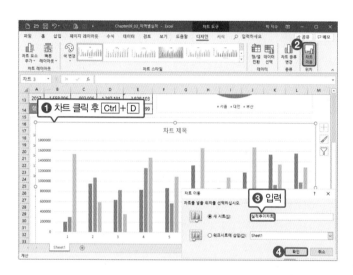

차트 복제하여 차트 시트로 이동하기

01 묶은 세로 막대형 차트를 복제한 후 차트 시트로 이동하겠습니다.

❶ 묶은 세로 막대형 차트 클릭 후 Ctrl + D 눌러 복제

❷ [차트 도구]-[디자인] 탭-[위치] 그룹-[차트 이동] 클릭

❸ [차트 이동] 대화상자의 [새 시트]에 **실적추이차트** 입력

❹ [확인]을 클릭합니다.

[실적추이차트] 시트에 복제한 차트가 삽입됩니다.

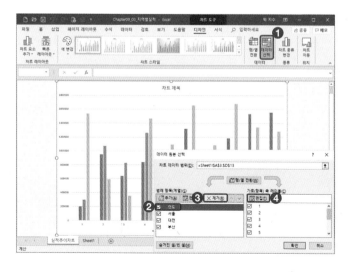

범례 항목 수정하기

02 범례 항목(계열)에 들어간 연도를 제거하고, 가로(항목) 축에 연도가 들어가도록 수정하겠습니다.

❶ [차트 도구]-[디자인] 탭-[데이터] 그룹-[데이터 선택] 클릭

❷ [데이터 원본 선택] 대화상자에서 [범례 항목(계열)]의 [연도] 클릭

❸ [제거] 클릭

❹ [가로(항목) 축 레이블]에서 [편집]을 클릭합니다.

[축 레이블] 대화상자가 표시됩니다.

바로 통 하는 TIP 원본 데이터 첫 번째 열의 연도가 문자가 아닌 숫자로 입력되어 있기 때문에 연도가 축 레이블이 아닌 범례 항목(계열)으로 표시되었고, 가로 축은 순번을 나타내는 번호로 지정되었습니다. 숫자 데이터는 차트에서 데이터 계열로 인식하기 때문에 차트 종류에 따라 막대나 꺾은선이 표시되고 범례가 표시됩니다. 숫자 데이터지만 축 레이블에 들어가야 하는 경우 제목을 지우고 차트를 삽입하면 숫자라도 축 레이블로 들어갑니다. 즉, 처음 차트를 삽입할 때 [A3] 셀의 '연도'라는 제목을 지운 후 삽입했다면 숫자로 된 연도가 축 레이블로 들어갑니다.

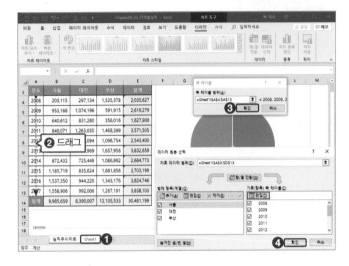

가로 축 레이블 수정하기

03 가로 축 레이블로 사용할 데이터 범위를 지정하겠습니다.

❶ 차트 데이터가 있는 [Sheet1] 시트 클릭

❷ [A4:A13] 범위 지정

❸ [축 레이블] 대화상자에서 [확인] 클릭

❹ [데이터 원본 선택] 대화상자에서 [확인]을 클릭합니다.

[축 레이블] 대화상자에서 [확인]을 클릭하면 [실적추이차트] 시트 화면으로 이동합니다. 차트의 가로 축에 연도가 표시되고 범례 항목과 데이터 계열에서는 연도가 제거됩니다.

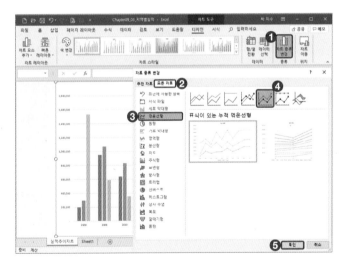

꺾은선형 차트로 변경하기

04 차트 종류를 변경하겠습니다.

❶ [차트 도구]-[디자인] 탭-[종류] 그룹-[차트 종류 변경] 클릭

❷ [차트 종류 변경] 대화상자에서 [모든 차트] 탭 클릭

❸ [꺾은선형] 클릭

❹ 오른쪽의 하위 종류 중 [표식이 있는 누적 꺾은선형] 클릭

❺ [확인]을 클릭합니다.

차트가 삽입됩니다.

핵심기능

04

2007 2010 2013 2016 2019

빠른 디자인 도구로
차트 다자인하기

실습 파일 | Chapter09\04_지역별실적.xlsx   완성 파일 | Chapter09\04_지역별실적_완성.xlsx

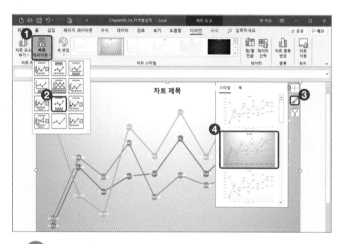

빠른 레이아웃 및 스타일 선택하기

01 차트의 구성 요소와 스타일을 빠르게 지정하겠습니다.

❶ [차트 도구]-[디자인] 탭-[차트 레이아웃] 그룹-[빠른 레이아웃] 클릭

❷ [레이아웃 8] 클릭

❸ [차트 스타일 ✎] 클릭

❹ [스타일 2]를 선택합니다.

바로 통 하는TIP [빠른 레이아웃]은 표시할 차트 요소가 미리 구성되어 있는 차트 구성 요소 모음입니다. [차트 스타일]에서 차트 스타일과 색 구성표를 빠르게 선택할 수 있습니다. [차트 도구]-[디자인] 탭-[차트 스타일] 그룹에서 선택해도 됩니다.

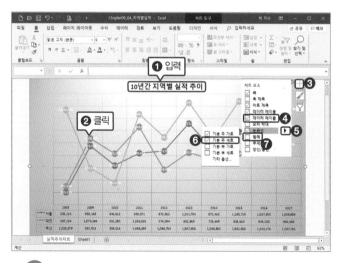

차트 요소 추가/제거하기

02 차트에 표시할 구성 요소를 추가하거나 제거하겠습니다.

❶ 차트 제목에 **10년간 지역별 실적 추이** 입력

❷ 차트 영역 클릭

❸ [차트 요소 ➕] 클릭

❹ [데이터 표]에 체크 표시

❺ [눈금선]의 오른쪽 화살표 ▶ 클릭

❻ [기본 주 세로]에 체크 표시

❼ [범례]의 체크 표시를 해제합니다.

바로 통 하는TIP [차트 요소]는 [차트 도구]-[디자인] 탭-[차트 레이아웃] 그룹-[차트 요소 추가]에서 선택해도 됩니다.

설정한 눈금선이 표시되고 범례는 표시되지 않습니다.

핵심기능 05

2007 2010 2013 2016 2019

누적 가로 막대형 차트와
도넛형 차트 삽입하기

실습 파일 | Chapter09\05_지역별실적.xlsx 완성 파일 | Chapter09\05_지역별실적_완성.xlsx

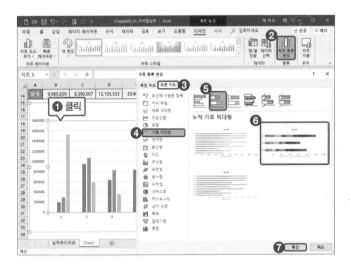

누적 가로 막대형 차트 작성하기

01 묶은 세로 막대형 차트를 누적 가로 막대형으로 변경하겠습니다.

❶ [Sheet1] 시트의 묶은 세로 막대형 차트 클릭

❷ [차트 도구]−[디자인] 탭−[종류] 그룹−[차트 종류 변경] 클릭

❸ [차트 종류 변경] 대화상자에서 [모든 차트] 탭 클릭

❹ [가로 막대형] 클릭

❺ 오른쪽 위의 하위 종류 중 [누적 가로 막대형] 클릭

❻ 차트 유형 중 두 번째 클릭

❼ [확인]을 클릭합니다.

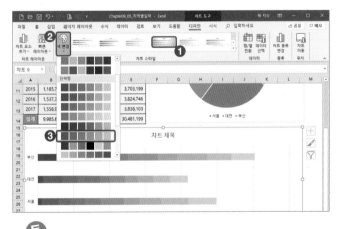

차트 스타일 및 색 변경하기

02 차트의 스타일과 색상을 변경하겠습니다.

❶ [차트 도구]−[디자인] 탭−[차트 스타일] 그룹의 스타일 갤러리에서 [스타일 11] 클릭

❷ [차트 도구]−[디자인] 탭−[차트 스타일] 그룹−[색 변경] 클릭

❸ [단색 색상표 6]을 클릭합니다.

바로 통 하는TIP [스타일 갤러리]에서는 미리 구성된 차트 구성 요소의 스타일 서식을 선택할 수 있습니다. [색 변경]에서는 미리 구성된 차트의 색상 배합을 선택할 수 있습니다.

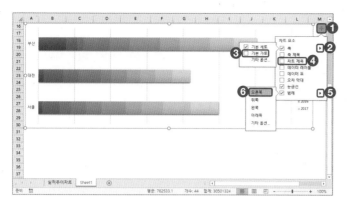

차트 요소 추가/제거하기

03 표시할 차트 요소를 선택하겠습니다.

❶ [차트 요소 +] 클릭

❷ [축]의 오른쪽 화살표 ▶ 클릭

❸ [기본 가로]의 체크 표시 해제

❹ [차트 제목]의 체크 표시 해제

❺ [범례]의 오른쪽 화살표 ▶ 클릭

❻ [오른쪽]을 클릭합니다.

차트에 가로 축, 차트 제목이 없어지고 범례가 오른쪽에 표시됩니다.

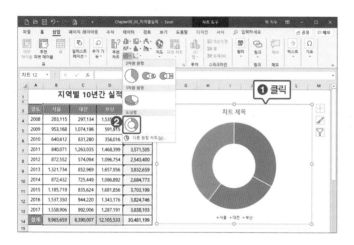

원형 차트를 도넛형으로 변경하기

04 원형 차트를 도넛형 차트로 변경하겠습니다.

❶ 원형 차트 클릭

❷ [삽입] 탭-[차트] 그룹-[원형 또는 도넛형 차트 삽입]-[도넛형]을 클릭합니다.

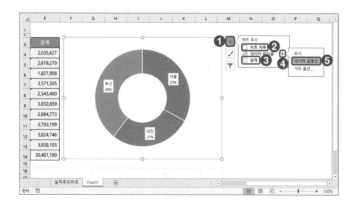

데이터 설명선 표시하기

05 데이터 계열에 항목 이름과 백분율을 표시하겠습니다.

❶ [차트 요소 +] 클릭

❷ [차트 제목]의 체크 표시 해제

❸ [범례]의 체크 표시 해제

❹ [데이터 레이블]의 오른쪽 화살표 ▶ 클릭

❺ [데이터 설명선]을 클릭합니다.

차트에 차트 제목, 범례가 없어지고 데이터 레이블 항목 이름과 백분율이 표시됩니다.

06 콤보 차트 작성하기

실습 파일 | Chapter09\06_연매출집계.xlsx   완성 파일 | Chapter09\06_연매출집계_완성.xlsx

콤보 차트로 변경하기

01 데이터의 합계 항목을 꺾은선형으로 표시해보겠습니다.

❶ 차트 클릭

❷ [차트 도구]-[디자인] 탭-[종류] 그룹-[차트 종류 변경] 클릭

❸ [차트 종류 변경] 대화상자에서 [추천 차트] 탭 클릭

❹ [묶은 세로 막대형] 클릭

❺ [확인]을 클릭합니다.

✿ **엑셀 2010** 꺾은선형으로 변경할 노란색 막대를 먼저 클릭한 후 [차트 종류 변경]을 선택하고 꺾은선형 차트를 선택합니다.

바로 통 하는TIP [추천 차트] 탭에서 추천하는 차트 종류가 아닌 다른 종류의 차트로 임의로 변경하고 싶다면 [차트 종류 변경] 대화상자의 [모든 차트] 탭에서 [콤보]를 선택하고 각 계열 이름에 대한 차트 종류를 선택하면 됩니다.

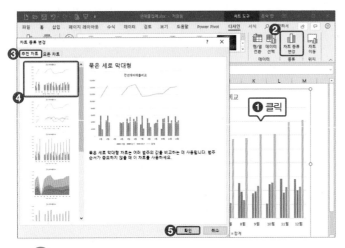

빈 셀 표시 형식 지정하기

02 꺾은선형 차트의 선이 끊어진 부분을 이어주겠습니다.

❶ [차트 도구]-[디자인] 탭-[데이터] 그룹-[데이터 선택] 클릭

❷ [데이터 원본 선택] 대화상자에서 [숨겨진 셀/빈 셀] 클릭

❸ [숨겨진 셀/빈 셀 설정] 대화상자에서 [빈 셀 표시 형식]의 [선으로 데이터 요소 연결] 클릭

❹ [확인] 클릭

❺ [데이터 원본 선택] 대화상자에서 [확인]을 클릭합니다.

바로 통 하는TIP 빈 셀을 0으로 처리하면?

[숨겨진 셀/빈 셀 설정] 대화상자의 [빈 셀 표시 형식]에서 [0으로 처리]를 선택하면 빈 셀의 값을 0으로 간주하여 선이 0 값에 이어진 채 차트가 표시됩니다.

우선 순위 **핵심기능**

07

2007 2010 2013 2016 2019

차트에 다른 시트의 데이터 추가하기

실습 파일 | Chapter09\07_연매출집계.xlsx 완성 파일 | Chapter09\07_연매출집계_완성.xlsx

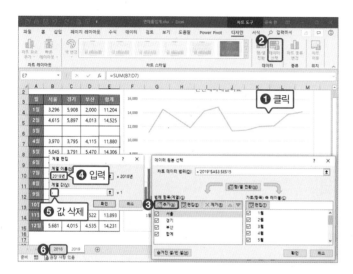

차트에 데이터 계열 추가하기

01 차트에 2018년도 합계를 데이터 계열로 추가하겠습니다.

❶ 차트 클릭

❷ [차트 도구]-[디자인] 탭-[데이터] 그룹-[데이터 선택] 클릭

❸ [데이터 원본 선택] 대화상자에서 [추가] 클릭

❹ [계열 편집] 대화상자의 [계열 이름]에 **2018년** 입력

❺ [계열 값]에 입력된 값 삭제

❻ [2018] 시트를 클릭합니다.

02 [2018] 시트의 합계 범위를 지정합니다.

❶ [E4:E15] 범위 지정

❷ [확인]을 클릭합니다.

[2019] 시트 화면이 다시 표시됩니다. [데이터 원본 선택] 대화상자의 [범례 항목(계열)]에 [2018년] 항목이 추가되고 차트에도 추가된 꺾은선 계열 항목이 표시됩니다.

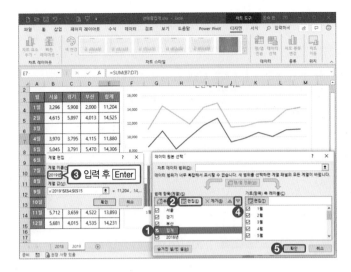

범례 항목 편집하기

03 범례 항목의 이름과 순서를 변경하겠습니다.

❶ [데이터 원본 선택] 대화상자에서 [합계] 클릭

❷ [편집] 클릭

❸ [계열 편집] 대화상자의 [계열 이름]에 **2019년** 입력 후 [Enter]

❹ [데이터 원본 선택] 대화상자에서 [아래로 이동▼] 클릭

❺ [확인]을 클릭합니다.

범례 항목(계열)에서 계열 이름 '합계'가 '2019년'으로 수정됩니다. 범례 항목 중 뒤에 있던 '2018년' 항목이 앞으로 이동됩니다.

차트 스타일 지정 및 필터하기

04 빠르게 차트 스타일을 지정하고 3월 항목을 숨기겠습니다.

❶ [차트 도구]-[디자인] 탭-[차트 스타일] 그룹 스타일 갤러리에서 [스타일 6] 클릭

❷ [차트 도구]-[디자인] 탭-[차트 레이아웃] 그룹-[빠른 레이아웃]-[레이아웃 10] 클릭

❸ [차트 필터▼] 클릭

❹ [범주] 목록에서 [3월]의 체크 표시 해제

❺ [적용]을 클릭합니다.

[스타일 6]에 해당하는 차트 배경과 계열 서식이 지정됩니다. [빠른 레이아웃]의 [레이아웃 10]을 선택하면서 범례가 오른쪽에 표시되고 마지막 데이터 계열인 2019년 합계에 데이터 레이블 값이 표시됩니다. 막대 차트 중 [3월] 항목이 사라집니다.

선버스트 차트, 트리맵 차트의 요소별 서식 지정하기

실습 파일 | Chapter09\08_계층구조.xlsx 완성 파일 | Chapter09\08_계층구조_완성.xlsx

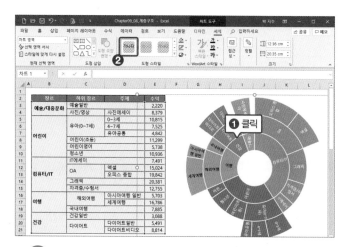

선버스트 차트 영역 투명하게 하기

01 선버스트 차트의 차트 영역이 원본 데이터 표의 일부분을 가리고 있습니다. 차트 영역의 채우기 색과 윤곽선을 투명하게 수정하겠습니다.

❶ 선버스트 차트의 차트 영역 클릭

❷ [차트 도구]-[서식] 탭-[도형 스타일] 그룹의 스타일 갤러리에서 [투명-검정, 어둡게 1]을 클릭합니다.

바로 통 하는 TIP 선버스트 차트는 [B3:E21] 범위를 선택한 후 [삽입] 탭-[차트] 그룹-[계층 구조 차트 삽입]-[선버스트]를 클릭하여 작성했습니다. 선버스트 차트는 계층 구조 데이터를 표시하는 데 적합하며 외부 고리와 내부 고리의 관계를 보여줍니다. 하나의 고리가 계층 구조의 각 수준을 나타내며 가장 안쪽에 있는 고리가 계층 구조의 가장 높은 수준을 나타냅니다. 계층 구조가 없는 데이터로 선버스트 차트를 작성하면 도넛형 차트와 같은 모양이 만들어집니다.

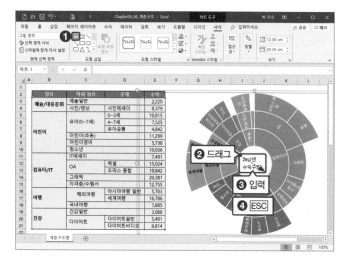

차트에 텍스트 상자 삽입하기

02 선버스트 차트의 가운데에 텍스트 상자를 삽입하고 텍스트를 입력하겠습니다.

❶ [차트 도구]-[서식] 탭-[도형 삽입] 그룹-[텍스트 상자] 클릭

❷ 선버스트 차트의 가운데 부분 크기에 맞게 드래그

❸ **2017년 수익구조** 입력

❹ ESC를 눌러 텍스트 상자를 선택합니다.

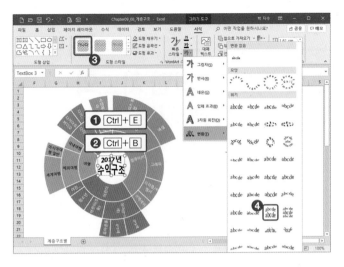

워드아트 스타일 지정하기

03 입력한 텍스트에 워드아트 스타일을 지정하겠습니다.

❶ Ctrl + E 눌러 상자 안 텍스트를 가운데 맞춤

❷ Ctrl + B 눌러 텍스트 굵게 표시

❸ [그리기 도구]–[서식] 탭–[도형 스타일] 그룹의 스타일 갤러리에서 [투명–검정, 어둡게 1] 클릭

❹ [그리기 도구]–[서식] 탭–[Word Art 스타일] 그룹–[텍스트 효과]–[변환]–[수축 : 위쪽, 팽창 : 아래쪽]을 클릭합니다.

텍스트에 선택한 서식이 적용됩니다.

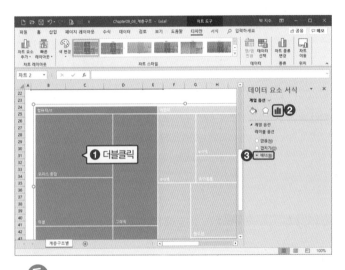

트리맵 차트 데이터 계열 배너 표시하기

04 선버스트 차트 하단에 있는 트리맵 차트의 데이터 계열 항목을 배너로 설정하여 강조하겠습니다.

❶ 트리맵 차트의 데이터 계열 부분 더블클릭

❷ [데이터 요소 서식] 작업 창의 [계열 옵션] 클릭

❸ [배너]를 클릭합니다.

바로 통 하는 TIP 트리맵 차트는 [B3:E21] 범위를 선택한 후 [삽입] 탭–[차트] 그룹–[계층 구조 차트 삽입]–[트리맵]을 클릭하여 작성했습니다. 선버스트 차트는 하나의 고리가 어떤 요소로 구성되어 있는가를 보여주는 데 가장 효과적인 반면, 또 다른 계층 구조 차트인 트리맵 차트는 상대적인 크기를 비교하는 데 적합합니다.

쉽고 빠른 엑셀 NOTE 차트 요소 선택하기

차트 요소를 선택할 때는 [방법 ❶] 일반적인 경우 차트 안의 요소를 직접 클릭하여 선택합니다. [방법 ❷] 선택할 차트 요소가 너무 작아 직접 클릭이 어려울 때는 [서식] 탭–[현재 선택 영역] 그룹의 차트 요소 목록에서 선택합니다.

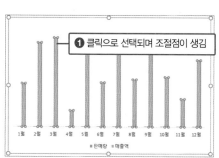

❶ 클릭으로 선택되며 조절점이 생김

▲ 차트 요소를 직접 클릭하여 선택

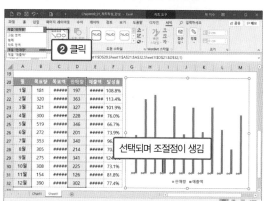

❷ 클릭

선택되며 조절점이 생김

▲ [차트 도구]–[서식] 탭–[현재 선택 영역] 그룹의 차트 요소 목록에서 선택

막대 차트를 그림으로 채우기

실습 파일 | Chapter09\09_그림쌓기.xlsx   완성 파일 | Chapter09\09_그림쌓기_완성.xlsx

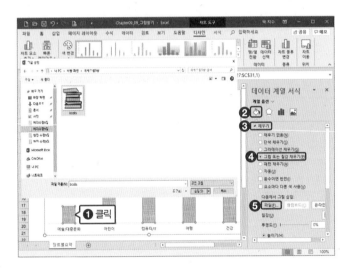

세로 막대를 그림으로 채우기

01 막대 차트의 세로 막대를 원하는 그림으로 채워보겠습니다.

❶ 차트의 막대 클릭

❷ [데이터 계열 서식] 작업 창에서 [채우기 및 선] 클릭

❸ [채우기 ▷ 채우기] 클릭

❹ [그림 또는 질감 채우기] 클릭

❺ [파일]을 클릭합니다.

그림 삽입하기

02 그림을 선택하고 [쌓기] 옵션을 선택하겠습니다.

❶ [그림 삽입] 대화상자에서 예제 폴더의 **books** 파일 선택

❷ [삽입] 클릭

❸ [데이터 계열 서식] 작업 창에서 [쌓기]를 선택합니다.

막대에 선택한 이미지가 적용됩니다.

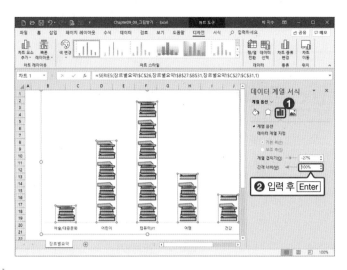

막대 사이 간격 좁히기

03 막대 사이 간격을 줄여보겠습니다.

❶ [데이터 계열 서식] 작업 창에서 [계열 옵션📊] 클릭

❷ [간격 너비]에 **100%**를 입력하고 Enter를 누릅니다.

막대 사이의 간격이 변경됩니다.

쉽고 빠른 엑셀 NOTE

차트 요소 서식 작업 창에서 옵션 설정하기

선택한 차트 요소에 도형 스타일, 텍스트 스타일 등을 지정할 때는 [서식] 탭의 해당 항목을 사용합니다. 더 구체적인 요소의 옵션 등을 설정하기 위해서는 서식 작업 창을 열어야 합니다. [방법 ❶] 차트 요소를 더블클릭하거나 [방법 ❷] [차트 도구]–[서식] 탭–[현재 선택 영역] 그룹–[선택 영역 서식]을 클릭하면 워크시트 오른쪽에 차트 요소 서식 작업 창이 표시됩니다. 다른 차트 요소를 선택하면 바로 해당 요소의 작업 창으로 바뀝니다. 서식 작업 창에도 차트 요소 목록 버튼이 있어서 작업 창에서 차트 요소를 선택할 수 있습니다. [채우기 및 선🖊], [효과🔲], [계열 옵션📊] 등 서식 종류 선택 버튼은 선택한 차트 요소에 따라 다양하게 나타납니다.

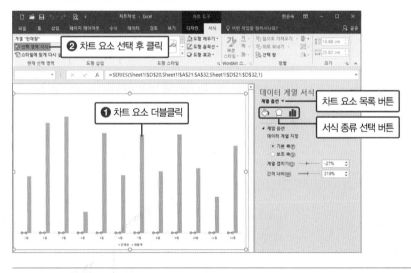

핵심기능

10

아이콘으로 막대 채우기

실습 파일 | Chapter09\10_아이콘쌓기.xlsx 완성 파일 | Chapter09\10_아이콘쌓기_완성.xlsx

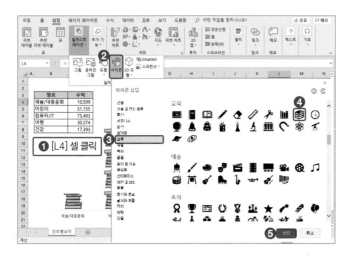

아이콘 삽입하기

01 차트에 사용할 아이콘을 삽입하겠습니다.

❶ 아이콘을 삽입할 [L4] 셀 클릭

❷ [삽입] 탭-[일러스트레이션] 그룹-[아이콘] 클릭

❸ [아이콘 삽입] 대화상자에서 [교육] 클릭

❹ 책 아이콘 클릭

❺ [삽입]을 클릭합니다.

책 아이콘이 삽입됩니다.

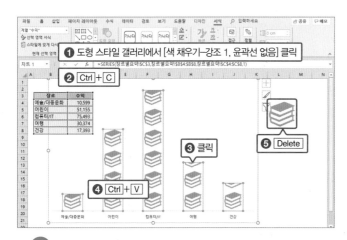

아이콘 색 변경 및 복사/붙여넣기

02 아이콘의 색을 변경한 후 막대 차트에 복사하겠습니다.

❶ [차트 도구]-[서식] 탭-[도형 스타일] 그룹의 스타일 갤러리에서 [색 채우기-강조 1, 윤곽선 없음] 클릭

❷ Ctrl + C

❸ 차트의 막대 클릭

❹ Ctrl + V

❺ 삽입했던 아이콘을 클릭한 후 Delete 를 눌러 삭제합니다.

막대에 붙여 넣은 이미지가 적용됩니다.

바로 통 하는 TIP 작업 창을 사용하여 채운 그림에는 서식을 지정하는 데 한계가 있으며, 도형이나 아이콘 등은 채울 수 없습니다. 도형이나 그림, 아이콘 등의 개체를 워크시트에 별도로 삽입하고 자유롭게 서식을 지정하여 편집한 후에 복사해서 차트 요소에 붙여 넣을 수 있습니다.

2007 2010 2013 2016 2019

묶은 세로 막대와 꺾은선형
콤보 차트 요소 서식 지정하기

실습 파일 | Chapter09\11_도서매출.xlsx   완성 파일 | Chapter09\11_도서매출_완성.xlsx

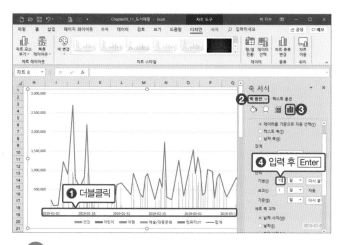

날짜 항목 축 단위 조정하기

01 항목 축에 들어간 날짜가 너무 많으므로 날짜 단위를 조정해서 항목을 간소화하겠습니다.

❶ 차트의 가로 항목 축 더블클릭

❷ [축 서식] 작업 창의 [축 옵션] 클릭

❸ [축 옵션] 항목 클릭

❹ [단위]의 [기본]에 **15**를 입력하고 Enter를 누릅니다.

가로 축의 날짜 항목이 15일 간격으로 표시됩니다.

바로 통 하는TIP 데이터 전체 범위를 선택한 후 [삽입] 탭─[차트] 그룹─[추천 차트]를 클릭한 후 첫 번째 추천 차트인 묶은 세로 막대형과 꺾은선형 콤보 차트를 삽입한 차트입니다.

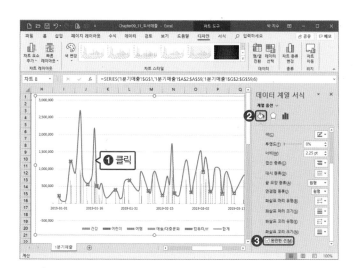

꺾은선 차트의 선 완만하게 하기

02 꺾은선 차트의 선을 완만하게 표시하는 옵션을 선택하겠습니다.

❶ 차트의 꺾은선 클릭

❷ [데이터 계열 서식] 작업 창의 [채우기 및 선] 클릭

❸ [완만한 선]에 체크 표시합니다.

꺾은 선의 모양이 완만하게 표시됩니다.

바로 통 하는TIP 꺾은선을 선택하기 어려운 경우에는 [차트 도구]─[서식] 탭─[현재 선택 영역] 그룹의 차트 요소 목록에서 [계열 "합계"]를 선택합니다.

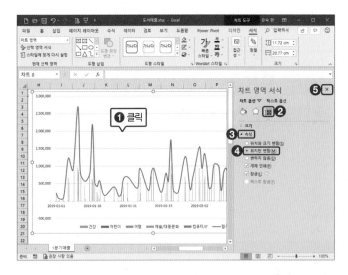

차트 크기 고정하기

03 데이터 필터 시 행이 숨겨져도 차트의 크기가 변하지 않도록 속성을 지정하겠습니다.

❶ 차트 영역 클릭

❷ [차트 영역 서식] 작업 창의 [크기 및 속성 📷] 클릭

❸ [속성 ▷ 속성] 클릭

❹ [위치만 변함] 클릭

❺ 작업 창의 [닫기]를 클릭합니다.

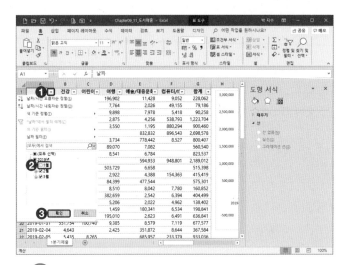

데이터 필터하기

04 2월, 3월 데이터만 표시하도록 날짜 데이터를 필터하겠습니다.

❶ [A1] 셀 날짜의 [필터 ▼] 클릭

❷ [1월]의 체크 표시 해제

❸ [확인]을 클릭합니다.

차트에도 2월, 3월 항목만 표시됩니다.

바로 통 하는 TIP 차트의 크기 속성이 '위치와 크기 변함' 속성인 상태에서 데이터를 필터하면 숨겨진 행들에 따라 다음과 같이 차트 크기가 작아집니다.

쉽고 빠른 엑셀 NOTE 차트의 구성 요소 알아보기

차트의 각 구성 요소는 차트 안에서 각각 분리되어 일반적인 도형 개체를 다루듯 차트 안에서 위치를 이동하거나 크기 조절, 또는 삭제할 수 있습니다. 특정 차트 구성 요소에 대한 옵션을 설정하거나 서식을 지정하려면 해당 구성 요소를 선택한 후 작업해야 합니다. 각 구성 요소의 명칭과 의미는 다음과 같습니다.

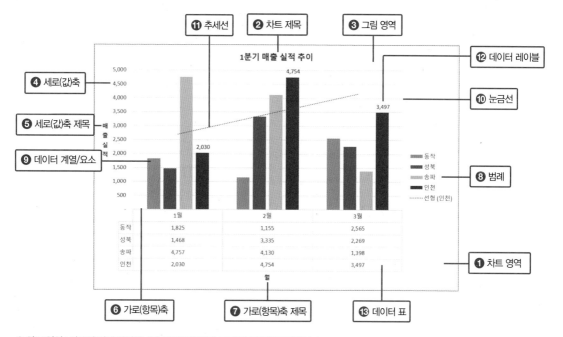

❶ **차트 영역** : 차트의 전체 영역입니다. 차트의 위치와 크기 및 글꼴을 조절합니다.

❷ **차트 제목** : 차트의 내용을 대표하는 제목입니다. 텍스트 상자에 입력되어 있습니다.

❸ **그림 영역** : 실제 그래프가 표시되는 영역입니다.

❹ **세로(값)축** : 그래프의 높낮이를 결정하는 데 기준이 되는 수치 자료를 나타내는 선입니다.

❺ **세로(값)축 제목** : 세로축 수치가 무엇을 의미하는지 알려주는 문자열입니다.

❻ **가로(항목)축** : 그래프가 표시될 각 문자 데이터의 자리입니다.

❼ **가로(항목)축 제목** : 가로축 문자열이 무엇을 의미하는지 알려주는 문자열입니다.

❽ **범례** : 그래프의 각 색이나 모양이 어떤 데이터 계열인지 알려주는 표식입니다.

❾ **데이터 계열/요소** : 수치 자료를 막대나 선의 도형으로 표현한 것으로 범례에 있는 한 가지 종류를 데이터 계열이라고 하며, 데이터 계열 중 한 가지를 데이터 요소라고 합니다.

❿ **눈금선** : 값 축이나 항목 축의 눈금을 그림 영역 안에 선으로 그어 표시한 것입니다.

⓫ **추세선** : 일정 기간 동안 늘어나거나 줄어든 데이터 계열을 경사진 선으로 나타낸 것입니다.

⓬ **데이터 레이블** : 한 개의 데이터 요소 또는 값을 나타내는 데이터 표식입니다.

⓭ **데이터 표** : 차트로 표현된 수치 데이터를 표로 나타낸 것입니다.

12 스파크라인 작성 방법 알아보기

실습 파일 | Chapter09\12_스파크라인.xlsx 완성 파일 | Chapter09\12_스파크라인_완성.xlsx

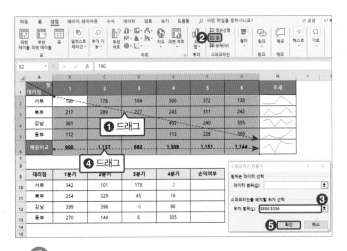

꺾은선형 스파크라인 삽입하기

01 각 대리점의 월별 매출을 꺾은선형 스파크라인으로 표시하겠습니다.

❶ [H2:H6] 범위 지정

❷ [삽입] 탭-[스파크라인] 그룹-[꺾은선형] 클릭

❸ [스파크라인 만들기] 대화상자에서 [데이터 범위]란 클릭

❹ [B2:G6] 범위 지정

❺ [확인]을 클릭합니다.

> **바로 통하는 TIP** 삽입된 꺾은선형 스파크라인은 기간별 데이터의 변화 추세를 나타내는 데 적합합니다.

열 스파크라인 삽입하기

02 각 월의 대리점별 매출을 막대형 스파크라인으로 표시하겠습니다.

❶ [B2:G5] 범위 지정

❷ [삽입] 탭-[스파크라인] 그룹-[열] 클릭

❸ [스파크라인 만들기] 대화상자에서 [위치 범위]란 클릭

❹ [B6:G6] 범위 지정

❺ [확인]을 클릭합니다.

> **바로 통하는 TIP** 삽입된 열 스파크라인은 막대 차트 형태로 데이터 값의 크기를 비교할 때 적합합니다. 스파크라인을 삽입하기 전에 데이터 범위를 먼저 지정했으면 [스파크라인 만들기] 대화상자에서 위치 범위를 지정하고, 반대로 위치 범위를 먼저 지정했으면 [스파크라인 만들기] 대화상자에서 데이터 범위를 지정합니다.

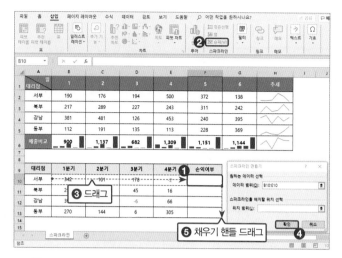

승패 스파크라인 삽입하기

03 분기별 손익 여부를 승패 스파크라인으로 표시하겠습니다.

❶ [F10] 셀 클릭

❷ [삽입] 탭-[스파크라인] 그룹-[승패] 클릭

❸ [B10:E10] 범위 지정

❹ [확인] 클릭

❺ [F10] 셀의 채우기 핸들을 [F13] 셀까지 드래그합니다.

바로통하는TIP 삽입된 승패 스파크라인은 데이터 범위에 음수가 포함되어 있어 이익과 손해 여부를 시각적으로 표현할 때 적합합니다. 형태는 막대 차트와 같지만 막대의 높낮이는 모두 같게 표시되며 데이터 범위의 음수는 아래 방향 막대, 양수는 위쪽 방향 막대로 표시합니다. 스파크라인을 한 셀에만 삽입했어도 채우기 핸들로 복사하면 데이터 범위가 상대 참조이기 때문에 셀에 맞는 데이터의 스파크라인이 삽입됩니다.

쉽고 빠른 엑셀 NOTE

스파크라인이란?

스파크라인은 셀 안에 삽입하는 작은 차트입니다. 스파크라인을 사용하면 월별 매출의 증감과 같은 데이터 값의 추세를 워크시트의 셀 안에서 시각적으로 표시할 수 있으며, 최댓값이나 최솟값 등을 강조하여 표시할 수도 있습니다. 스파크라인 셀은 원본 데이터 바로 옆에 표시하여 스파크라인과 원본 데이터 간의 관계를 쉽게 파악할 수 있습니다. 데이터가 변경되면 스파크라인에서도 변경된 내용을 즉시 확인할 수 있습니다.

대리점	1월	2월	3월	4월	5월	6월	추세
서부	190	176	194	-5	372	138	
북부	217	289	227	243	311	242	
강남	381	-81	126	453	240	395	
동부	112	191	135	113	228	369	

▲ 추세선에서 최댓값은 빨간색, 최솟값은 파란색 표식으로 강조

대리점	1월	2월	3월	4월	5월	6월	추세
서부	190	176	194	500	372	138	
북부	217	289	227	243	311	242	
강남	381	481	126	453	240	395	
동부	112	191	135	113	228	369	

▲ 데이터를 수정하면 스파크라인도 바로 변경됨

스파크라인 디자인 지정하기

실습 파일 | Chapter09\13_스파크라인.xlsx   완성 파일 | Chapter09\13_스파크라인_완성.xlsx

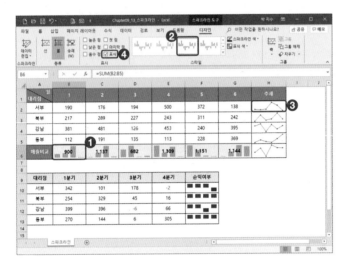

스파크라인 표시하기

01 열 스파크라인에 스타일을 적용하고 표시 옵션을 지정합니다.

❶ [B6] 셀 클릭

❷ [스파크라인 도구]−[디자인] 탭− [스타일] 그룹의 스타일 갤러리에서 [연한 파랑, 스파크라인 스타일 강조 5, 40% 더 밝게] 선택

❸ [H2] 셀 클릭

❹ [스파크라인 도구]−[디자인] 탭− [표시] 그룹−[표식]에 체크 표시합니다.

날짜 축 종류 지정하기

02 날짜 축에 불규칙한 기간을 반영하도록 설정하겠습니다.

❶ [G1] 셀에 **9** 입력 후 Enter

❷ [H2] 셀 클릭

❸ [스파크라인 도구]−[디자인] 탭− [그룹] 그룹−[축]−[날짜 축 종류] 클릭

❹ [스파크라인 날짜 범위] 대화상자가 표시되면 [B1:G1] 범위 지정

❺ [확인]을 클릭합니다.

5월까지의 간격에 비해 9월까지의 간격을 나타내는 요소가 더 길게 표시됩니다.

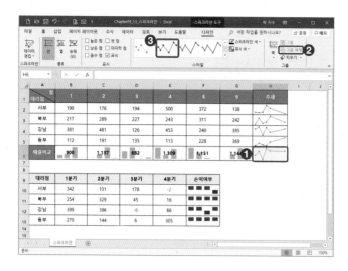

그룹 해제하기

03 [H6] 셀의 꺾은선 색을 다르게
지정해보겠습니다.

❶ [H6] 셀 클릭

❷ [스파크라인 도구]-[디자인] 탭-
[그룹] 그룹-[그룹 해제] 클릭

❸ [스타일] 그룹의 스타일 갤러리에
서 [진한 녹색, 스파크라인 스타
일 색상형 #4]를 선택합니다.

스파크라인 범위 중 한 셀에만 서식을 별도로
지정하고 싶으면 그룹을 해제해야 합니다.

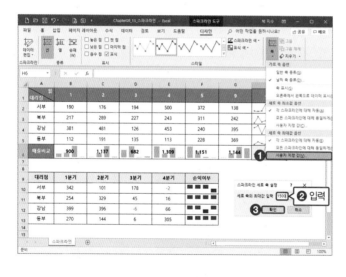

세로축 최댓값 지정하기

04 축의 최댓값을 더 높게 하여 꺾
은선의 높이를 조금 낮추겠습니다.

❶ [스파크라인 도구]-[디자인] 탭-
[그룹] 그룹-[축]-[세로축 최대값
옵션]-[사용자 지정 값] 클릭

❷ [스파크라인 세로 축 설정] 대화
상자에 **1500** 입력

❸ [확인]을 클릭합니다.

[H6] 셀의 스파크라인 높이가 더 낮아집니다.

동적 차트 작성하기
– 일일매출집계표

실습 파일 | Chapter09\실무_일일매출집계표.xlsx   완성 파일 | Chapter09\실무_일일매출집계표_완성.xlsx

⊕ 예제 설명 및 완성 화면

선택하는 값에 따라 차트의 원본 데이터가 자동으로 바뀌는 동적 차트를 작성하려면 OFFSET 함수를 사용하여 범위를 이름으로 정의한 후 그 범위 이름을 차트 범위로 사용하면 됩니다. OFFSET 함수로 차트에 사용할 데이터 범위의 이름을 정의하고 미리 작성되어 있는 양식을 사용하여 기간 선택에 따라 움직이는 차트를 만들어보겠습니다.

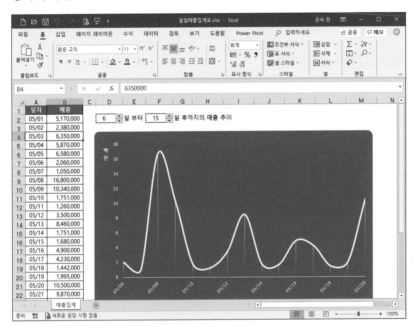

01 OFFSET 함수로 일자 동적 범위 만들기

동적 범위의 이름을 정의하겠습니다. ❶ [수식] 탭-[정의된 이름] 그룹-[이름 정의] 클릭 ❷ [새 이름] 대화상자의 [이름]에 **일자** 입력 ❸ [참조 대상]에 **=OFFSET(매출집계!$A$1,매출집계!$D$2,0,매출집계!$F$2,1)** 입력 ❹ [확인]을 클릭합니다.

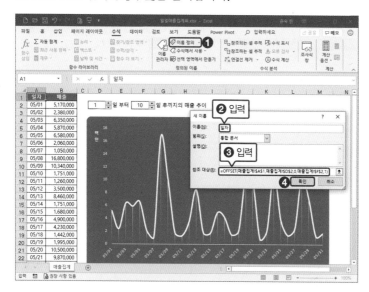

바로 **통** 하는TIP

=OFFSET(매출집계!$A$1, 매출집계!$D$2,0,매출집계!$F$2,1) 함수식 설명

기준 셀 [A1] 셀부터 [D2] 셀의 값만큼 아래로 이동하고, 오른쪽으로는 이동하지 않습니다. [F2] 셀의 값만큼 아래로 범위를 지정하고, 오른쪽으로는 1개의 열만 범위 지정하여 [D2] 셀과 [F2] 셀의 값에 따라 차트범위로 사용할 유동적인 일자 범위가 설정됩니다.

02 OFFSET 함수로 매출 동적 범위 만들기

❶ [수식] 탭-[정의된 이름] 그룹-[이름 정의] 클릭 ❷ [새 이름] 대화상자의 [이름]에 **매출** 입력 ❸ [참조 대상]에 **=OFFSET(매출집계!$B$1,매출집계!$D$2,0,매출집계!$F$2,1)** 입력 ❹ [확인]을 클릭합니다.

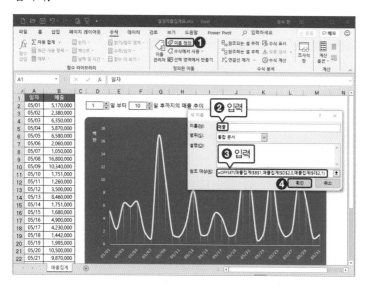

바로 **통** 하는TIP

=OFFSET(매출집계!$B$1, 매출집계!$D$2,0,매출집계!$F$2,1) 함수식 설명

기준 셀인 [B1] 셀부터 [D2] 셀의 값만큼 아래로 이동하고, 오른쪽으로는 이동하지 않습니다. [F2] 셀의 값만큼 아래로 범위를 지정하고, 오른쪽으로는 1개의 열만 범위 지정하여 [D2] 셀과 [F2] 셀의 값에 따라 차트 범위로 사용할 유동적인 매출 범위가 설정됩니다.

03 차트 원본 데이터 변경하기

매출에 대한 데이터 계열 범위를 정의한 이름으로 변경하겠습니다. ❶ 차트 클릭 ❷ [차트 도구]–[디자인] 탭–[데이터] 그룹–[데이터 선택] 클릭 ❸ [데이터 원본 선택] 대화상자의 [범례 항목(계열)]에서 [편집] 클릭 ❹ [계열 편집] 대화상자의 [계열 값]에서 기존 값 삭제 후 =매출집계!매출 입력 ❺ [확인]을 클릭합니다.

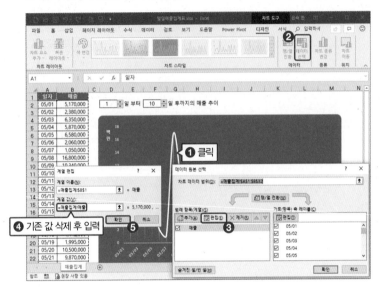

바로 **통** 하는 TIP

차트 원본 데이터 범위로 이름을 지정할 때는 통합 문서명이나 시트명까지 들어가야 하기 때문에 시트명 '매출집계'가 이름 앞에 들어가고, 구분 기호로 느낌표(!)가 표시됩니다.

04 항목 축에 일자 동적 범위 지정하기

날짜에 대한 항목 범위를 정의한 이름으로 변경하겠습니다. ❶ [데이터 원본 선택] 대화상자의 [가로(항목) 축 레이블]에서 [편집] 클릭 ❷ [축 레이블] 대화상자의 [축 레이블 범위]에서 기존 값 삭제 후 =매출집계!일자 입력 ❸ [확인] 클릭 ❹ [데이터 원본 선택] 대화상자에서 [확인]을 클릭합니다.

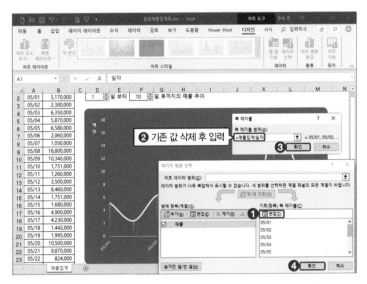

05 시작일 양식에 컨트롤 서식 지정하기

[D2] 셀과 [F2] 셀에 미리 작성되어 있는 스핀 단추에 컨트롤 서식을 지정하여 단추 클릭으로 값을 조절할 수 있도록 설정해보겠습니다. ❶ [D2] 셀의 스핀 단추를 마우스 오른쪽 버튼으로 클릭 ❷ [컨트롤 서식] 클릭 ❸ [컨트롤 서식] 대화상자의 [현재값]에 **1**, [최소값]에 **1**, [최대값]에 **31**, [증분 변경]에 **1**, [셀 연결]에 **$D$2** 입력 ❹ [확인]을 클릭합니다.

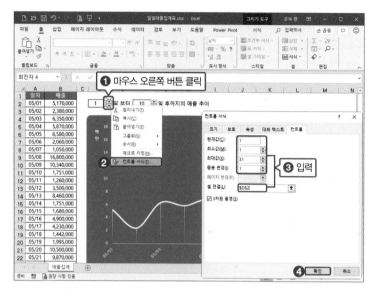

바로 **통** 하는TIP

스핀 단추는 [개발 도구] 탭-[컨트롤] 그룹-[삽입]을 사용하여 삽입할 수 있습니다. [개발 도구] 탭에 관해서는 CHAPTER 12에서 다룹니다.

06 마감일 양식에 컨트롤 서식 지정하기

❶ [F2] 셀의 스핀 단추를 마우스 오른쪽 버튼으로 클릭 ❷ [컨트롤 서식] 클릭 ❸ [컨트롤 서식] 대화상자의 [현재값]에 **10**, [최소값]에 **5**, [최대값]에 **31**, [증분 변경]에 **5**, [셀 연결]에 **$F$2** 입력 ❹ [확인]을 클릭합니다.

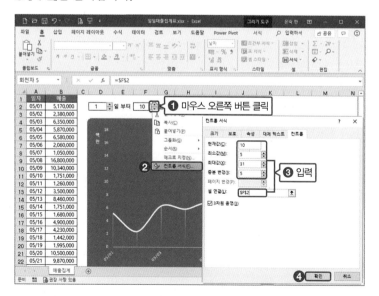

07 스핀 단추로 시작일과 마감일 설정하기

스핀 단추를 클릭하여 시작일과 마감일 값을 조절하면 차트의 범위도 변경되기 때문에 차트가 변경되는 것을 확인할 수 있습니다.

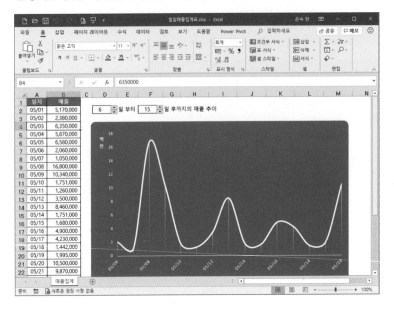

쉽고 빠른 엑셀 NOTE

OFFSET 함수 구문

OFFSET 함수는 주로 동적 범위를 만들 때 사용하는 함수로, 구문과 사용 인수는 다음과 같습니다.

$$=\text{OFFSET}(\underline{\text{Reference}}, \underline{\text{Rows}}, \underline{\text{Cols}}, \underline{\text{Height}}, \underline{\text{Width}})$$

기준 셀,   이동 행,   이동 열,   범위 행,   범위 열

Reference(기준 셀) : 범위를 지정할 기준 셀이나 셀 범위입니다.

Rows(이동 행) : 기준 셀에서 아래쪽으로 몇 번째 셀부터 범위 지정을 시작할지 나타내는 행수입니다.

Cols(이동 열) : 기준 셀에서 오른쪽으로 몇 번째 셀부터 범위 지정을 시작할지 나타내는 열수입니다.

Height(범위 행) : 기준 셀+이동 행수에서 몇 개의 행을 범위 지정할지 나타내는 범위 지정 행수입니다.

Width(범위 열) : 기준 셀+이동 열수에서 몇 개의 열을 범위 지정할지 나타내는 범위 지정 열수입니다.

CHAPTER

10

일러스트
레이션으로
문서 꾸미기

수치 데이터의 의미를 효과적으로 표현하기 위해 도형이나 그림을 사용
할 수 있습니다. 도형에 셀 내용을 연결할 수 있으며, 도형을 직접 그리지
않아도 엑셀에서 제공하는 다양한 스마트아트 그래픽을 삽입하여 데이터
를 시각적으로 나타낼 수 있습니다. 엑셀 문서에 도형, 스마트아트 그래
픽, 그림 등을 활용하는 방법을 알아보겠습니다.

핵심기능 01

2007 2010 2013 2016 2019

도형에 맞춰 텍스트 변환하기

실습 파일 | Chapter10\01_프로젝트순서도.xlsx 완성 파일 | Chapter10\01_프로젝트순서도_완성.xlsx

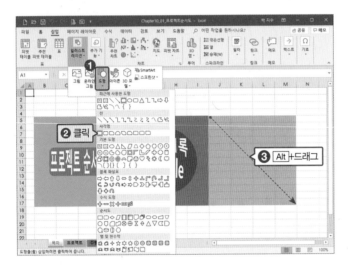

눈금선에 맞추어 도형 삽입하기

01 [기록 데이터] 시트와 연결할 도형을 삽입하겠습니다.

❶ [삽입] 탭-[일러스트레이션] 그룹-[도형] 클릭

❷ [사각형]-[직사각형] 클릭

❸ [J5] 셀에서 [M17] 셀까지 Alt + 드래그합니다.

바로 통 하는TIP 도형을 삽입할 때 Alt+드래그 하면 셀 눈금선에 맞추어 도형이 작성됩니다.

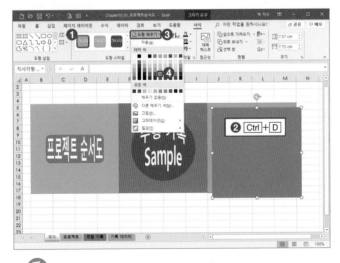

도형 서식 지정 및 복제하기

02 작성한 도형이 선택된 상태에서 서식을 지정하고 복제합니다.

❶ [그리기 도구]-[서식] 탭-[도형 스타일] 그룹의 [빠른 스타일] 갤러리에서 [색 채우기-청록, 강조 2, 윤곽선 없음] 클릭

❷ Ctrl + D 를 눌러 도형 복제

❸ [그리기 도구]-[서식] 탭-[도형 스타일] 그룹-[도형 채우기] 클릭

❹ [청록, 강조 2, 25% 더 어둡게]를 클릭합니다.

바로 통 하는TIP Ctrl + D 는 복사와 붙여넣기를 한 번에 하는 복제 단축키입니다. 셀이 선택된 상태에서 Ctrl + D 를 누르면 위의 셀 내용이 복사되며, 개체가 선택된 상태에서는 선택된 개체 오른쪽 아래에 개체가 복사됩니다.

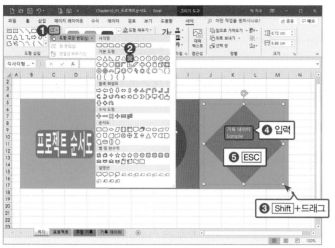

도형 모양 변경 및 크기 조절하기

03 복제된 도형의 모양과 크기를 조절하겠습니다.

❶ [그리기 도구]-[서식] 탭-[도형 삽입] 그룹-[도형 편집] 클릭

❷ [도형 모양 변경]-[기본 도형]-[다이아몬드] 클릭

❸ 도형 오른쪽 아래 크기 조절점을 왼쪽 위로 Shift +드래그하여 크기 조절

❹ 도형이 선택된 상태에서 **기록 데이터 Sample** 입력

❺ ESC 를 눌러 입력을 완료합니다.

> **바로 통 하는TIP** Shift +드래그하면 가로세로 같은 비율로 크기가 조절됩니다. 도형 안에 텍스트를 입력한 후 ESC 를 누르면 도형 안의 커서가 없어지고 도형이 선택됩니다.

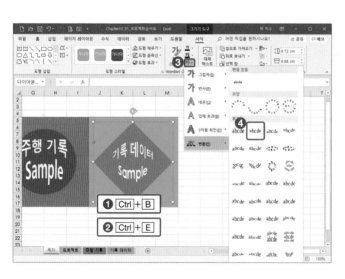

도형에 맞춰 텍스트 변환하기

04 입력한 텍스트를 도형에 맞게 변환하겠습니다.

❶ Ctrl + B 눌러 글꼴 굵게 지정

❷ Ctrl + E 눌러 도형 내에서 가운데 맞춤

❸ [그리기 도구]-[서식] 탭-[WordArt 스타일] 그룹-[텍스트 효과] 클릭

❹ [변환]-[휘기]-[중지]를 클릭합니다.

입력한 텍스트에 효과가 적용됩니다.

> **바로 통 하는TIP** Ctrl + B 는 글꼴을 굵게 변경합니다. Ctrl + E 는 도형이 선택되어 있을 때 도형 안의 텍스트를 가운데 맞춤하며, 셀이 선택되어 있을 때는 [빠른 채우기]를 실행하는 단축키입니다. 변환 효과 없이 글꼴 크기를 키우려면 [홈] 탭-[글꼴] 그룹에서 글꼴 크기를 지정하거나 도형이 선택된 상태에서 Ctrl + Shift + . 를 누릅니다. '프로젝트 순서도'에는 변환 효과 중 [사각형], '주행 기록 Sample'에는 변환 효과 중 [수축 : 위쪽, 팽창 : 아래쪽]이 적용되어 있습니다.

우선
순위 핵심기능

2007 2010 2013 2016 2019

02 도형에 시트 이동 설정하기

실습 파일 | Chapter10\02_프로젝트순서도.xlsx 완성 파일 | Chapter10\02_프로젝트순서도_완성.xlsx

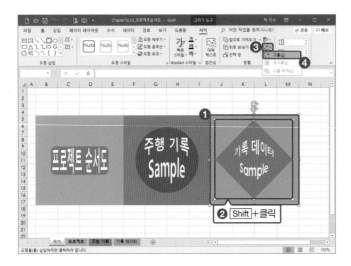

도형 그룹화하기

01 두 개의 도형을 그룹화하겠습니다.

❶ 사각형 도형 클릭

❷ 다이아몬드 도형 Shift+클릭

❸ [그리기 도구]–[서식] 탭–[정렬] 그룹–[그룹화] 클릭

❹ [그룹]을 클릭합니다.

두 개의 도형이 그룹으로 묶입니다.

하이퍼링크 연결하기

02 도형을 클릭하면 [기록 데이터] 시트로 이동하도록 링크를 연결하겠습니다.

❶ [삽입] 탭–[링크] 그룹–[링크] 클릭

❷ [하이퍼링크 삽입] 대화상자에서 [연결 대상]의 [현재 문서] 클릭

❸ [이 문서에서 위치 선택]에서 ['기록 데이터'] 클릭

❹ [확인]을 클릭합니다.

도형을 클릭하면 [기록 데이터] 시트로 이동합니다.

바로 통하는TIP 하이퍼링크 단축키 Ctrl+K를 눌러도 됩니다.

03

 2007 2010 2013 2016 2019

도형 서식 지정하기

실습 파일 | Chapter10\03_프로젝트순서도.xlsx   완성 파일 | Chapter10\03_프로젝트순서도_완성.xlsx

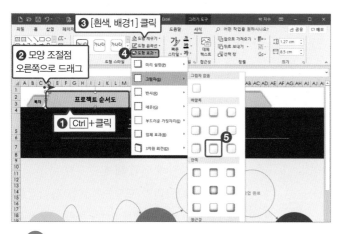

바로 통 하는TIP 하이퍼링크가 설정되어 있는 도형을 클릭하면 연결된 곳으로 이동하기 때문에 이동하지 않고 개체를 선택하기 위해서는 Ctrl+클릭하거나 [홈] 탭-[편집] 그룹-[찾기 및 선택]-[개체 선택]을 선택한 후 도형을 클릭합니다.

도형 모양 조절 및 효과주기

01 삽입된 도형의 모양을 조절하고 그림자 효과를 지정하겠습니다.

❶ [프로젝트] 탭에서 [프로젝트 순서도] 도형 Ctrl+클릭

❷ 모양 조절점을 오른쪽으로 드래 그해 도형 위쪽 너비 좁게 조절

❸ [그리기 도구]-[서식] 탭-[도형 스타일] 그룹-[도형 채우기]-[흰 색, 배경 1] 클릭

❹ [도형 효과] 클릭

❺ [그림자]-[바깥쪽]-[오프셋 : 위 쪽]을 클릭합니다.

도형 순서 정렬하기

02 도형의 앞뒤 순서를 정렬하겠 습니다.

❶ [그리기 도구]-[서식] 탭-[정렬] 그룹-[앞으로 가져오기] 클릭

❷ [A1] 셀 클릭해 도형 선택 해제

❸ [기록 데이터] 도형 Ctrl+클릭

❹ [서식] 탭-[정렬] 그룹-[뒤로 보 내기] 목록 클릭

❺ [맨 뒤로 보내기]를 클릭합니다.

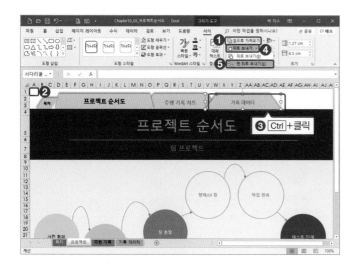

[프로젝트 순서도] 도형이 맨 앞에, [기록 데이 터] 도형이 맨 뒤에 배치됩니다.

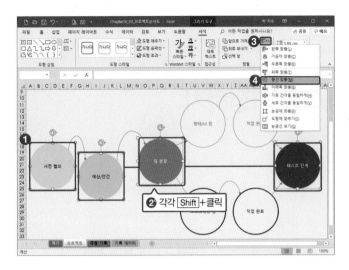

도형 위치 맞추기

03 위치가 제 각각인 도형들을 가지런히 맞추겠습니다.

❶ [사전 협의] 도형 클릭

❷ [예산/안건], [팀 분할], [테스트 단계] 도형을 각각 Shift +클릭

❸ [그리기 도구]-[서식] 탭-[정렬] 그룹-[개체 맞춤] 클릭

❹ [중간 맞춤]을 클릭합니다.

도형의 위아래가 가운데로 정렬됩니다.

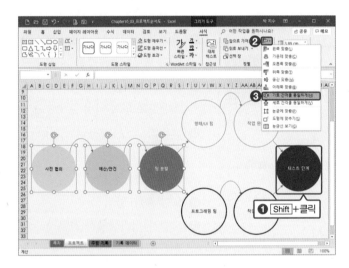

도형 간격 맞추기

04 도형 사이 가로 간격을 동일하게 맞추겠습니다.

❶ [테스트 단계] 도형을 Shift +클릭해 선택 해제

❷ [그리기 도구]-[서식] 탭-[정렬] 그룹-[개체 맞춤] 클릭

❸ [가로 간격을 동일하게]를 클릭합니다.

세 도형 사이의 간격이 일정하게 수정됩니다.

쉽고 빠른 엑셀 NOTE

개체 조절 핸들

도형을 선택하면 크기 조절 핸들, 회전 핸들이 표시되며 모양을 조절할 수 있는 도형은 모양 조절 핸들이 표시됩니다. 조절 핸들을 드래그하면 크기 조절, 회전, 모양을 조절할 수 있습니다. 이 조절 핸들은 도형뿐 아니라 그림이나 차트 등 워크시트 개체에 동일하게 적용됩니다.

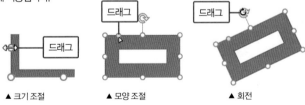

▲ 크기 조절   ▲ 모양 조절   ▲ 회전

우선
순위

핵심기능

2007 2010 2013 2016 2019

04 도형에 셀 값 연결하기

실습 파일 | Chapter10\04_프로젝트순서도.xlsx   완성 파일 | Chapter10\04_프로젝트순서도_완성.xlsx

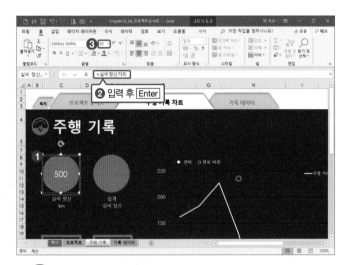

도형에 정산 거리 연결하기

01 [실비 정산 km] 도형에 [기록데이터] 시트에 있는 실비정산거리 값을 연결하겠습니다.

❶ [주행기록] 탭에서 [실비 정산 km] 도형 클릭

❷ 수식 입력줄에 **=실비정산거리** 입력 후 Enter

❸ [홈] 탭-[글꼴] 그룹-[글꼴 크기]에서 [20]을 선택합니다.

바로 통 하는TIP [기록 데이터] 시트의 [M5] 셀은 '실비정산거리'라는 이름으로 정의되어 있습니다. [기록 데이터] 시트의 [M5] 셀 값인 500을 도형에 연결하여 표시하기 위해 도형을 선택한 후 수식 입력줄에 '=실비정산거리'를 입력했습니다. [기록 데이터] 시트의 [M5] 셀 값이 연결되어 도형에 500이 표시됩니다.

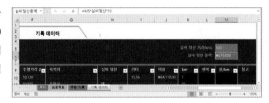

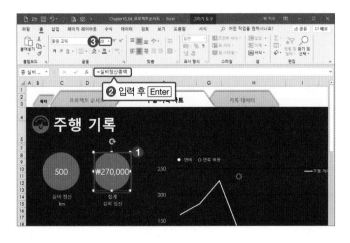

도형에 정산 금액 연결하기

02 [합계 실비 정산] 도형에 실비 정산총액 값을 연결하겠습니다.

❶ [합계 실비 정산] 도형 클릭

❷ 수식 입력줄에 **=실비정산총액**을 입력하고 Enter

❸ [홈] 탭-[글꼴] 그룹-[글꼴 크기]에서 [20]을 선택합니다.

바로 통 하는TIP '실비정산총액'이라는 이름으로 정의되어 있는 [기록 데이터] 시트의 [M6] 셀 값 ₩270,000을 연결하여 표시하기 위해 도형을 선택한 후 수식 입력줄에 '=실비정산총액'을 입력했습니다. [기록 데이터] 시트의 [M6] 셀 값 ₩270,000이 연결되어 표시됩니다.

쉽고 빠른 엑셀 NOTE 도형 선택

도형이 색이나 무늬 등으로 채워져 있는 도형은 면을 클릭하고, 채워지지 않은 도형은 선을 클릭하여 선택합니다. 여러 도형을 선택할 때는 도형을 하나 선택하고 두 번째 선택부터는 Shift+클릭합니다. 선택할 도형이 많은 경우는 [홈] 탭-[편집] 그룹-[찾기 및 선택]-[개체 선택]을 선택한 후 도형이 모두 포함되도록 마우스로 드래그하여 한 번에 범위를 지정하고 선택할 수 있습니다.

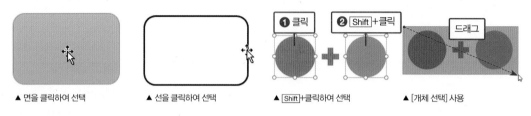

▲ 면을 클릭하여 선택　　▲ 선을 클릭하여 선택　　▲ Shift+클릭하여 선택　　▲ [개체 선택] 사용

쉽고 빠른 엑셀 NOTE 도형 그리기

도형을 삽입할 때 도형 종류에 따라 그리기 방식이 조금 다릅니다.

❶ **클릭** : 삽입할 도형을 선택한 후 삽입할 위치를 클릭하면 기본 크기로 도형이 삽입됩니다.

❷ **드래그** : 직사각형이나 타원 등은 드래그하여 가로, 세로 비율과 크기를 자유롭게 그릴 수 있습니다.

❸ **Shift+드래그** : 가로, 세로 비율이 같은 크기로 삽입됩니다.

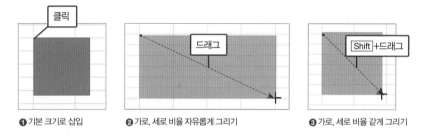

❶ 기본 크기로 삽입　　❷ 가로, 세로 비율 자유롭게 그리기　　❸ 가로, 세로 비율 같게 그리기

❹ **Ctrl+드래그** : 도형의 중심을 기준으로 삽입됩니다.

❺ **Alt+드래그** : 워크시트의 눈금선에 맞춰 삽입됩니다.

❻ **곡선, 자유형** : 곡선이나 자유형을 선택한 후 처음 시작하는 위치에서 클릭하고 다른 자리를 클릭하면 선이 이어집니다. 그리기를 마칠 때는 처음 시작한 점을 클릭하거나 중간에 더블클릭합니다.

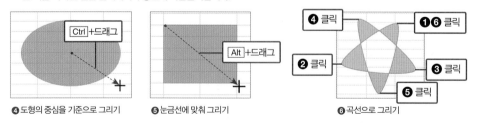

❹ 도형의 중심을 기준으로 그리기　　❺ 눈금선에 맞춰 그리기　　❻ 곡선으로 그리기

핵심기능

05

2007 2010 2013 2016 2019

스마트아트 삽입하기

실습 파일 | Chapter10\05_대리점현황.xlsx   완성 파일 | Chapter10\05_대리점현황_완성.xlsx

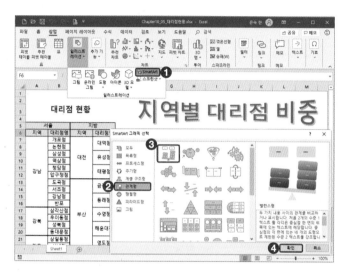

스마트아트 삽입하기

01 지역별 대리점 비중을 스마트아트로 표시하겠습니다.

❶ [삽입] 탭-[일러스트레이션] 그룹-[SmartArt] 클릭

❷ [SmartArt 그래픽 선택] 대화상자에서 [관계형] 클릭

❸ [밸런스형] 클릭

❹ [확인]을 클릭합니다.

선택한 스마트아트가 삽입됩니다.

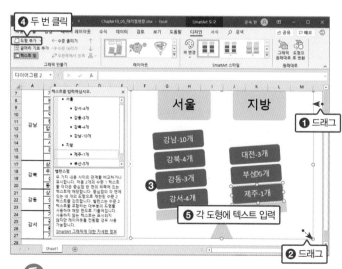

위치, 크기 조절 및 도형 추가하기

02 삽입된 스마트아트의 위치와 크기를 조절하고 도형을 추가하겠습니다.

❶ 스마트아트 개체의 외곽 테두리 부분을 드래그해 위치 이동

❷ 아래쪽 크기 조절점을 드래그해 크기 조절

❸ 왼쪽 첫 번째 도형 클릭

❹ [SmartArt 도구]-[디자인] 탭-[그래픽 만들기] 그룹-[도형 추가] 두 번 클릭

❺ 각 도형 클릭 후 텍스트를 입력하거나 텍스트 창에 입력합니다.

바로 통 하는TIP 스마트아트의 왼쪽에는 두 개의 도형이 표시되어 오른쪽이 기울어진 형태이나 [도형 추가]를 두 번 클릭한 후에는 네 개의 도형이 표시되고 왼쪽이 기울어진 형태로 바뀝니다.

스마트아트(SmartArt)란?

스마트아트는 미리 서식이 지정되어 있는 여러 도형의 구성으로, 정보를 시각적으로 표현할 수 있도록 엑셀에서 제공하는 그래픽 개체입니다. 도형이나 클립아트 등으로 레이아웃과 디자인 서식이 미리 지정되어 있어 전문가가 아니더라도 수준 높은 일러스트레이션을 작성할 수 있습니다.

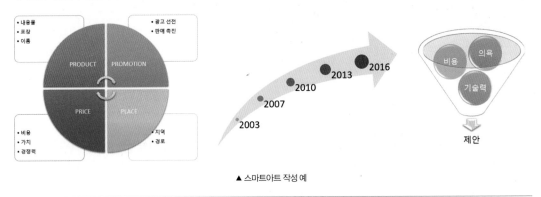

▲ 스마트아트 작성 예

SmartArt 그래픽 유형 알아보기

[삽입] 탭-[일러스트레이션] 그룹-[SmartArt]를 클릭하면 [SmartArt 그래픽 선택] 대화상자가 나타납니다. 표현하고자 하는 정보의 용도별로 그래픽 유형 범주를 선택하면 하위 목록이 가운데에 표시되며, 하위 목록에서 그래픽 유형을 선택하면 오른쪽에 해당 그래픽의 설명과 함께 그림을 미리 볼 수 있습니다.

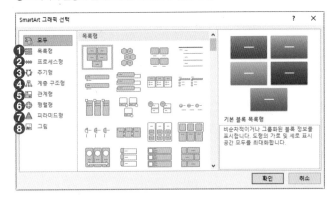

❶ 비순차적 정보를 표시할 때

❷ 프로세스 또는 시간 표시 막대에서 단계를 표시할 때

❸ 연속된 프로세스를 표시할 때

❹ 의사 결정 트리나 조직도를 만들 때

❺ 연결을 일러스트레이션으로 표시할 때

❻ 전체에 대한 각 부분의 관계를 표시할 때

❼ 가장 큰 구성 요소가 맨 위 또는 맨 아래에 있는 비례 관계를 표시할 때

❽ 목록 또는 프로세스를 보완하는 데 그림을 사용할 때

핵심기능 06
스마트아트 스타일 지정 및 변환하기

실습 파일 | Chapter10\06_대리점현황.xlsx 완성 파일 | Chapter10\06_대리점현황_완성.xlsx

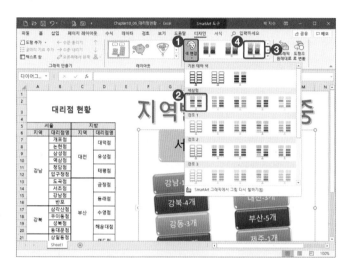

스마트아트 스타일 지정하기

01 삽입된 스마트아트 개체에 빠르게 스타일을 지정하겠습니다.

❶ 스마트아트 객체가 선택된 상태에서 [SmartArt 도구]-[디자인] 탭-[SmartArt 스타일] 그룹-[색 변경] 클릭

❷ [색상형-강조색] 클릭

❸ 빠른 스타일 갤러리의 아래 화살표 □ 클릭

❹ [광택 처리]를 클릭합니다.

스마트아트에 선택한 스타일이 적용됩니다.

도형 이동하기

02 스마트아트 내에서 도형을 이동하겠습니다.

❶ [강서-4개] 도형 클릭

❷ [SmartArt 도구]-[디자인] 탭-[그래픽 만들기] 그룹-[아래로 이동] 클릭

❸ [부산-5개] 도형 클릭

❹ 다시 [아래로 이동] 클릭

❺ [SmartArt 도구]-[디자인] 탭-[그래픽 만들기] 그룹-[텍스트 창]을 클릭해 텍스트 창을 숨깁니다.

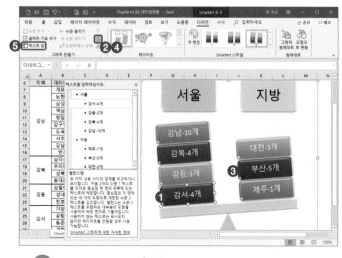

바로 **통** 하는TIP [위로 이동], [아래로 이동] 시 적용되는 순서는 텍스트 창에 있는 텍스트 목록의 순서와 같습니다.

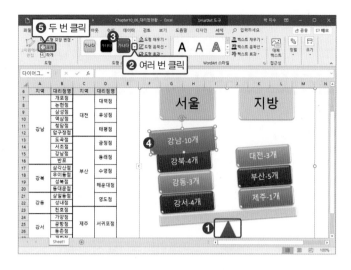

도형 스타일 및 도형 크기 조절하기

03 스마트아트 도형의 스타일과 크기를 조절하겠습니다.

❶ 삼각형 도형 클릭

❷ [SmartArt 도구]-[서식] 탭-[도형 스타일] 그룹의 스타일 갤러리에서 아래 화살표⚬ 여러 번 클릭

❸ [보통 효과-파랑, 강조 1] 선택

❹ [강남-10개] 도형 클릭

❺ [SmartArt 도구]-[서식] 탭-[도형] 그룹-[크게] 버튼을 두 번 클릭하여 크기를 크게 변경합니다.

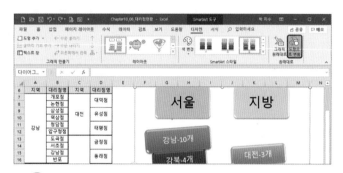

도형으로 변환하기

04 스마트아트 그래픽을 일반 도형으로 변환하겠습니다.

[SmartArt 도구]-[디자인] 탭-[원래대로] 그룹-[도형으로 변환]을 클릭합니다.

바로 통 하는 TIP [SmartArt 도구]-[서식] 탭-[정렬] 그룹-[그룹화]-[그룹 해제]를 선택해도 도형으로 변환됩니다. 스마트아트 그래픽은 여러 도형이 그룹화되어 있는 상태입니다. 따라서 일부 도형을 이동하는 등의 작업이 필요할 때 [도형으로 변환]을 클릭하여 그룹을 해제합니다. 도형으로 변환된 개체는 다시 스마트아트 개체로 변환할 수 없으므로, 스마트아트 기능을 계속 사용하고 싶다면 도형으로 변환하지 않는 것이 좋습니다.

쉽고 빠른 엑셀 NOTE | **SmartArt 도구 알아보기**

스마트아트 그래픽은 일반 도형과 달리 스마트아트 영역 내에서 도형을 추가하거나 위치를 이동하고 순서를 바꾸는 등의 작업을 해야 합니다. 스마트아트를 삽입한 후에는 리본 메뉴에 [SmartArt 도구]-[디자인] 탭과 [SmartArt 도구]-[서식] 탭이 표시됩니다. [SmartArt 도구]-[디자인] 탭에서는 스마트아트의 전체적인 레이아웃이나 스타일 등을 지정할 수 있습니다.

❶ **[그래픽 만들기] 그룹** : 스마트아트 영역 내에 도형 추가, 순서 조정, 위치 조정 등을 할 수 있습니다.

❷ **[레이아웃] 그룹** : 처음 삽입한 그래픽 유형이 마음에 들지 않는다면 다른 유형을 선택합니다.

❸ **[SmartArt 스타일] 그룹** : 색상과 디자인 서식을 변경합니다.

❹ **[원래대로] 그룹** : 그래픽을 처음 상태로 돌리거나 일반 도형으로 변환합니다.

회사통
실무
활용

제품 목록에서 제품 사진과
정보 가져오기 – 제품소개서

실습 파일 | Chapter10\실무_제품소개서.xlsx 완성 파일 | Chapter10\실무_제품소개서_완성.xlsx

⊕ 예제 설명 및 완성 화면

제품 소개서에는 [제품목록] 시트로부터 제품코드를 찾아 해당 제품의 종류, 가격, 소재, 사이
즈, 색상, 설명을 [제품소개서] 시트에 가져오는 VLOOKUP 함수식이 작성되어 있습니다. [제
품소개서] 시트에서 제품코드를 선택하면 [제품목록] 시트의 사진목록에서도 사진을 가져올 수
있도록 작업합니다. [제품목록] 시트에 그림을 삽입한 후 [제품소개서] 시트에서 INDEX 함수를
사용하여 그림을 연결해보겠습니다.

제품코드	사진	종류	가격	소재	사이즈	색상	설명
CM0705		부츠	450,000	소가죽	230~250	BLACK BROWN	2cm 높이로 편안한 라이더 스타일.
ES0403		펌프스	120,000	소가죽	225~250	BLACK	심플하면서 고급스러운 느낌을 강조. 7cm 굽 사용.(굽 조절 주문 가능)
SH0127		신사화	250,000	카프 브러시	250~275	BROWN	정장에 소화할 수 있는 드레스화 본점에서만 주문 가능

01 이름 정의하기

사진이 들어갈 셀 범위에 이름을 정의해보겠습니다. ❶ [제품목록] 시트의 [B2:B4] 범위 지정 ❷ 이름 상자에 **사진목록**을 입력한 후 Enter 를 누릅니다.

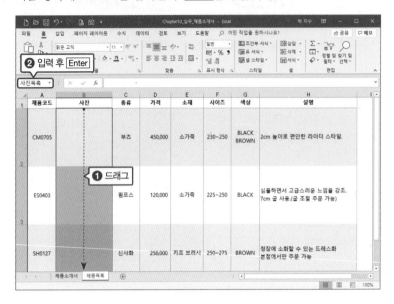

02 그림 삽입하기

❶ [삽입] 탭-[일러스트레이션] 그룹-[그림] 클릭 ❷ [그림 삽입] 대화상자에서 첫 번째 그림 파일 클릭 ❸ 세 번째 그림 파일 Shift +클릭 ❹ [삽입]을 클릭합니다.

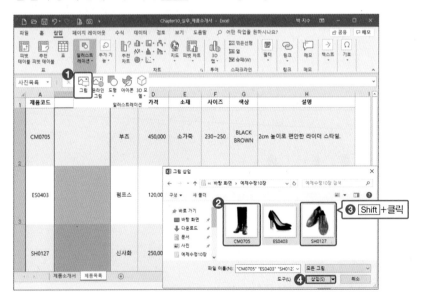

03 그림 크기 조절 및 이동하기

❶ 삽입된 후 그림이 모두 선택된 상태에서 [그림 도구]-[서식] 탭-[크기] 그룹-[너비]에 **4.2** 입력 후 Enter ❷ [A1] 셀 클릭하여 그림 선택 해제 ❸ Alt 를 누른 상태에서 맨 앞 그림을 드래그하여 [B4] 셀로 이동합니다.

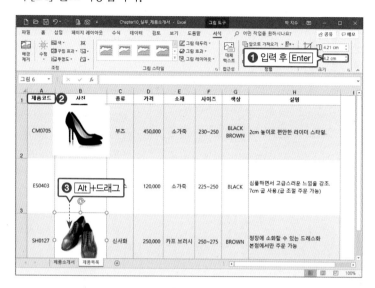

바로 **통** 하는TIP

너비만 입력하면 세로 크기도 자동으로 줄어듭니다. 비율과 상관없이 가로, 세로 크기를 따로 지정하고 싶다면 [그림 도구]-[서식] 탭-[크기] 그룹의 [그림 서식 작업 창 표시⬛] 아이콘을 클릭한 후 [그림 서식] 작업 창에서 [가로 세로 비율 고정] 옵션의 체크 표시를 해제합니다. [원래 크기에 비례하여] 옵션은 높이 조절, 너비 조절 입력란에 그림 원래 크기에 비례한 확대/축소 값을 입력하여 크기를 조절하는 옵션입니다.

04 그림 간격 맞추기

❶ Ctrl + A 를 눌러 그림 모두 선택 ❷ [그림 도구]-[서식] 탭-[정렬] 그룹-[맞춤]-[왼쪽 맞춤] 클릭 ❸ [서식] 탭-[정렬] 그룹-[맞춤]-[세로 간격을 동일하게]를 클릭합니다.

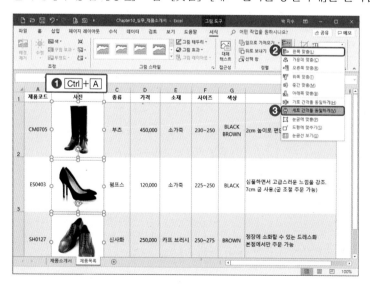

바로 **통** 하는TIP

모든 개체 선택

워크시트의 모든 개체를 선택하려면 개체를 하나 선택하고 Ctrl + A 를 누릅니다. 화면 안에 선택할 개체가 보이지 않는 경우 [홈] 탭-[편집] 그룹-[찾기 및 선택]-[이동 옵션]을 선택한 후 [이동 옵션] 대화상자에서 [개체]를 클릭하고 [확인]을 클릭합니다.

05 그림 배경 투명하게 바꾸기

❶ [그림 도구]–[서식] 탭–[조정] 그룹–[색]–[투명한 색 설정] 클릭한 후 ❷ 그림에서 투명하게
할 흰색 배경 부분을 클릭합니다.

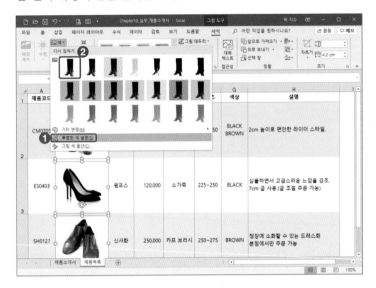

바로 통하는TIP

그림의 흰색 배경이 투명하게 설
정되어 셀 색이 그림의 배경색으
로 표시됩니다. 이와 같이 그림의
배경이 단일색일 때는 [투명한
색 설정]을 사용하면 편리하지
만, 그림의 배경이 여러 색일 때
는 같은 그룹에 있는 [배경 제거]
를 사용해야 합니다.

06 그림 복사하기

❶ [A1] 셀을 클릭하여 다중 선택 해제 ❷ 첫 번째 그림에서 마우스 오른쪽 버튼 클릭 ❸ [복사]를
클릭합니다.

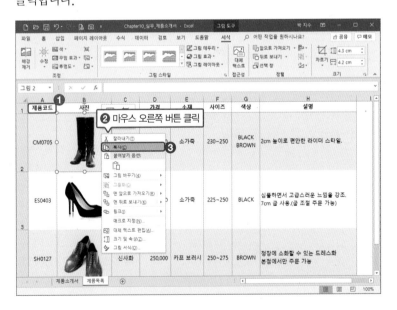

07 그림 붙여넣기

❶ [제품소개서] 시트 클릭 ❷ [B6] 셀 클릭 ❸ [홈] 탭-[클립보드] 그룹-[붙여넣기]를 클릭합니다. [B6] 셀에 복사된 그림이 삽입됩니다.

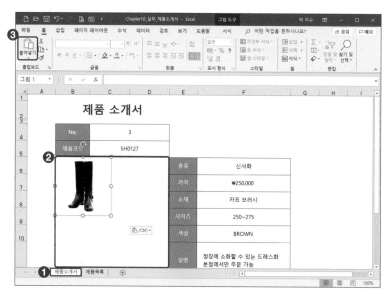

08 제품 소개서 함수식 이해하기

❶ Ctrl + ~ 를 눌러 수식 셀 표시 ❷ 수식을 확인한 후 다시 Ctrl + ~ 를 눌러 화면을 원상 복구합니다.

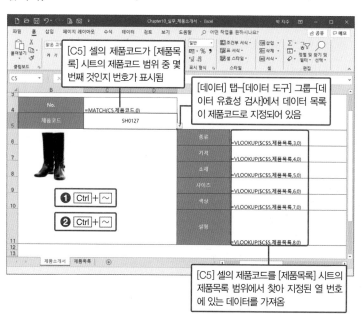

바로 통 하는 TIP

Ctrl + ~ 를 누르면 워크시트에 입력되어 있는 수식이 셀에 나타납니다. 각 셀에는 [제품목록] 시트의 각 범위에 대해 정의된 이름을 사용하여 함수식이 작성되어 있습니다. [C5] 셀에는 [데이터] 탭-[데이터 도구] 그룹-[데이터 유효성 검사]를 사용하여 선택할 데이터 목록으로 [제품목록] 시트의 제품코드 범위 목록이 지정되어 있습니다.

09 INDEX 함수식 이름 정의하기

❶ [수식] 탭–[정의된 이름] 그룹–[이름 정의] 클릭 ❷ [새 이름] 대화상자의 [이름]에 **사진** 입력
❸ [참조 대상]에 **=INDEX(사진목록,제품소개서!$C$4)** 입력 ❹ [확인]을 클릭합니다.

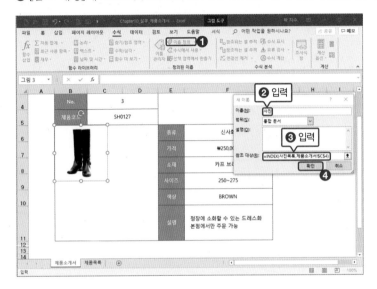

바로 통 하는 TIP

INDEX 함수

앞에서 이름 정의한 '사진목
록' 범위, 즉 [제품목록] 시트의
[B2:B4] 범위에서 [제품소개서]
시트의 [C4] 셀 숫자 순서에 해
당하는 그림을 가져옵니다. 예를
들어 [C4] 셀에 1이 입력되어 있
으면 '사진목록' 범위의 첫 번째
사진을 가져옵니다.

10 그림 개체에 INDEX 함수식 연결하기

❶ 그림 클릭 ❷ 수식 입력줄에 **=사진** 입력 ❸ Enter ❹ Alt 를 누른 상태에서 크기 조절점을 드래
그하여 셀 크기에 맞춰 그림 크기를 조절합니다.

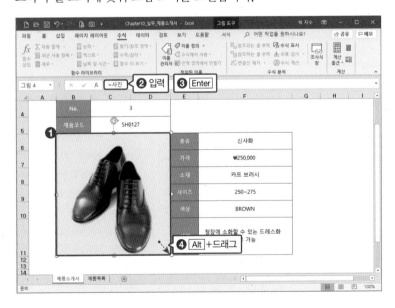

11 제품코드 변경한 후 제품 정보 확인하기

❶ [C5] 셀 클릭 후 목록 단추 클릭 ❷ 다른 제품 코드를 선택해보면 해당 사진과 제품 정보가 각
각 표시됩니다.

12 스크린샷 삽입하기

실습 파일 폴더 창의 그림 목록을 화면 캡처하여 삽입해보겠습니다. 실습 파일이 있는 폴더 창
이 열려 있는 상태에서 작업해야 합니다. ❶ 스크린샷이 삽입될 위치로 [E2] 셀 클릭 ❷ [삽입]
탭-[일러스트레이션] 그룹-[스크린 샷]-[화면 캡처]를 클릭합니다.

바로 통 하는 TIP

캡처할 실습 예제 폴더 창이 화
면 캡처 실행 전에 열려 있는 상
태여야 합니다. 현재 사용 중인
엑셀 창 화면은 캡처할 수 없습
니다. 스크린 샷은 현재 사용 중
인 엑셀 창 화면을 제외하고 현
재 열려 있는 웹 화면 등 모든 프
로그램 창을 캡처할 수 있습니다.

13 화면 캡처하기

실행 중인 엑셀 창이 최소화되고 바탕 화면과 열려 있는 폴더 창 화면이 희미하게 표시됩니다.
화면 중 제품 사진 목록을 드래그합니다.

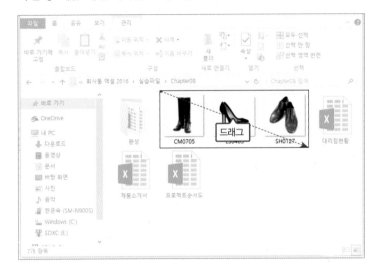

바로**통**하는TIP

실습 화면은 폴더 창에서 [보기]
탭—[레이아웃] 그룹—[큰 아이콘]
을 선택한 화면입니다.

14 그림 위치 이동 및 크기 조절하기

삽입된 캡처 이미지의 위치와 크기를 조절합니다.

CHAPTER

11

데이터 관리와 분석

엑셀의 데이터 관리 도구를 사용하면 수만 개의 데이터 중 특정 조건을 만족하는 데이터만 추출하거나 원하는 여러 조건에 맞는 데이터별로 보고서를 요약해 작성할 수 있습니다. 이번 장에서는 입력한 데이터를 정렬, 필터, 요약, 분석하는 등의 엑셀 데이터 관리, 분석 기능에 대해서 알아보겠습니다.

핵심기능 01

표 삽입 후 데이터 입력하기

실습 파일 | 없음 완성 파일 | Chapter11\01_표삽입_완성.xlsx

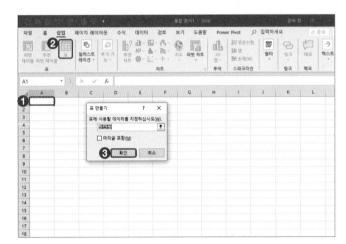

빈 셀에서 표 만들기

01 데이터를 입력하기 전에 표 범위를 먼저 만듭니다.

❶ [A1] 셀 클릭

❷ [삽입] 탭-[표] 그룹-[표] 클릭

❸ [표 만들기] 대화상자에서 [확인]을 클릭합니다.

표 범위로 변환되고 표 스타일이 적용됩니다.

바로 통 하는TIP [표 만들기]에서 지정한 셀이나 셀 범위는 데이터베이스 작성 규칙에 맞게 데이터를 입력할 수 있는 [표] 범위가 됩니다. [표] 범위에서는 수식이나 서식이 자동으로 복사되어 보다 쉽고 빠르게 데이터 목록을 작성할 수 있습니다.

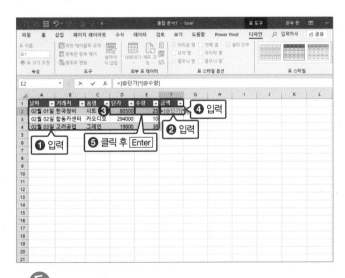

데이터 입력하기

02 날짜, 거래처, 품명, 단가, 수량, 금액 데이터를 입력하겠습니다.

❶ 그림과 같이 [A1:E4], [F1] 셀에 데이터 입력

❷ [F2] 셀에 = 입력

❸ [D2] 셀 클릭

❹ 곱하기 기호 * 입력

❺ [E2] 셀 클릭 후 Enter를 누릅니다.

[F4] 셀까지 금액이 모두 구해집니다.

바로 통 하는TIP [표] 범위에서는 데이터를 추가할 때마다 표 서식이 자동으로 확장됩니다. 등호(=)입력 후 계산할 셀을 선택하면 셀 주소가 아닌 필드명이 입력됩니다.

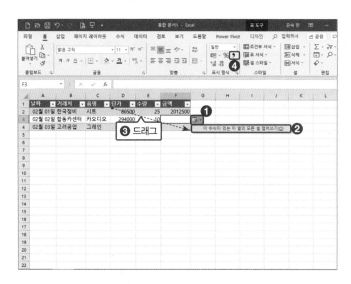

자동 고침 옵션 선택

03 수식 입력 후 표시된 자동 고침 옵션을 선택하고 숫자 범위에 쉼표 스타일을 지정하겠습니다.

❶ [자동 고침 옵션🗔] 클릭

❷ [이 수식이 있는 이 열의 모든 셀 덮어쓰기] 클릭

❸ [D2:F4] 범위 지정

❹ [홈] 탭-[표시 형식] 그룹-[쉼표 스타일]을 클릭합니다.

숫자의 세 자리마다 쉼표가 표시됩니다.

바로 통 하는TIP 수식을 작성하자마자 모든 열에 수식이 자동으로 채워지게 하려면 [파일] 탭-[옵션]을 선택하고 [Excel 옵션] 대화상자에서 [언어 교정] 탭-[자동 고침 옵션] 선택한 후 [자동 고침] 대화상자에서 [입력할 때 자동 서식] 탭에서 [표에 수식을 채워 계산된 열 만들기]를 클릭합니다.

쉽고 빠른 엑셀 NOTE   표의 구성 요소

참고 파일 | Chapter11\표구성.xlsx

[삽입] 탭-[표] 그룹-[표]를 클릭하거나 [홈] 탭-[스타일] 그룹-[표 서식]에서 표 스타일을 선택하면 선택한 데이터 범위가 [표] 범위로 변환됩니다. [표]는 데이터베이스 규칙에 맞게 데이터 목록을 작성하고 관리할 수 있는 데이터베이스 형태의 범위입니다. 표 범위의 구성 요소는 다음과 같습니다.

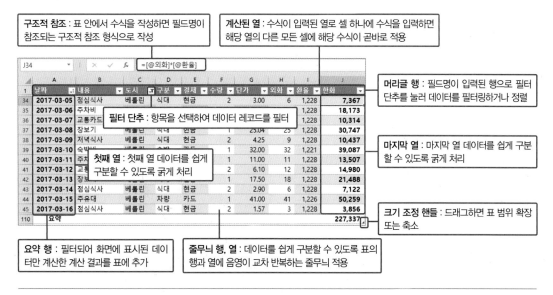

구조적 참조 : 표 안에서 수식을 작성하면 필드명이 참조되는 구조적 참조 형식으로 작성

계산된 열 : 수식이 입력된 열로 셀 하나에 수식을 입력하면 해당 열의 다른 모든 셀에 해당 수식이 곧바로 적용

머리글 행 : 필드명이 입력된 행으로 필터 단추를 눌러 데이터를 필터링하거나 정렬

필터 단추 : 항목을 선택하여 데이터 레코드를 필터

첫째 열 : 첫째 열 데이터를 쉽게 구분할 수 있도록 굵게 처리

마지막 열 : 마지막 열 데이터를 쉽게 구분할 수 있도록 굵게 처리

크기 조정 핸들 : 드래그하면 표 범위 확장 또는 축소

요약 행 : 필터되어 화면에 표시된 데이터만 계산한 계산 결과를 표에 추가

줄무늬 행, 열 : 데이터를 쉽게 구분할 수 있도록 표의 행과 열에 음영이 교차 반복하는 줄무늬 적용

데이터 베이스 규칙에 맞게 데이터 수정하기

실습 파일 | Chapter11\02_표관리.xlsx 완성 파일 | Chapter11\2_표관리_완성.xlsx

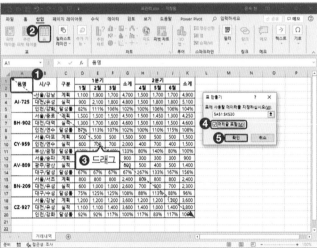

기존 데이터 범위를 표로 만들기

01 데이터 범위를 표 범위로 만들겠습니다.

❶ [A1] 셀 클릭

❷ [삽입] 탭-[표] 그룹-[표] 클릭

❸ [A1:K20] 범위 지정

❹ [머리글 포함]에 체크 표시

❺ [확인]을 클릭합니다.

[표] 범위로 만들어지면 병합된 셀들이 모두 병합 해제되고 첫 행의 필드명 부분에서 병합이 해제되어 빈 셀이 된 셀에는 열1과 같이 임시 필드명이 입력됩니다.

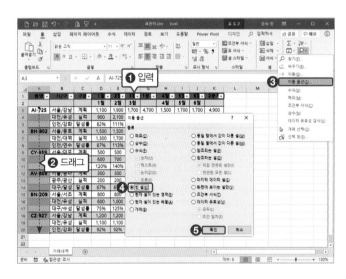

필드명 입력 및 빈 셀 선택하기

02 새로운 필드명을 입력하고 품명 필드의 빈 셀을 선택하겠습니다.

❶ [D1] 셀에서 [K1] 셀까지 필드명에 **1월, 2월, 3월, 1분기, 4월, 5월, 6월, 2분기** 입력

❷ [A3:A20] 범위 지정

❸ [홈] 탭-[편집] 그룹-[찾기 및 선택]-[이동 옵션] 클릭

❹ [이동 옵션] 대화상자에서 [빈 셀] 클릭

❺ [확인]을 클릭합니다.

선택 범위에서 비어 있는 셀만 선택됩니다.

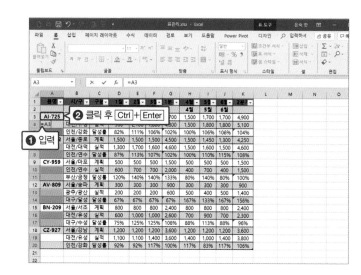

빈 셀에 위쪽 셀의 품명 채우기

03 빈 셀을 바로 위쪽 셀의 품명으로 채우겠습니다.

❶ 빈 셀만 선택된 상태에서 = 입력

❷ [A3] 셀을 클릭한 후 Ctrl + Enter 를 누릅니다.

빈 셀의 위쪽 품명으로 셀이 채워집니다.

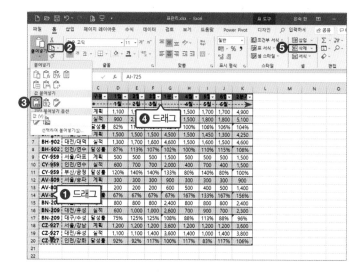

수식의 결과 값만 남기기

04 수식을 없애고 값만 남기겠습니다.

❶ [A3:A20] 범위 지정

❷ [홈] 탭-[클립보드] 그룹-[복사] 클릭

❸ [붙여넣기]-[값] 클릭

❹ [A2:K2] 범위 지정

❺ [홈] 탭-[셀] 그룹-[삭제]를 클릭합니다.

쉽고 빠른 엑셀 NOTE

데이터베이스 작성 규칙

데이터베이스란 방대한 양의 데이터를 특정한 용도에 맞게 체계적으로 정리해놓은 것을 말합니다. 엑셀의 데이터 관리 기능을 제대로 사용하려면 워크시트의 데이터 목록은 일정한 형식에 맞춰 분류, 구분할 수 있는 데이터베이스 구성으로 되어 있어야 합니다. 데이터베이스는 ⓐ 필드(Field), ⓑ 필드명(Field Name), ⓒ 레코드(Record)로 구성됩니다. 다음은 엑셀의 데이터베이스 관리 기능을 사용하기에 부적합한 데이터베이스 형태입니다.

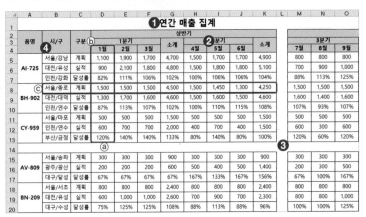

ⓐ 필드 : 같은 종류의 데이터 모임으로, 데이터베이스의 '열'을 의미함

ⓑ 필드명 : 각 필드를 구분할 수 있는 필드의 이름으로, '열 이름표'를 의미함

ⓒ 레코드 : 하나 이상의 필드로 구성되며, 데이터베이스의 '행'을 의미함

다음은 데이터베이스 작성 규칙입니다.

❶ 데이터베이스 제목과 데이터베이스가 붙어 있으면 안 됨 : '지역별 매출 집계표'라는 제목 다음에 바로 데이터 목록이 입력되어 있기 때문에 제목까지 데이터베이스로 간주되어 1행의 제목이 필드명이 됩니다.

❷ 필드명은 병합하면 안 됨 : 필드명은 한 줄로 되어 있어야 합니다. 두 줄 이상이 병합되어 있으면 어느 것이 필드명인지 불분명해집니다.

❸ 목록 중간에 빈 행, 빈 열이 있으면 안 됨 : 목록 중간의 빈 행이나 빈 열이 있으면 빈 행, 빈 열을 기준으로 각각을 별도의 데이터 베이스로 간주합니다.

❹ 하나의 필드에는 한 가지 정보만 있어야 함 : 하나의 필드에 시/구가 함께 입력되어 있으면 시별, 구별로 정렬하거나 필터 등으로 관리하기 어렵습니다.

우선
순위 핵심기능

03 요약 행 삽입 및 데이터 필터하기

실습 파일 | Chapter11\03_표관리2.xlsx   완성 파일 | Chapter11\03_표관리2_완성.xlsx

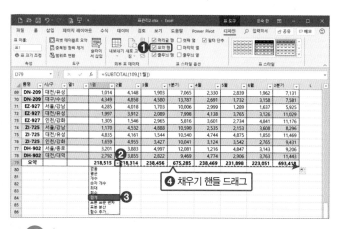

요약 행 삽입하기

01 마지막 행에 합계를 표시하는 요약 행을 삽입하겠습니다.

❶ [표 도구]−[디자인] 탭−[표 스타일 옵션] 그룹−[요약 행] 클릭

❷ [D79] 셀 목록 단추 클릭

❸ [합계] 클릭

❹ [D79] 셀의 채우기 핸들을 [J79] 셀까지 드래그하여 복사합니다.

바로 통 하는TIP 요약 행을 삽입하면 목록의 마지막 행, 마지막 셀에만 합계가 표시됩니다. 요약 행에서 셀을 선택하고 목록 단추를 클릭한 후 계산할 함수를 선택하면 SUBTOTAL 함수식이 입력되면서 계산 결과가 표시됩니다. 또한 [표] 범위에서는 화면이 스크롤되었을 때 열 머리글에 는 알파벳으로 된 열 이름이 아닌 [표]의 필드명이 표시됩니다.

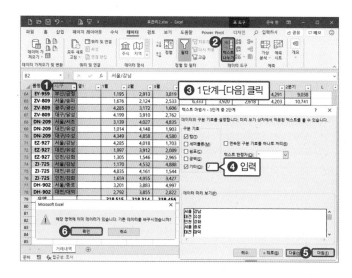

필드 나누기

02 [시/구] 데이터를 나누겠습니다.

❶ [시/구] 필드명 클릭

❷ [데이터] 탭−[데이터 도구] 그룹−[텍스트 나누기] 클릭

❸ [텍스트 마법사] 대화상자 1단계에서 [다음] 클릭

❹ [텍스트 마법사] 대화상자 2단계 창에서 [구분 기호]−[기타] 항목에 / 입력

❺ [마침] 클릭

❻ 메시지 대화상자에서 [확인]을 클릭합니다.

데이터
관리
&
분석

[표] 범위에서는 필드명을 한 번 클릭하면 열 전체가 아닌 열 데이터 범위만 선택되고 두 번 클릭하면 필드명과 요약 행까지 선택되며, 세 번 클릭하면 열 전체가 선택됩니다. 화면을 아래로 스크롤하여 필드명이 열 머리글에 표시되어 있을 때 선택하는 것이 편합니다. 또는 셀에서 마우스 오른쪽 버튼을 클릭하고 [선택]에서 [표 열 데이터], [전체 표 열], [표 행] 등의 메뉴를 선택해도 됩니다.

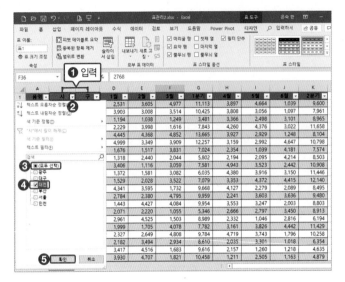

데이터 필터하기

03 [대전] 데이터를 필터하고 결과에 따른 합계를 확인하겠습니다.

❶ [B1] 셀에 **시**, [C1] 셀에 **구** 입력

❷ [시] 필드의 필터 단추 클릭

❸ [모두 선택] 항목의 체크 표시 해제

❹ [대전]에 체크 표시

❺ [확인]을 클릭합니다.

바로 **통**하는TIP 요약 행의 합계에는 필터된 대전 데이터의 합계가 표시됩니다.

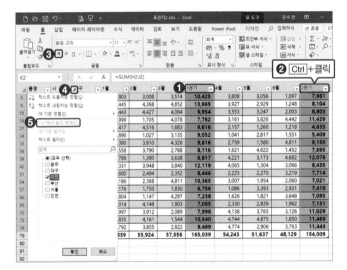

필터 해제하기

04 1분기, 2분기 필드 데이터를 굵게 표시한 후 다시 모든 데이터를 표시하겠습니다.

❶ [1분기] 필드명 클릭

❷ [2분기] 필드명 Ctrl+클릭

❸ [홈] 탭-[글꼴] 그룹-[굵게] 클릭

❹ [시] 필드 필터 단추 클릭

❺ ["시"에서 필터 해제]를 클릭합니다.

바로 **통**하는TIP 데이터가 필터된 상태에서 서식을 지정했기 때문에 필터했던 데이터에만 서식이 지정되어 있습니다.

04

표 범위 데이터를 자동 업데이트하기

2007 2010 2013 2016 2019

실습 파일 | Chapter11\04_표업데이트.xlsx 완성 파일 | Chapter11\04_표업데이트_완성.xlsx

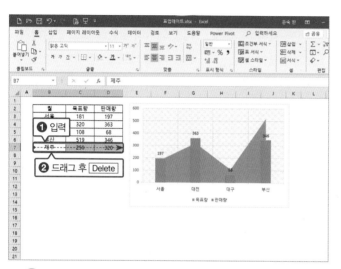

차트 데이터 업데이트 확인하기

01 차트에 사용될 데이터를 추가하고 차트에 바로 업데이트되는지 확인하겠습니다.

❶ [B7], [C7], [D7] 셀에 각각 **제주, 250, 320** 입력. 추가한 데이터가 차트에 적용되지 않습니다.

❷ [B7:D7] 범위를 드래그하고 Delete 를 눌러 데이터를 지웁니다.

바로 통 하는TIP 일반 범위의 마지막 행에 추가로 입력하는 데이터는 차트에 바로 업데이트되지 않습니다.

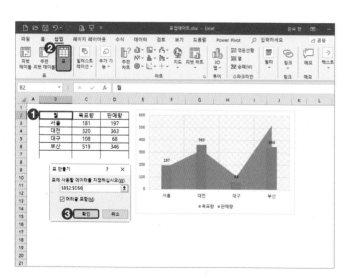

데이터 범위를 표로 변환하기

02 일반 범위를 표 범위로 변환하겠습니다.

❶ [B2] 셀 클릭

❷ [삽입] 탭-[표] 그룹-[표] 클릭

❸ [표 만들기] 대화상자에서 [확인]을 클릭합니다.

표 범위로 변환되고 표 스타일이 적용됩니다.

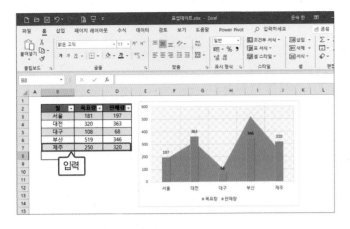

차트 데이터 자동 업데이트 확인하기

03 다시 데이터를 추가하고 차트에 데이터가 바로 업데이트되는지 확인하겠습니다.

[B7], [C7], [D7] 셀에 각각 **제주, 250, 320** 입력합니다.

차트에 추가한 데이터가 자동으로 업데이트됩니다.

피벗 데이터 범위를 표로 변환하기

04 피벗 테이블 데이터 범위를 표 범위로 변환하겠습니다.

❶ [피벗] 시트 클릭

❷ [A1] 셀 클릭

❸ [삽입] 탭-[표] 그룹-[표] 클릭

❹ [표 만들기] 대화상자에서 [확인]을 클릭합니다.

바로 통 하는TIP 일반 범위의 마지막 행에 추가로 입력하는 데이터는 피벗 테이블에 업데이트되지 않기 때문에 데이터를 추가하기 전에 표 범위로 변환합니다.

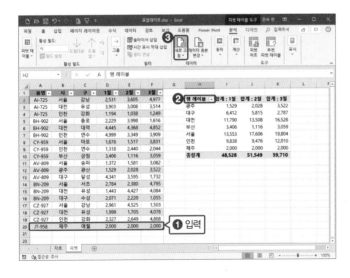

피벗 데이터 자동 업데이트 확인하기

05 데이터 추가 후 피벗 테이블에 데이터가 업데이트되는지 확인합니다.

❶ [A20:F20] 셀에 **JT-958, 제주, 애월, 2000, 2000, 2000** 입력

❷ [H2] 셀 클릭

❸ [피벗 테이블 도구]-[분석] 탭-[데이터] 그룹-[새로 고침]을 클릭합니다.

추가한 데이터가 피벗 테이블에 업데이트됩니다. 피벗 테이블 새로 고침 단축키 Alt + F5를 눌러도 됩니다.

핵심기능 05 표 범위에서 수식 작성하기

2007 2010 2013 2016 2019

실습 파일 | Chapter11\05_표범위수식.xlsx 완성 파일 | Chapter11\05_표범위수식_완성.xlsx

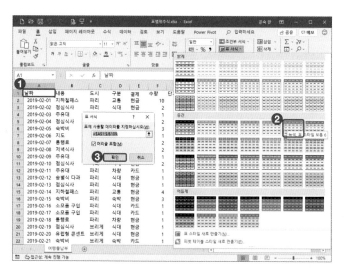

표 서식 지정으로 표 범위 만들기

01 일반 범위에 표 스타일을 지정하면서 표 범위로 만들어보겠습니다.

❶ 표 안에서 임의의 셀 클릭

❷ [홈] 탭-[스타일] 그룹-[표 서식]-[녹색, 표 스타일 보통 6] 클릭

❸ [표 서식] 대화상자에서 [확인]을 클릭합니다.

바로 통 하는TIP [표 서식]에서 [표 스타일]을 지정하면 일반 범위가 표 범위로 변환됩니다.

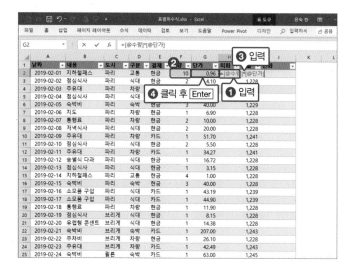

수식 작성하기

02 수량에서 단가를 곱하여 외화 사용 금액을 구하겠습니다.

❶ [H2] 셀에 = 입력

❷ [F2] 셀 클릭

❸ 곱하기 기호 * 입력

❹ [G2] 셀을 클릭한 후 Enter 를 누릅니다.

H열 전체에 수식이 채워집니다. [H2] 셀이 아닌 H열의 중간 셀에 수식을 입력해도 열 전체에 수식이 입력됩니다.

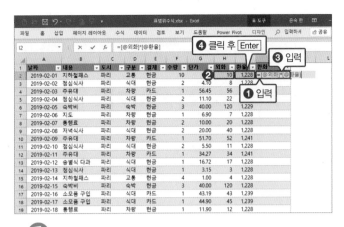

03 외화에서 환율을 곱해 외화를 한화로 환산한 금액을 구합니다.

❶ [J2] 셀에 = 입력

❷ [H2] 셀 클릭

❸ 곱하기 기호 * 입력

❹ [I2] 셀을 클릭한 후 Enter를 누릅니다.

J열 전체에 수식이 채워집니다.

바로 통 하는 TIP 표 범위의 열에 수식이 입력된 셀이 포함되면 계산된 열로 인식되어 자동으로 해당 열에 수식을 모두 채웁니다. 수식에는 셀 주소 대신 현재 행의 필드 항목이라는 의미로 [@수량], [@단가], [@외화], [@한화] 형식이 입력됩니다. 계산된 열이란 데이터베이스 속성을 가진 표 구성 중 수식이 입력된 열로, 계산된 열에는 하나의 셀에만 수식을 입력하면 해당 열의 모든 셀에 곧바로 같은 수식이 적용됩니다.

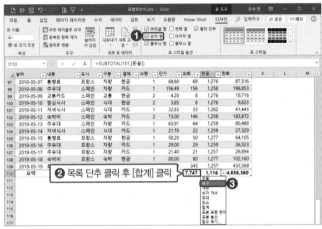

요약 행 설정하기

04 마지막 행에 합계와 평균을 표시하는 요약 행을 삽입하겠습니다.

❶ [표 도구]–[디자인] 탭–[표 스타일 옵션] 그룹–[요약 행] 클릭

❷ [외화] 필드의 요약 셀의 목록 단추 클릭 후 [합계] 선택

❸ [환율] 필드의 요약 셀의 목록 단추 클릭 후 [평균]을 선택합니다.

[외화] 필드와 [환율] 필드의 요약 셀에 각각 합계와 평균이 표시됩니다.

바로 통 하는 TIP [요약 행]을 선택하면 기본적으로 표 범위 마지막 셀에 [합계]가 선택되므로 [한화] 필드의 요약 셀에는 [합계]가 선택되어 있습니다.

결제 종류 필터하기

05 데이터 목록 중 카드 사용 내역만 필터하겠습니다.

❶ [결제] 필드의 필터 단추 클릭

❷ [현금]의 체크 표시 해제

❸ [확인]을 클릭합니다.

표 범위 상태에서는 화면이 아래로 스크롤되면 열 머리글에 필드명이 표시됩니다. 데이터를 필터하면 [요약 행]의 합계와 평균은 필터 결과에 대한 값으로 변경됩니다.

2007 2010 2013 2016 2019

슬라이서로 데이터 필터하기

실습 파일 | Chapter11\06_슬라이서.xlsx 완성 파일 | Chapter11\06_슬라이서_완성.xlsx

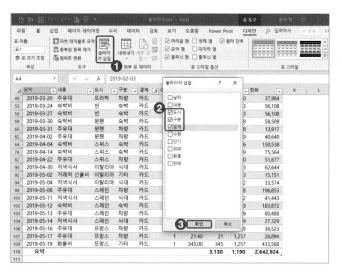

슬라이서 삽입하기

01 데이터를 더 편하게 필터하기 위해 슬라이서를 삽입하겠습니다.

❶ [표 도구]-[디자인] 탭-[도구] 그룹-[슬라이서 삽입] 클릭

❷ [슬라이서 삽입] 대화상자에서 [도시], [구분], [결제]에 체크 표시

❸ [확인]을 클릭합니다.

바로 통 하는 TIP 슬라이서는 필터링을 좀 더 쉽고 빠르게 할 수 있도록 도와주는 기능으로, 다중 항목을 선택했을 때 어떤 항목을 선택하여 필터했는지 한눈에 알아볼 수 있습니다.

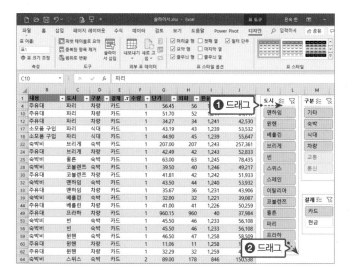

슬라이서 위치 및 크기 조절하기

02 삽입된 슬라이서 개체를 오른쪽으로 이동하고 크기를 조절합니다.

❶ 각 슬라이서의 제목 부분을 드래그하여 표의 오른쪽으로 이동

❷ 각 슬라이서의 크기 조절점을 드래그하여 크기를 적당하게 조절합니다.

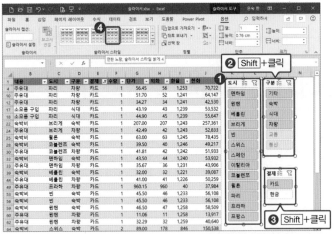

슬라이서 스타일 지정하기

03 슬라이서의 색상을 변경하겠습니다.

❶ [도시] 슬라이서 클릭

❷ [구분] 슬라이서 Shift+클릭

❸ [결제] 슬라이서 Shift+클릭

❹ [슬라이서 도구]–[옵션] 탭–[슬라이서 스타일] 그룹–[연한 노랑, 슬라이서 스타일 밝게 4]를 클릭합니다.

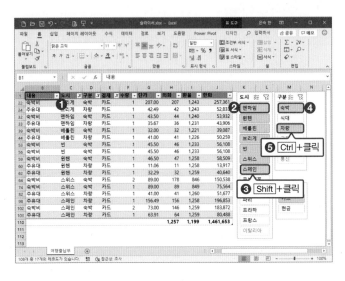

다중 항목 필터하기

04 [도시]와 [구분] 필드의 데이터를 선택하여 필터하겠습니다.

❶ 데이터 범위에서 임의의 셀 클릭

❷ [도시] 슬라이서의 [맨하임] 항목 클릭

❸ [스페인] 항목 Shift+클릭

❹ [구분] 슬라이서의 [숙박] 항목 클릭

❺ [차량] 항목을 Ctrl+클릭합니다.

[결제] 필드에 대해서는 [카드] 항목에 대해 필터가 되어 있는 상태입니다. 카드 사용 데이터 중 선택한 도시와 구분에 대한 데이터가 필터됩니다. 요약 행의 계산 결과도 필터된 데이터의 합계와 평균으로 바뀝니다.

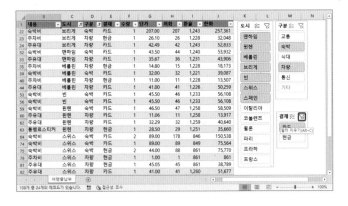

필터 해제하기

05 [결제] 필드에서만 필터를 해제하겠습니다.

[결제] 슬라이서의 [필터 지우기]를 클릭합니다.

데이터 목록에 카드와 현금 내역이 모두 표시됩니다.

우선 순위

실무 활용

문서 작성 & 데이터 입력

수식 & 데이터 편집

서식 & 인쇄

함수

차트 & 일러스트레이션

데이터 관리 & 분석

매크로 & VBA

부록

우선
순위 핵심기능

07

2007 2010 2013 2016 2019

기본 정렬 순서에 따라 데이터 정렬하기

실습 파일 | Chapter11\07_기본정렬.xlsx   완성 파일 | Chapter11\07_기본정렬_완성.xlsx

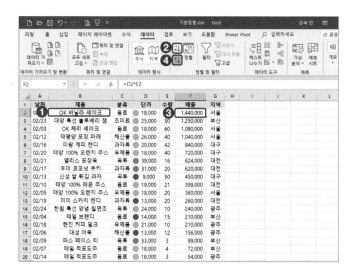

하나의 열을 기준으로 정렬하기

01 제품명 순서로 정렬하고 매출이 높은 순서로도 정렬해보겠습니다.

❶ [B2] 셀 클릭

❷ [데이터] 탭-[정렬 및 필터] 그룹-[텍스트 오름차순 정렬] 클릭

❸ [F2] 셀 클릭

❹ [데이터] 탭-[정렬 및 필터] 그룹-[숫자 내림차순 정렬]을 클릭합니다.

선택한 셀 서식을 맨 위에 넣기

02 단가의 중간 그룹에 해당하는 노란색 아이콘을 맨 위로 정렬하겠습니다.

❶ 노란색 아이콘이 있는 셀에서 마우스 오른쪽 버튼 클릭

❷ 단축 메뉴의 [정렬]-[선택한 서식 아이콘 위에 배치]를 클릭합니다.

단가에는 조건부 서식으로 녹색, 노란색, 빨간색 순서로 셀 아이콘이 적용되어 있습니다.

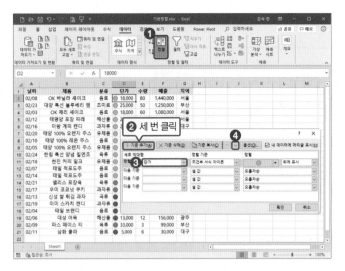

여러 열을 기준으로 정렬하기

03 여러 열을 기준으로 정렬하기 위해 [정렬] 대화상자를 사용하겠습니다.

❶ [데이터] 탭-[정렬 및 필터] 그룹 -[정렬] 클릭

❷ [정렬] 대화상자에서 [기준 추가] 세 번 클릭

❸ 정렬 기준 [단가] 선택

❹ [아래로 이동]을 클릭합니다.

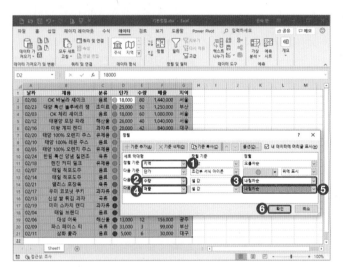

선택한 셀 서식을 맨 위에 넣기

04 정렬 순서를 설정하겠습니다.

❶ 첫 번째 기준으로 [지역] 선택

❷ 세 번째 기준으로 [수량] 선택

❸ 세 번째 [정렬] 목록에서 [내림차순] 선택

❹ 네 번째 기준으로 [매출] 선택

❺ 네 번째 [정렬] 목록에서 [내림차순] 선택

❻ [확인]을 클릭합니다.

지역이 광주~서울순으로 정렬되고, 각 지역에서 매출이 높은 제품 항목이 상위에 정렬됩니다.

쉽고 빠른 엑셀 NOTE 기준이 같은 데이터 정렬하기

데이터를 정렬할 때는 첫 번째 기준인 지역순으로 정렬된 후 지역이 같으면 노란색 아이콘이 위에 표시됩니다. 아이콘이 같은 경우에는 수량이 큰 순서대로 정렬되고 수량까지 같은 경우에는 매출이 큰 항목순으로 정렬됩니다.

2007 2010 2013 2016 2019

우선
순위 핵심기능

08 사용자 지정 순서에 따라 데이터 정렬하기

실습 파일 | Chapter11\08_사용자정렬.xlsx   완성 파일 | Chapter11\08_사용자정렬_완성.xlsx

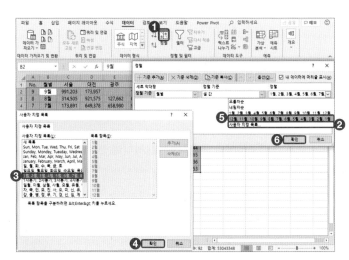

바로통 하는TIP 숫자와 문자가 섞여 있는 텍스트는 앞의 숫자 순서대로 먼저 정렬되기 때문에 단순한 내림차순으로 정렬하면 9월, 8월, 7월, 6월, 5월, 4월, 3월, 2월, 1월, 12월, 11월, 10월순으로 정렬됩니다. 정렬하려는 목록이 [사용자 지정 목록] 대화상자에 없는 경우에는 [사용자 지정 목록]에서 [새 목록]을 선택하고 [목록 항목]에 직접 목록을 입력한 후 [추가]를 선택하여 입력합니다.

사용자 지정 내림차순 정렬하기

01 월 순서를 내림차순으로 정렬하겠습니다.

❶ [데이터] 탭-[정렬 및 필터] 그룹-[정렬] 클릭

❷ [정렬] 대화상자의 첫 번째 [정렬] 목록에서 [사용자 지정 목록] 선택

❸ [사용자 지정 목록] 대화상자의 목록에서 [1월, 2월, 3월,…] 선택

❹ [확인] 클릭

❺ [정렬] 대화상자의 [정렬] 목록에서 [12월, 11월, 10월,…] 선택

❻ [확인]을 클릭합니다.

일부 범위만 정렬하기

02 일련번호 범위만 따로 오름차순 정렬하겠습니다.

❶ [A1:A13] 범위 지정

❷ [데이터] 탭-[정렬 및 필터] 그룹-[숫자 오름차순 정렬] 클릭

❸ [정렬 경고] 대화상자에서 [현재 선택 영역으로 정렬] 클릭

❹ [정렬]을 클릭합니다.

행 기준 좌우로 정렬하기

03 지역명 문자순으로 좌우 정렬해보겠습니다.

❶ [C1:G13] 범위 지정

❷ [데이터] 탭-[정렬 및 필터] 그룹-[정렬] 클릭

❸ [정렬] 대화상자에서 [옵션] 클릭

❹ [정렬 옵션] 대화상자의 [방향]에서 [왼쪽에서 오른쪽] 클릭

❺ [확인]을 클릭합니다.

바로 통 하는TIP 정렬 범위로 [C1:G13] 범위를 지정했지만 [정렬 옵션] 대화상자에서 정렬 방향이 [위쪽에서 아래쪽]으로 설정된 상태일 때는 범위의 첫 번째 행이 필드명으로 설정되기 때문에 범위의 첫 번째 행을 제외한 [C2:G13] 범위로 자동 조정됩니다. [정렬 옵션] 대화상자에서 정렬 방향을 [왼쪽에서 오른쪽]으로 선택하고 [확인]을 클릭하면 정렬 범위가 다시 [C1:G13] 범위로 조정됩니다.

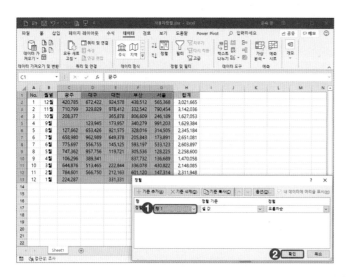

선택한 셀 서식을 맨 위에 넣기

04 정렬 기준 행을 선택하겠습니다.

❶ [정렬] 대화상자의 [행 정렬 기준] 목록에서 [행 1] 선택

❷ [확인]을 클릭합니다.

1행의 지역명을 기준으로 오름차순인 광주, 대구, 대전, 부산, 서울순으로 정렬되었습니다.

쉽고 빠른 엑셀 NOTE 정렬 순서

문자의 경우 오름차순으로 정렬하면 소문자가 우선순위를 갖습니다. 오름차순은 숫자〉문자〉논리 값〉오류 값〉빈 셀 순서로, 내림차순은 오류 값〉논리 값〉문자〉숫자〉빈 셀 순서로 정렬되며, 빈 셀은 항상 마지막에 정렬됩니다. 데이터 종류에 따른 정렬 순서는 다음과 같습니다.

데이터 종류	정렬 순서
숫자	가장 작은 음수에서 가장 큰 양수로 정렬
텍스트와 숫자 데이터가 섞인 경우	0 1 2 3 4 5 6 7 8 9 (공백) ! " # $ % & ( ) * , . / : ; ? @ [₩] ^ _ ' {	} ~ + < = > A B C D E F G H I J K L M N O P Q R S T U V W X Y Z
논리 값/오류 값	논리 값은 TRUE보다 FALSE가 앞에 정렬되며 오류 값의 순서는 모두 같음

 2007 2010 2013 2016 2019

09 문자, 날짜 및 서식으로 데이터 필터하기

실습 파일 | Chapter11\09_자동필터.xlsx 완성 파일 | Chapter11\09_자동필터_완성.xlsx

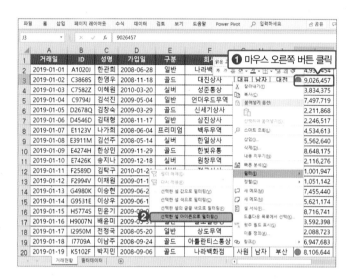

선택한 아이콘으로 필터링하기

01 거래금액 중 녹색 아이콘이 표시된 데이터만 필터해보겠습니다.

❶ [J3] 셀에서 마우스 오른쪽 버튼 클릭

❷ [필터]–[선택한 셀 아이콘으로 필터링]을 클릭합니다.

바로 통 하는TIP 단축 메뉴에서 필터 메뉴를 선택하면 데이터가 필터되면서 필드명에 필터 단추가 표시됩니다. 필터 단추를 표시하거나 해제하려면 [데이터] 탭–[정렬 및 필터] 그룹–[필터]를 클릭하거나 단축키 Ctrl + Shift + L을 누릅니다.

프리미엄 회원을 제외하고 필터하기

02 필터된 데이터 중 프리미엄 회원을 제외하고 필터하겠습니다.

❶ [구분] 필드의 필터 단추 클릭

❷ 필터 목록 중 [프리미엄]의 체크 표시 해제

❸ [확인]을 클릭합니다.

바로 통 하는TIP 자동 필터는 하나의 필드에서 한 번에 한 가지 유형의 필터만 사용할 수 있습니다. 예를 들어 셀 아이콘을 기준으로 필터링하거나 숫자에 대한 조건으로 필터링할 수 있지만 두 조건으로 필터링할 수는 없습니다. 또한 필터 목록의 필터는 10,000개까지 표시할 수 있습니다.

6월 자료만 필터하기

03 거래일에서 6월 자료만 추출하겠습니다.

❶ [거래일] 필드의 필터 단추 클릭

❷ 필터 목록 중 [(모두 선택)]의 체크 표시 해제

❸ [6월] 항목에 체크 표시

❹ [확인]을 클릭합니다.

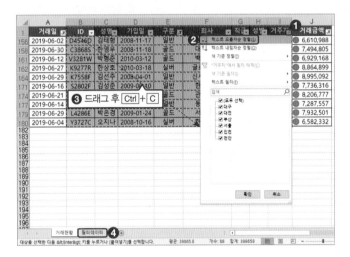

거주지별 오름차순 및 필터 결과 복사하기

04 거주지별로 오름차순 정렬한 후 필터 결과를 복사하겠습니다.

❶ [거주지] 필드의 필터 단추 클릭

❷ [텍스트 오름차순 정렬] 클릭

❸ [B1:I180] 범위 지정 후 Ctrl + C

❹ [필터데이터] 시트를 클릭합니다.

> **바로 통하는 TIP** 데이터 목록이 필터된 상태에서 복사하면 중간에 숨겨져 있는 행은 제외하고 다중 선택된 상태로 복사됩니다.

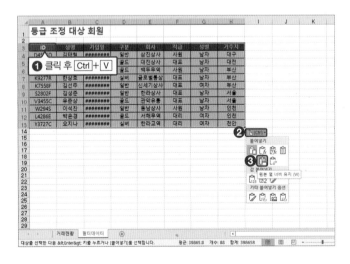

필터 데이터 붙여넣기

05 복사한 데이터를 붙여 넣겠습니다.

❶ [A3] 셀 클릭 후 Ctrl + V

❷ [붙여넣기 옵션] 클릭

❸ [원본 열 너비 유지]를 클릭합니다.

> **바로 통하는 TIP** [원본 열 너비 유지]를 선택한 후 복사한 데이터가 없어지는 현상이 생긴다면 Enter 를 누릅니다.

10 사용자 지정 자동 필터하기

실습 파일 | Chapter11\10_사용자필터.xlsx   완성 파일 | Chapter11\10_사용자필터_완성.xlsx

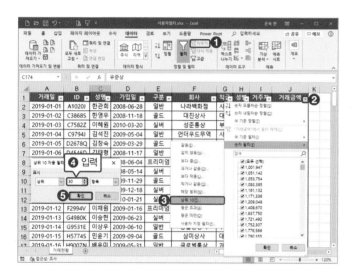

전체 필터 해제 및 거래금액 상위 30개 항목 필터하기

01 여러 필드에 설정된 필터 조건을 한꺼번에 지우고 거래금액 상위 30개 항목을 필터하겠습니다.

❶ [데이터] 탭-[정렬 및 필터] 그룹 -[지우기] 클릭

❷ [거래금액] 필드의 필터 단추 클릭

❸ [숫자 필터]-[상위 10] 클릭

❹ [상위 10 자동 필터] 대화상자의 항목 수에 **30** 입력

❺ [확인]을 클릭합니다.

백화점이나 유통 회사 필터하기

02 회사명에 '백화점'이나 '유통'이라는 문자가 포함된 목록을 필터하겠습니다.

❶ [회사] 필드의 필터 단추 클릭

❷ [텍스트 필터]-[포함] 클릭

❸ [사용자 지정 자동 필터] 대화상자의 첫 번째 검색란에 **백화점** 입력

❹ [또는] 클릭

❺ 두 번째 조건 목록에 [포함] 선택

❻ 두 번째 검색란에 **유통** 입력

❼ [확인]을 클릭합니다.

쉽고 빠른 엑셀
NOTE

텍스트 필터 검색어

한 가지 조건으로만 필터할 때는 필터 목록 검색에서 직접 검색어를 입력하여 필터하는 것이 더 간편합니다. 검색어에는 대표 문자(*, ?)를 사용할 수 있습니다. 별표(*)는 모든 문자를 대표하며, 물음표(?)는 한 문자를 대표합니다. 다음은 검색어를 입력하는 예입니다.

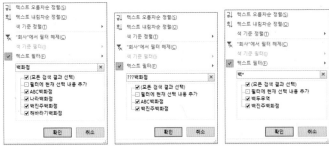

▲ '백화점'이 포함된 목록　　　▲ 세 문자로 된 백화점 목록　　　▲ '백'으로 시작하는 목록

가입 월이 5월인 회원만 필터하기

03 가입일 필드에서 가입 월이 5월인 데이터만 필터하겠습니다.

❶ [가입일] 필드의 필터 단추 클릭

❷ [날짜 필터]-[해당 기간의 모든 날짜]-[5월]을 클릭합니다.

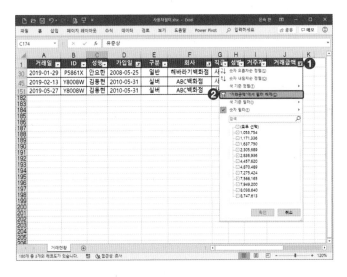

거래 금액 필드 필터 해제하기

04 거래금액 필드의 필터만 다시 해제하겠습니다.

❶ [거래금액] 필드의 필터 단추 클릭

❷ ["거래금액"에서 필터 해제]를 클릭합니다.

회사명에 '유통', '백화점'이 포함되고, 가입 월이 5월인 데이터가 필터된 상태로 표시됩니다.

우선
순위 | 핵심기능

2007 2010 2013 2016 2019

데이터를 OR 조건으로
필터하기

실습 파일 | Chapter11\11_고급필터1.xlsx　완성 파일 | Chapter11\11_고급필터1완성.xlsx

구분이 프리미엄이거나 거래금액이 9백만 원 이상인 조건 입력하기

01 OR 조건으로 구분과 거래금액을 입력해 데이터를 필터할 수 있도록 조건 항목을 입력합니다.

❶ [D1] 셀 클릭

❷ [G1] 셀 Ctrl+클릭 후 Ctrl+C

❸ [I1] 셀 클릭 후 Ctrl+V

❹ [I2] 셀에 **프리미엄** 입력

❺ [J3] 셀에 **>=9000000**을 입력합니다.

바로 통 하는TIP 고급 필터를 사용하려면 임의의 범위에 조건에 해당하는 필드명과 조건을 입력해야 하며 조건을 다른 행에 입력하면 OR 조건으로 필터됩니다.

현재 위치에 필터하기

02 [고급 필터] 대화상자에 조건 범위를 지정하고 현재 위치에 필터 결과를 표시하겠습니다.

❶ [A1] 셀 클릭

❷ [데이터] 탭-[정렬 및 필터] 그룹-[고급] 클릭

❸ [고급 필터] 대화상자에서 [조건 범위]란 클릭 후 기존 범위가 남아 있다면 삭제

❹ [I1:J3] 범위 지정

❺ [확인]을 클릭합니다.

바로 통 하는TIP [고급 필터] 대화상자의 [결과] 옵션은 [현재 위치에 필터]가 선택되어 있으며, [목록 범위]에는 현재 선택된 셀을 기준으로 전체 표 범위가 지정되어 있습니다. 조건 범위의 조건에 따라 구분이 '프리미엄'이거나 거래금액이 '9백만 원 이상'인 데이터만 추출되고 다른 행은 숨겨집니다. 추출된 데이터의 행 번호는 파란색으로 표시됩니다. 다시 필터를 해제하고 모든 데이터를 표시하려면 [데이터] 탭-[정렬 및 필터] 그룹-[지우기 지우기]를 클릭합니다.

12

중복 데이터를 제외한 목록을
다른 장소에 필터하기

실습 파일 | Chapter11\12_고급필터2.xlsx 완성 파일 | Chapter11\12_고급필터2_완성.xlsx

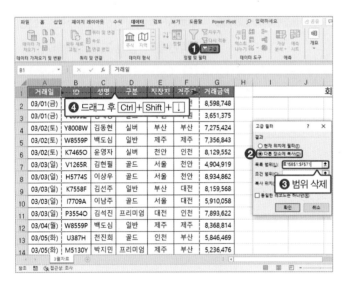

고급 필터 결과 옵션 및 목록 범위 지정하기

01 거래일과 거래금액을 제외한 범위에서 회원 목록을 추출하겠습니다.

❶ [데이터] 탭-[정렬 및 필터] 그룹-[고급] 클릭

❷ [고급 필터] 대화상자에서 [다른 장소에 복사] 클릭

❸ [목록 범위]의 기존 범위 삭제

❹ [B1:F1] 범위 지정 후 [Ctrl]+[Shift]+[↓]를 눌러 [B1:F71] 범위를 지정합니다.

결과 위치 및 중복 제외 옵션 지정하기

02 중복되는 회원 정보를 제외한 고유 회원 목록을 별도의 셀에 추출하겠습니다.

❶ [복사 위치]란 클릭

❷ [I3] 셀 클릭

❸ [동일한 레코드는 하나만]에 체크 표시

❹ [확인]을 클릭합니다.

추출 조건이 별도로 없으므로 [조건 범위]란은 비워두었습니다. [I7] 셀 위치부터 동일한 회원 정보를 제외한 목록이 추출됩니다.

조건에 따라 일부 필드만
다른 장소에 필터하기

2007 2010 2013 2016 2019

실습 파일 | Chapter11\13_고급필터3.xlsx 완성 파일 | Chapter11\13_고급필터3_완성.xlsx

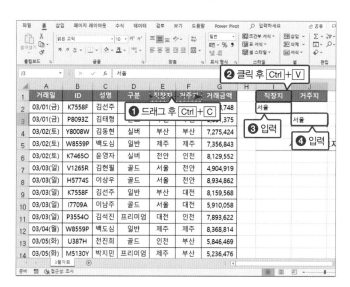

서울이 연고지인 조건 입력하기

01 직장지가 서울이거나 거주지가 서울인 회원 목록을 추출하기 위해 조건을 입력하겠습니다.

❶ [E1:F1] 범위 지정 후 Ctrl+C

❷ [I1] 셀 클릭 후 Ctrl+V

❸ [I2] 셀에 **서울** 입력

❹ [J3] 셀에 **서울**을 입력합니다.

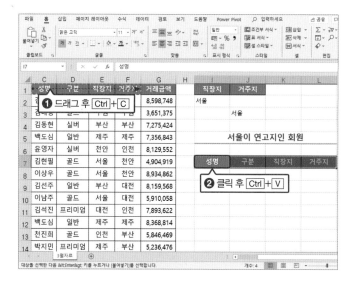

추출할 필드명 복사하기

02 성명, 구분, 직장지, 거주지만 추출하기 위해 별도 위치에 필드명을 복사하겠습니다.

❶ [C1:F1] 범위 지정 후 Ctrl+C

❷ [I7] 셀 클릭 후 Ctrl+V를 눌러 붙여넣기합니다.

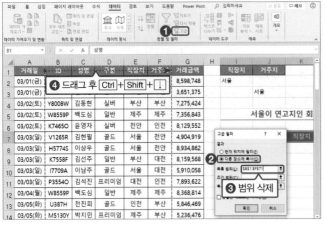

고급 필터 결과 옵션 및 목록 범위 지정하기

03 결과 옵션과 목록 범위를 지정하겠습니다.

❶ [데이터] 탭-[정렬 및 필터] 그룹-[고급] 클릭

❷ [고급 필터] 대화상자에서 [다른 장소에 복사] 클릭

❸ [목록 범위]에서 기존 범위 삭제

❹ [B1:F1] 범위 지정 후 Ctrl + Shift + ↓를 눌러 [B1:F71] 범위를 지정합니다.

바로 통 하는TIP 목록 범위에 이미 [B1:F71] 범위가 지정되어 있다면 다시 지정하지 않아도 됩니다.

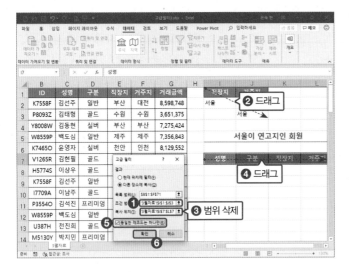

서울이 연고지인 회원 목록 필터하기

04 조건 범위와 복사 위치를 지정하고 데이터 목록을 필터하겠습니다.

❶ [조건 범위]란 클릭

❷ [I1:J3] 범위 지정

❸ [복사 위치]란 클릭 후 기존 범위가 남아 있다면 삭제

❹ [I7:L7] 범위 지정

❺ [동일한 레코드는 하나만]에 체크 표시

❻ [확인]을 클릭합니다.

직장지나 거주지가 서울인 회원 목록만 추출되며 복사 위치에 있는 필드만 추출됩니다.

쉽고 빠른 엑셀 NOTE

[고급 필터] 대화상자 알아보기

[고급 필터] 대화상자의 각 범위와 옵션은 다음과 같습니다.

❶ 추출 결과를 원본 데이터 목록이 위치한 곳에 표시합니다.

❷ 추출 결과를 다른 위치에 표시합니다.

❸ 추출할 원본 데이터 목록의 셀 범위를 지정합니다.

❹ 찾을 조건이 입력된 셀 범위를 지정합니다.

❺ [다른 장소에 복사]를 선택한 경우 데이터가 추출될 위치를 지정합니다.

❻ 체크 표시하면 동일한 레코드가 있을 때 하나만 표시합니다.

우선 순위 핵심기능 14

함수식을 조건으로 주말 거래 내역 필터하기

실습 파일 | Chapter11\14_고급필터4.xlsx 완성 파일 | Chapter11\14_고급필터4_완성.xlsx

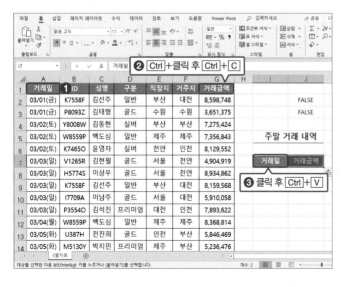

주말 거래 조건 입력하기

01 날짜에서 요일 번호를 가져오는 WEEKDAY 함수를 사용해 거래일이 일요일이거나 토요일인 조건을 입력하겠습니다.

❶ [J2] 셀에 =WEEKDAY(A2)=1 입력

❷ [J3] 셀에 =WEEKDAY(A2)=7을 입력합니다.

바로 통 하는TIP 수식을 조건으로 지정할 때 기준 셀은 조건 목록의 첫 번째 셀을 지정합니다. 따라서 거래일의 첫 번째 셀인 [A2] 셀을 지정했습니다. WEEDAY 함수의 인수로 날짜 셀을 지정하면 요일 번호를 반환합니다. 1~7의 번호는 각각 일요일~토요일을 의미합니다.

추출할 필드명 복사하기

02 거래일과 거래금액만 추출하기 위해 필드명을 따로 복사하겠습니다.

❶ [A1] 셀 클릭

❷ [G1] 셀 Ctrl+클릭 후 Ctrl+C

❸ [I7] 셀 클릭 후 Ctrl+V를 눌러 붙여넣기합니다.

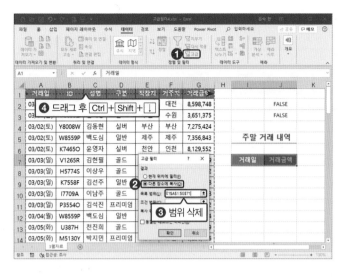

고급 필터 결과 옵션 및 목록 범위 지정하기

03 결과 옵션과 목록 범위를 지정하겠습니다.

❶ [데이터] 탭-[정렬 및 필터] 그룹-[고급] 클릭

❷ [고급 필터] 대화상자에서 [다른 장소에 복사] 클릭

❸ [목록 범위]에서 기존 범위 삭제

❹ [A1:G1] 범위 지정 후 Ctrl + Shift + ↓를 눌러 [A1:G71] 범위를 지정합니다.

바로 통 하는 TIP 수식을 조건으로 입력할 때는 조건 범위의 필드명은 비워두고 입력해야 합니다. 조건 범위를 지정할 때는 비워둔 필드명 셀을 포함해서 범위를 지정합니다.

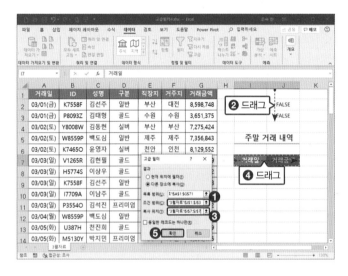

주말 거래 자료 필터하기

04 조건 범위와 복사 위치를 지정하고 데이터 목록을 필터하겠습니다.

❶ [조건 범위]란 클릭

❷ [J1:J3] 범위 지정

❸ [복사 위치]란 클릭

❹ [I7:J7] 범위 지정

❺ [확인]을 클릭합니다.

거래일이 토요일이거나 일요일인 거래 내역 목록이 추출됩니다.

우선
순위

실무
활용

문서
작성
&
데이터
입력

수식
&
데이터
편집

서식
&
인쇄

함수

차트
&
일러스트
레이션

데이터
관리
&
분석

매크로
&
VBA

부록

쉽고 빠른 엑셀 NOTE **고급 필터의 조건 지정 규칙**

　　자동 필터로 여러 필드에 필터 조건을 지정하면 AND 조건으로 결합되어 필터되는 데이터 목록이 점점 적어집니다. 조건이 복잡하거나 여러 필드를 OR 조건으로 결합해서 필터링할 때, 혹은 결과를 다른 위치에 추출할 때는 고급 필터를 사용하여 필터링할 수 있습니다. 고급 필터를 사용하려면 데이터 목록과 떨어진 위치에 다음과 같은 규칙에 따라 미리 조건을 입력해두어야 합니다.

❶ 조건을 지정할 범위의 첫 행에는 원본 데이터 목록의 필드명을 입력하고 그 아래 행에 조건을 입력합니다.

❷ 조건을 서로 같은 행에 입력하면 AND 조건으로 추출합니다.

회사	거주지
*백화점	서울

▲ 회사가 '백화점'으로 끝나고, 거주지가 '서울'인 경우를 추출

❸ 조건을 입력할 때 다른 행에 입력하면 OR 조건으로 추출합니다.

구분	거래금액
프리미엄	
	>=9000000

▲ 구분이 '프리미엄'이거나 거래금액이 '9백만 이상'인 경우를 추출

❹ 수식이나 함수식을 조건식으로 할 때는 조건 필드명을 비워둔 채로 빈 셀과 함께 범위를 지정합니다.

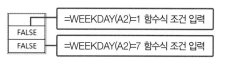

FALSE	=WEEKDAY(A2)=1 함수식 조건 입력
FALSE	=WEEKDAY(A2)=7 함수식 조건 입력

▲ [A2] 셀의 요일이 '일요일'이거나 '토요일'인 경우를 추출

부분합으로 매출집계 요약하기

실습 파일 | Chapter11\15_부분합.xlsx   완성 파일 | Chapter11\15_부분합_완성.xlsx

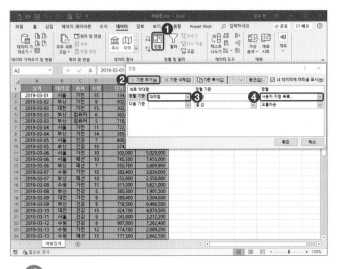

바로 통하는TIP 정렬 명령을 선택할 때는 데이터 목록에서 임의의 셀이 선택되어 있어야 합니다.

부분합 그룹 필드 정렬하기

01 부분합을 구하기 전에 먼저 대리점, 품목별로 정렬합니다. 표 안에서 임의의 셀이 선택된 상태입니다.

❶ [데이터] 탭–[정렬 및 필터] 그룹–[정렬] 클릭

❷ [정렬] 대화상자에서 [기준 추가] 클릭

❸ 첫 번째 [정렬 기준]으로 [대리점] 선택

❹ [정렬] 목록에서 [사용자 지정 목록]을 선택합니다.

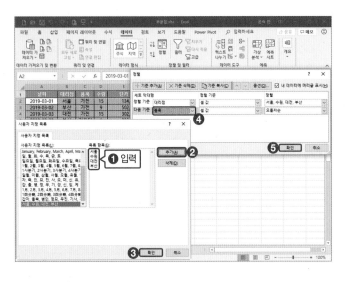

사용자 지정 목록 추가 및 정렬하기

02 대리점 순서를 사용자 지정한 후 정렬하겠습니다.

❶ [사용자 지정 목록] 대화상자의 [목록 항목]에 **서울, 수원, 대전, 부산** 입력

❷ [추가] 클릭

❸ 추가한 [서울, 수원, 대전, 부산]이 선택된 상태에서 [확인] 클릭

❹ [정렬] 대화상자의 두 번째 [다음 기준]에서 [품목] 선택

❺ [확인]을 클릭합니다.

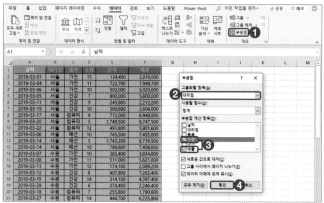

대리점별 수량과 매출 합계 삽입하기

03 첫 번째 부분합을 삽입하겠습니다.

❶ [데이터] 탭-[개요] 그룹-[부분합] 클릭

❷ [그룹화할 항목]에서 [대리점] 선택

❸ 부분합 계산 항목에서 [수량]과 [매출]에 체크 표시

❹ [확인]을 클릭합니다.

대리점별로 수량과 매출의 부분합이 삽입됩니다.

✿ **엑셀 2016** 엑셀 2016 버전까지는 [개요]가 아니라 [윤곽]이라는 이름이었습니다. 엑셀 2019 버전부터 [개요]라는 이름으로 변경되었습니다.

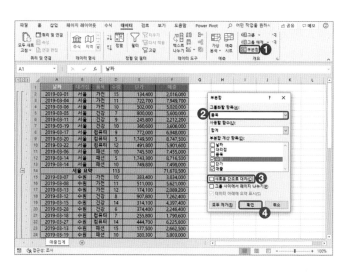

품목별 매출 합계 추가 삽입하기

04 두 번째 부분합을 삽입합니다.

❶ [데이터] 탭-[개요] 그룹-[부분합] 클릭

❷ [그룹화할 항목]에서 [품목] 선택

❸ [새로운 값으로 대치]의 체크 표시 해제

❹ [확인]을 클릭합니다.

대리점의 품목별로 수량과 매출의 부분합이 삽입됩니다.

쉽고 빠른 엑셀 NOTE · 부분합 작성 순서 및 [부분합] 대화상자 알아보기

부분합을 사용하면 함수를 직접 입력하지 않고도 데이터 목록 사이에 소계를 삽입할 수 있습니다. 먼저 부분합의 기준이 되는 필드로 정렬한 후 [데이터] 탭-[개요] 그룹-[부분합]을 클릭합니다. [부분합] 대화상자에서 각 구성 요소를 선택한 후 [확인]을 클릭합니다. 부분합을 추가 삽입하려면 [데이터] 탭-[개요] 그룹-[부분합]을 클릭하고 [부분합] 대화상자에서 각 구성 요소를 선택합니다. [새로운 값으로 대치]의 체크 표시를 해제한 후 [확인]을 클릭합니다. 부분합에서 사용할 수 있는 함수는 [합계], [개수], [평균], [최대], [최소], [곱], [숫자 개수], [표본 표준 편차], [표준 편차], [표본 분산], [분산]이 있으며, [부분합] 대화상자의 각 구성 요소의 역할은 다음과 같습니다.

❶ **그룹화할 항목** : 값을 구하는 기준이 되는 정렬된 필드입니다.

❷ **사용할 함수** : 그룹화할 필드에 적용할 함수를 선택합니다.

❸ **부분합 계산 항목** : 함수를 적용해서 계산할 필드를 선택합니다.

❹ **새로운 값으로 대치** : 기존 부분합 결과를 없애고, 현재의 결과로 대치합니다.

❺ **그룹 사이에서 페이지 나누기** : 각 그룹 다음에 페이지가 나눠집니다. 목록이 길 때 사용합니다.

❻ **데이터 아래에 요약 표시** : 부분합 결과를 표시할 위치를 선택합니다.

❼ **모두 제거** : 부분합을 해제하고 원본 데이터 목록을 표시합니다.

핵심기능 16

개요(윤곽) 기호 사용하기

실습 파일 | Chapter11\16_개요기호.xlsx 완성 파일 | Chapter11\16_개요기호_완성.xlsx

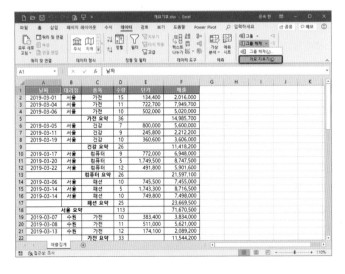

개요 기호 사용하기

01 부분합 결과와 함께 표시된 기호를 사용해보겠습니다.

❶ 행 머리글 왼쪽의 개요 기호 중 ③ 클릭. 대리점과 품목별 소계만 표시됩니다.

❷ 서울 대리점의 패션 요약 행(17행) 옆의 확대 ➕ 클릭. 서울 대리점의 패션 매출 목록이 표시됩니다.

❸ 다시 축소 ➖를 클릭하여 목록을 숨깁니다.

✿ **엑셀 2016** 엑셀 2016 버전까지는 [개요]가 아니라 [윤곽]이라는 이름이었습니다. 엑셀 2019 버전부터 [개요]라는 이름으로 변경되었습니다.

개요 기호 지우기

02 소계는 그대로 두고 개요 기호만 없애보겠습니다.

[데이터] 탭-[개요] 그룹-[그룹 해제]-[개요 지우기]를 클릭합니다.

개요 기호가 없어지면서 모든 데이터가 표시됩니다.

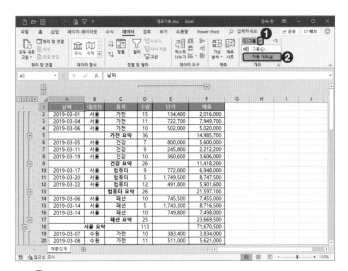

자동 개요 삽입하기

03 다시 개요 기호를 삽입해보겠습니다.

❶ [데이터] 탭-[개요] 그룹-[그룹] 목록 버튼 클릭

❷ [자동 개요]를 클릭합니다.

개요 기호가 삽입됩니다.

바로 통 하는TIP 수식이 있는 셀을 기준으로 수식에 참조된 셀 범위가 그룹으로 설정되고 개요 기호가 생깁니다. F열의 매출에는 '수량(D열)*단가(E열)'의 수식이 작성되어 있기 때문에 [D:F] 열이 그룹으로 설정되었습니다.

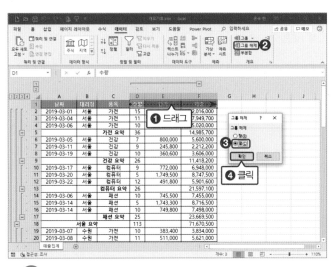

열 그룹 해제하기

04 [D:F] 열 그룹을 해제합니다.

❶ [D1:F1] 범위 지정

❷ [데이터] 탭-[개요] 그룹-[그룹 해제] 클릭

❸ [그룹 해제] 대화상자의 [열] 클릭

❹ [확인]을 클릭합니다.

바로 통 하는TIP 열 그룹이 해제됩니다. 부분합을 제거하려면 [데이터] 탭-[개요] 그룹-[부분합]을 클릭합니다. [부분합] 대화상자에서 [모두 제거]를 클릭합니다.

쉽고 빠른 엑셀 NOTE 부분합의 개요 알아보기

개요 기호

부분합을 삽입하면 워크시트 행 머리글 왼쪽 부분에 부분합 소계별로 개요 기호가 표시됩니다. 개요 기호를 사용하여 워크시트에서 하위 수준(그룹)을 숨기거나 다시 나타낼 수 있습니다.

1은 전체 결과(총 합계)만 표시, 2는 소계만 표시, 3은 전체 데이터를 표시함

	A	B	C	D	E	F
1	날짜	대리점	품목	수량	단가	매출
14		서울 요약				71,670,500
26		수월 요약				48,580,800
36		대전 요약				49,652,000
46		부산 요약				34,422,400
47		총합계				204,325,700

확대(+ 기호)를 클릭하면 숨겨져 있는 하위 수준(그룹)의 데이터를 표시하고 축소(- 기호)를 클릭하면 하위 수준(그룹)의 데이터를 숨김

개요 그룹 설정 및 해제

부분합을 사용하지 않고도 수식이 사용된 범위에서는 [데이터] 탭-[개요] 그룹의 [그룹], [그룹 해제]를 사용하여 직접 개요 그룹을 설정하고 워크시트에 개요 기호를 삽입하거나 해제할 수 있습니다.

❶ **그룹** : 지정한 행이나 열 범위를 그룹 설정합니다.

❷ **자동 개요** : 선택한 범위의 수식 셀이 참조하는 셀 범위를 자동으로 그룹 설정합니다.

❸ **그룹 해제** : 지정한 행이나 열의 그룹화된 셀 범위를 그룹 해제합니다.

❹ **개요 지우기** : 모든 개요 그룹 설정을 해제합니다.

2007 2010 2013 2016 2019

17
데이터 목록에서
중복된 항목 제거하기

실습 파일 | Chapter11\17_중복항목제거.xlsx   완성 파일 | Chapter11\17_중복항목제거_완성.xlsx

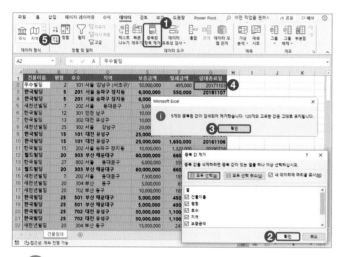

바로 통 하는 TIP 중복 항목 제거를 실행하면 중복 항목 중 아래쪽의 항목이 제거됩니다. 임대종료일별로 내림차순 정렬하여 최근 자료를 위로 올린 이유는 다음 단계에서 건물이름, 평형, 호수, 지역이 중복되는 항목을 제거할 때 중복 자료 중에 예전 자료가 지워지게 하기 위해서입니다.

전체 필드의 중복 항목 제거하기

01 전체 필드의 데이터 중 중복되는 항목을 제거하겠습니다.

❶ [데이터] 탭-[데이터 도구] 그룹-[중복된 항목 제거] 클릭

❷ [중복 값 제거] 대화상자의 모든 열이 선택된 상태에서 [확인] 클릭

❸ 다섯 개의 중복된 값이 제거되었다는 메시지 대화상자에서 [확인] 클릭

❹ [G2] 셀 클릭

❺ [데이터] 탭-[정렬 및 필터] 그룹-[숫자 내림차순 정렬]을 클릭합니다.

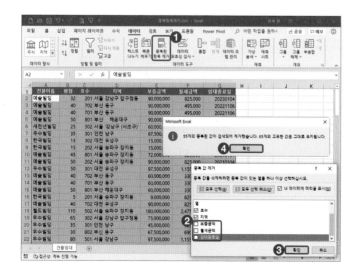

일부 필드가 중복되는 항목 제거하기

02 건물이름, 평형, 호수, 지역이 같은 건물 목록을 제거하겠습니다.

❶ [데이터] 탭-[데이터 도구] 그룹-[중복된 항목 제거] 클릭

❷ [열] 목록에서 [보증금액], [월세금액], [임대종료일]의 체크 표시 해제

❸ [확인] 클릭

❹ 55개의 중복된 값이 제거되었습니다. 메시지 대화상자에서 [확인]을 클릭합니다.

실무
활용

문서
작성
&
데이터
입력

수식
&
데이터
관리

차트
&
도형

함수

피벗
&
파워스프
레드시트

데이터
관리
&
분석

매크로
&
VBA

부록

주소에서 시/구별로 텍스트 나누기

실습 파일 | Chapter11\18_텍스트나누기.xlsx   완성 파일 | Chapter11\18_텍스트나누기_완성.xlsx

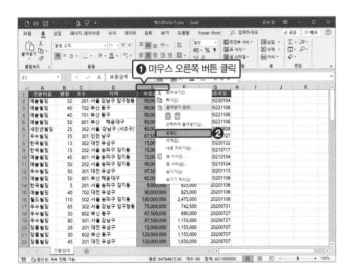

열 삽입하기

01 D열에서 시와 구로 텍스트를 분리하기 전에 분리된 구 이름이 들어갈 열을 먼저 삽입하겠습니다.

❶ E열 머리글에서 마우스 오른쪽 버튼 클릭

❷ [삽입]을 클릭합니다.

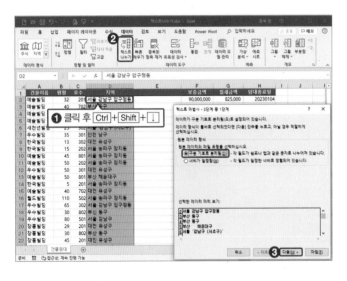

텍스트 마법사 실행하기

02 지역 범위를 시, 구로 나누기 위해 텍스트 마법사를 실행하겠습니다.

❶ [D2] 셀 클릭 후 Ctrl + Shift + ↓ 를 눌러 [D2:D66] 범위 지정

❷ [데이터] 탭-[데이터 도구] 그룹-[텍스트 나누기] 클릭

❸ [텍스트 마법사-3단계 중 1단계] 대화상자의 [구분 기호로 분리됨] 이 선택된 상태에서 [다음]을 클릭합니다.

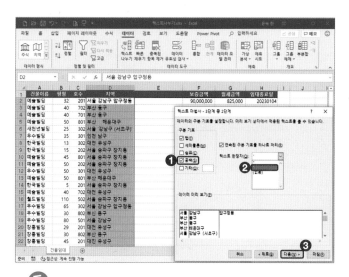

구분 기호 및 텍스트 한정자 지정하기

03 텍스트를 나눌 기준이 될 구분 기호와 텍스트 한정자를 선택하겠습니다.

❶ [텍스트 마법사-3단계 중 2단계] 대화상자의 [구분 기호]에서 [공백]에 체크 표시

❷ [텍스트 한정자]에서 ['(작은따옴표)] 클릭

❸ [다음]을 클릭합니다.

바로 통 하는TIP [연속된 구분 기호를 하나로 처리]에 체크 표시하면 공백이 여러 번 입력되었을 때 여러 개의 공백을 하나로 처리합니다. [텍스트 한정자]로 선택한 작은따옴표 안에 있는 공백은 구분 기호로 처리되지 않습니다.

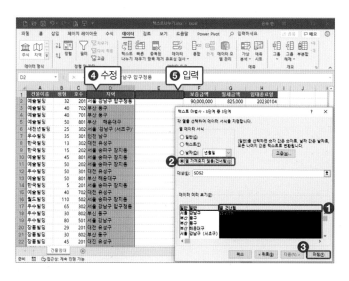

제외할 열 선택하기

04 동은 가져오지 않도록 선택하고 텍스트 마법사를 마치겠습니다.

❶ [텍스트 마법사-3단계 중 3단계] 대화상자의 [데이터 미리보기]에서 세 번째 열 클릭

❷ [열 데이터 서식]에서 [열 가져오지 않음(건너뜀)] 클릭

❸ [마침] 클릭

❹ [D1] 셀을 **시**로 수정

❺ [E1] 셀에 **구**를 입력합니다.

쉽고 빠른 엑셀
NOTE

텍스트 나누기 마법사

텍스트 나누기는 텍스트 형식의 파일을 워크시트로 가져올 때, 또는 워크시트의 한 열에 입력된 데이터를 구분 기호나 일정한 너비로 분리하여 각 셀에 입력할 때 사용하는 도구입니다. 텍스트 파일(*.prn, *.txt, *.csv)을 불러오거나 [데이터] 탭-[데이터 도구] 그룹-[텍스트 나누기]를 클릭하면 [텍스트 마법사] 대화상자가 실행됩니다. 다음과 같이 단계별로 옵션을 선택할 수 있습니다.

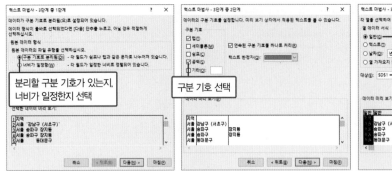

분리할 구분 기호가 있는지, 너비가 일정한지 선택

구분 기호 선택

서식 선택

입력될 대상 셀 지정

▲ 1단계-텍스트 유형 선택 ▲ 2단계-구분 위치 선택 ▲ 3단계-데이터 서식 및 입력될 셀 지정

2007 2010 2013 2016 2019

19

텍스트 나누기로
날짜 데이터 변환하기

실습 파일 | Chapter11\19_날짜변환.xlsx   완성 파일 | Chapter11\19_날짜변환_완성.xlsx

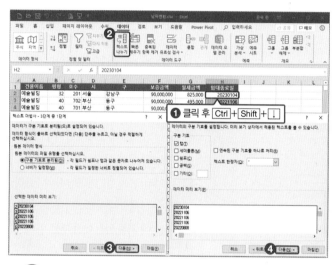

바로 **통** 하는TIP 기존에 입력되어 있는 임대종료일의 숫자는 연월일을 나타내지만 하이픈 없이 입력되어 있어서 엑셀의 날짜 데이터로는 사용할 수 없습니다.

임대종료일을 날짜 데이터로 변환하기

01 텍스트 나누기를 이용해 임대종료일의 숫자를 간단히 날짜 데이터로 변환하겠습니다.

❶ [H2] 셀 클릭 후 Ctrl + Shift + ↓ 를 눌러 [H2:H66] 범위 지정

❷ [데이터] 탭-[데이터 도구] 그룹-[텍스트 나누기] 클릭

❸ [텍스트 마법사-3단계 중 1단계] 대화상자의 [다음] 클릭

❹ [텍스트 마법사-3단계 중 2단계] 대화상자의 [다음]을 클릭합니다.

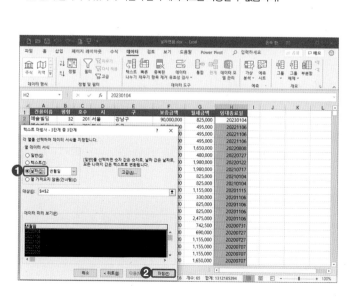

열 데이터 서식 지정하기

02 열 데이터 서식을 날짜로 선택하고 텍스트 마법사를 마치겠습니다.

❶ [텍스트 마법사-3단계 중 3단계] 대화상자의 [열 데이터 서식]에서 [날짜] 클릭

❷ [마침]을 클릭합니다.

임대종료일의 숫자가 날짜 형식으로 변환됩니다.

데이터 유효성 검사로 오타 검사하기

우선
순위   핵심기능

20

데이터 유효성 검사로 오타 검사하기

2007 2010 2013 2016 2019

실습 파일 | Chapter11\20_유효성검사.xlsx   완성 파일 | Chapter11\20_유효성검사_완성.xlsx

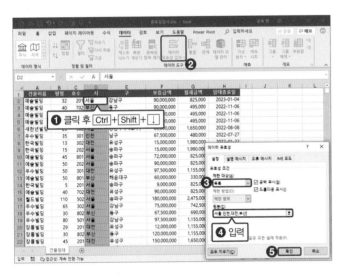

데이터 유효성 검사로 오타 검사하기

01 [시] 필드에 다른 도시명이나 오타가 있는지 확인해보겠습니다.

❶ [D2] 셀 클릭 후 Ctrl + Shift + ↓ 를 눌러 [D2:D66] 범위 지정

❷ [데이터] 탭-[데이터 도구] 그룹-[데이터 유효성 검사] 클릭

❸ [데이터 유효성] 대화상자의 [설정] 탭에서 [제한 대상]으로 [목록] 선택

❹ [원본]에 **서울,인천,대전,부산** 입력

❺ [확인]을 클릭합니다.

잘못된 데이터 확인하기

02 지정한 목록과 다른 데이터를 표시하겠습니다.

❶ [데이터] 탭-[데이터 도구] 그룹-[데이터 유효성 검사] 목록 클릭

❷ [잘못된 데이터]를 클릭합니다.

오타가 있는 셀에 타원 표시가 생깁니다.

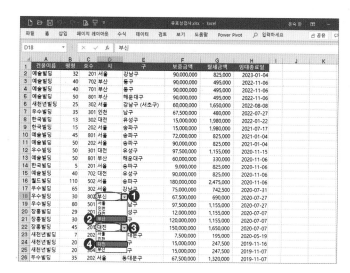

데이터 목록에서 선택하기

03 제한 대상으로 목록을 지정한 범위의 셀을 선택하면 목록 단추가 표시됩니다. 목록에서 데이터를 선택하여 잘못된 데이터를 수정합니다.

❶ [D18] 셀 클릭 후 목록 단추 클릭

❷ [부산] 선택

❸ [D22] 셀 클릭 후 목록 단추 클릭

❹ [대전]을 선택합니다.

오류를 수정하면 타원 표시가 사라집니다.

쉽고 빠른 엑셀 NOTE 워크시트의 셀 범위를 목록으로 지정하기

몇 개 안 되는 목록은 [원본]에 직접 입력하면 되지만 목록이 긴 경우에는 워크시트에 해당 목록을 입력해놓고 목록 범위에 이름을 정의한 후 유효성 검사를 설정할 때 정의한 이름을 등호(=)와 함께 [원본]에 입력합니다.

쉽고 빠른 엑셀 NOTE 데이터 유효성 대화상자 알아보기

데이터 유효성 검사는 특정 셀 범위에 대해 숫자만 입력되게 한다거나 특정 문자 길이만큼, 혹은 특정 데이터 목록만 입력되도록 입력 데이터를 제한하는 기능입니다. 입력 제한 대상은 정수, 소수점, 목록, 날짜, 시간, 텍스트 길이, 수식 등으로 지정할 수 있습니다. 또한 이미 입력된 데이터에서 잘못된 사항이 없는지 찾아내어 표시해줍니다. [데이터 유효성] 대화상자에서 각 탭의 선택 옵션은 다음과 같습니다.

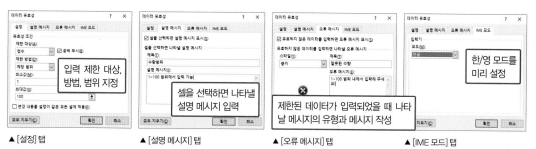

▲ [설정] 탭　　　　▲ [설명 메시지] 탭　　　　▲ [오류 메시지] 탭　　　　▲ [IME 모드] 탭

핵심기능

21

데이터 유효성 검사 오류 메시지 설정하기

실습 파일 | Chapter11\21_오류메시지.xlsx 완성 파일 | Chapter11\21_오류메시지_완성.xlsx

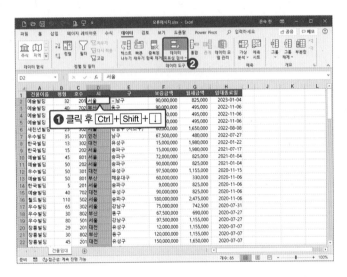

오류 메시지 지정하기

01 잘못된 데이터를 입력했을 때 표시될 오류 메시지를 지정해보겠습니다.

❶ [D2] 셀 클릭 후 Ctrl + Shift + ↓를 눌러 [D2:D66] 범위 지정

❷ [데이터] 탭-[데이터 도구] 그룹-[데이터 유효성 검사]를 클릭합니다.

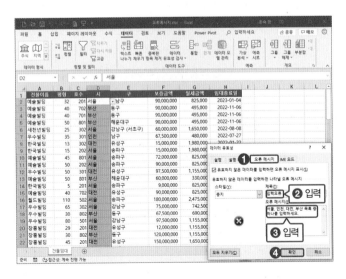

02 오류 메시지를 입력하겠습니다.

❶ [데이터 유효성] 대화상자의 [오류 메시지] 탭 클릭

❷ [제목]란에 **입력오류** 입력

❸ [오류 메시지]에 **서울, 인천, 대전, 부산 목록 중 하나를 입력하세요** 입력

❹ [확인]을 클릭합니다.

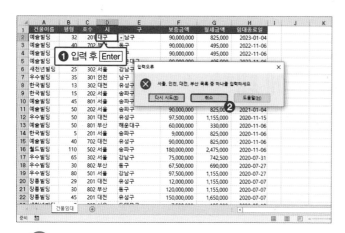

메시지 확인하기

03 목록에 없는 항목을 입력하면 오류 메시지가 표시되는지 확인해 보겠습니다.

❶ [D2] 셀에 **대구** 입력 후 Enter

❷ 오류 메시지가 나타나면 [취소]를 클릭합니다.

바로 통 하는 TIP 데이터 유효성 설정을 지정한 셀에서 지정된 목록 외의 데이터를 입력하면 미리 입력해둔 오류 메시지가 표시되며 잘못된 데이터를 입력할 수 없습니다. 별도로 메시지를 입력하지 않으면 이 값은 '이 셀에 정의된 데이터 유효성 검사 제한에 부합하지 않습니다.'라는 메시지가 표시됩니다.

쉽고 빠른 엑셀 NOTE 오류 메시지 유형

[데이터 유효성] 대화상자의 [오류 메시지] 탭에서 [스타일] 목록을 선택하여 지정할 수 있는 오류 유형입니다.

아이콘	유형	용도
❌	중지	사용자가 셀에 잘못된 데이터를 입력하지 못하도록 막습니다. [다시 시도], [취소] 버튼이 표시됩니다.
⚠️	경고	사용자가 잘못된 데이터를 입력할 경우 입력을 금지하지 않고 경고로 알려줍니다. [예]를 클릭하면 유효하지 않은 입력을 그대로 적용할 수 있고, [아니요]를 클릭하면 입력 내용을 편집할 수 있습니다. [취소]를 클릭하면 잘못된 입력 내용을 제거합니다.
ⓘ	정보	사용자가 잘못된 데이터를 입력할 경우 입력을 금지하지 않고 정보를 알려줍니다. 이 유형의 오류 메시지는 융통성이 가장 뛰어납니다. [확인]을 클릭하면 유효하지 않은 값을 그대로 적용하고, [취소]를 클릭하면 해당 값을 제거합니다.

우선
순위

실무
활용

문서
작성
&
데이터
입력

수식
&
데이터
편집

서식
&
인쇄

함수

차트
&
일러스트
레이션

데이터
관리
&
분석

매크로
&
VBA

부록

핵심기능 22

2007 2010 2013 2016 2019

투자비용에 대한
미래가치 목표값 찾기

실습 파일 | Chapter11\22_목표값찾기.xlsx   완성 파일 | Chapter11\22_목표값찾기_완성.xlsx

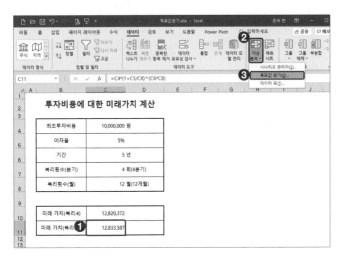

목표값 찾기

01 결과 값을 15,000,000으로 만들기 위해서 기간을 몇 년으로 늘려야 하는지 구해보겠습니다.

❶ [C11] 셀 클릭

❷ [데이터] 탭-[예측] 그룹-[가상분석] 클릭

❸ [목표값 찾기]를 클릭합니다.

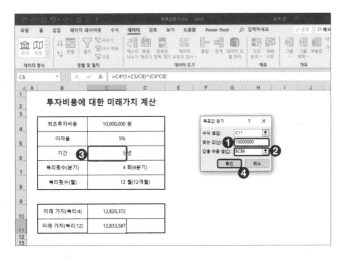

목표값 입력하기

02 목표값과 값을 바꿀 셀을 지정하겠습니다.

❶ [찾는 값]에 **15000000** 입력

❷ [값을 바꿀 셀]란 클릭

❸ [C6] 셀 클릭

❹ [확인]을 클릭합니다.

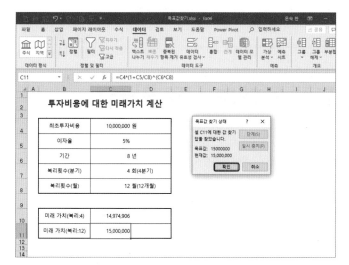

기간 바꾸기

03 [목표값 찾기 상태] 대화상자가 표시되며 [C6] 셀의 값이 8로 바뀝니다. [확인]을 클릭합니다.

바로 통 하는 TIP 취소를 클릭하면 원래 값으로 바뀝니다.

쉽고 빠른 엑셀 NOTE 목표값 찾기

[목표값 찾기]는 어떤 수식을 통해 얻어진 결과 값을 다른 값으로 만들기 위해 그 수식이 참조하는 하나의 셀 값을 변경하는 기능입니다. 따라서 [목표값 찾기]에서 [수식 셀]에는 당연히 수식이 있어야 하며 이 수식 셀의 결과 값에 대해 목표로 하는 값을 [찾는 값]에 입력하면 됩니다. [값을 바꿀 셀]은 [수식 셀]과 연관되는 셀이어야 하며 수식이 아닌 값이 있어야 합니다.

예를 들어 다음의 월급계산표에서 실수령액을 3,000,000으로 바꾸기 위해 값을 바꿀 셀은 수식이 아닌 값이 입력되어 있는 기본급, 상여율, 국민연금, 건강보험 셀 중에서만 선택할 수 있습니다.

참고 파일 | Chapter11\목표값찾기예.xlsx

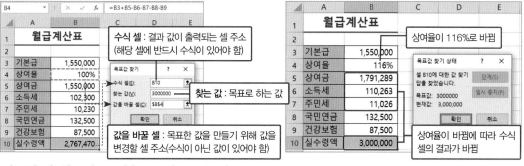

▲ [데이터] 탭–[예측] 그룹–[가상 분석]–[목표값 찾기] 클릭 후 옵션 지정　　　▲ 실수령액 목표값을 위한 상여율이 바뀜

실습 파일 | Chapter11\23_예측시트.xlsx 완성 파일 | Chapter11\23_예측시트_완성.xlsx

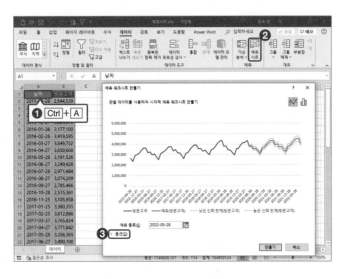

예측 시트 만들기

01 5년간 월별 방문고객수 데이터를 가지고 이후 2년간의 방문고객수를 예측하는 워크시트를 작성하겠습니다.

❶ [A1] 셀 클릭 후 Ctrl + A로 표 전체 범위 지정

❷ [데이터] 탭-[예측] 그룹-[예측 시트] 클릭

❸ [예측 워크시트 만들기] 대화상자에서 [옵션]을 클릭합니다.

누락된 요소를 0으로 처리하기

02 데이터 중 누락된 날짜의 값은 0으로 처리하겠습니다.

❶ [누락된 요소 채우기 방법]에서 [영(0)] 선택

❷ [만들기]를 클릭합니다.

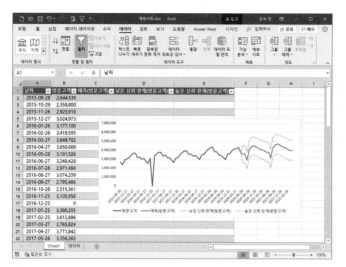

차트 확인하기

03 새로운 시트에 기존 데이터가 복사되고 예측 데이터와 예측 차트가 삽입됩니다.

바로 **통** 하는TIP [데이터] 시트의 원본 데이터는 2020-05-28까지의 데이터가 있으므로 차트에서 2020-06-28부터는 예측 값입니다.

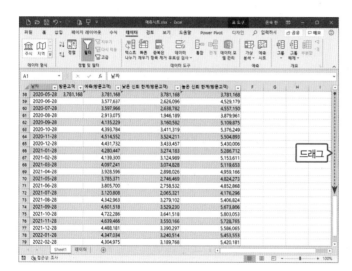

예측 데이터 확인하기

04 화면을 아래쪽으로 스크롤해서 예측 값을 확인해보겠습니다.

수직 이동줄을 아래로 드래그하여 원본 데이터의 마지막 값인 2020-05-28부터 표시합니다.

바로 **통** 하는TIP 2020-06-28~2022-05-28까지 2년간의 예측 데이터가 생성되어 있습니다. 예측(방문고객), 낮은 신뢰 한계(방문고객), 높은 신뢰 한계(방문고객) 필드에는 함수식이 작성되어 있습니다. 함수식은 수동으로 편집할 수 있으며, 원본 데이터인 [데이터] 시트에서 옵션을 다르게 지정하여 다른 예측 시트를 작성할 수도 있습니다.

2007 2010 2013 2016 2019

추천 피벗 테이블 삽입하고 필드 배치하기

실습 파일 | Chapter11\24_피벗 테이블1.xlsx 완성 파일 | Chapter11\24_피벗 테이블1_완성.xlsx

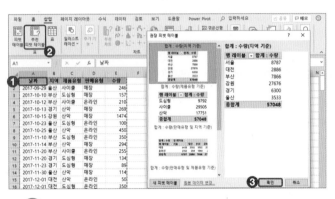

바로 통 하는 TIP 요약할 원본 데이터 목록 내에 있는 셀이 선택되어 있어야 하므로 [A1] 셀을 선택한 후 시작했습니다. 새로운 시트가 삽입되면서 피벗 테이블이 작성되고 [피벗 테이블 필드] 작업 창이 표시됩니다.

추천 피벗 테이블 삽입하기

01 엑셀에서 제공하는 추천 피벗 테이블로 피벗 테이블을 삽입하겠습니다.

❶ [A1] 셀 클릭

❷ [삽입] 탭-[표] 그룹-[추천 피벗 테이블] 클릭

❸ [권장 피벗 테이블] 대화상자의 첫 번째 추천 피벗 테이블이 선택된 상태에서 [확인]을 클릭합니다.

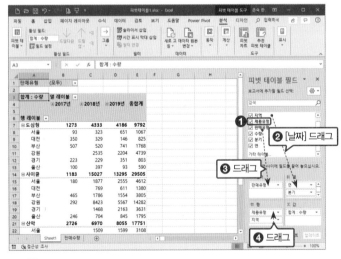

바로 통 하는 TIP 필드 목록에서 숫자 데이터인 필드를 선택하면 기본적으로 [값] 영역으로 들어가며, 날짜, 문자 데이터인 필드는 [행] 영역으로 들어갑니다. [필터] 영역과 [열] 영역에 넣으려면 필드 목록에서 각 필드를 직접 드래그해 넣어야 합니다.

피벗 테이블 필드 배치하기

02 피벗 테이블에 표시할 필드 항목을 필드 영역에 추가 배치하겠습니다.

❶ [피벗 테이블 필드] 작업 창에서 [제품유형]에 체크 표시

❷ [날짜]를 [열] 필드 영역에 드래그

❸ [판매유형]을 [필터] 영역에 드래그

❹ [행] 필드 영역의 두 번째 항목으로 들어간 [제품유형]을 [지역] 항목 위로 드래그해 이동합니다.

제품유형에 따른 지역별 판매수량이 표시됩니다.

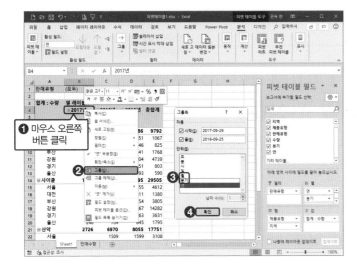

① 마우스 오른쪽
   버튼 클릭

날짜 그룹화 설정하기

03 [날짜]를 [열] 필드 영역으로 드래그하면 [연], [분기], [날짜]로 그룹화됩니다. 그룹화된 날짜에서 연도만 표시하겠습니다.

❶ [B4] 셀에서 마우스 오른쪽 버튼 클릭

❷ [그룹] 클릭

❸ [그룹화] 대화상자의 [단위]에서 [월], [분기]를 각각 클릭해 선택 해제

❹ [확인]을 클릭합니다.

제품유형에 따른 지역별 판매수량이 연도별로 표시됩니다.

쉽고 빠른 엑셀 NOTE **날짜 그룹화 항목 확장하기**

[연], [분기], [날짜]로 그룹화된 상태일 때는 연도 항목에 [+] 확장 버튼이 표시됩니다. ❶ 연도의 [+] 확장 버튼을 클릭하면 아래쪽에 분기가 표시되며 ❷ 분기의 [+] 확장 버튼을 클릭하면 아래쪽에 월이 계층적으로 표시됩니다. 날짜 그룹화 항목을 [연]으로 한 가지만 설정하면 확장 버튼이 표시되지 않습니다. 날짜를 그룹화하지 않고 모든 날짜 항목을 표시하려면 단축 메뉴에서 [그룹 해제]를 선택합니다.

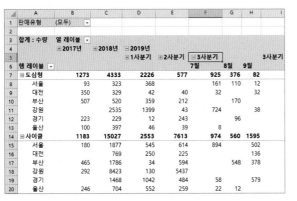

▲ [연], [분기], [월]별로 표시　　　　　　　　　▲ [연]으로만 그룹화

2007 2010 2013 2016 2019

피벗 테이블 레이아웃 및 스타일 지정하기

실습 파일 | Chapter11\25_피벗 테이블2.xlsx 완성 파일 | Chapter11\25_피벗 테이블2_완성.xlsx

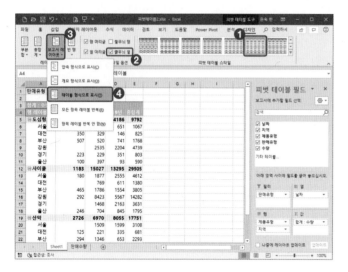

피벗 테이블 레이아웃 및 스타일 지정하기

01 피벗 테이블의 색상과 레이아웃을 변경하겠습니다.

❶ [피벗 테이블 도구]–[디자인] 탭–[피벗 테이블 스타일] 그룹의 스타일 갤러리에서 [연한 노랑, 피벗 스타일 보통 12] 클릭

❷ [피벗 테이블 스타일 옵션] 그룹의 [줄무늬 열]에 체크 표시

❸ [레이아웃] 그룹–[보고서 레이아웃] 클릭

❹ [테이블 형식으로 표시]를 클릭합니다.

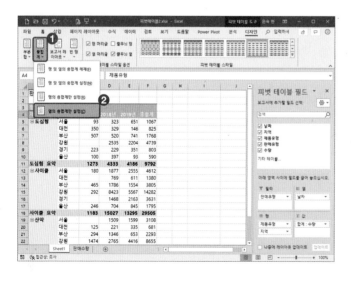

총합계 항목 설정하기

02 행의 총합계를 없애고 열의 총합계만 표시하겠습니다.

❶ [피벗 테이블 도구]–[디자인] 탭–[레이아웃] 그룹–[총합계] 클릭

❷ [열의 총합계만 설정]을 클릭합니다.

F열에 있던 행의 총합계가 없어지고 26행에 열의 총합계만 표시됩니다.

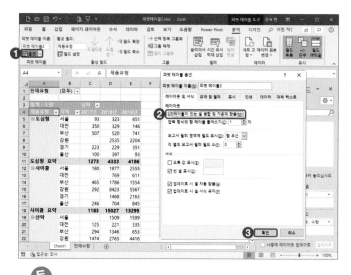

레이블 셀 병합하기

03 제품 유형 셀들을 병합하기 위해 피벗 테이블 옵션을 설정하겠습니다.

❶ [피벗 테이블 도구]-[분석] 탭-[피벗 테이블] 그룹-[옵션] 클릭

❷ [피벗 테이블 옵션] 대화상자의 [레이아웃 및 서식] 탭에서 [레이블이 있는 셀 병합 및 가운데 맞춤]에 체크 표시

❸ [확인]을 클릭합니다.

바로 통 하는TIP 피벗 테이블 안에서는 일반적인 셀 병합, 행 삽입, 삭제 등의 작업을 할 수 없습니다. 레이블 셀을 병합하려면 피벗 테이블 옵션을 지정해야 합니다

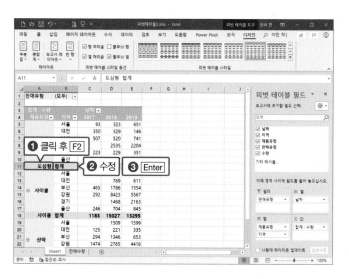

부분합 이름 바꾸기

04 부분합의 이름을 한꺼번에 변경하겠습니다.

❶ [A11] 셀 클릭 후 F2

❷ '요약'을 **합계**로 수정

❸ Enter 를 누릅니다.

다른 항목의 이름도 모두 바뀝니다.

우선
순위

실무
활용

분석
작성
&
데이터
집형

수식
&
데이터
편집

서식
&
인쇄

함수

차트
&
일러스트
레이션

데이터
관리
&
분석

매크로
&
VBA

부록

쉽고 빠른 엑셀
NOTE

피벗 테이블 보고서 레이아웃 유형

❶ **압축 형식** : 여러 필드가 하나의 열에 표시됩니다.

❷ **개요 형식** : 하나의 열에 하나의 필드씩 표시되며 부분합은 위에 표시됩니다.

❸ **테이블 형식** : 하나의 열에 하나의 필드씩 표시되며 부분합은 아래에 표시됩니다.

❹ **모든 항목 레이블 반복** : 여러 필드 중 그룹이 되는 필드명이 반복되어 표시됩니다.

압축 형식

열 레이블	2018년	
행 레이블	합계	평균
⊟ 도심형	**3,947**	**158**
서울	651	93
부산	741	124
강원	2,204	367
경기	351	59
⊟ 사이클	**11,839**	**493**
서울	2,555	426
부산	1,554	222
강원	5,567	1,113
경기	2,163	361
⊟ 산악	**7,330**	**367**
서울	1,599	267
부산	653	218
강원	4,416	631
경기	662	166

▲ 압축 형식

개요 형식

		날짜	값
		2018년	
제품유형	지역	합계	평균
⊟ 도심형		**3,947**	**158**
	서울	651	93
	부산	741	124
	강원	2,204	367
	경기	351	59
⊟ 사이클		**11,839**	**493**
	서울	2,555	426
	부산	1,554	222
	강원	5,567	1,113
	경기	2,163	361
⊟ 산악		**7,330**	**367**
	서울	1,599	267
	부산	653	218
	강원	4,416	631
	경기	662	166

▲ 개요 형식

테이블 형식

		날짜	값
		2018년	
제품유형	지역	합계	평균
⊟ 도심형	서울	651	93
	부산	741	124
	강원	2,204	367
	경기	351	59
도심형 합계		**3,947**	**158**
⊟ 사이클	서울	2,555	426
	부산	1,554	222
	강원	5,567	1,113
	경기	2,163	361
사이클 합계		**11,839**	**493**
⊟ 산악	서울	1,599	267
	부산	653	218
	강원	4,416	631
	경기	662	166
산악 합계		**7,330**	**367**

▲ 테이블 형식

모든 항목 레이블 반복

		날짜	값
		2018년	2018년
제품유형	지역	합계	평균
⊟ 도심형	서울	651	93
도심형	부산	741	124
도심형	강원	2,204	367
도심형	경기	351	59
도심형 합계		**3,947**	**158**
⊟ 사이클	서울	2,555	426
사이클	부산	1,554	222
사이클	강원	5,567	1,113
사이클	경기	2,163	361
사이클 합계		**11,839**	**493**
⊟ 산악	서울	1,599	267
산악	부산	653	218
산악	강원	4,416	631
산악	경기	662	166
산악 합계		**7,330**	**367**

▲ 모든 항목 레이블 반복

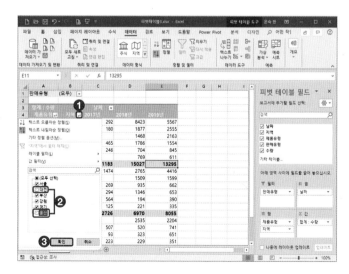

핵심기능

2007 2010 2013 2016 2019

26

피벗 테이블 필드 정렬
및 필터하기

실습 파일 | Chapter11\26_피벗 테이블3.xlsx   완성 파일 | Chapter11\26_피벗 테이블3_완성.xlsx

필드 정렬하기

01 2019년 수량별, 부분합별로 내림차순 정렬하겠습니다.

❶ 2019년 지역별 수량 셀 중 하나인 [E5] 셀 클릭

❷ [데이터] 탭-[정렬 및 필터] 그룹-[숫자 내림차순 정렬] 클릭

❸ 제품유형별 합계 중 하나인 [E11] 셀 클릭

❹ [데이터] 탭-[정렬 및 필터] 그룹-[숫자 내림차순 정렬]을 클릭합니다.

바로 **통** 하는TIP [E5] 셀을 클릭하고 [숫자 내림차순 정렬]을 선택하면 각 제품유형별 그룹 안에서 수량별로 내림차순 정렬됩니다. [E11] 셀을 클릭하고 [숫자 내림차순 정렬]을 선택하면 제품유형 그룹이 내림차순 정렬되어 사이클, 산악, 도심형순으로 순서가 바뀝니다.

필드 필터하기

02 지역 필드에서 울산과 대전을 제외하겠습니다.

❶ [지역] 필드의 필터 단추 클릭

❷ [대전], [울산]의 체크 표시 해제

❸ [확인]을 클릭합니다.

항목 선택하고 강조하기

03 피벗 테이블에서는 그룹 안의 항목을 다중 선택하는 것이 편리합니다. 서울 지역만 선택하여 강조해보겠습니다.

❶ 서울 항목이 입력된 [B6] 셀의 안쪽 앞부분에 마우스 포인터를 위치시켜 마우스 포인터가 검은색 화살표 모양이 되면 클릭. 다른 그룹에서도 서울 항목이 선택됩니다.

❷ [홈] 탭−[글꼴] 그룹−[글꼴 색] 목록▼ 클릭

❸ [주황, 강조 2]를 클릭합니다.

바로 통하는TIP 데이터 셀 안의 앞부분에 마우스 포인터를 가져갔을 때 마우스 포인터가 검은색 화살표 모양으로 바뀌지 않고, 다중 선택도 되지 않는 경우에는 [피벗 테이블 도구]−[분석] 탭−[동작] 그룹−[선택]−[선택 가능]이 선택되어 있는지 확인합니다. [선택 가능] 아이콘에 외곽 테두리가 표시되어 있으면 선택 가능 상태입니다. 또한 [선택]에서 [레이블 및 값], [값], [레이블], [전체 피벗 테이블]을 선택하여 피벗 테이블 요소를 선택할 수도 있습니다.

쉽고 빠른 엑셀 NOTE 항목 이동하기

원하는 특정 항목만 선택하여 이동할 수 있습니다. 이동하고 싶은 필드 항목의 셀을 마우스 오른쪽 버튼으로 클릭한 후 [이동]을 선택하고 원하는 위치를 선택합니다.

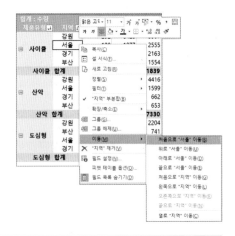

2007 2010 2013 2016 2019

27
피벗 테이블 값 필드 추가하고
조건부 서식 지정하기

실습 파일 | Chapter11\27_피벗 테이블4.xlsx   완성 파일 | Chapter11\27_피벗 테이블4_완성.xlsx

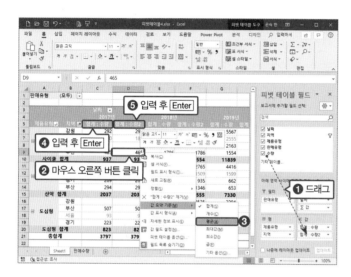

평균 추가하기

01 피벗 테이블에 수량 평균을 추가하겠습니다.

❶ [피벗 테이블 필드] 작업 창에서 [수량]을 [값] 영역으로 드래그

❷ 추가된 [합계:수량2] 셀 중 하나인 [D9] 셀에서 마우스 오른쪽 버튼 클릭

❸ [값 요약 기준]–[평균] 클릭

❹ [C5] 셀에 **합계** 입력 후 Enter

❺ [D5] 셀에 **평균** 입력 후 Enter를 누릅니다.

바로 통하는TIP 필드 목록에서 [수량] 필드와 같이 숫자 데이터인 필드를 선택하면 [값] 영역에 표시되며 기본적으로 합계가 구해집니다. 문자 데이터 필드를 [값] 영역으로 드래그하면 개수가 구해집니다. 같은 필드를 한 번 더 값 영역에 추가하려면 필드 목록에서 필드 항목을 [값] 영역으로 직접 드래그합니다. 계산 유형을 평균이나 합계로 변경하려면 해당 값에서 마우스 오른쪽 버튼을 클릭하고 [값 요약 기준]에서 하위 메뉴를 선택합니다. [기타 옵션]을 선택하면 [값 필드 설정] 대화상자에서 숫자 개수, 표본 표준편차, 표본 분산 등 다른 계산 유형을 선택할 수 있습니다.

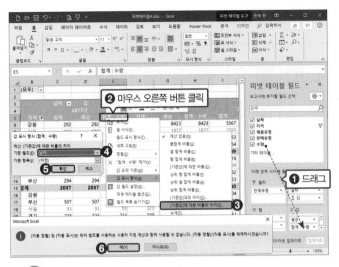

전년 대비 합계 증감율 추가하기

02 피벗 테이블에 전년 대비 수량 합계의 증감율을 표시하겠습니다.

❶ [피벗 테이블 필드] 작업 창에서 [수량]을 값 영역으로 드래그

❷ 추가된 [합계:수량] 셀인 [E5] 셀에서 마우스 오른쪽 버튼 클릭

❸ [값 표시 형식]–[[기준값]에 대한 비율의 차이] 클릭

❹ [값 표시 형식] 대화상자의 [기준 필드]에서 [날짜] 선택

❺ [확인] 클릭

❻ 기존의 정렬 설정을 해제해야 한다는 메시지 대화상자에서 [예]를 클릭합니다.

바로 통 하는TIP 2017년도 이전 데이터는 없으므로 E열에는 증감율이 없습니다. 증감율을 표시하면서 자동 정렬이 해제되었습니다.

열 숨기기

03 E열은 숨기겠습니다.

❶ E열 머리글에서 마우스 오른쪽 버튼 클릭

❷ [숨기기] 클릭

❸ [H5] 셀에 **증감율** 입력 후 Enter 를 누릅니다.

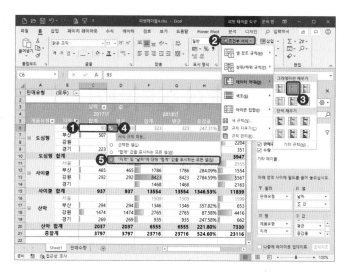

합계 필드에 조건부 서식 지정하기

04 합계에 데이터 막대를 표시하여 큰 값이 눈에 띄도록 하겠습니다.

❶ [C6] 셀 클릭

❷ [홈] 탭-[스타일] 그룹-[조건부 서식] 클릭

❸ [데이터 막대]-[그라데이션 채우기]-[녹색 데이터 막대] 클릭

❹ [C6] 셀에 표시된 [서식 옵션🔳] 클릭

❺ ["지역" 및 "날짜"에 대해 "합계" 값을 표시하는 모든 셀]을 클릭합니다.

부분합에 조건부 서식 지정하기

05 부분합의 데이터 막대를 표시하여 큰 값이 눈에 띄도록 하겠습니다.

❶ [C10] 셀 클릭

❷ [홈] 탭-[스타일] 그룹-[조건부 서식] 클릭

❸ [데이터 막대]-[그라데이션 채우기]-[빨강 데이터 막대] 클릭

❹ 셀에 표시된 [서식 옵션] 클릭

❺ ["제품유형" 및 "날짜"에 대해 "합계"값을 표시하는 모든 셀]을 클릭합니다.

바로 통 하는TIP [서식 옵션]에서 ["합계"값을 표시하는 모든 셀]을 선택하면 부분합뿐 아니라 모든 합계 셀에 조건부 서식이 적용됩니다.

우선
순위

실무
활용

문서
작성
&
데이터
입력

수식
&
데이터
편집

서식
&
인쇄

함수

차트
&
스파크
라인

데이터
관리
&
분석

매크로
&
VBA

부록

28 피벗 테이블 보고서 필터하기

실습 파일 | Chapter11\28_피벗 테이블5.xlsx 완성 파일 | Chapter11\28_피벗 테이블5_완성.xlsx

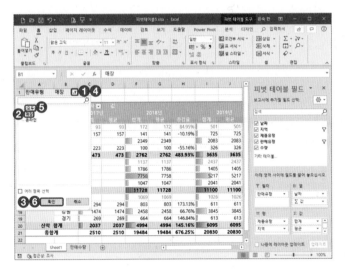

보고서 필터 확인하기

01 [B1] 셀의 보고서 필터에서 판매유형을 선택하면 피벗 테이블이 해당 항목의 데이터로 변경됩니다.

❶ [B1] 셀의 필터 단추 클릭

❷ [매장] 클릭

❸ [확인] 클릭

❹ [B1] 셀의 필터 단추 클릭

❺ [모두] 클릭

❻ [확인]을 클릭합니다.

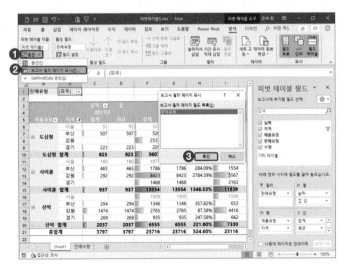

보고서 필터 페이지 표시하기

02 보고서 필터 각 항목의 피벗 테이블을 다른 시트에 추출하겠습니다.

❶ [피벗 테이블 도구]-[분석] 탭-[피벗 테이블] 그룹-[옵션] 목록 버튼 클릭

❷ [보고서 필터 페이지 표시] 클릭

❸ [보고서 필터 페이지 표시] 대화 상자에서 [확인]을 클릭합니다.

시트 탭에 보고서 필터 각 항목인 [매장], [온라인] 시트가 생깁니다. 보고서 필터로 생성된 시트에서는 조건부 서식이 해제됩니다.

쉽고 빠른 엑셀 NOTE

피벗 테이블 알아보기

피벗 테이블(Pivot Table)이란?

회전축 또는 중심점이라는 의미가 있는 피벗(Pivot)이라는 단어에서도 알 수 있듯이 피벗 테이블은 축을 중심으로 회전하듯이 특정 데이터를 중심으로 행과 열의 위치를 변경하여 다양한 형태로 통합, 요약한 표입니다. 데이터를 사용자가 원하는 형태로 가공하여 작성할 수 있기 때문에 피벗 테이블은 역동적인 요약 보고서라고 할 수 있습니다.

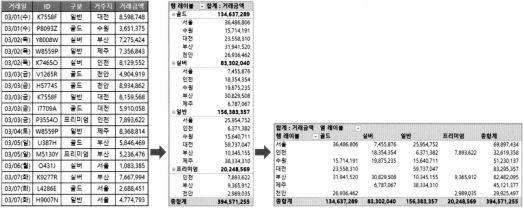

▲ 원본 데이터   ▲ 행 레이블에 요약된   ▲ 행 레이블, 열 레이블에 요약된 피벗 테이블
　　　　　　　　　　　　피벗 테이블

피벗 테이블 구성 요소

피벗 테이블은 보고서 필터, 행 레이블, 열 레이블, 값의 네 가지 영역으로 구성되어 있으며, 보고서 필터, 행 레이블, 열 레이블에는 필터 단추가 표시되어 값을 정렬하거나 필터할 수 있습니다.

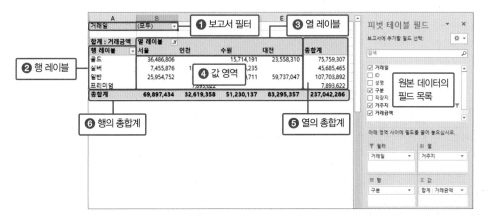

❶ **보고서 필터** : 피벗 테이블의 바깥에 따로 위치합니다. 보고서 필터 단추를 클릭하고 목록에서 항목을 선택하면 피벗 테이블이 해당 항목의 요약 내용으로 표시됩니다.

❷ **행 레이블** : 위에서 아래로 항목이 나열되는 부분으로, 필터 단추를 클릭하여 일부 항목을 선택, 해제할 수 있습니다.

❸ **열 레이블** : 왼쪽에서 오른쪽으로 항목이 나열되는 부분으로, 필터 단추를 클릭하여 일부 항목을 선택, 해제할 수 있습니다.

❹ **값 영역** : 데이터가 계산되는 부분입니다. 기본적으로 합계가 계산되며, 마우스 오른쪽 버튼을 눌렀을 때 나타나는 단축 메뉴의 [값 요약 기준]에서 다른 계산 함수를 선택할 수 있습니다.

❺ **열의 총합계, ❻ 행의 총합계** : 열 방향, 행 방향 데이터 값의 합계를 표시합니다. [피벗 테이블 도구]-[디자인] 탭-[레이아웃] 그룹-[총합계]에서 해제할 수 있습니다.

시간 표시 막대, 슬라이서, 피벗 차트 삽입하기

실습 파일 | Chapter11\실무_1분기자료_피벗 차트.xlsx   완성 파일 | Chapter11\실무_1분기자료_피벗 차트_완성.xlsx

⊕ 예제 설명 및 완성 화면

시간이나 날짜 필드의 경우 시간 표시 막대를 사용하면 날짜 범위를 시각적으로 확인하면서 선택하거나 피벗 테이블을 필터할 수 있습니다. 또한 피벗 테이블 필터 도구인 슬라이서와 시간 표시 막대를 사용하면 대화형 피벗 테이블 효과를 낼 수 있습니다. 두 개의 피벗 테이블에 시간 표시 막대와 슬라이서, 피벗 차트를 삽입한 후 피벗 테이블을 컨트롤해보겠습니다.

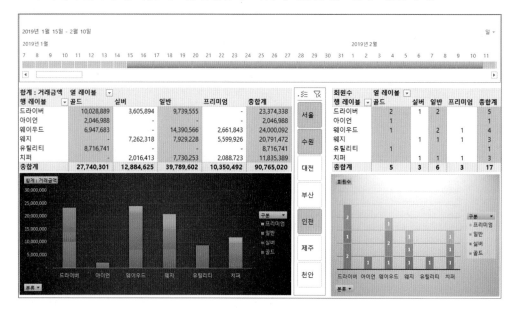

01 시간 표시 막대 삽입하기

필드 목록에서 날짜 필드인 [거래일]을 시간 표시 막대로 삽입해보겠습니다. ❶ [B11] 셀 클릭 ❷ [피벗 테이블 도구]-[분석] 탭-[필터] 그룹-[시간 표시 막대 삽입] 클릭 ❸ [시간 표시 막대 삽입] 대화상자에서 [거래일]에 체크 표시 ❹ [확인]을 클릭합니다.

02 시간 표시 막대 옵션 지정하기

❶ 삽입된 시간 표시 막대를 [A1] 셀 위치로 드래그하여 이동합니다. ❷ [시간 표시 막대 도구]-[옵션] 탭-[표시] 그룹-[머리글]의 체크 표시 해제 ❸ [크기] 그룹-[높이]에 **4.2**, [너비]에 **32** 입력 ❹ [시간 표시 막대 스타일] 그룹-[연한 주황, 시간 표시 막대 스타일 밝게 2]를 클릭합니다.

03 개체 속성 지정하기

❶ [시간 표시 막대 도구]-[옵션] 탭-[크기] 그룹의 [작업 창 표시▣] 클릭 ❷ [시간 표시 막대 형식] 작업 창에서 [속성] 클릭 ❸ [위치와 크기 변함] 클릭 ❹ [닫기]를 클릭합니다.

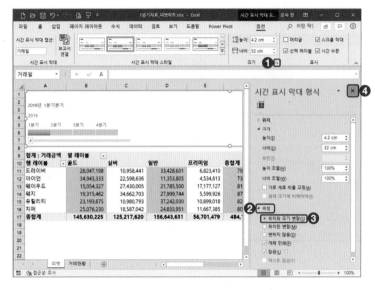

바로**통**하는TIP

시간 선택에 따라 피벗 테이블 목록이 바뀌면서 워크시트 열 너비나 행 높이가 달라집니다. 이때 시간 표시 막대도 위치나 크기가 함께 변하도록 하기 위해 [속성] 옵션 중 [위치와 크기 변함]을 선택했습니다.

04 시간 범위 지정하기

'분기'로 표시된 시간 수준 항목을 '일'로 변경하고 날짜 범위를 지정해보겠습니다. ❶ 시간 표시 막대의 오른쪽 끝에 [분기]라고 표시된 시간 수준 항목 클릭 ❷ [일] 클릭 ❸ 일자별로 표시된 막대의 1월 15일부터 2월 10일까지 드래그하여 날짜 범위를 지정합니다.

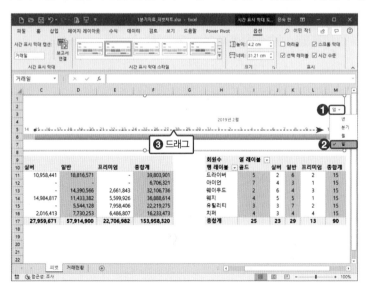

바로**통**하는TIP

시간 막대에서 첫 번째 일자를 클릭하고 마지막 일자를 Shift+클릭하여 범위를 지정할 수 있습니다. 또한 첫 번째 일자에서 마지막 일자까지 드래그로 선택해도 됩니다. 연속된 일자만 선택할 수 있으며 떨어져 있는 일자를 다중 선택할 수는 없습니다.

05 보고서 연결하기

왼쪽 피벗 테이블은 날짜 범위 지정에 따라 데이터가 바뀌지만 오른쪽 피벗 테이블은 날짜 범위를 지정해도 데이터가 바뀌지 않습니다. 오른쪽 피벗 테이블에도 시간 표시 막대를 연결해보겠습니다. ❶ [시간 표시 막대 도구]-[옵션] 탭-[시간 표시 막대] 그룹-[보고서 연결] 클릭 ❷ [보고서 연결(거래일)] 대화상자에서 [피벗 테이블2]에 체크 표시 ❸ [확인]을 클릭합니다.

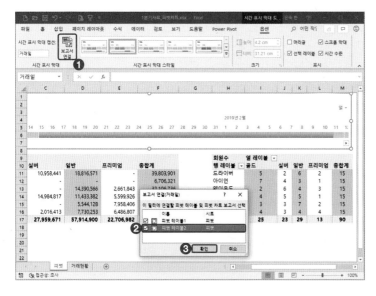

바로 통 하는TIP

시간 표시 막대의 날짜 범위가 바뀌면 오른쪽 피벗 테이블의 데이터도 변경됩니다.

06 슬라이서 삽입하기

지역을 필터할 수 있도록 슬라이서를 삽입해보겠습니다. ❶ [B11] 셀 클릭 ❷ [피벗 테이블 도구]-[분석] 탭-[필터] 그룹-[슬라이서 삽입] 클릭 ❸ [슬라이서 삽입] 대화상자의 필드 목록에서 [지역]에 체크 표시 ❹ [확인]을 클릭합니다.

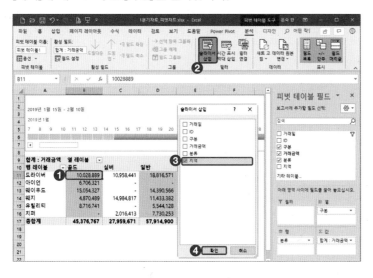

우선
순위

실무
활용

문서
작성
&
데이터
입력

수식
&
데이터
편집

서식
&
인쇄

함수

차트
&
일러스트
레이션

데이터
관리
&
분석

매크로
&
VBA

부록

07 슬라이서 옵션 지정 및 보고서 연결하기

❶ 삽입된 슬라이서를 [G9] 셀 위치로 이동 ❷ [슬라이서 도구]–[옵션] 탭–[크기] 그룹–[높이]에 **13**, [너비]에 **2** 입력 ❸ [단추] 그룹–[높이]에 **1.6**, [너비]에 **1.52** 입력 ❹ [슬라이서 스타일] 그룹–[연한 주황, 슬라이서 스타일 밝게 2] 클릭 ❺ [슬라이서] 그룹–[보고서 연결] 클릭 ❻ [보고서 연결(지역)] 대화상자에서 [피벗 테이블2]에 체크 표시 ❼ [확인]을 클릭합니다.

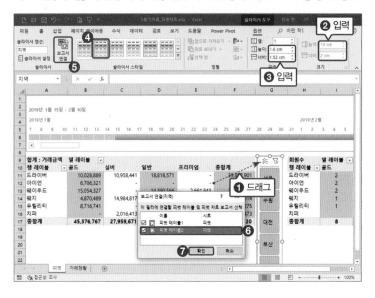

08 피벗 차트 삽입하기

❶ [B11] 셀 클릭 ❷ [피벗 테이블 도구]–[분석] 탭–[도구] 그룹–[피벗 차트] 클릭 ❸ [차트 삽입] 대화상자에서 [세로 막대형]–[누적 세로 막대형] 클릭 ❹ [확인]을 클릭합니다.

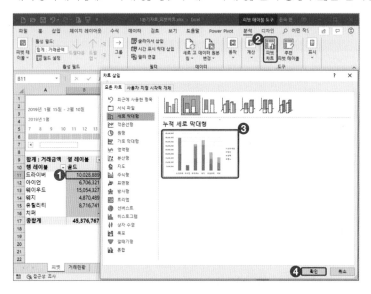

09 차트 크기 및 스타일 수정하기

❶ 삽입된 피벗 차트를 [A18] 셀 위치로 이동 ❷ [피벗 차트 도구]-[서식] 탭-[크기] 그룹-[너비]
에 **17.8** 입력 ❸ 차트 영역에서 [차트 스타일] 클릭 ❹ [스타일 8]을 클릭합니다.

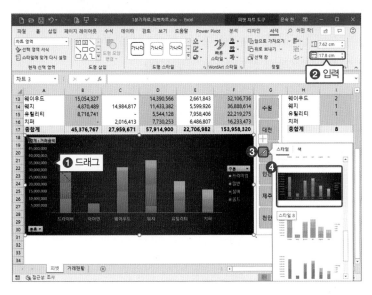

10 회원수에 대한 피벗 차트 삽입하기

❶ [K11] 셀 클릭 ❷ [피벗 테이블 도구]-[분석] 탭-[도구] 그룹-[피벗 차트] 클릭 ❸ [차트 삽입]
대화상자에서 [세로 막대형]-[누적 세로 막대형] 클릭 ❹ [확인]을 클릭합니다.

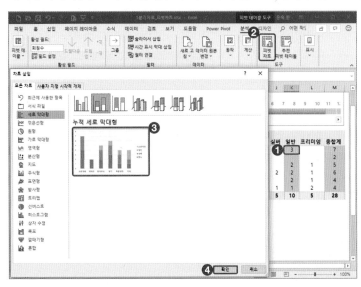

11 차트 스타일 지정 및 슬라이서 필터하기

❶ 삽입된 피벗 차트를 [H18] 셀 위치로 이동 ❷ [피벗 차트 도구]–[서식] 탭–[크기] 그룹–[너비]에 **10.8** 입력 ❸ 차트 영역에서 [차트 스타일] 클릭 ❹ [스타일 4] 클릭 ❺ 슬라이서에서 [서울] 클릭 ❻ [수원] [Ctrl]+클릭 ❼ [인천]을 [Ctrl]+클릭합니다. 피벗 테이블과 피벗 차트가 바뀝니다. 시간 표시 막대에서 날짜 범위를, 슬라이서에서 지역을 다양하게 선택해봅니다.

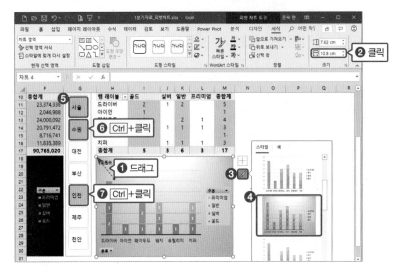

쉽고 빠른 엑셀 NOTE

피벗 차트 알아보기

피벗 차트는 피벗 테이블과 연동되는 차트입니다. 피벗 차트를 삽입하려면 [방법 ❶] 데이터 목록을 선택한 상태에서 [삽입] 탭–[차트] 그룹–[피벗 차트]를 클릭합니다. 피벗 테이블과 피벗 차트가 함께 삽입됩니다. [방법 ❷] 피벗 테이블을 먼저 삽입한 경우에는 피벗 테이블을 선택한 상태에서 [피벗 테이블 도구]–[분석] 탭–[도구] 그룹–[피벗 차트]를 클릭합니다.

▲ 피벗 테이블과 피벗 차트를 동시에 삽입　　　　　　　　　▲ 피벗 테이블을 작성 후 피벗 차트 삽입

피벗 차트에서는 축 필드에 이중으로 항목이 들어갈 수 있습니다. 피벗 차트를 선택하면 [피벗 테이블 필드] 작업 창의 [열] 레이블은 [범례] 필드로, [행] 레이블은 [축] 필드로 바뀌어 표시됩니다. 피벗 차트와 피벗 테이블은 서로 연결되어 각 필드의 항목 위치를 바꾸면 피벗 테이블도 함께 바뀝니다. 피벗 테이블에서 각 필드의 위치를 바꾸면 피벗 차트도 바뀝니다.

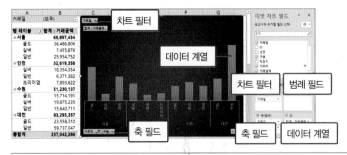

CHAPTER

12

반복 작업에 맞춰 쓰는 매크로&VBA

반복할 작업이 많을 때 매크로와 VBA를 작성하면 명령 버튼이나 단축키로 여러 가지 작업을 한 번에 실행할 수 있습니다. 또 엑셀의 리본 메뉴에서 제공하지 않는 기능을 만들고 싶을 때도 매크로와 VBA를 사용합니다. 매크로와 VBA를 배우는 데는 많은 시간과 노력이 필요하지만, 배워둘 가치가 있는 엑셀의 고급 기능입니다. 매크로와 VBA를 배울 때 기본이 되는 몇 가지 개념을 배워보겠습니다.

리본 메뉴에
[개발 도구] 탭 표시하기

실습 파일 | 없음 완성 파일 | 없음

리본 메뉴 사용자 지정하기

01 리본 메뉴에 [개발 도구] 탭을 추가하겠습니다.

❶ 리본 메뉴의 탭에서 마우스 오른쪽 버튼 클릭

❷ [리본 메뉴 사용자 지정]을 선택합니다.

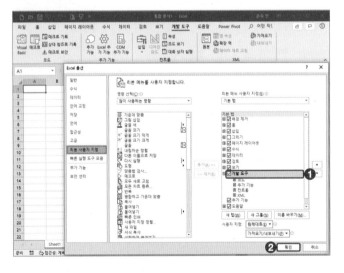

[개발 도구] 탭 추가하기

02 [개발 도구] 탭을 추가합니다.

❶ [Excel 옵션] 대화상자의 [리본 메뉴 사용자 지정] 목록에서 [개발 도구]에 체크 표시

❷ [확인]을 클릭합니다.

[개발 도구] 탭이 리본 메뉴에 추가됩니다.

바로 통 하는 TIP [개발 도구] 탭에는 매크로 기록과 실행에 필요한 도구들이 있습니다.

2007 2010 2013 2016 2019

고급 필터로 데이터 추출 매크로 기록하기

02

실습 파일 | Chapter12\02_매물목록.xlsx   완성 파일 | Chapter12\02_매물목록.xlsm

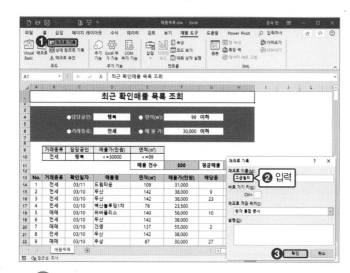

고급필터 매크로 기록하기

01 선택한 조건에 맞는 데이터를 추출하는 고급 필터 과정을 매크로로 기록하겠습니다.

❶ [개발 도구] 탭-[코드] 그룹-[매크로 기록] 클릭

❷ [매크로 기록] 대화상자에서 [매크로 이름]에 **고급필터** 입력

❸ [확인]을 클릭합니다.

─────────────────

매크로 기록이 시작됩니다.

바로 통 하는 TIP 상태 표시줄의 [매크로 기록 📖]을 클릭해도 됩니다. [매크로 기록] 대화상자에서 [확인]을 클릭하는 순간부터는 [기록 중지]를 클릭하기 전까지 모든 마우스와 키보드 작업이 기록되므로 매크로로 기록할 작업 이외의 불필요한 작업은 하지 않도록 주의해야 합니다.

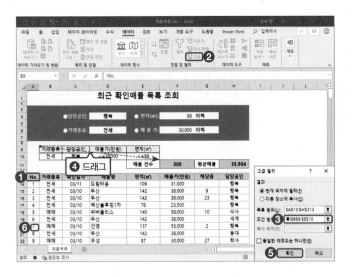

고급 필터 실행 및 매크로 기록 중지하기

02 고급 필터 작업을 실행한 후 매크로 기록을 중지하겠습니다.

❶ [A13] 셀 클릭

❷ [데이터] 탭-[정렬 및 필터] 그룹-[고급] 클릭

❸ [고급 필터] 대화상자에서 [조건 범위] 란 클릭

❹ [B9:E10] 범위 지정

❺ [확인] 클릭

❻ 상태 표시줄의 [기록 중지]를 클릭합니다.

바로 통하는 TIP [고급 필터] 대화상자에서 [결과]는 [현재 위치에 필터], [목록 범위]는 $A$13:$H$313이 지정되어 있고, [조건 범위]인 [B9:E10] 범위에는 미리 필요한 조건을 입력해두었습니다. [확인]을 클릭하면 조건에 대한 데이터가 필터되고 나머지 행은 숨겨집니다. 고급 필터 기능은 필터 조건을 수정할 때마다 [고급 필터] 대화상자에서 원본 데이터 범위와 조건 범위를 지정해주어야 합니다. 고급 필터 기능을 매크로로 기록해두면 조건을 변경하고 데이터 추출 시 매크로 실행으로 [고급 필터] 대화상자 과정을 생략할 수 있습니다.

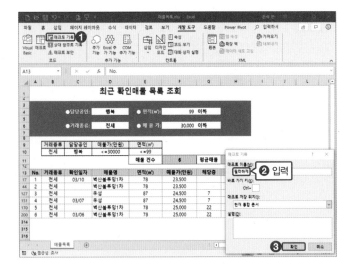

고급 필터 해제 매크로 기록하기

03 고급 필터 결과를 해제하고 모든 데이터를 표시하는 매크로를 기록하겠습니다.

❶ [개발 도구] 탭-[코드] 그룹-[매크로 기록] 클릭

❷ [매크로 기록] 대화상자 [매크로 이름]에 **필터해제** 입력

❸ [확인]을 클릭합니다.

매크로 기록이 시작됩니다.

필터 지우기 실행 및 매크로 기록 중지하기

04 필터 지우기를 실행한 후 매크로 기록을 중지하겠습니다.

❶ [데이터] 탭-[정렬 및 필터] 그룹-[지우기] 클릭

❷ 상태 표시줄의 [기록 중지 ■]를 클릭합니다.

매크로 사용 통합 문서로 저장하기

05 매크로가 기록된 문서는 [Excel 매크로 사용 통합 문서(*.xlsm)] 형식으로 저장해야 합니다.

❶ F12

❷ [다른 이름으로 저장] 대화상자의 [파일 형식]에서 [Excel 매크로 사용 통합 문서(*.xlsm)] 선택

❸ [저장]을 클릭합니다.

바로 통 하는 TIP F12는 [다른 이름으로 저장] 대화상자 단축키입니다. 빠른 실행 도구 모음에서 [저장]을 클릭하면 매크로 제외 통합 문서에 저장할 수 없다는 안내 메시지가 표시됩니다. 메시지 대화상자에서 [예]를 클릭하면 기록한 매크로는 제외하고 저장되며, [아니요]를 클릭하면 [다른 이름으로 저장] 대화상자가 표시됩니다.

 2007 2010 2013 2016 2019

개인용 매크로 통합 문서에
빈 셀 선택 매크로 기록하기

실습 파일 | Chapter12\03_매물목록.xlsx   완성 파일 | 없음

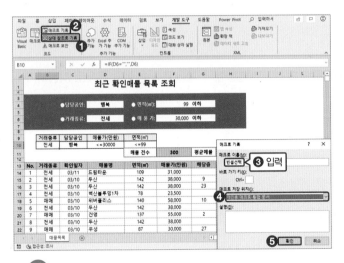

바로 통 하는TIP [상대 참조로 기록] 선택 상태로 기록한 매크로는 매크로 실행 시 선택한 셀을 기준으로 매크로가 실행됩니다. [개인용 매크로 통합 문서]에 저장한 매크로는 모든 엑셀 파일에서 실행할 수 있습니다.

빈 셀 선택 매크로 기록하기

01 지정된 범위 중 빈 셀만 선택하는 매크로를 기록하겠습니다.

❶ [개발 도구] 탭-[코드] 그룹-[상대 참조로 기록] 클릭

❷ [매크로 기록] 클릭

❸ [매크로 기록] 대화상자의 [매크로 이름]에 **빈셀선택** 입력

❹ [매크로 저장 위치]에서 [개인용 매크로 통합 문서] 선택

❺ [확인]을 클릭합니다.

매크로 기록이 시작됩니다.

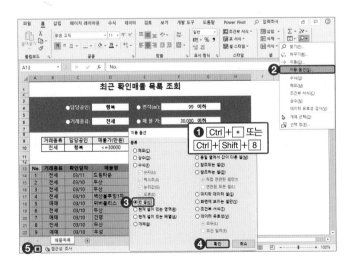

바로 통 하는TIP 상대 참조로 기록할 때 범위 지정 작업은 단축키를 사용하는 것이 좋습니다.

빈셀 선택 및 매크로 기록 중지하기

02 범위 내 빈 셀만 선택한 후 매크로 기록을 중지하겠습니다.

❶ Ctrl + * 또는 Ctrl + Shift + 8 을 눌러 현재 셀의 표 전체 범위 선택

❷ [홈] 탭-[편집] 그룹-[찾기 및 선택]-[이동 옵션] 클릭

❸ [이동 옵션] 대화상자에서 [빈 셀] 클릭

❹ [확인] 클릭

❺ 상태 표시줄의 [기록 중지■]를 클릭합니다.

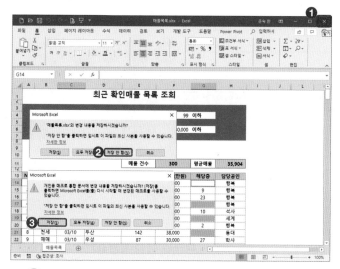

개인용 매크로 통합 문서 저장하기

03 개인용 매크로 통합 문서에 매크로가 기록되면 엑셀을 종료할 때 개인용 매크로 통합 문서를 저장할지 여부를 선택해야 합니다.

❶ 엑셀 프로그램 창의 [닫기] 클릭

❷ 매물목록 파일 저장 여부를 묻는 메시지 대화상자에서 [저장 안함] 클릭

❸ 개인용 매크로 통합 문서의 저장 여부를 묻는 메시지 대화상자에서 [저장]을 클릭합니다.

바로 통 하는TIP 개인용 매크로 통합 문서가 저장되고 엑셀이 종료됩니다. 개인용 매크로 통합 문서의 이름은 PERSONAL.XLSB로 [XLSTART] 폴더에 저장되어 엑셀을 실행할 때마다 자동으로 열립니다.

바로 통 하는TIP 매크로 작성 방식

자주 반복하는 작업을 매크로로 기록해두면 한 번의 매크로 명령으로 반복 작업을 실행할 수 있습니다. 매크로를 작성하는 방식에는 동작 방식과 코딩 방식이 있는데, 동작 방식은 캠코더로 동영상을 촬영하듯 사용자가 마우스나 키보드로 작업하는 과정을 기록하여 엑셀에서 코드 값으로 자동 변환하는 것입니다. 코딩 방식은 비주얼 베이식 편집기를 사용해서 사용자가 직접 코딩하는 방식입니다. [매크로 기록]은 동작 방식이며, 프로그래밍 언어에 대한 지식이 없는 사용자도 쉽게 사용할 수 있다는 장점이 있습니다.

쉽고 빠른 엑셀 NOTE · [매크로 기록] 대화상자 알아보기

[매크로 기록]을 클릭하거나 메뉴를 선택하면 [매크로 기록] 대화상자가 나타납니다. [매크로 기록] 대화상자에서 기록할 매크로 이름을 입력하고 매크로 저장 위치를 지정한 후 [확인]을 클릭하면 기록이 시작됩니다. [바로 가기 키]와 [설명]은 생략해도 됩니다.

❶ **매크로 이름** : 매크로의 내용과 관련된 이름으로 지정하는 것이 좋으며, 첫 글자는 문자로 시작해야 합니다. 공백이나 특수 문자를 사용할 수 없습니다.

❷ **바로 가기 키** : 바로 가기 키를 사용하여 매크로를 실행하려면 지정합니다. 대소문자를 구별합니다.

❸ **매크로 저장 위치** : 세 개의 저장 위치가 있습니다.

  • 개인용 매크로 통합 문서 : 엑셀 프로그램에 매크로를 저장합니다. 여기에 매크로를 저장하면 모든 파일에서 매크로를 사용할 수 있습니다.

  • 새 통합 문서 : 새 통합 문서를 작성한 후 해당 문서에 대해서만 매크로를 사용합니다.

  • 현재 통합 문서 : 현재 열려 있는 문서에만 매크로를 저장하고 사용합니다.

❹ **설명** : 매크로에 대한 설명을 입력하는 부분입니다.

04 매크로 보안 설정 확인하기

실습 파일 | 없음　완성 파일 | 없음

매크로 설정 확인하기

01 매크로 보안 설정이 어떻게 되어 있는지 확인해보겠습니다.

❶ [개발 도구] 탭-[코드] 그룹-[매크로 보안] 클릭

❷ [보안 센터] 대화상자에서 [매크로 설정] 탭의 [모든 매크로 제외(알림 표시)] 클릭

❸ [확인]을 클릭합니다.

바로 통 하는 TIP 기본적으로 [모든 매크로 제외(알림 표시)]가 선택되어 있습니다.

쉽고 빠른 엑셀 NOTE 　매크로 설정 옵션

매크로 설정 옵션 선택 상태에 따라 매크로 사용 통합 문서(*.xlsm)를 열었을 때 매크로 사용 가능 여부가 달라집니다. 각 옵션별 상태는 다음과 같습니다.

매크로 설정 옵션	매크로 사용 통합문서를 열었을 때 매크로 사용 가능 여부
모든 매크로 제외(알림 표시 없음)	매크로를 사용할 수 없습니다.
모든 매크로 제외(알림 표시)	매크로를 사용할 수 없습니다. 보안 경고 메시지 표시줄에 [콘텐츠 사용] 버튼이 표시되며 [콘텐츠 사용] 버튼을 클릭하면 매크로를 사용할 수 있게 됩니다.
디지털 서명된 매크로를 제외한 나머지 모든 매크로를 사용 안 함	디지털 서명된 매크로를 제외한 나머지 모든 매크로를 사용하지 않습니다.
모든 매크로 포함(위험성 있는 코드가 실행될 수 있으므로 권장하지 않음)	모든 매크로를 사용할 수 있습니다. 보안 경고 메시지 표시줄도 표시하지 않습니다. (매크로 바이러스 예방과 보안을 위해 선택하지 않는 것이 좋습니다.)
개발자 매크로 설정-VBA 프로젝트 개체 모델에 안전하게 액세스할 수 있음	개발자가 VBA를 이용해 VBAProject 개체 모델에 접근할 수 있도록 하는 옵션입니다. 개발자가 아닌 경우 선택하지 않는 것이 좋습니다.

2007 2010 2013 2016 2019

05 양식 컨트롤 단추로 매크로 실행하기

실습 파일 | Chapter12\05_매물조회1.xlsm   완성 파일 | Chapter12\05_매물조회1_완성.xlsm

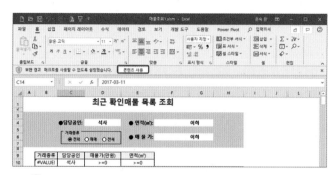

매크로 사용 통합 문서 불러오기

01 '매물조회1.xlsm' 파일을 불러온 후 매크로를 사용할 수 있게 설정합니다. 보안 경고 메시지 표시줄의 [콘텐츠 사용]을 클릭합니다.

매크로 기록이 시작됩니다.

바로 통 하는TIP 신뢰할 수 있는 문서

보안 경고 메시지 표시줄에서 [콘텐츠 사용]을 한 번 눌렀던 문서는 [신뢰할 수 있는 문서] 목록에 추가되어 다음부터는 보안 경고 메시지 표시줄이 표시되지 않고 매크로를 사용할 수 있게 열립니다. 다시 문서를 열었을 때 보안 경고 메시지 표시줄을 나타나게 하려면 [개발 도구] 탭-[코드] 그룹-[매크로 보안]을 클릭하고 [보안 센터] 대화상자의 [신뢰할 수 있는 문서] 탭에서 [지우기]를 클릭하여 [신뢰할 수 있는 문서] 목록을 지웁니다.

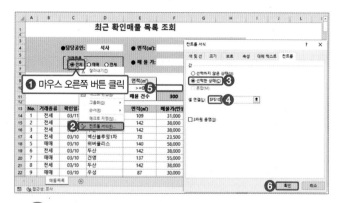

옵션 단추 컨트롤 서식 지정하기

02 미리 삽입해놓은 거래종류 선택 옵션 단추에 컨트롤 서식을 지정하겠습니다.

❶ [전체] 옵션 단추에서 마우스 오른쪽 버튼 클릭

❷ [컨트롤 서식] 클릭

❸ [컨트롤 서식] 대화상자에서 [컨트롤] 탭-[값] 옵션-[선택한 상태] 클릭

❹ [셀 연결]란 클릭

❺ [F10] 셀 클릭

❻ [확인]을 클릭합니다.

바로 통 하는TIP 옵션 단추는 [개발 도구] 탭-[컨트롤] 그룹-[삽입] 메뉴 중 [양식 컨트롤]에 있는 [옵션 단추◉]를 삽입한 것입니다. [옵션 단추]를 클릭하면 컨트롤 서식에서 지정한 셀에 옵션 단추의 순번이 들어갑니다. 세 개의 옵션 단추 중 첫 번째 옵션 단추를 선택하면 1, 두 번째 옵션 단추를 선택하면 2, 세 번째 옵션 단추를 선택하면 3이 연결 셀에 들어가며, 이 번호는 고급 필터의 조건 범위 중 거래종류 조건인 [B10] 셀에 입력되어 있는 CHOOSE 함수에서 사용되었습니다.

실무
활용

문서
작성
&
데이터
입력

수식
&
데이터
편집

서식
&
인쇄

함수

차트
&
일러스트
레이션

데이터
관리
&
분석

매크로
&
VBA

부록

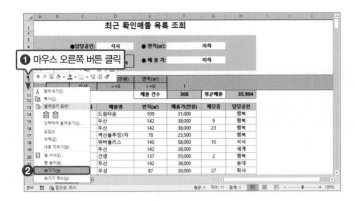

조건 범위 숨기기

03 조건 범위는 보이지 않아도 되므로 숨기겠습니다.

❶ [9:10] 행 머리글 드래그 후 마우스 오른쪽 버튼 클릭

❷ [숨기기]를 클릭합니다.

선택한 행이 숨겨집니다.

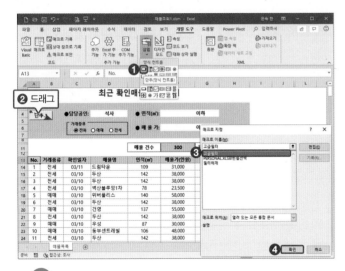

단추 삽입하고 매크로 지정하기

04 단추를 클릭했을 때 매크로가 실행되도록 지정해보겠습니다.

❶ [개발 도구] 탭-[컨트롤] 그룹-[삽입]-[단추(양식 컨트롤)] 클릭

❷ [A4] 셀에 사각형 드래그

❸ [매크로 지정] 대화상자에서 [고급필터] 매크로 클릭

❹ [확인]을 클릭합니다.

바로 통 하는TIP 양식 컨트롤과 ActiveX 컨트롤의 차이

ActiveX 컨트롤은 주로 VBA로 프로그래밍을 할 때 사용하며 양식 컨트롤은 매크로 기록을 통해 작성한 매크로를 적용할 때 사용합니다.

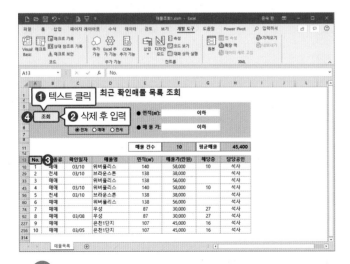

단추 이름 수정 및 매크로 실행하기

05 단추의 텍스트를 수정하고 매크로를 실행하겠습니다.

❶ 단추 안의 텍스트 클릭

❷ '단추1'을 지우고 **조회** 입력

❸ [A13] 셀 클릭

❹ [조회] 단추를 클릭합니다.

[고급필터] 매크로가 실행됩니다.

바로 통 하는TIP 양식 단추에 조절점이 있을 때는 단추의 텍스트를 선택할 수 있지만 셀을 선택한 후 단추를 클릭하면 선택한 조건 대한 데이터 목록이 필터됩니다. 단추의 텍스트를 다시 수정하고 싶으면 단추에서 마우스 오른쪽 버튼을 클릭한 후 [텍스트 편집] 메뉴를 선택하면 됩니다.

도형과 바로 가기 키로 매크로 실행하기

실습 파일 | Chapter12\06_매물조회2.xlsm   완성 파일 | Chapter12\06_매물조회2_완성.xlsm

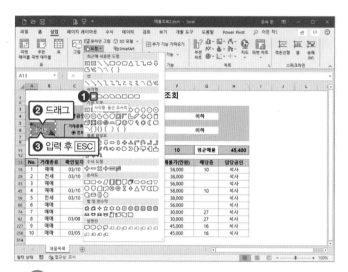

도형 삽입하기

01 매크로를 연결할 도형을 삽입 하겠습니다.

❶ [삽입] 탭-[일러스트레이션] 그 룹-[도형]-[사각형 : 둥근 모서 리] 클릭

❷ 조회 단추 아래에 사각형 드래그

❸ 삽입한 도형이 선택된 상태에서 **초기화**를 입력한 후 ESC를 누릅 니다.

바로 통 하는TIP 도형 선택 후 문자를 입력하면 도형 안에 문자가 입력됩니다. 입력 완료는 ESC를 누릅니다.

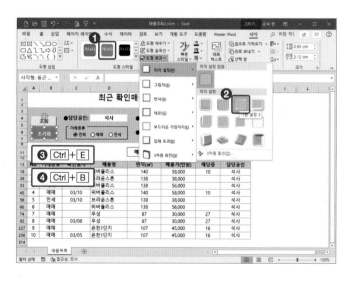

도형 서식 지정하기

02 도형의 색상과 스타일을 지정 하겠습니다.

❶ [그리기 도구]-[서식] 탭-[도형 스 타일] 그룹의 스타일 갤러리에서 [색 채우기-청회색, 강조 6] 클릭

❷ [도형 스타일] 그룹-[도형 효과]- [미리 설정]-[기본 설정 3] 클릭

❸ Ctrl+E를 눌러 도형 안의 문자 가운데 맞춤

❹ Ctrl+B를 눌러 글꼴을 굵게합 니다.

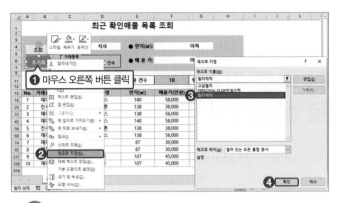

바로 **통** 하는 TIP 도형 외에 그림 개체에도 매크로를 지정할 수 있습니다.

도형에 매크로 지정 및 매크로 실행하기

03 도형을 클릭했을 때 [필터해제] 매크로가 실행되도록 하겠습니다.

① 도형에서 마우스 오른쪽 버튼 클릭
② [매크로 지정] 클릭
③ [매크로 지정] 대화상자에서 [필터해제] 매크로 클릭
④ [확인]을 클릭합니다.

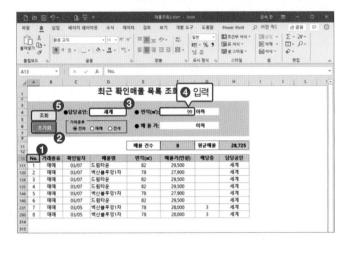

매크로 실행하기

04 도형과 양식 컨트롤 단추를 클릭하여 매크로를 실행해보겠습니다.

① [A13] 셀 클릭
② [초기화] 도형 클릭
③ [D4] 셀에서 [세계] 선택
④ [F4] 셀에 **99** 입력
⑤ [조회] 단추를 클릭합니다.

[필터해제] 매크로가 실행됩니다.

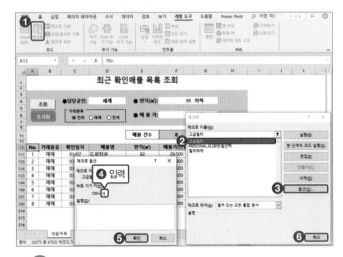

바로 **통** 하는 TIP 이제 [고급필터] 매크로를 실행하려면 [조회] 단추를 클릭하거나 Ctrl +q를 누릅니다. 필터 조건을 변경한 후 Ctrl+q를 눌러 [고급필터] 매크로를 실행해봅니다.

매크로 바로 가기 키 추가하기

05 [고급필터] 매크로에 바로 가기 키를 추가해보겠습니다.

① [개발 도구] 탭-[코드] 그룹-[매크로] 클릭
② [매크로] 대화상자에서 [고급필터] 매크로 클릭
③ [옵션] 클릭
④ [매크로 옵션] 대화상자의 [바로 가기 키] 입력란에 **q** 입력
⑤ [확인] 클릭
⑥ [매크로] 대화상자에서 [취소]를 클릭합니다.

빠른 실행 도구 모음에 매크로 실행 단추 만들기

실습 파일 | Chapter12\07_매물조회3.xlsm 완성 파일 | Chapter12\07_매물조회3_완성.xlsm

빠른 실행 도구 모음에 매크로 실행 도구 추가하기

01 개인용 매크로 통합 문서에 기록한 [빈셀선택] 매크로 아이콘을 빠른 실행 도구 모음에 추가하겠습니다.

❶ 빠른 실행 도구 모음에서 마우스 오른쪽 버튼을 클릭

❷ [빠른 실행 도구 모음 사용자 지정] 클릭

❸ [Excel 옵션] 대화상자의 [명령 선택]에서 [매크로] 선택

❹ [명령 선택] 목록에서 [PERSONAL. XLSB!빈셀선택] 더블클릭

❺ [수정]을 클릭합니다.

단추 수정하기

02 단추 모양과 이름을 수정하겠습니다.

❶ [단추 수정] 대화상자의 [기호]에서 적당한 모양의 단추 클릭

❷ [표시 이름]에 **빈셀선택** 입력

❸ [확인] 클릭

❹ [Excel 옵션] 대화상자에서 [확인]을 클릭합니다.

바로 **통** 하는TIP 개인용 매크로 통합 문서에 저장한 매크로는 모든 엑셀 파일에서 사용할 수 있어야 하므로 워크시트에 매크로 실행 단추를 만드는 것이 아니라 빠른 실행 도구 모음에 단추를 만들어두어야 합니다.

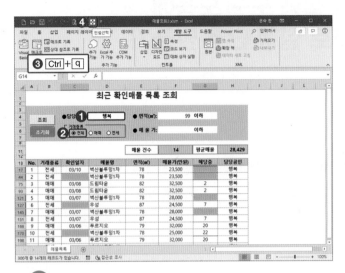

매크로 실행하기

03 필터 조건을 변경하고 단축키로 [고급필터] 매크로를 실행한 후 [빈셀선택] 매크로를 실행하겠습니다.

❶ [D4] 셀에서 [행복] 선택

❷ 거래종류에서 [전체] 클릭

❸ 단축키 Ctrl + q 를 눌러 [고급필터] 매크로 실행

❹ 빠른 실행 도구 모음의 [빈셀선택] 단추를 클릭합니다.

바로 **통** 하는TIP 앞의 실습에서 [고급필터] 매크로의 단축키를 설정해놓은 상태입니다.

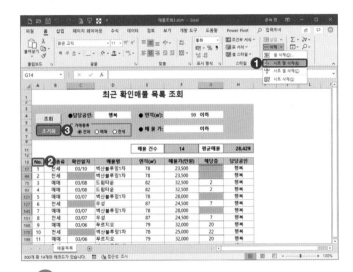

빈 셀이 있는 행 삭제하기

04 필터된 데이터 중 빈 셀이 포함된 행을 삭제하겠습니다.

❶ [홈] 탭-[셀] 그룹-[삭제]-[시트 행 삭제] 클릭

❷ 빈 셀 범위 지정을 해제하기 위해 [A13] 셀 클릭

❸ [초기화] 단추를 클릭하여 모든 데이터를 표시합니다.

바로 **통** 하는TIP 매크로 실행을 통해 추출된 데이터에서 빈 셀만 선택한 후 선택된 빈 셀에 채우기 색을 설정하여 강조하거나 데이터를 추가로 입력하는 등 필요한 작업을 편리하게 진행할 수 있습니다.

핵심기능

08
매크로 기록 시 잘못 기록된 데이터 범위 편집하기

실습 파일 | Chapter12\08_판매목록1.xlsm   완성 파일 | Chapter12\08_판매목록1_완성.xlsm

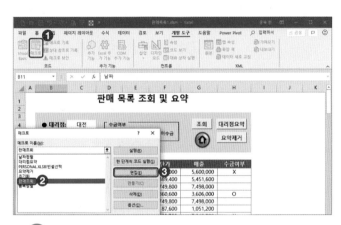

매크로 편집하기

01 [판매조회] 매크로에 잘못 기록되어 있는 데이터 범위와 조건 범위를 수정하겠습니다.

❶ [개발 도구] 탭-[코드] 그룹-[매크로] 클릭

❷ [매크로] 대화상자의 [판매조회] 매크로 클릭

❸ [편집]을 클릭합니다.

바로 통하는 TIP 데이터 범위 및 조건 범위

고급 필터 작업이 기록된 [판매조회] 매크로가 [조회] 단추에 연결되어 있으나 매크로 기록 시 데이터 범위와 조건 범위를 잘못 지정하여 [조회] 단추를 클릭해도 고급 필터가 실행되지 않습니다. 숨겨져 있는 8행과 9행의 조건 범위는 그림과 같으며, 판매목록의 데이터 범위는 [B11:H120] 셀입니다.

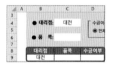

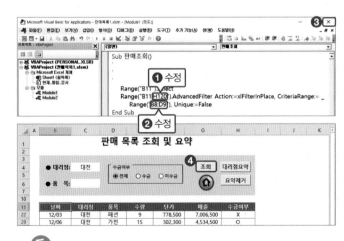

매크로 수정하기

02 [판매조회] 매크로 코드에서 범위를 수정합니다.

❶ [판매조회] 매크로 코드 두 번째 줄의 Range("B11:H52")에서 H52를 드래그해 **H120**으로 수정

❷ 세 번째 줄의 B9:E10를 드래그해 **B8:D9**로 수정

❸ 비주얼 베이식 편집기 창의 [닫기] 클릭

❹ [조회] 단추를 클릭하여 [고급필터] 매크로를 실행합니다.

바로 통하는 TIP 비주얼 베이식 편집기에서 작업한 내용은 별도로 비주얼 베이식 편집기에서 저장할 필요가 없습니다. 엑셀 문서를 저장할 때 함께 저장됩니다.

09 매크로 복사 및 삭제하기

실습 파일 | Chapter12\09_판매목록2.xlsm   완성 파일 | Chapter12\09_판매목록2_완성.xlsm

매크로 실행 확인

01 매크로 실행 단추를 클릭하여 매크로 실행을 확인해보겠습니다.

❶ [조회] 단추 아래의 [초기화] 매크로 단추 클릭

❷ [대리점요약] 단추 클릭

❸ [요약 제거] 단추 클릭

❹ 매크로를 편집하기 위해 [개발 도구] 탭-[코드] 그룹-[Visual Basic]을 클릭합니다.

바로 통하는 TIP [초기화] 단추에는 고급 필터를 해제하는 매크로, [대리점요약] 단추에는 대리점별로 정렬한 후 부분합을 구하는 매크로, [요약 제거] 단추에는 부분합을 제거하는 매크로가 기록되어 있습니다. 부분합 제거 후에는 다시 날짜별로 정렬되어야 하는데 그렇지 않은 것을 확인할 수 있습니다. [요약제거] 매크로에 날짜별 정렬 매크로를 추가하기 위해 비주얼 베이식 편집기를 열었습니다.

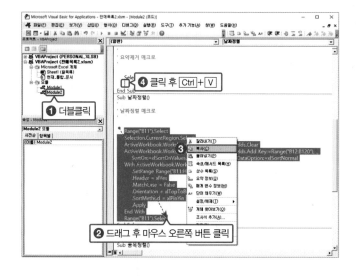

코드 복사하기

02 [날짜정렬] 매크로 코드를 복사하여 [요약제거] 매크로 코드 뒤에 붙이겠습니다.

❶ 비주얼 베이식 편집기 프로젝트 탐색 창의 [Module2] 더블클릭

❷ [날짜정렬] 매크로 코드 드래그 후 마우스 오른쪽 버튼 클릭

❸ [복사] 클릭

❹ [요약제거] 매크로의 코드 끝 빈 줄 부분을 클릭한 후 Ctrl + V를 눌러 붙여넣기합니다.

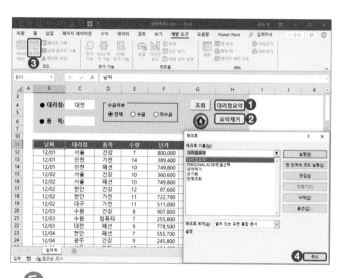

매크로 삭제하기

03 [날짜정렬] 매크로와 [품목정렬] 매크로는 따로 사용하지 않으므로 한 번에 삭제하겠습니다.

❶ [날짜정렬] 매크로부터 맨 끝의 [품목정렬] 매크로까지 드래그 후 Delete

❷ 비주얼 베이식 편집기 창의 [닫기]를 클릭합니다.

편집 및 삭제된 매크로 확인하기

04 [대리점요약] 매크로와 [요약제거] 매크로 실행을 확인하고 삭제된 매크로를 확인하겠습니다.

❶ [대리점요약] 단추 클릭

❷ [요약 제거] 단추 클릭

❸ [개발 도구] 탭-[코드] 그룹-[매크로] 클릭

❹ 매크로 목록에서 [날짜정렬]과 [품목정렬] 매크로가 삭제된 것을 확인한 후 [취소]를 클릭합니다.

바로 통 하는TIP [요약제거] 매크로를 실행하면 부분합 제거 후 날짜별로 정렬된 것을 볼 수 있습니다. 한 개의 매크로를 삭제할 때는 [매크로] 대화상자에서 선택한 후 [삭제]를 클릭해 삭제하면 되지만 여러 매크로를 한 번에 삭제할 때는 비주얼 베이식 편집기에서 코드를 범위 지정한 후 한 번에 삭제합니다.

우선
순위

매크로
&
VBA

  2007 2010 2013 2016 2019

오류 메시지 무시하기

실습 파일 | Chapter12\10_판매목록3.xlsm   완성 파일 | Chapter12\10_판매목록3_완성.xlsm

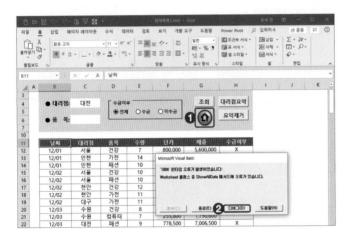

매크로 오류 디버그하기

01 매크로 실행 시 오류를 확인하 겠습니다.

❶ [초기화] 단추 클릭

❷ 오류 메시지 대화상자의 [디버그] 를 클릭합니다.

이미 초기화가 되어 있는 상태에서 [초기화] 매 크로를 실행했기 때문에 오류 메시지가 표시되 었습니다.

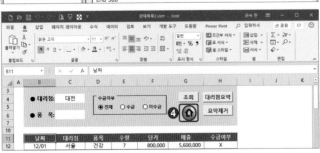

오류 무시 코드 추가하기

02 [초기화] 매크로에 오류 메시지 를 무시하는 코드를 추가하겠습니다.

❶ 비주얼 베이식 편집기 도구 모음 의 [재설정] 클릭

❷ 초기화 매크로의 코드 Active Sheet.ShowAllData 위에 **On Error Resume Next** 입력

❸ 비주얼 베이식 편집기 창의 [닫 기] 클릭

❹ [초기화] 단추를 클릭합니다.

오류 메시지가 표시되지 않습니다.

바로 통 하는 TIP 매크로 코드 위에 'On Error Resume Next'라는 구문을 입력해놓으면 오류 메시지가 표시되지 않습니다. 이 구문은 오류를 무시해도 프로그램 전체 진행에 큰 문제가 없는 경우 나머지 작업을 진행하도록 하기 위해 주로 사용합니다.

개인용 매크로 통합 문서 위치 확인 및 삭제하기

실습 파일 | 없음 완성 파일 | 없음

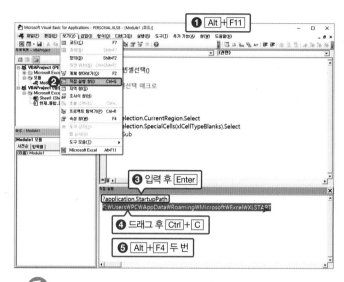

바로 **통** 하는TIP Alt + F4 는 윈도우에서 현재 선택 중인 프로그램 창을 닫는 단축키입니다. 비주얼 베이식 편집기와 엑셀 프로그램을 종료하기 위해 두 번 눌렀습니다.

개인용 매크로 통합 문서 위치 확인하기

01 개인용 매크로 통합 문서인 PERSONAL.XLSB 파일의 위치를 확인하겠습니다.

❶ 엑셀 실행 후 Alt + F11 을 눌러 비주얼 베이식 편집기 실행

❷ 비주얼 베이식 편집기의 [보기]-[직접 실행 창] 클릭

❸ [직접 실행] 창에 **?application. StartupPath** 입력 후 Enter

❹ 아래 줄에 나타난 경로 드래그 후 Ctrl + C

❺ Alt + F4 를 두 번 눌러 엑셀을 종료합니다.

개인용 매크로 통합 문서 삭제하기

02 복사한 경로의 폴더를 열어 파일을 삭제하겠습니다.

❶ ⊞ + R 을 눌러 실행 창 표시

❷ [열기]란 클릭 후 Ctrl + V

❸ [확인] 클릭

❹ 폴더 창이 열리면 PERSONAL. XLSB 파일 클릭 후 Delete 를 눌러 삭제

❺ 폴더 창의 [닫기]를 클릭합니다.

바로 통 하는 TIP 앞의 실습에서 [빈셀선택] 매크로를 기록한 경우에만 PERSONAL.XLSB 파일이 생성됩니다. 실습을 하지 않은 경우에는 폴더에 파일이 없습니다. 개인용 매크로 통합 문서에 기록된 여러 개의 매크로 중 하나를 삭제하려면 비주얼 베이식 편집기의 모듈 창에서 해당 매크로가 코딩된 부분만 범위 지정한 후 Delete를 누릅니다. 개인용 매크로 통합 문서에 있는 매크로가 모두 필요 없다면 아예 개인용 매크로 통합 문서인 PERSONAL.XLSB 파일 자체를 삭제하는 것이 좋습니다.

쉽고 빠른 엑셀 NOTE — 비주얼 베이식 편집기(Visual Basic Editor) 화면 구성 알아보기

비주얼 베이식 편집기를 실행하려면 [매크로] 대화상자에서 매크로명을 선택하고 [편집]을 클릭하거나 [개발 도구] 탭–[코드]그룹–[Visual Basic]을 클릭합니다. 단축키 Alt + F11 을 눌러도 됩니다. 비주얼 베이식 편집기 창의 각 구성 요소는 다음과 같으며 각 구성 요소를 숨기거나 표시하려면 [보기]에서 선택합니다.

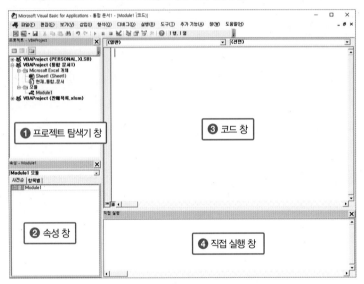

❶ **프로젝트 탐색기 창** : 현재 열려 있는 모든 통합 문서의 시트와 삽입된 모듈, 삽입된 사용자 정의 폼 등이 표시되어 있습니다. 속성이나 코드를 작성할 개체를 선택합니다.

❷ **속성 창** : 프로젝트 탐색기 창에서 특정 개체를 선택하면 현재 선택한 개체에 대한 속성이 표시되며 이를 이용하여 각종 속성을 설정합니다.

❸ **코드 창** : 비주얼 베이식(Visual Basic) 코드를 기록, 표시, 편집할 수 있는 공간으로 하나의 모듈 시트에 여러 개의 프로시저를 표시할 수 있습니다.

❹ **직접 실행 창** : 코드 창에 작성한 프로시저의 실행 결과를 미리 확인할 수 있습니다.

EXCEL

특별부록

엑셀!
한걸음 더
알아보기

엑셀 실행 시 시작 화면 표시하지 않기

시작 화면 보기

엑셀을 처음 실행하면 시작 화면의 [홈] 탭이 표시됩니다. ❶ 서식 파일을 선택하거나 ❷ 최근 사용 통합
문서를 선택할 수 있습니다. ❸ [옵션]을 클릭해 시작 화면을 표시하지 않도록 설정할 수 있습니다.

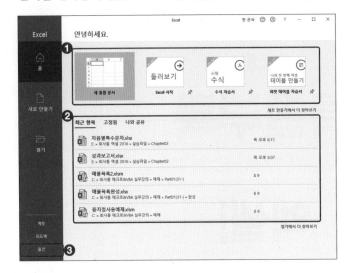

바로 통 하는 TIP 시작 화면에서 ESC를 누르면
[새 통합 문서]가 선택되고 워크시트 화면으로 전환
됩니다. 워크시트 화면에서 [파일]을 선택하면 다시
시작화면의 [홈]이 표시됩니다.

✿ **엑셀 2013** 엑셀 2013 이상 버전인 엑셀
2013, 2016, 2019, Office 365에서만 설정할 수
있습니다.

[Excel 옵션] 대화상자에서 설정하기

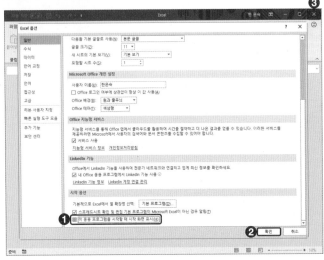

엑셀 환경 설정을 위한 [Excel 옵션]
대화상자가 표시됩니다.
❶ [일반]-[시작 옵션]-[이 응용 프
로그램을 시작할 때 시작 화면 표
시] 옵션의 체크 표시 해제
❷ [확인] 클릭
❸ 엑셀 창의 [닫기]를 클릭합니다.

다시 엑셀을 실행하면 새 통합 문서 워크시트
화면이 열립니다.

✿ **엑셀 2013** 시작 화면은 엑셀 2013 버전부터 생겼습니다. 이전 버전에서는 엑셀 실행 시 새 통합 문서로 시작합니다.

02 엑셀을 안전 모드에서 실행하기

엑셀에서 특정 기능을 실행할 때마다 알 수 없는 원인으로 엑셀이 비정상적으로 종료될 때는 윈도우의 안전 모드 부팅처럼 엑셀을 안전 모드로 실행할 수 있습니다. 엑셀을 안전 모드로 시작한 후 정상적인 방법으로 종료했다가 다시 실행하면 엑셀의 기본적인 설정이 초기화되어 문제가 해결될 수 있습니다. 엑셀을 안전 모드로 실행하려면 다음과 같은 두 가지 방법이 있습니다.

[방법 1] 명령어로 실행

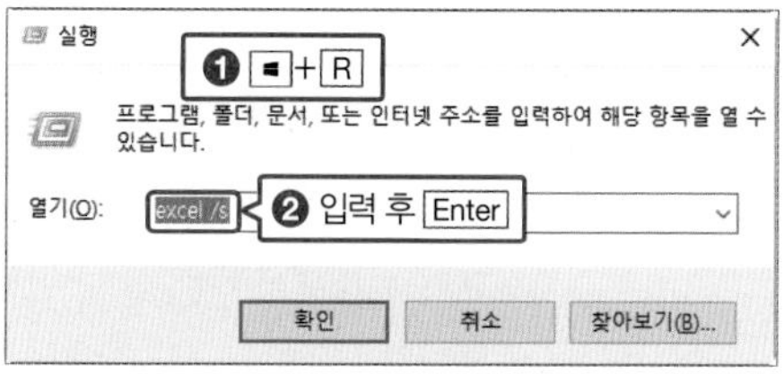

❶ 단축키 ⊞+R을 눌러 실행 창 표시

❷ [열기]란에 **excel /s**(excel 한 칸 띄우고 /s) 또는 **excel /safe**(excel 한 칸 띄우고 /safe) 입력 후 Enter를 누릅니다.

[방법 2] 단축키로 실행

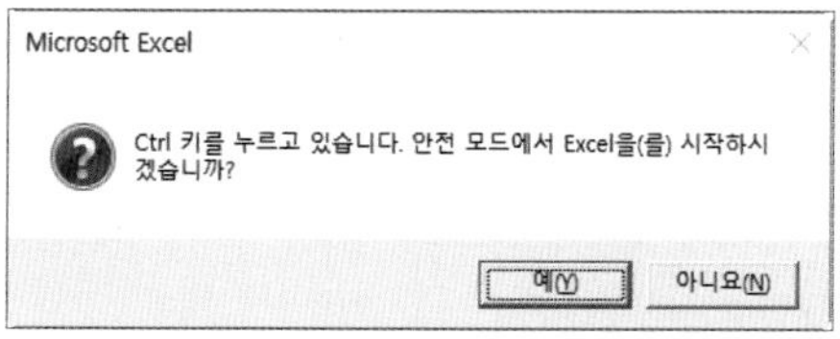

Ctrl을 누른 상태에서 엑셀 바로 가기 아이콘을 클릭하거나 엑셀 통합 문서 아이콘을 더블클릭하면 안전 모드에서 엑셀을 시작할지 묻는 대화상자가 표시됩니다. [예]를 클릭하면 안전 모드로 실행되고, [아니요]를 클릭하면 일반 모드로 실행됩니다.

엑셀이 안전 모드로 실행되면 제목 표시줄에 '안전 모드'라고 표시됩니다.

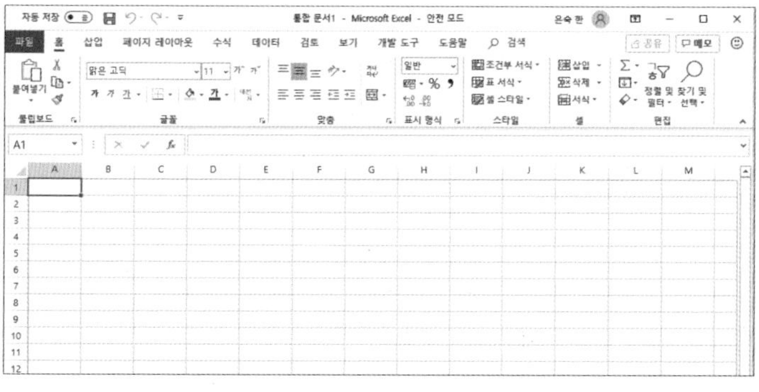

안전 모드에서 엑셀을 실행하면 사용자 정의된 빠른 실행 도구 모음, 리본 메뉴가 기본 상태로 열리고, 기능 및 대체 시작 위치, 개인용 매크로 통합 문서가 저장되는 XLSTART 폴더, 엑셀 추가 기능 설정 등은 무시하고 실행됩니다.

03 엑셀의 화면 구성 요소

어떤 응용 프로그램이든 익숙해지려면 프로그램의 화면 구성을 잘 파악하고 있어야 합니다. 엑셀 화면 구성 요소 하나하나를 살펴보면 다음과 같습니다.

엑셀의 전체 화면 구성

엑셀의 기본 화면 구성은 다음과 같이 세 부분으로 나누어져 있습니다.

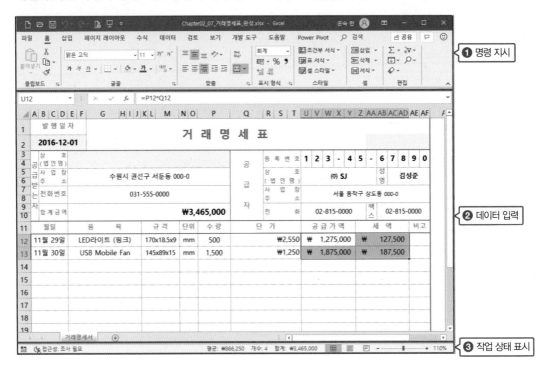

❶ **명령 지시** : 텍스트 형태의 메뉴와 아이콘 형태의 명령 버튼이 통합된 리본 메뉴, 그리고 자주 사용하는 명령 아이콘을 모아놓은 빠른 실행 도구 모음으로 구성되어 있습니다.

❷ **데이터 입력** : 데이터, 수식 등을 입력하여 원하는 문서 작업을 하는 워크시트입니다.

❸ **작업 상태 표시** : 현재의 작업 상태를 표시해줍니다. 상태 표시줄에서는 선택된 범위의 자동 계산 결과 등을 보여주며 화면 보기 모드와 화면 배율을 지정할 수 있습니다.

명령 지시 부분

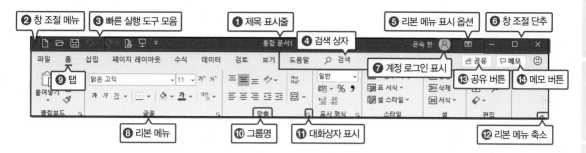

①제목 표시줄 : 작업 중인 파일 이름, 프로그램명이 표시되며, 작업 상태에 따라 [읽기 전용], [호환 모드], [공유], [그룹] 등의 표시가 나타납니다.

②창 조절 메뉴 : 클릭하면 창 조절 메뉴가 표시됩니다. 더블클릭하면 엑셀이 종료됩니다.

③빠른 실행 도구 모음 : 자주 사용하는 명령을 추가하여 빠르게 선택할 수 있습니다.

④검색 상자 : 클릭하거나 Alt+Q를 눌러 사용할 기능을 입력하면 엑셀 기능을 빠르게 찾아 선택할 수 있으며, 찾는 기능이 없으면 도움말을 선택하여 정보를 얻을 수 있습니다. F1을 누르면 도움말 창이 바로 표시됩니다.

⑤리본 메뉴 표시 옵션 : 리본 메뉴 표시와 숨기기에 대한 옵션을 선택할 수 있습니다.

⑥창 조절 단추 : 엑셀 창을 최소화, 최대화하거나 닫을 수 있습니다.

⑦계정 로그인 표시 : Microsoft 개인 계정이나 회사, 학교에서 제공한 계정으로 로그인된 것을 표시하는 부분입니다. 클릭하면 계정 설정, 계정 전환을 할 수 있습니다.

⑧리본 메뉴 : 텍스트 형태의 메뉴와 아이콘 형태의 명령 버튼이 통합된 메뉴입니다.

⑨탭 : 리본 메뉴 중 텍스트 형태의 메뉴 부분입니다. 기본적으로 파일, 홈, 삽입, 페이지 레이아웃, 수식, 데이터, 검토, 보기 탭이 항상 표시되며, 작업 상태에 따라 탭이 더 추가됩니다.

⑩그룹명 : 아이콘 명령들을 분류해놓은 그룹 이름입니다.

⑪대화상자 표시 : 그룹에 없는 명령을 대화상자를 열어 선택할 수 있습니다.

⑫리본 메뉴 축소 : 리본 메뉴 중 탭만 표시하고 명령 아이콘 부분은 숨깁니다. 단축키 Ctrl+F1을 누르거나 선택되어 있는 탭을 더블클릭해도 됩니다.

⑬공유 버튼 : 클라우드에 저장된 엑셀 문서를 다른 사람이 열어 보거나 편집할 수 있게 설정하는 공유 창이 표시됩니다.

⑭메모 버튼 : 워크시트에 삽입되어 있는 메모들을 보여주는 메모 작업 창이 표시됩니다.

데이터 입력 부분

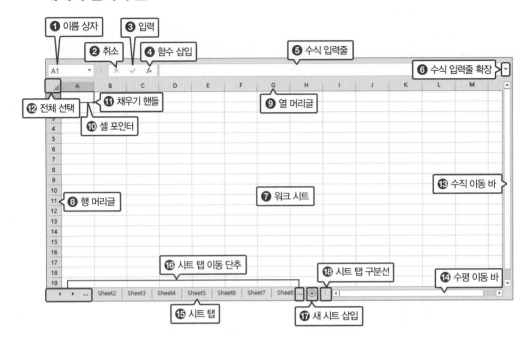

① 이름 상자 : 현재 선택된 셀 주소나 셀 이름이 표시됩니다. 차트나 도형 등의 개체를 선택하면 개체의 이름이 표시되고, 수식이나 함수를 입력할 때는 최근 사용한 함수 목록이 표시됩니다.

② 취소 : 셀에 데이터 입력 중 클릭하면 입력이 취소됩니다.

③ 입력 : 셀에 데이터 입력 중 클릭하면 입력이 완료됩니다.

④ 함수 삽입 : 함수 마법사가 실행됩니다.

⑤ 수식 입력줄 : 선택된 셀의 데이터나 수식이 표시됩니다. 실제로 셀에 입력된 데이터를 확인할 수 있습니다. 클릭하면 커서가 나타나며 데이터를 수정할 수 있습니다.

⑥ 수식 입력줄 확장 : 수식 입력줄을 넓게 확장시키며, 클릭 후 축소 버튼이 표시됩니다. 축소 버튼을 클릭하면 다시 수식 입력줄이 축소됩니다.

⑦ 워크시트 : 행과 열로 구성된 엑셀의 작업 영역입니다.

⑧ 행 머리글 : 행 번호가 표시되는 부분으로 1행~1,048,576행까지 있습니다.

⑨ 열 머리글 : 열 이름이 표시되는 부분으로 A열~XFD열까지 총 16,384개의 열이 있습니다.

⑩ 셀 포인터 : 행과 열이 교차하면서 만들어진 사각 영역을 셀이라고 합니다. 워크시트 하나에 17,179,869,184개의 셀이 있습니다. 셀 포인터는 현재 선택되어 있는 셀을 나타내는 테두리선입니다.

⑪ 채우기 핸들 : 드래그하면 셀 내용을 연속적으로 복사합니다.

⑫ 전체 선택 : 클릭하면 워크시트 전체를 선택합니다.

⑬ 수직 이동 바 : 화면을 위아래로 이동하는 도구로 스크롤 바라고도 하며, 양끝의 화살표 버튼을 클릭하면 한 행씩 이동하고, 가운데 막대를 직접 드래그하면 원하는 만큼 화면을 이동할 수 있습니다.

⑭ 수평 이동 바 : 화면을 왼쪽, 오른쪽으로 이동하는 도구로 스크롤 바라고도 하며, 양끝의 화살표 버튼을 클릭하면 한 열씩 이동하고, 가운데 막대를 직접 드래그하면 원하는 만큼 화면을 이동할 수 있습니다.

⑮ **시트 탭** : 시트 이름이 표시되는 곳으로, 선택된 시트의 탭은 흰색으로 표시됩니다.

⑯ **시트 탭 이동 단추** : 시트 개수가 많아서 시트 탭이 다 보이지 않을 때, 가려져 있는 시트 탭을 볼 수 있도록 시트 탭 화면을 이동할 수 있습니다. 화살표 버튼을 클릭하면 왼쪽으로 한 칸, 오른쪽으로 한 칸씩 이동하며 Ctrl+클릭하면 해당 방향의 끝 시트로 이동합니다. 마우스 오른쪽 버튼으로 클릭하면 전체 시트 목록 창이 표시됩니다. 시트 개수가 많을 때 나타나는 시트 탭 양쪽 끝의 ··· 는 이전 시트, 다음 시트를 표시합니다.

▲ 시트 탭 이동 버튼을 마우스 오른쪽 버튼으로 클릭하면 표시됨

⑰ **새 시트 삽입 버튼** : 새 워크시트를 삽입합니다.

⑱ **시트 탭 구분선** : 시트 탭과 수평 이동 바 사이의 구분선으로 드래그하면 시트 탭과 수평 이동 바의 너비를 조절할 수 있습니다.

작업 상태 표시 부분

상태 표시줄은 워크시트의 작업 상태를 표시해줍니다. 상태 표시줄을 마우스 오른쪽 버튼으로 클릭하면 상태 표시줄에 표시할 항목을 선택하거나 해제할 수 있는 상태 표시줄 사용자 지정 메뉴가 나타납니다.

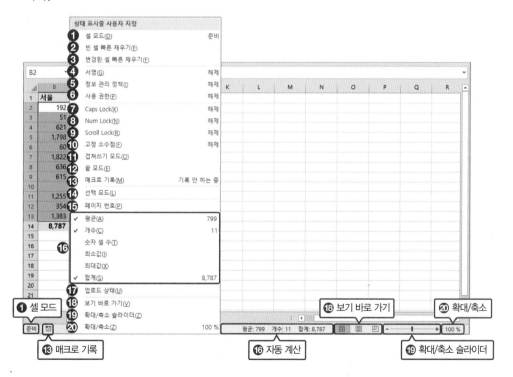

❶ **셀 모드** : 준비, 입력, 참조, 편집 등의 현재의 작업 상태가 나타납니다.

❷ **빈 셀 빠른 채우기** : 빠른 채우기 기능 실행 후 선택 열에 채워지지 않은 빈 셀이 몇 개인지 표시되며 클릭하면 해당 셀만 선택됩니다.

❸ **변경된 셀 빠른 채우기** : 빠른 채우기 기능 실행 후 선택 열에 빠른 채우기로 변경된 셀의 개수가 표시되며, 클릭하면 해당 셀들이 선택됩니다.

❹ **서명** : 현재 사용 중인 통합 문서가 디지털 서명된 경우 나타납니다.

❺ **정보 관리 정책** : 현재 사용 중인 통합 문서의 내용에 대한 사용 권한을 제한하기 위해 IRM(정보 권한 관리)이 사용된 경우 나타납니다.

❻ **사용 권한** : 현재 문서의 읽기 및 편집 권한을 확인할 수 있습니다. [파일] 탭-[정보]-[통합 문서 보호]-[액세스 제한]을 사용하여 문서에 대한 액세스를 제한한 경우 나타납니다.

❼ **Caps Lock** : 대문자를 입력할 수 있도록 Caps Lock 을 누른 경우 'Caps Lock'이 표시됩니다.

❽ **Num Lock** : 숫자 키패드로 숫자를 입력할 수 있도록 Num Lock 을 누르면 표시됩니다.

❾ **Scroll Lock** : 화살표 키로 화면 스크롤을 할 수 있도록 Scroll Lock 을 누르면 표시됩니다.

❿ **고정 소수점** : [파일] 탭-[옵션]-[고급]을 선택하고 편집 옵션에서 [소수점 자동 삽입]을 선택하면 나타납니다.

⓫ **겹쳐쓰기 모드** : 셀 내용을 편집하는 동안 Insert 를 눌러 겹쳐쓰기 모드가 활성화됨을 나타냅니다.

⓬ **끝 모드** : End 를 눌러 끝 모드를 활성화했음을 나타냅니다. 끝 모드일 때 화살표 키를 누르면 해당 방향의 마지막 셀로 이동됩니다.

⓭ **매크로 기록** : 이 옵션을 선택하면 셀 모드 표시 옆에 [매크로 기록] 버튼이 표시됩니다.

⓮ **선택 모드** : F8 을 누르면 '선택 영역 확장'이라고 표시되며 마우스가 아닌 화살표 키로 범위를 지정할 수 있습니다. Shift + F8 을 누르면 '선택 영역에 추가'라고 표시되며 화살표 키를 사용하여 인접하지 않은 셀 또는 범위를 지정할 수 있습니다.

⓯ **페이지 번호** : 페이지 레이아웃 보기 또는 인쇄 미리 보기에서 작업하는 경우 현재 페이지 번호 및 전체 페이지 수가 표시됩니다.

⓰ **자동 계산** : 숫자가 입력되어 있는 셀 범위를 지정하면 해당 함수를 사용한 결과 값이 표시됩니다.

⓱ **업로드 상태** : 파일을 서버에 업로드하는 경우 업로드 상태가 표시됩니다.

⓲ **보기 바로 가기** : [기본], [페이지 레이아웃], [페이지 나누기 미리 보기] 버튼으로 구성되어 있으며 화면 보기를 쉽게 선택할 수 있습니다.

⓳ **확대/축소 슬라이더** : 확대/축소 슬라이더에서 슬라이더를 끌거나 [축소] 및 [확대] 버튼을 클릭하여 워크시트 화면 배율을 빠르게 조절할 수 있습니다.

⓴ **확대/축소** : 현재 워크시트의 확대/축소 배율이 나타나며, 클릭하면 [확대/축소] 대화상자가 표시되어 배율을 선택할 수 있습니다.

엑셀의 화면 보기 종류

엑셀에서는 많은 양의 데이터를 다루는 작업이 많기 때문에 작업 상황에 따라 적절한 화면 보기를 선택하는 것이 좋습니다. 가장 많이 사용되는 화면 보기는 기본 보기입니다.

백스테이지(Backstage) 화면

[파일] 탭을 클릭하거나 파일 관련 명령을 선택하면 백스테이지(Backstage) 보기로 전환됩니다. 이 화면 보기는 엑셀 프로그램과 파일에 관련된 작업을 수행하는 곳입니다. 통합 문서 정보, 새로 만들기, 열기, 저장, 인쇄, 공유 등의 작업 및 엑셀 계정 및 환경 설정 등을 할 수 있습니다.

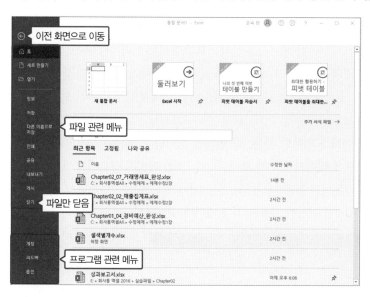

페이지 레이아웃

인쇄 모양을 보면서 편집 작업까지 할 수 있는 화면입니다. [방법 ❶] [보기] 탭-[통합 문서 보기] 그룹-[페이지 레이아웃]을 클릭하거나 [방법 ❷] 상태 표시줄의 [페이지 레이아웃 ▦]을 클릭하면 페이지 레이아웃 화면으로 전환됩니다.

페이지 레이아웃 화면에서는 인쇄 용지 모양과 용지 여백을 확인할 수 있습니다. 눈금선의 여백 경계선을 드래그하여 직접 용지 여백을 조절할 수 있으며 머리글/바닥글 영역을 클릭하여 페이지 번호 등을 입력할 수 있습니다. 용지 사이 공백을 클릭하면 여백을 숨기거나 다시 표시합니다.

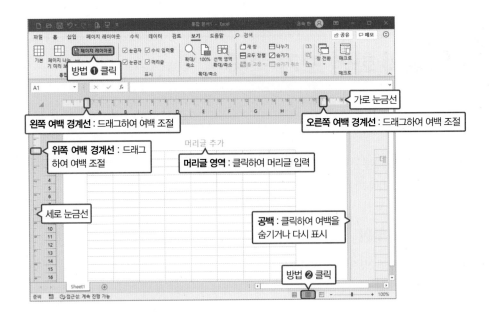

페이지 나누기 미리 보기

여러 페이지로 나누어진 문서의 경우 나누어진 페이지를 살펴보고 효과적으로 페이지 구분선을 조절할 수 있는 화면입니다. [방법 ❶] [보기] 탭-[통합 문서 보기] 그룹-[페이지 나누기 미리 보기]를 클릭하거나 [방법 ❷] 상태 표시줄의 [페이지 나누기 미리 보기 🔲]를 클릭하면 페이지 나누기 미리 보기로 전환됩니다.

페이지 나누기 미리 보기에서는 데이터를 입력한 부분, 즉 인쇄할 영역만 흰색으로 표시되고, 나머지 부분은 회색으로 표시되며, 워크시트에 페이지 번호가 표시됩니다. 또한 페이지 구분선이 표시되는데, 파란색 점선은 자동으로 페이지가 나누어진 것을 나타내는 자동 페이지 구분선이며, 파란색 실선은 사용자가 페이지 구분선을 드래그하여 직접 지정한 사용자 지정 페이지 구분선입니다.

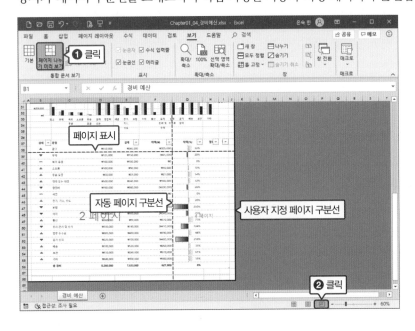

05 엑셀 명령을 사용하는 다섯 가지 방법

엑셀 기능을 사용하기 위해 엑셀 명령을 선택하는 방법에는 ❶ 빠른 실행 도구 모음, ❷ 리본 메뉴, ❸ 마우스 오른쪽 버튼을 누르면 나오는 단축 메뉴와 미니 도구 모음, ❹ 명령별로 정해진 키보드 단축키, ❺ 명령을 찾아서 선택하는 검색 상자가 있습니다. 작업 상황에 따라 편리한 방법을 사용하면 됩니다.

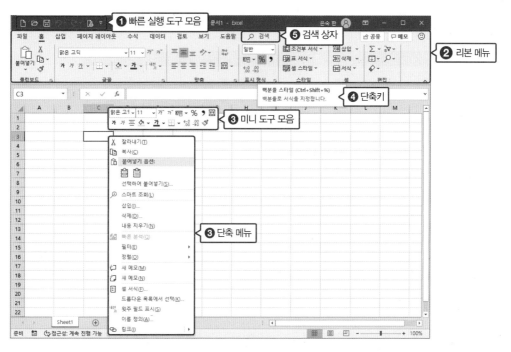

엑셀 명령 단축키 확인하기

[방법 ❶] ❶ 리본 메뉴의 명령 아이콘에 마우스 포인터를 놓으면 ❷ 아래에 기능 설명 상자가 표시되고, 단축키가 있는 명령인 경우 괄호 안에 단축키가 표시됩니다.

[방법 ❷] 단축키가 없는 명령의 경우에는 Alt 를 사용할 수 있습니다.

❶ Alt 를 한 번 누르면 빠른 실행 도구 모음에는 숫자, 리본 메뉴에는 알파벳이 표시됩니다. ❷ 리본 메뉴의 텍스트 메뉴에 표시된 알파벳을 누르면 해당 탭의 각 명령 아이콘에 알파벳이 표시됩니다. ❸ 확인한 숫자나 알파벳을 Alt 와 함께 누르면 해당 명령을 선택할 수 있습니다. 예를 들어 빠른 실행 도구 모음의 첫 번째 명령은 Alt + 1 을 누르고, 리본 메뉴의 [삽입] 탭-[피벗 테이블] 명령은 Alt + N + V 를 누릅니다.

▲ Alt 를 한 번 누르면 빠른 실행 도구 모음에는 숫자, 리본 메뉴에는 알파벳이 표시됨

▲ [삽입] 탭에 해당하는 N 을 누르면 [삽입] 탭이 선택되고, 명령들의 알파벳이 표시됨

검색 상자 사용하기

사용할 명령이 어디에 있는지 모르겠다면 검색 상자에 명령을 직접 입력하여 선택할 수 있습니다. ❶ 검색 상자를 클릭하거나 단축키 Alt + Q 를 누른 후 ❷ 찾는 명령을 입력하고 ❸ 표시된 메뉴 목록 중 명령을 선택합니다. 입력한 단어에 해당하는 명령이 없는 경우에는 도움말을 선택하면 엑셀에서 제공하는 도움말 창이 표시되며 [스마트 조회]를 선택하면 해당 단어의 웹 검색 결과를 표시한 [스마트 조회] 작업 창이 표시됩니다.

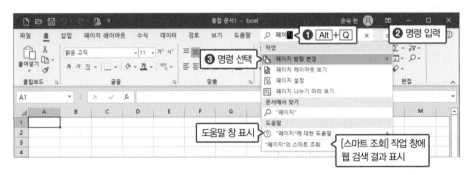

통합 문서 열기 및 저장 위치 설정하기

빠른 실행 도구 모음이나 리본 메뉴 [파일] 탭에서 열기나 저장 명령을 선택하면 기본적으로 백스테이지 화면이 표시됩니다. 해당 탭에는 OneDrive와 같은 클라우드나 PC에서 최근 사용했던 폴더 등 문서의 모든 위치가 표시되어 있어 원하는 문서를 열거나 저장할 수 있습니다.

백스테이지 화면의 [열기] 탭

빠른 실행 도구 모음의 [열기 📂]를 클릭하거나 단축키 Ctrl+O를 누르면 백스테이지 화면의 [열기] 탭이 표시됩니다. 위치 선택 부분과 폴더/파일 선택 부분으로 구성되어 있습니다. 위치를 선택하고, 폴더를 선택한 후 파일을 클릭하면 바로 파일이 열립니다. 각 구성 항목은 다음과 같습니다.

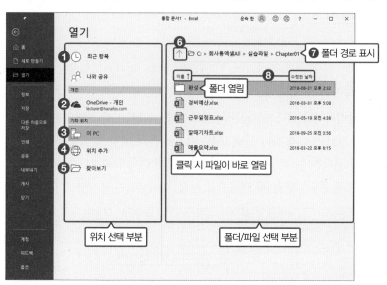

❶ **최근 항목** : 최근 사용한 파일 목록이 표시됩니다.

❷ **OneDrive** : 마이크로소프트 클라우드인 OneDrive에 있는 폴더와 파일 목록이 표시됩니다.

❸ **이 PC** : 로컬 PC의 기본 저장 위치로 설정되어 있는 폴더가 표시됩니다.

❹ **위치 추가** : SharePoint나 OneDrive의 다른 계정을 클라우드 저장소로 추가할 수 있습니다.

❺ **찾아보기** : [열기] 대화상자를 표시합니다.

❻ **상위 폴더 표시** : 상위 폴더로 이동합니다.

❼ **폴더 경로 표시** : 현재 표시된 폴더의 경로를 표시합니다. 클릭하면 [열기] 대화상자가 표시됩니다.

❽ **머리글** : [이름], [수정한 날짜]를 클릭하면 목록이 오름차순 또는 내림차순으로 정렬됩니다.

[열기] 대화상자

읽기 전용이나 제한된 보기, 복구 등의 옵션을 선택하면서 열고 싶다면 [열기] 대화상자를 사용합니다. 대화상자에서 ❶ 파일을 선택하고 ❷ [열기] 목록 버튼을 클릭한 후 ❸ 옵션을 선택합니다.

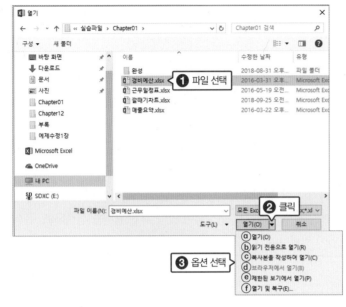

ⓐ **열기** : 일반적인 문서 열기

ⓑ **읽기 전용으로 열기** : 읽기 전용(편집한 내용을 저장할 수 없으며 저장하려면 다른 위치나 다른 이름으로 저장해야 하는 문서)으로 열기

ⓒ **복사본을 작성하여 열기** : 파일을 복사한 후 열기

ⓓ **브라우저에서 열기** : 웹 페이지 파일인 경우 브라우저에서 열기 선택 가능

ⓔ **제한된 보기에서 열기** : 읽기 전용으로 열리지만 메시지 표시줄에서 [편집 사용]을 클릭하면 편집하여 저장할 수 있음

ⓕ **열기 및 복구** : 손상된 데이터가 있는 파일인 경우 손상된 데이터를 복구하면서 열기

백스테이지 화면의 [다른 이름으로 저장] 탭

새 통합 문서의 경우 [저장🖫]을 클릭하거나 단축키 Ctrl + S 를 누르면 백스테이지 화면의 [다른 이름으로 저장] 탭이 표시됩니다. 위치 선택 부분과 폴더 선택 부분, 파일 이름과 파일 형식 선택 부분으로 구성되어 있습니다. 위치와 폴더를 선택한 후 파일 이름을 입력한 후 [저장]을 클릭합니다. [찾아보기]나 폴더 경로 표시 부분, [기타 옵션]을 클릭하면 [다른 이름으로 저장] 대화상자가 표시됩니다.

백스테이지 화면 없이 [열기] 및 [다른 이름으로 저장] 대화상자 바로 표시하기

빠른 실행 도구 모음에서 [열기] 혹은 [저장]을 클릭하거나 단축키를 눌렀을 때 백스테이지 화면으로 이동하지 않고 바로 [열기] 또는 [다른 이름으로 저장] 대화상자가 표시되도록 할 수 있습니다.

[방법1] 단축키 F12

[다른 이름으로 저장] 대화상자를 바로 열려면 Ctrl+S 대신 F12를 누릅니다. [열기] 대화상자를 바로 불러오려면 Ctrl+O 대신 Ctrl+F12를 누릅니다.

[방법2] 저장 옵션 설정

[열기] 또는 Ctrl+O, [저장] 또는 Ctrl+S를 눌렀을 때도 바로 대화상자가 나타나도록 저장 옵션을 설정합니다.

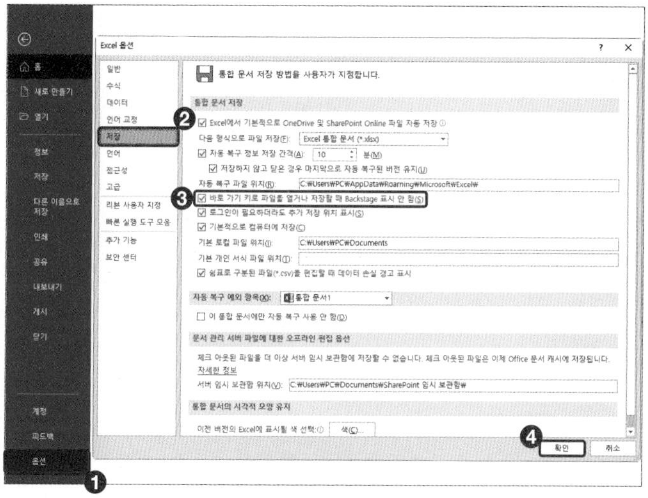

❶ [파일] 탭-[옵션] 클릭

❷ [Excel 옵션] 대화상자의 [저장] 탭 클릭

❸ [바로 가기 키로 파일을 열거나 저장할 때 Backstage 표시 안 함]에 체크 표시

❹ [확인]을 클릭합니다.

07 다른 형식 파일로 저장하기

엑셀 문서를 PDF 파일로 저장하거나 기타 다른 형식으로 변경하여 저장하려면 [파일] 탭–[내보내기]를 선택한 후 다음과 같은 방법을 사용합니다.

PDF/XPS 문서 만들기

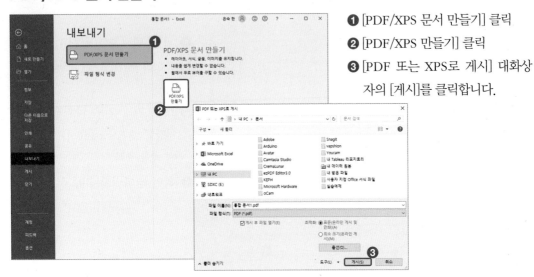

❶ [PDF/XPS 문서 만들기] 클릭

❷ [PDF/XPS 만들기] 클릭

❸ [PDF 또는 XPS로 게시] 대화상자의 [게시]를 클릭합니다.

파일 형식 변경

01

❶ [파일 형식 변경] 클릭

❷ 통합 문서 파일 유형 목록에서 저장할 파일 유형 클릭

❸ [다른 이름으로 저장]을 클릭합니다.

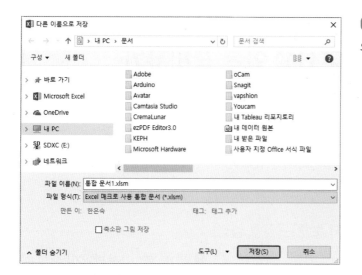

02 [다른 이름으로 저장] 대화상자의 [저장]을 클릭합니다.

단축키 사용

워크시트 화면에서 [파일] 탭을 선택할 필요 없이 F12를 눌러 [다른 이름으로 저장] 대화상자를 사용하면 클릭 과정을 최소화할 수 있습니다. 또한 대화상자의 [파일 형식]란을 클릭하면 [내보내기] 백스테이지 화면에 없는 파일 형식을 선택할 수 있습니다.

08 엑셀 통합 문서에 암호 설정하기

다른 사람이 열어 볼 수 없도록 통합 문서를 보호하기 위해 문서에 암호를 설정할 수 있습니다. 문서에 암호를 설정하는 방법으로 다음의 두 가지가 있습니다.

[방법 1] [파일]-[정보]-[통합 문서 보호]-[암호 설정]

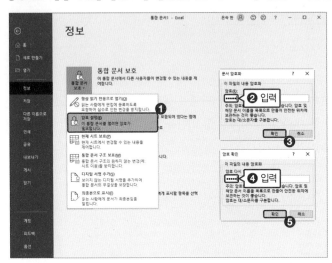

❶ [파일] 탭-[정보]-[통합 문서 보호]-[암호 설정] 클릭

❷ [문서 암호화] 대화상자에 암호 입력

❸ [확인] 클릭

❹ [암호 확인] 대화상자에 같은 암호 입력

❺ [확인]을 클릭합니다.

[방법 2] [다른 이름으로 저장] 대화상자의 [도구]-[일반 옵션]

❶ F12를 눌러 [다른 이름으로 저장] 대화상자 표시

❷ [다른 이름으로 저장] 대화상자의 [도구]-[일반 옵션] 클릭

❸ [일반 옵션] 대화상자의 [열기 암호]에 암호 입력

❹ [확인] 클릭

❺ [암호 확인] 대화상자에 같은 암호 입력

❻ [확인] 클릭

❼ [다른 이름으로 저장] 대화상자 [저장]을 클릭합니다.

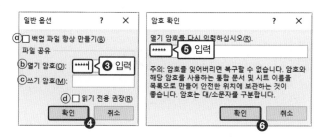

ⓐ **백업 파일 항상 만들기** : 문서를 수정하고 저장할 때마다 백업 복사본(*.xlk)을 저장함

ⓑ **열기 암호** : 파일을 열 수 있는 암호

ⓒ **쓰기 암호** : 파일 편집 권한을 주는 암호. 열기 암호만 설정하면 열기 암호에 편집 권한까지 주어짐

ⓓ **읽기 전용 권장** : 파일을 열 때마다 읽기 전용으로 열도록 권유하는 메시지가 표시됨

문서 암호 해제

[방법 ❶] 암호를 해제하려면 [파일]-[정보]-[통합 문서 보호]-[암호 설정]을 클릭하고 [문서 암호화] 대화상자의 암호를 삭제한 후 [확인]을 클릭합니다.

[방법 ❷] F12를 눌러 [다른 이름으로 저장] 대화상자를 표시하고 [다른 이름으로 저장] 대화상자의 [도구]-[일반 옵션]을 클릭합니다. [일반 옵션] 대화상자에서 [열기 암호]의 암호를 삭제한 후 [확인]을 클릭합니다.

09 엑셀의 작업 구조

엑셀은 계산 용지들의 묶음에 해당하는 회계 장부와 유사한 구조로 되어 있습니다. 통합 문서(Book)가 회계 장부라면 워크시트(Worksheet)는 장부 안에 각 부서별로 색인(Index)되어 있는 여러 페이지라고 볼 수 있습니다. 셀(Cell)은 페이지에서 수입, 지출 내역과 금액을 기재하는 각각의 칸이라고 생각하면 됩니다.

셀과 셀 주소

셀은 행과 열이 교차하면서 만들어진 칸이며 엑셀에서 데이터를 입력하는 최소 단위입니다. 각 셀은 열 이름과 행 번호가 결합된 셀 주소를 가집니다. 예를 들어 A열과 1행이 만나는 곳의 셀 주소는 A1입니다. 셀을 클릭하면 해당 셀 주소가 이름 상자에 표시됩니다. 또한 셀에 수식이 입력된 경우 셀에는 수식의 결과만 표시되며 수식 입력줄에서 실제 입력 값인 수식을 확인할 수 있습니다.

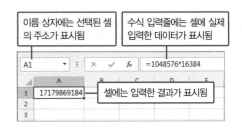

셀을 모아놓은 워크시트

워크시트의 마지막을 셀을 선택하려면 단축키 Ctrl+↓+→를 누릅니다. 하나의 워크시트에는 1,048,576개의 번호가 매겨져 있는 행과 A~XFD까지 16,384개의 알파벳 이름이 매겨져 있는 열이 있습니다. 워크시트에 있는 행/열의 전체 개수는 행/열을 삽입하거나 삭제해도 변하지 않습니다. 반면 워크시트의 개수는 컴퓨터 메모리가 허용하는 범위에서 무한정 추가할 수 있습니다. 물론 워크시트 하나에서만 작업해도 충분할 만큼 워크시트의 규모가 크지만, 작성하는 문서의 종류에 따라 여러 워크시트에 각각 나누어 작업하는 것이 편합니다.

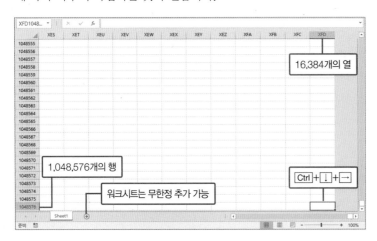

10 데이터 입력 및 수정하기

데이터 입력의 기본

데이터 입력 중에는 상태 표시줄의 셀 모드에 '입력'이 표시되며 입력을 완료할 때까지 서식 지정 등 대부분의 엑셀 명령을 사용할 수 없습니다. 데이터를 입력한 후에는 반드시 Enter 를 누르거나 마우스 또는 방향키로 다른 셀을 선택해야 데이터 입력이 완료됩니다. 입력을 완료하기 전에 ESC 를 누르면 입력이 취소됩니다.

데이터 수정하기

셀 내용을 모두 수정하는 경우에는 셀을 선택한 후 바로 새로운 데이터를 입력합니다. 셀 내용의 일부만 수정할 때는 [방법 ❶] 수식 입력줄을 클릭하거나 [방법 ❷] 셀을 더블클릭합니다. [방법 ❸] F2 를 누른 후 수정할 부분을 지우고 내용을 입력합니다.

  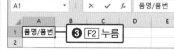

데이터 및 서식 지우기

셀 내용을 지우려면 셀을 선택하고 Delete 를 누릅니다. 셀에 서식이 지정되어 있다면 서식은 그대로 남습니다. 서식만 따로 지우거나 서식과 내용 모두를 지우려면 ❶ 지울 셀이나 범위를 선택한 상태에서 ❷ [홈] 탭-[편집] 그룹-[지우기]를 클릭하고 ❸ [모두 지우기]나 [서식 지우기]를 선택합니다.

▲ 셀 내용은 그대로 두고 서식만 지움

11 데이터 자동 채우기

연속 셀에 데이터를 복사하거나 숫자 데이터를 일정하게 증가, 감소 값으로 변화시키면서 자동으로 데이터를 채울 수 있습니다.

채우기 핸들 사용하기

채우기 핸들은 일종의 셀 복사 도구로 셀 포인터 오른쪽 아래의 까만 점을 말합니다. 채우기 핸들을 아래나 오른쪽으로 드래그하면 데이터가 복사되고 반대 방향으로 드래그하면 데이터가 지워집니다. 셀 안에 어떤 데이터가 있느냐에 따라, 또 몇 개의 셀을 선택했는지에 따라 복사되는 패턴이 다릅니다.

⬡ 연속 셀 복사하기

문자만 또는 숫자만 입력되어 있는 셀의 채우기 핸들을 드래그하면 드래그한 위치까지 복사됩니다.

▲ 문자만 입력된 셀　　▲ 숫자만 입력된 셀

⬡ 연속 데이터 채우기

문자와 숫자가 혼합된 데이터는 숫자를 1씩 증가시키며 데이터가 채워집니다. 숫자만 입력되어 있는 셀이나 혼합 데이터, 날짜 데이터는 값 차이가 있는 두 셀을 범위 지정한 후 채우기 핸들을 드래그하면 두 값의 차이만큼 증감하면서 데이터가 채워집니다.

▲ 한 개의 혼합 데이터　　▲ 숫자 데이터 범위 채우기　　▲ 혼합 데이터 범위 채우기　　▲ 날짜 데이터 범위 채우기

쉽고 빠른 엑셀 NOTE

Ctrl + 채우기 핸들 드래그

채우기 핸들을 드래그할 때 Ctrl 을 누른 상태에서 드래그하면 데이터 유형에 따라 데이터가 복사 또는 증가합니다. 혼합 데이터 셀은 셀이 복사되며 숫자만 입력된 셀을 드래그하면 숫자가 1씩 증가되면서 채워집니다.

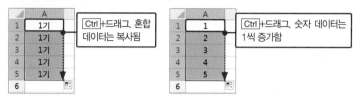

사용자 지정 목록 채우기

문자만 입력된 셀이라도 사용자 지정 목록에 등록되어 있는 문자라면 채우기 핸들을 드래그하여 등록된 순서대로 데이터를 채울 수 있습니다. 숫자와 문자 혼합 데이터인 경우에도 시작 값과 끝 값이 정해져 있는 경우에는 사용자 지정 목록에 추가해두어야 합니다. 예를 들어 1월~12월이 사용자 지정 목록에 등록되어 있지 않으면 12월 다음에 13월이 채워집니다.

사용자 지정 목록은 [파일] 탭-[옵션]을 선택하고 [Excel 옵션] 대화상자의 [고급]을 선택한 후 일반 항목 중 [사용자 지정 목록 편집]을 클릭하여 추가할 수 있습니다.

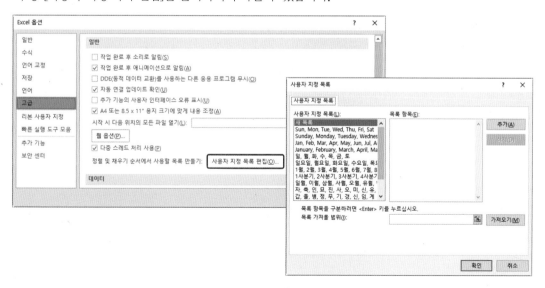

자동 채우기 옵션

채우기 핸들을 드래그하고 나면 채우기 핸들 옆에 [자동 채우기 옵션🔡▾]이 표시됩니다. 옵션을 클릭한 후 나타난 메뉴에서 채우기 유형을 다시 선택할 수 있습니다. 날짜 데이터를 자동 채우기한 경우에는 일 단위, 평일 단위, 월 단위, 연 단위 등 다양한 채우기 옵션을 선택할 수 있습니다.

▲ 일반 채우기 옵션

▲ 날짜 데이터 채우기 옵션

단축 메뉴를 사용하여 데이터 채우기

채우기 핸들을 마우스 오른쪽 버튼으로 클릭한 상태에서 드래그하면 단축 메뉴가 표시됩니다. [자동 채우기 옵션] 메뉴처럼 셀에 입력된 데이터 종류에 따라 메뉴가 다르게 표시됩니다. 숫자가 입력된 두 셀을 범위 지정한 후 채우기 핸들을 드래그하면 선형 추세(두 셀 값의 차이만큼 더하는 방식)나 급수 추세(두 번째 셀 값을 곱하는 방식) 방식을 선택할 수 있습니다.

▲ 일반 데이터에 대한 단축 메뉴   ▲ 일반 데이터에 대한 단축 메뉴

[연속 데이터] 대화상자 사용하기

채우기 핸들에 대한 단축 메뉴의 [연속 데이터] 메뉴나 [홈] 탭-[편집] 그룹-[채우기]-[계열]을 클릭하면 [연속 데이터] 대화상자가 열립니다. 대화상자에서 데이터가 채워질 방향, 유형, 단계 값, 종료 값을 입력하면 채우기 핸들을 드래그하지 않아도 자동으로 원하는 데이터 값이 채워집니다. 예를 들어 1에서 1,000,000까지 10씩 곱해지면서 데이터를 채우기 위해서는 다음과 같이 할 수 있습니다.

❶ 셀에 시작할 데이터를 입력한 후 다시 셀 클릭

❷ [홈] 탭-[편집] 그룹-[채우기]-[계열] 클릭

❸ [방향]에서 [열], [유형]에서 [급수] 클릭 후 [단계 값]을 10, [종료 값]을 1000000 입력

❹ [확인]을 클릭합니다.

바로 통 하는TIP [유형]을 [선형]으로 선택하면 단계 값으로 더하면서 데이터가 채워집니다.

숫자 표시 형식 중 가장 많이 사용하는 [홈] 탭–[표시 형식] 그룹–[쉼표 스타일]을 선택하거나 [셀 서식] 대화상자의 [표시 형식] 탭–[범주] 목록에서 [회계]를 선택한 후 [사용자 지정]을 선택해보면 여러 개의 서식 코드가 적용된 것을 확인할 수 있습니다.

회계 표시 형식의 서식 코드에서 보이는 것처럼 서식 코드는 양수, 음수, 0, 문자의 순서로 최대 네 개의 섹션으로 이루어집니다. 각 섹션은 세미콜론(;)으로 구분합니다.

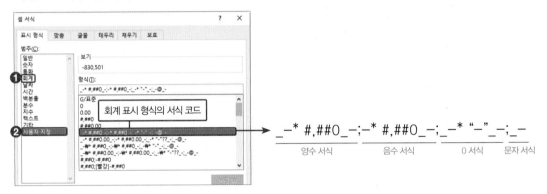

◎ 서식 코드 섹션 구성 예

회계 표시 형식처럼 네 개의 섹션에 모두 서식 코드를 지정할 필요는 없습니다. 양수, 음수, 0, 문자 각 데이터마다 서식을 다르게 지정하고 싶을 때는 네 개의 섹션에 코드를 지정할 수 있지만, 대부분은 한 개나 두 개의 섹션에만 코드를 지정하는 경우가 많습니다. 예를 들어 두 개의 섹션에 코드를 지정하면 첫 번째 섹션은 양수 및 0에 적용되고, 두 번째 섹션은 음수에 적용됩니다. 한 개의 섹션에만 코드를 지정하면 이 코드는 양수, 음수, 0에 대해 적용됩니다. 서식 코드에서 특별히 지정하지 않은 서식은 기본 서식으로 표시됩니다.

양수 서식	음수 서식	0 서식	문자 서식
#,##0	[빨강]-#,##0	–	[파랑]@
천 단위 구분 기호 표시	빨간색으로 마이너스 부호와 천 단위 구분 기호 표시	0 대신 하이픈으로 표시	파란색으로 표시

▲ 네 개 섹션에 지정하면 양수, 음수, 0, 문자에 적용됨

양수 및 0 서식	음수 서식
#,##0	[빨강]-#,##0
천 단위 구분 기호가 표시	빨간색으로 마이너스 부호와 천 단위 구분 기호 표시

▲ 두 개 섹션에 지정하면 양수 및 0, 음수에 적용됨

양수, 음수, 0 서식음수 서식
[빨강]#,##0
빨간색으로 천 단위 구분 기호 표시(음수는 마이너스 부호가 기본 서식이므로 부호가 함께 표시됨)

▲ 한 개 섹션에만 코드를 지정하면 양수, 음수, 0에 적용됨

13 날짜/시간 서식 코드

날짜와 시간을 표시할 수 있는 서식 코드는 다음과 같습니다. 각 코드 사이에 구분 기호는 하이픈(−), 콜론(:) 외에도 사용자가 마음대로 지정할 수 있습니다.

날짜 서식 코드

서식 코드		기능	사용 예		
			입력	서식 코드	표시
월	m	월을 한 자리로 표시	2019-09-02	m	9
	mm	월을 두 자리로 표시	2019-09-02	mm	09
	mmm	월을 영문 약자로 표시	2019-09-02	mmm	Sep
	mmmm	완전한 영문자로 월 표시	2019-09-02	mmmm	September
	mmmmm	영문 월 이름 첫 대문자만 표시	2019-09-02	mmmmm	S
일	d	일을 한 자리로 표시	2019-09-02	d	2
	dd	일을 두 자리로 표시	2019-09-02	dd	02
요일	ddd	요일을 영문 약자로 표시	2019-09-02	ddd	Mon
	dddd	요일을 완전한 영문자로 표시	2019-09-02	dddd	Monday
	aaa	한글 약자로 요일 표시	2019-09-02	aaa	월
	aaaa	한글 요일 전체글자로 표시	2019-09-02	aaaa	월요일
연도	yy	연도를 두 자리로 표시	2019-09-02	yy	19
	yyyy	연도를 네 자리로 표시	2019-09-02	yyyy	2019

시간 서식 코드

서식		기능	사용 예		
			입력	서식 코드	표시
시	h	시간을 한 자리로 표시	2:10	h	2
	hh	시간을 두 자리로 표시		hh	02
경과 시간	[h]	24를 넘는 경과 시간을 표시	25:05:00	[h]	25
분	m	분을 한 자리로 표시	2:05	h:m	2:5
	mm	분을 두 자리로 표시	2:05	hh:mm	02:05
경과 분	[m]	60을 넘는 경과 분 표시	1:30	[m]	90
초	s	초를 한 자리로 표시	2:30:05	s	5
	ss	초를 두 자리로 표시	2:30:05	ss	05
경과 초	[s]	60을 넘는 경과 초 표시	0:02:30	[s]	150
오전/오후	AM/PM	12시간제로 표시하고 AM/PM 표시를 대문자로 넣음	15:30	h:m AM/PM	3:30 PM
	am/pm	12시간제로 표시하고 am/pm 표시를 소문자로 넣음		h:m am/pm	3:30 pm
	A/P	12시간제로 표시하고 AM/PM 표시를 대문자 첫 글자만 넣음		h:m A/P	3:30 P
	a/p	12시간제로 표시하고 am/pm 표시를 소문자 첫 글자만 넣음		h:m a/p	3:30 p

m은 월을 표시할 때도 사용되는 코드이므로 m 또는 mm 코드가 h 또는 hh 코드 바로 다음이나 ss 코드 바로 앞에 나타나야만 '분'으로 표시됩니다.

사용자 지정 서식의 색과 조건 지정 코드

서식 코드의 특정 섹션에 색을 지정하려면 다음 8가지 색 중 하나의 이름을 대괄호([ ]) 안에 입력합니다. 색 코드는 섹션 내에서 가장 앞부분에 지정해야 합니다.

[검정], [녹색], [흰색], [파랑], [자홍], [노랑], [녹청], [빨강]

서식에 조건을 지정하려면 조건을 대괄호([ ]) 안에 입력합니다. 조건은 비교 연산자와 값으로 구성됩니다. 예를 들어 다음 서식 코드는 100 미만의 숫자를 빨간색으로 표시하고, 1000 이상인 숫자를 파란색으로 천 단위 구분 기호를 넣어 표시합니다. 나머지 데이터는 표준 서식으로 표시합니다.

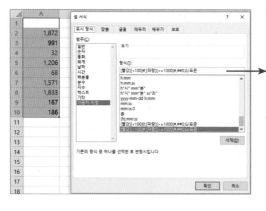

첫째 조건	둘째 조건	조건 외
[빨강][<100]#	[파랑][>=1000]#,##0	G/표준
100 미만 숫자는 빨간색으로 표시. 0은 표시 안 함	1000 이상 숫자는 파란색으로 천 단위 구분 기호를 넣어 표시	조건에 해당되지 않는 데이터는 표준 서식으로 표시

15 스파크라인 도구 알아보기

스파크라인이 삽입된 셀을 선택하면 리본 메뉴에 스파크라인 도구가 생깁니다. [스파크라인 도구]-[디자인] 탭의 각 도구에서 스파크라인에 적용된 데이터를 수정하거나 스파크라인의 종류를 변경할 수 있습니다. 또한 표식이나 축 등 스파크라인의 요소를 추가하거나 스파크라인 색, 두께, 표식 색 등의 서식을 지정할 수 있으며 스파크라인을 삭제할 수도 있습니다. [스파크라인 도구]-[디자인] 탭의 각 도구에 대한 설명은 다음과 같습니다.

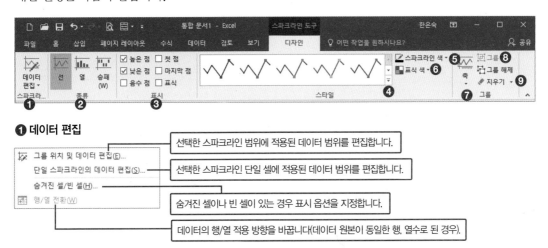

① 데이터 편집

- **그룹 위치 및 데이터 편집(E)...** → 선택한 스파크라인 범위에 적용된 데이터 범위를 편집합니다.
- **단일 스파크라인의 데이터 편집(S)...** → 선택한 스파크라인 단일 셀에 적용된 데이터 범위를 편집합니다.
- **숨겨진 셀/빈 셀(H)...** → 숨겨진 셀이나 빈 셀이 있는 경우 표시 옵션을 지정합니다.
- **행/열 전환(W)** → 데이터의 행/열 적용 방향을 바꿉니다(데이터 원본이 동일한 행, 열수로 된 경우).

② **종류** : 선택된 스파크라인 셀의 스파크라인 종류를 변경합니다.

③ **표시** : 스파크라인에서 강조할 항목을 선택합니다.

④ **스타일 갤러리** : 미리 지정된 스파크라인 색, 표식 색 서식을 선택할 수 있습니다.

⑤ **스파크라인 색** : 스파크라인의 색상과 두께를 선택할 수 있습니다.

⑥ **표식 색** : [표시] 그룹에서 선택한 강조 항목의 색을 선택할 수 있습니다.

⑦ 축

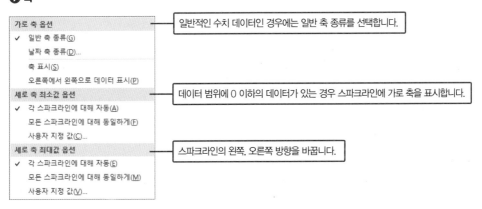

가로 축 옵션
- ✓ 일반 축 종류(G) → 일반적인 수치 데이터인 경우에는 일반 축 종류를 선택합니다.
- 날짜 축 종류(D)...
- 축 표시(S)
- 오른쪽에서 왼쪽으로 데이터 표시(P)

세로 축 최소값 옵션
- ✓ 각 스파크라인에 대해 자동(A) → 데이터 범위에 0 이하의 데이터가 있는 경우 스파크라인에 가로 축을 표시합니다.
- 모든 스파크라인에 대해 동일하게(F)
- 사용자 지정 값(C)...

세로 축 최대값 옵션
- ✓ 각 스파크라인에 대해 자동(E) → 스파크라인의 왼쪽, 오른쪽 방향을 바꿉니다.
- 모든 스파크라인에 대해 동일하게(M)
- 사용자 지정 값(V)...

❽ **그룹, 그룹 해제** : 스파크라인 셀 범위의 그룹을 해제하거나 다시 그룹을 지정합니다.

❾ **지우기** : 선택한 스파크라인만 지우거나 스파크라인 그룹을 모두 지울 수 있습니다.

✎	선택한 스파크라인 지우기(C)
✎	선택한 스파크라인 그룹 지우기(L)

실습 파일 | 부록\filter_sort함수.xlsx   완성 파일 | 부록\filter_sort함수_완성.xlsx

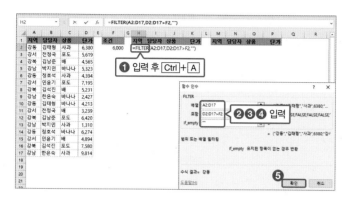

조건에 따라 필터하기

01 자동으로 단가가 6000원을 초과하는 목록을 추출하겠습니다.

❶ [H2] 셀에 **=FILTER** 입력 후 Ctrl +A

❷ [함수 인수] 대화상자의 [배열]에 **A2:D17** 입력

❸ [포함]에 필터 조건인 **D2:D17>F2** 입력

❹ [If_empty]에 **""** 입력

❺ [확인]을 클릭합니다.

✿ **엑셀 2019** FILTER와 SORT 함수는 Office 365에서 사용할 수 있습니다.

인수 설명

• **배열** : 필터링할 원본 데이터 범위로 [A2:D17] 지정

• **포함** : 조건이 단가이므로 단가 범위인 [D2:D17]을 지정하고 비교 연산자 >와 조건 값을 입력한 [F2] 셀 지정

• **If_empty** : 조건에 맞는 항목이 없는 경우 빈 셀로 하기 위해 "" 입력

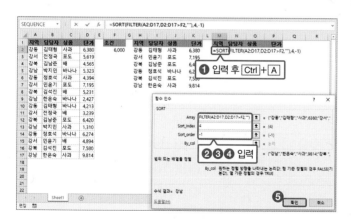

필터 결과 정렬하기

02 FILTER 함수식을 SORT 함수에서 중첩 사용하면 필터 결과가 정렬되면서 데이터가 추출됩니다.

❶ [M2] 셀에 **=SORT** 입력 후 Ctrl +A

❷ [함수 인수] 대화상자의 [Array]에 **FILTER(A2:D17,D2:D17>F2,"")** 입력

❸ [Sort_Index]에 **4** 입력

❹ [Sort_order]에 **–1** 입력

❺ [확인]을 클릭합니다.

단가가 6000원을 초과하는 목록이 단가 내림차순으로 추출됩니다. [F2] 셀 값을 변경하면 자동으로 추출 결과가 변경됩니다. [F2] 셀 값을 4,000으로 변경해봅니다.

인수 설명

• **Array** : 정렬할 배열로 앞에서 사용했던 FILTER 함수식을 입력하여 결과 지정

• **Sort_index** : 정렬 기준이 될 행이나 열 번호 지정. 지금은 단가별로 정렬할 것이므로 4 입력(단가가 네 번째 열임)

• **Sort_order** : 정렬 순서 옵션. 내림차순으로 할 것이므로 –1(오름차순인 경우 1 입력)

• **By_col** : 정렬 방향 옵션. 생략하면 행 기준(상하) 정렬, 열 기준(좌우) 정렬인 경우 1 입력. 행 기준 정렬할 것이므로 생략

17 고유 목록 추출하기-UNIQUE

실습 파일 | 부록\unique함수.xlsx   완성 파일 | 부록\unique함수_완성.xlsx

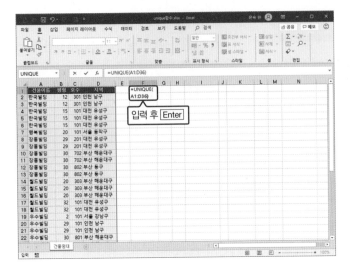

중복 항목 제거 목록 추출하기

01 데이터 목록에서 중복되는 항목을 제거한 목록을 추출하겠습니다. [F1] 셀에 **=UNIQUE(A1:D36)**을 입력한 후 Enter를 누릅니다.

자동으로 중복 항목이 제거된 목록이 추출됩니다.

✿ **엑셀 2019**   UNIQUE 함수는 Office 365에서 사용할 수 있습니다.

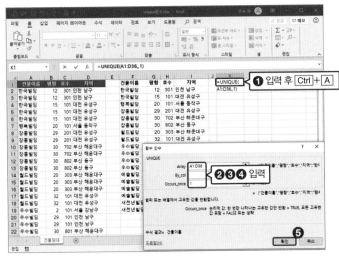

고유 목록 추출하기

02 데이터 목록에서 중복되지 않고 한 개씩만 있는 고유 목록만 추출하겠습니다.

❶ [K1] 셀에 **=UNIQUE** 입력 후 Ctrl + A

❷ [함수 인수] 대화상자의 [Array]에 **A1:D36** 입력

❸ [By_col]에는 입력 생략

❹ [Occurs_once]에 **1** 입력

❺ [확인]을 클릭합니다.

중복 없이 한 개씩만 있었던 고유 목록이 추출됩니다.

인수 설명

- **Array** : 추출할 원본 데이터 목록
- **By_col** : 중복되는지 비교할 방법 옵션으로 행일 경우 생략, 열일 경우 1 입력. 보통 데이터 목록은 행별로 비교하므로 생략
- **Occurs_once** : 한 번 발생한 고유 값을 반환할 때는 1, 모든 고유 값을 포함하는 경우(중복 값만 제거) 생략

18 실무에 유용한 엑셀 단축키

Ctrl 조합 단축키

키	기능	키	기능
Ctrl + 1	[셀 서식] 대화상자 표시	Ctrl + Alt + V	[선택하여 붙여넣기] 대화상자
Ctrl + 2, Ctrl + B	글꼴 서식 굵게	Ctrl + W	통합 문서 닫기
Ctrl + 3, Ctrl + I	글꼴 서식 기울임꼴	Ctrl + X	잘라내기
Ctrl + 4, Ctrl + U	글꼴 서식 밑줄	Ctrl + Z	실행취소
Ctrl + 5	글꼴 서식 취소선	Ctrl + Y	최종 작업 다시 실행
Ctrl + 6	개체 숨기기/표시	Ctrl + PgDn	다음 시트 선택
Ctrl + 8	부분합 등 그룹 설정된 경우 윤곽 기호 표시/숨기기	Ctrl + PgUp	이전 시트 선택
Ctrl + 9	선택한 행 숨기기	Ctrl + `	워크시트 수식 표시/결과표시
Ctrl + 0	선택한 열 숨기기	Ctrl + ~ (Ctrl + Shift + `)	숫자 서식 일반
Ctrl + A	인접 데이터 범위 전체 선택(데이터가 없는 경우나 데이터 범위가 선택된 상태일 때는 워크시트 전체 선택). 함수식 작성 중일 때는 해당 [함수 인수] 대화상자가 열림	Ctrl + ! (Ctrl + Shift + 1)	숫자 서식 천 단위 구분 기호
Ctrl + C	복사	Ctrl + @ (Ctrl + Shift + 2)	시간 서식 시:분 AM/PM 형식
Ctrl + D	위쪽 셀 복제(범위 지정된 상태일 때는 맨 위쪽 셀 내용과 서식을 나머지 셀에 채움)	Ctrl + #	날짜 서식 년–월–일
Ctrl + E	빠른 채우기	Ctrl + $ (Ctrl + Shift + 4)	숫자 서식 통화
Ctrl + F	찾기	Ctrl + % (Ctrl + Shift + 5)	숫자 서식 백분율
Ctrl + G	[이동] 대화상자	Ctrl + ^ (Ctrl + Shift + 6)	숫자 서식 지수
Ctrl + H	바꾸기	Ctrl + & (Ctrl + Shift + 7)	셀 윤곽 테두리
Ctrl + K	하이퍼링크 삽입/편집	Ctrl + * (Ctrl + Shift + 8)	인접 데이터 범위 전체 선택(데이터가 없는 경우나 데이터 범위가 선택된 상태일 때는 선택 안함)
Ctrl + L, Ctrl + T	표 만들기	Ctrl + ((Ctrl + Shift + 9)	선택 영역의 숨겨진 행 표시
Ctrl + N	새 통합 문서 만들기	Ctrl + _ (Ctrl + Shift + –)	셀 윤곽 테두리 제거
Ctrl + O	파일 열기	Ctrl + + (Ctrl + Shift + =)	[셀 삽입] 대화상자

우선
순위

실무
활용

문서
작성
&
데이터
입력

수식
&
데이터
편집

서식
&
인쇄

함수

차트
&
일러스트
레이션

데이터
관리
&
분석

매크로
&
VBA

부록

Ctrl + P	인쇄 미리 보기 및 인쇄	Ctrl + −	[셀 삭제] 대화상자
Ctrl + R	왼쪽 셀 복제(범위 지정된 상태일 때는 맨 왼쪽 셀 내용과 서식을 나머지 셀에 채움)	Ctrl + ;	현재 날짜 입력
Ctrl + S	파일 저장	Ctrl + : ([Ctrl]+[Shift]+[;])	현재 시간 입력
Ctrl + Shift + U	수식 입력줄 확장/축소	Ctrl + '	위쪽 셀의 수식을 커서가 있는 상태로 복사
Ctrl + V	붙여넣기	Ctrl + " ([Ctrl]+[Shift]+['])	위쪽 셀의 값을 커서가 있는 상태로 복사(위쪽이 수식인 경우 수식의 결과 값)

기능키

키	기능
F1	도움말
Ctrl + F1	리본 메뉴 표시/숨기기
Alt + F1	차트 삽입
Alt + Shift + F1	새 워크시트 삽입([Shift]+[F11]과 같음)
F2	셀 내용 편집(셀에 커서 표시)
Shift + F2	셀에 메모 추가
Ctrl + F2	인쇄 미리 보기 및 인쇄
F3	[이름 붙여넣기] 대화상자 표시
Shift + F3	[함수 마법사] 대화상자 표시
F4	최종 작업 다시 실행([Ctrl]+[Y]와 같음). 수식 작성 시에는 셀 참조 변환
Ctrl + F4	통합 문서 닫기
Alt + F4	엑셀 종료
F5	[이동] 대화상자 표시([Ctrl]+[G]와 같음)
Ctrl + F5	창 크기 복원(창을 최대화한 상태 또는 리본 메뉴 자동 숨기기나 전체 화면 보기 상태에서 누름)
F6 Shift + F6	누를 때마다 워크시트, 시트 탭, 작업 창, 상태 표시줄, 리본 메뉴로 선택 전환(워크시트 화면이 분할된 상태일 때는 분할 화면 포함하여 전환)
Ctrl + F6	통합 문서가 두 개 이상 열려 있는 경우 다음 통합 문서 창으로 전환
F7	[맞춤법 검사] 대화상자 표시
Ctrl + F7	창이 최대화되어 있지 않은 경우 엑셀 창을 이동할 수 있는 상태가 됨(화살표 키로 이동하고 [Enter]를 누름. 이동을 취소하려면 [ESC])
F8	확장 모드 설정/해제. 확장 모드에서는 상태 표시줄에 [선택 영역 확장]이라고 표시되고 화살표 키로 선택 영역을 확장
Shift + F8	화살표 키를 사용하여 인접하지 않은 셀 또는 셀 범위를 셀 선택 영역에 추가
Ctrl + F8	엑셀 창이 최대화되어 있지 않은 경우 엑셀 창 크기를 조절할 수 있는 상태가 됨(화살표 키로 조절)
Alt + F8	[매크로] 대화상자 표시
F9	열려 있는 모든 통합 문서 워크시트 수식 재계산

Ctrl + F9	현재 통합 문서 창 최소화
Shift + F9	현재 워크시트 수식 재계산
Ctrl + Alt + F9	마지막 계산 이후 내용의 변경 여부와 관계없이 열려 있는 모든 통합 문서 워크시트 수식 재계산
Ctrl + Alt + Shift + F9	참조되는 수식 재검사. 열려 있는 모든 통합 문서에서 계산하도록 표시되지 않은 셀까지 포함하여 모든 셀이 재계산
F10	빠른 실행 도구 모음과 리본 메뉴에 키 표시(Alt와 같음)
Shift + F10	선택한 항목의 바로 가기 메뉴가 표시됨
Ctrl + F10	엑셀 창 최대화/이전 크기 전환
F11	차트 시트에 차트 삽입
Shift + F11	새 워크시트 삽입(Alt + Shift + F1과 같음)
Alt + F11	비주얼 베이식 편집기(Visual Basic Editor) 열기
F12	[다른 이름으로 저장] 대화상자 표시
Ctrl + F12	[열기] 대화상자 표시

회사통 엑셀 시리즈로
스펙을 업그레이드하라

엑셀 왕초보부터 시작해 실무에 강한 직장인이 되는 지름길!
수많은 독자가 검증한 실무 예제와 엑셀 실력 향상에 꼭 필요한 내용이 알차게 수록되어 있습니다.
사랑받는 한빛미디어 엑셀 시리즈로 엑셀 실력을 쌓아보세요.

170여 개 실무 템플릿으로 전문가의 노하우를 학습하라!

실무에 최적화된 예제로 업무 경쟁력 업그레이드

회사에서 바로 통하는
실무 엑셀

19,800원 | 2019년 3월 31일 | 452쪽

❶ 170여 개의 기능을 실무 예제로 쉽게 배운다!
❷ 엑셀에 꼭 필요한 기능만 담아 빠르게 배운다!
❸ 실무 활용으로 전문가의 노하우를 빠르게 습득한다!

업무에 당장 써먹을 수 있는 최적화된 실무 예제로 엑셀의 기능을 쉽고 빠르게 학습하면서 동시에 실무 활용 능력까지 업그레이드할 수 있도록 구성했다. 엑셀에서 데이터를 입력, 편집하는 방법 및 수식과 서식을 활용하여 문서를 작성하는 방법, 엑셀 기본 함수와 실무 함수의 활용 방법을 익힌다.

회사에서 바로 통하는
엑셀 실무 강의

21,000원 | 2018년 8월 30일 | 496쪽

❶ 실무에서 꼭 필요한 서식, 함수, 데이터 분석, 차트 등 우선순위 핵심 기능을 가득 담았다.
❷ 실무에 바로 써먹는 예제로 여러 기능을 복합적으로 학습한다.
❸ 기본 기능을 활용해 실력을 더욱 업그레이드한다!

최고 엑셀 전문가가 쉽고 빠르게 정확히 알려주는 실무 노하우를 알차게 담았다. 엑셀 버전에 상관없이 실무에 꼭 필요한 엑셀 기능을 학습할 수 있다. 실무에서 엑셀 문서를 다룰 때 반드시 숙지해야 할 실무 활용 능력을 마스터한다.